Studien zur Mobilitäts- und Verkehrsforschung

Reihe herausgegeben von

Jutta Deffner, Institut Sozial-ökologische Forschung, Frankfurt, Hessen, Deutschland

Christine Eisenmann, Brandenburg University of Technology Co, Cottbus, Deutschland

Matthias Gather, Verkehrspolitik und Raumplanung, Fachhochschule Erfurt, Erfurt, Deutschland

Carsten Gertz, Institut für Verkehrsplanung und Logistik-W8, Technische Universität Hamburg, Hamburg, Deutschland

Astrid Gühnemann, Institut für Verkehrswesen (IVe), Wien, Österreich

Claudia Hille, Hochschule Karlsruhe, Karlsruhe, Deutschland

Sven Kesselring, Hochschule für Wirtschaft und Umwelt, Geislingen, Deutschland

Martin Lanzendorf, Arbeitsgruppe Mobilitätsforschung, Goethe Universität Frankfurt, Frankfurt am Main, Deutschland

Katharina Manderscheid, Sozialökonomie, FG Soziologie, Universität Hamburg, Hamburg, Deutschland

Henrike Rau, Lehr- und Forschungseinheit Mensch, Ludwig-Maximilians-Universität München, München, Bayern, Deutschland

Joachim Scheiner, Fakultät Raumplanung, TU Dortmund University, Dortmund, Nordrhein-Westfalen, Deutschland

Mathias Wilde, Fakultät Maschinenbau und Automobiltechnik, Hochschule für angewandte Wissenschaften Coburg, Coburg, Deutschland

Mobilität ist ein Basisprinzip moderner Gesellschaften; daher ist die Gestaltung von Mobilität im Spannungsfeld von ökonomischen, sozialen und ökologischen Interessen eine zentrale Herausforderung für ihre Institutionen und Mitglieder. Die SMV Reihe versteht sich als gemeinsame Publikationsplattform für neues Wissen aus der Verkehrs- und Mobilitätsforschung. Sie fördert ausdrücklich interdisziplinäres Arbeiten der Sozial-, Politik-, Wirtschafts-, Raum-, Umwelt- und Ingenieurswissenschaften. Das Spektrum der Reihe umfasst Analysen von Mobilitäts- und Verkehrshandeln; Beiträge zur theoretischen und methodischen Weiterentwicklung; zu Nachhaltigkeit und Folgenabschätzungen von Verkehr; Mobilitäts- und Verkehrspolitik, Mobilitätsmanagement und Interventionsstrategien; Güterverkehr und Logistik.

Herausgegeben von:

Jutta Deffner, Nachhaltige Gesellschaft, Institut für sozial-ökologische Forschung (ISOE)

Christine Eisenmann, Infrastruktur- und Mobilitätsplanung, Brandenburgische Technische Universität Cottbus-Senftenberg

Matthias Gather, Verkehrspolitik und Raumplanung, Fachhochschule Erfurt

Carsten Gertz, Verkehrsplanung und Logistik, Technische Universität Hamburg

Astrid Gühnemann, Verkehrswesen, Universität für Bodenkultur Wien

Claudia Hille, Nachhaltige Mobilitätssysteme, Hochschule Karlsruhe

Sven Kesselring, Hochschule für Wirtschaft und Umwelt, Geislingen

Martin Lanzendorf, Arbeitsgruppe Mobilitätsforschung, Goethe Universität Frankfurt am Main

Katharina Manderscheid, Lebensführung und Nachhaltigkeit, Universität Hamburg

Henrike Rau, Ressourcennutzung, Ludwig-Maximilians-Universität München

Joachim Scheiner, Stadtentwicklung, Technische Universität Dortmund

Mathias Wilde, Fakultät Maschinenbau und Automobiltechnik, Hochschule für angewandte Wissenschaften Coburg

Anne Graf

Akzeptanz multimodaler Mobilität

Eine Studie in drei städtischen Quartieren

 Springer VS

Anne Graf
Bochum, Deutschland

Dissertation an der Ruhr-Universität Bochum, Fakultät für Sozialwissenschaft, Disputation am 11.10.2023.

ISSN 1868-5803   ISSN 2662-9070 (electronic)
Studien zur Mobilitäts- und Verkehrsforschung
ISBN 978-3-658-46268-0   ISBN 978-3-658-46269-7 (eBook)
https://doi.org/10.1007/978-3-658-46269-7

Die Deutsche Nationalbibliothek verzeichnet diese Publikation in der Deutschen Nationalbibliografie; detaillierte bibliografische Daten sind im Internet über https://portal.dnb.de abrufbar.

Diese Publikation wurde gefördert durch den Open Access-Monographienfonds der Ruhr-Universität Bochum.

Planung/Lektorat: Daniel Rost
Springer VS ist ein Imprint der eingetragenen Gesellschaft Springer Fachmedien Wiesbaden GmbH und ist ein Teil von Springer Nature.
Die Anschrift der Gesellschaft ist: Abraham-Lincoln-Str. 46, 65189 Wiesbaden, Germany

Wenn Sie dieses Produkt entsorgen, geben Sie das Papier bitte zum Recycling.

Vorwort

Diese Arbeit ist eingebettet in das NRW-Forschungskolleg „Nachhaltige Energiesysteme im Quartier" (2019–2022). Im Forschungskolleg waren Wissenschaftlerinnen und Wissenschaftler beschäftigt, die sich aus unterschiedlichen Disziplinen mit Strategien und Modellen befassen, die zur Energieeffizienz, nachhaltigen Energiegewinnung und nachhaltigen Energieinfrastrukturen beitragen. Die gemeinsame Bezugseinheit der Themen und Forschungsprojekte bildete das Quartier, der gemeinsame Betrachtungsraum war das Ruhrgebiet.

In dieser soziologisch ausgerichteten Arbeit wird die Alltagsmobilität der Bevölkerung als „Energiesystem" betrachtet. Während individuelle Automobilität häufig als nicht umweltverträglich und ineffizient – eine Tonne Auto bewegt circa 80 Kilogramm Mensch – abgewertet wird, gewinnt multimodales Mobilitätsverhalten, also die Nutzung unterschiedlicher Verkehrsmittel innerhalb einer Woche, an Popularität. Vor dem Hintergrund dieses Trends werden in dieser Arbeit die Chancen und Hindernisse multimodaler Mobilität in der Ruhrgebietsstadt Bochum untersucht. Der Fokus auf das Quartier als Wohnort und damit als Ausgangs- und Endpunkt vieler Wege auf die Verkehrsmittelwahl und das Mobilitätsverhalten liegt dabei nahe. Die Herangehensweise an das Thema erfolgt aus soziologischer Perspektive. Es geht darum, anhand raumstruktureller, sozialstruktureller und persönlicher Merkmale Akzeptanzbedingungen multimodalen Mobilitätsverhaltens und der Verkehrsverlagerungen vom Auto auf den ÖV oder das Fahrrad zu identifizieren.

Zudem baut diese Arbeit auf das Projekt „Nachhaltige Mobilität im Quartier. Eine Akzeptanzstudie" auf, das von der DBU gefördert wurde (März 2020 bis März 2022). Im Rahmen des DBU-Projekts wurden die Daten erhoben, die ich auch für diese Dissertation ausgewertet habe. Der Projektbericht wurde bereits veröffentlicht (Graf et al. 2022). Er enthält einige Formulierungen und Ergebnisse, die für diese Arbeit übernommen wurden, ohne dass es an jeder Stelle nochmal explizit kenntlich gemacht wird. Der Projektbericht wurde hauptsächlich von mir selbst verfasst (ausgenommen das Kapitel 4.7 des Projektberichts).

Anne Graf

Danksagung

Auch wenn eine Dissertation als wissenschaftliche Leistung einer Person bewertet wird, erfordert die Anfertigung wissenschaftlichen Austausch, Feedback und Unterstützung auf fachlicher und emotionaler Ebene. Daher möchte ich mich an dieser Stelle noch bei einigen Personen bedanken, die mich bei der Anfertigung dieser Arbeit besonders unterstützt haben.

Ein besonderer Dank gilt meinem Erstbetreuer Prof. Dr. Sören Petermann. Er hat sich viel Zeit genommen, mit mir immer wieder den aktuellen Stand meiner Arbeit besprochen und mir hilfreiches Feedback gegeben. Vielen Dank auch für dein Engagement zur Finanzierung der Datenerhebung und für die Verlängerung meines Arbeitsvertrags aufgrund der Elternzeit. Damit hatte ich gute Rahmenbedingungen, die Dissertation zu schreiben. Dieser Einsatz war nicht selbstverständlich.

Auch danke ich Prof. Dr. Jörg-Peter Schräpler für das Zweitgutachten und Prof. Dr. Claudia Hille, Prof. Dr. Matthias Gather, Prof. Dr. Martin Lanzendorf und Prof. Dr. Mathias Wilde und für die Aufnahme meiner Dissertation in die Reihe Studien zur Mobilitäts- und Verkehrsforschung.

An dieser Stelle möchte ich ebenfalls Herrn Schulte von der DBU für sein Vertrauen und sein Engagement danken. Ohne die Projektförderung der DBU wäre meine Dissertation in dieser Form nicht möglich gewesen.

Ein besonderer Dank gilt meinen Kolleginnen und Kollegen im Forschungskolleg. Danke, für die unterschiedlichen Perspektiven, für den fachlichen wie fachfremden Input, für die Begleitung durch Hochs und Tiefs und den persönlichen Austausch. Die Einblicke in fachfremde Themen wie Energieinfrastrukturen, Energiespeicherung oder auch städtebauliche Aspekte haben meinen Horizont erweitert.

Weiter möchte ich mich bei den Studentinnen des Lehrforschungsprojekts im Wintersemester 2020/2021 bedanken, die mich tatkräftig bei der Durchführung der Befragung unterstützt haben.

Herzlicher Dank gilt auch meinen Kolleginnen und Kollegen am ZEFIR, die für mich immer als Ansprechpartnerinnen und Ansprechpartner zur Verfügung gestanden, Fragebogenfragen abgewogen, Probevorträge gehört und mir wichtige Tipps gegeben haben.

Besonderer Dank gebührt Corinna, die als wissenschaftliche Hilfskraft im DBU-Projekt beschäftigt war, das Projekt während meiner Elternzeit weitergeführt hat und fast zwei Jahre eine enge Begleiterin auf dem Weg zur Dissertation war.

Auch möchte ich mich noch bei meinen Freundinnen und Freunden für das offene Ohr, die Ablenkung von der Arbeit und die Korrekturen bedanken.

Besonderer Dank gebührt meiner Familie. Danke, dass ihr mir die zeitlichen Freiräume eingeräumt habt, mich stets unterstützt oder aufgebaut habt, wenn die Motivation nachgelassen hat, und für Ablenkung gesorgt habt, damit ich nicht am Schreibtisch festwachse.

Zusammenfassung

Die Dissertation „Akzeptanz multimodaler Mobilität. Eine Studie in drei städtischen Quartieren" knüpft an aktuelle Themen zur Transformation der Alltagsmobilität an. Die Forschung leistet einen Beitrag zur Frage, wie die öffentlichen Verkehrsmittel und das Fahrrad als Alternativen zum Auto gefördert werden können. Erstens wird in dieser Arbeit untersucht, welche für multimodales Mobilitätsverhalten förderlichen oder hinderlichen Fähigkeiten multimodale Personen und monomodale Autofahrer:innen haben und welche Restriktionen sie einschränken. Zweitens wird die Rangordnung geprüft, die bestimmte Aspekte von Verkehrsmitteln in potenziellen Entscheidungssituationen zwischen dem Auto und den umweltverträglicheren Alternativen ÖV oder Fahrrad einnehmen. Drittens widmet sich diese Arbeit auch der Frage, wie multimodales Mobilitätsverhalten in individuelle Quartierskontexte eingebettet ist. Um die Forschungsanliegen zu bearbeiten, werden Handlungstheorien und das Motility-Konzept berücksichtigt und der Forschungsstand sozialwissenschaftlicher Mobilitätsforschung bezüglich raumstruktureller, sozialstruktureller und personenbezogener Merkmale aufgearbeitet.

Diese Arbeit stützt sich auf Auswertungen der Befragung „Mobilität in Bochum 2020", die in drei Bochumer Stadtteilen (Quartieren) stattgefunden hat. Ein besonderer Teil der Befragung sind zwei sogenannte Vignettenstudien, in denen mehrere Situationsmerkmale gleichzeitig getestet werden. Zudem werden 14 qualitative Interviews ausgewertet, die mit Teilnehmenden der Befragung geführt worden sind.

Die wichtigsten Ergebnisse lauten: Die multimodalen Personen und die monomodalen Autofahrer:innen unterscheiden ich in der Verfügbarkeit der Verkehrsmittel, den Einstellungen zu den Verkehrsmitteln und der Häufigkeit, mit der kurze Wege zurückgelegt werden. Die Analyse der Interviews hat zudem gezeigt, dass für die Nutzung des Fahrrads dessen Einschätzung als geeignetes Verkehrsmittel von zentraler Bedeutung ist. Häufig wird das Fahrrad von den monomodalen Autofahrer:innen nicht als Verkehrsmitteloption wahrgenommen, obwohl es material verfügbar ist. Sicherheit, Flexibilität und Umweltbewusstsein sind für beide Mobilitätsgruppen in ihrer Alltagsmobilität wichtig. Unterschiede ergeben sich darin, wie multimodale Personen und monomodale Autofahrer:innen damit umgehen. Während multimodale Personen beispielsweise das Fahrrad oder den ÖV als umweltverträgliche Verkehrsmittel nutzen, gehen die monomodalen Autofahrer:innen lieber zu Fuß oder nutzen Elektroautos. Sicherheitsbedenken können entweder zu individuellen Anpassungsstrategien (multimodale Personen) oder zum kategorischen Ausschluss der Verkehrsmittel (monomodale Autofahrer:innen) führen.

Die Vignettenstudie hat gezeigt, dass die Fahrtdauer und günstige Tickets die Wahrscheinlichkeit für die Nutzung öffentlicher Verkehrsmittel stärker beeinflussen als Parkgebühren für das Auto oder die Taktung. Für die Wahrscheinlichkeit der Fahrradnutzung sind gutes Wetter und eine kurze Distanz relevanter als die Beschaffenheit des Radwegs und die Entfernung des Autoparkplatzes vom Ziel.

Abstract (Übersetzung der Zusammenfassung)

The dissertation "Acceptance of multimodal mobility. A study in three urban neighborhoods" takes up current topics on the transformation of everyday mobility. The research contributes to how public transport and bicycles can be promoted as environmentally friendly alternatives to the car. First, this work examines the capabilities and restrictions that multimodal individuals and monomodal car users bring to the table that support or impede multimodal mobility behavior. Second, the ranking of certain transportation aspects in potential decision situations is examined. Third, this work addresses how multimodal mobility behavior is embedded in individual neighborhood contexts. To address the research concerns, the basics of sociological theories of action as well as the motility concept are considered and the state of the art of sociological mobility research regarding spatial-structural, socio-structural, and person-related characteristics is reviewed.

This paper is based on evaluations of the survey "Mobility in Bochum 2020", which took place in three Bochum districts. A special part of the survey are two factorial surveys, in which several situation characteristics are tested simultaneously. In addition, 14 qualitative interviews are evaluated, which were conducted with participants of the survey.

The most important results are as follows: The multimodal people and the monomodal car drivers differ in the availability of the means of transportation, the attitudes towards the means of transportation and the frequency with which short trips are made. The analysis of the interviews also showed that the perception of the bicycle as a suitable means of transport is of central importance for its use. Monomodal car drivers often do not perceive the bicycle as a transport option, even though it is available. Safety, flexibility and environmental awareness are important for both mobility groups in their everyday mobility. There are differences in how multimodal people and monomodal car drivers deal with this.

While multimodal people, for example, use bicycles or public transport as environmentally friendly means of transport, monomodal car drivers prefer to walk or use electric cars. Safety concerns can either lead to individual adaptation strategies (multimodal people) or to the categorical exclusion of the means of transport (monomodal car drivers).

The factorial survey has shown that journey duration and cheap tickets have a greater influence on the likelihood of using public transport than parking fees for the car or the frequency. Good weather and a short distance are more relevant for the likelihood of bicycle use than the condition of the cycle path and the distance of the parking lot from the destination.

Inhaltsverzeichnis

Abkürzungsverzeichnis

AIC	Akaike-Informationskriterium
AME	Average marginal effect
BBSR	Bundesinstitut für Bau-, Stadt- und Raumforschung
DBU	Deutsche Bundesstiftung Umwelt
G	Gerthe
H	Hamme
HH	Haushalt
ICC	Intra-Class-Correlation
MaaS	Mobility-as-a-Service
MEM	Marginal effect at mean
MFS	Modell der Frame-Selektion
MiD	Mobilität in Deutschland
MIV	Motorisierter Individualverkehr
MobiBo	Befragung „Mobilität in Bochum 2020"
NAM	Norm-Aktivations-Modell
NGO	Nichtregierungsorganisation
NRW	Nordrhein-Westfalen
OSM	Open Street Map
ÖV	Öffentlicher Verkehr
PAPI	Paper and Pencil (Befragungsform ohne Computerunterstützung)
PKW	Personenkraftwagen
RCT	Rational-Choice-Theorie(n)
RUB	Ruhr-Universität Bochum
SrV	System repräsentativer Verkehrsbefragungen
TPB	Theory of Planned Behavior

VCD	Verkehrsclub Deutschland e. V.
VM	Verkehrsmittel
VMN	Verkehrsmittelnutzung
W	Wiemelhausen
WU	Wohnumgebung
ZEFIR	Zentrum für interdisziplinäre Regionalforschung

Abbildungsverzeichnis

Tabellenverzeichnis

Einleitung: Akzeptanz multimodaler Mobilität

Mobilität macht einen zentralen Bestandteil unseres Alltags und moderner Lebensweisen aus. Pendeln zum Arbeitsplatz, Verabredungen, Freizeitaktivitäten wie Sport, Kino und Konzerte bis hin zu Urlaubsreisen erfordern Ortsveränderungen. 85 Prozent der Bevölkerung verlassen täglich mindestens einmal das Haus – sind also mobil. Dabei werden durchschnittlich 46 Kilometer pro Tag zurückgelegt und 75 Prozent der Kilometer werden mit dem Auto gefahren (Nobis und Kuhnimhof 2018, S. 26–28, 45). Aus der steigenden (Auto-)Mobilität resultieren unmittelbare negative Effekte wie Emissionen, Lärmbelastung und die Flächenversiegelung durch Straßenbau und andere Verkehrsflächen. Zudem werden mittelbare negative Folgen deutlich: die Erderwärmung und der Klimawandel, gesundheitliche Beeinträchtigungen, Zeitverlust durch Stau sowie die Benachteiligung von nicht-autofahrenden Verkehrsteilnehmer:innen (Bratzel und Tellermann 2008; Flade 2013, S. 147; Flore und Kröcher 2021, S. 35; Große Ophoff 2021, S. 26). Mobilität ist somit einerseits Basis der modernen, flexiblen Lebensweise und hohen Wirtschaftsleistung. Andererseits trägt sie zur Minderung der Lebensqualität oder gar Zerstörung der Lebensgrundlage bei.

Obwohl bereits in den 1990er Jahren über einen „Verkehrsinfarkt" diskutiert wurde (Flore und Kröcher 2021, S. 33) und umfassende Forschungsprogramme finanziert worden waren (Knie 2016) und Wissenschaft, NGOs und Sozialverbände eine Neuausrichtung der Verkehrspolitik angemahnt hatten, folgte keine Verkehrswende (Flore und Kröcher 2021, S. 35–38). Das auf die individuelle Automobilität konzentrierte System besteht weiter fort. Die inzwischen deutlich werdenden mittelbaren Folgen wie der Klimawandel führen jedoch dazu, dass eine umfassende Verkehrswende in Politik und Gesellschaft diskutiert wird.

© Der/die Autor(en) 2025 1
A. Graf, *Akzeptanz multimodaler Mobilität*, Studien zur Mobilitäts- und Verkehrsforschung, https://doi.org/10.1007/978-3-658-46269-7_1

Die beiden Hauptforderungen der Befürworter:innen der Verkehrswende betreffen die Energiewende im Verkehr und die Mobilitätswende. Die Energiewende im Verkehr umfasst den Umstieg von fossilen Energien auf erneuerbare Energien im Verkehrssektor. Hier geht es primär um die Nutzung alternativer Antriebsstoffe, z. B. Elektromobilität. Damit können die CO_2-Emissionen als Hauptursache des Klimawandels gesenkt werden.

Zusätzlich wird die Mobilitätswende gefordert. Mit Mobilitätswende ist die Transformation des Verkehrssystems gemeint, die Alternativen zum Auto als universelles Individualverkehrsmittel bietet. Mehr Fußwege, mehr Fahrradwege, mehr Öffentlicher Verkehr (ÖV) und „neue" Mobilitätsangebote wie Carsharing oder Ridepooling sollen die Mobilität verändern. Ziel ist es, durch Effizienz, z. B. höhere Autoauslastung, und Verlagerung, z. B. auf das Fahrrad, den Energiebedarf des Verkehrs zu senken, ohne die Mobilität insgesamt einzuschränken (Agora Verkehrswende 2017, S. 14–15). Mobilitätswende meint also eine umfassende Umgestaltung des Verkehrssystems, die nachhaltige Mobilität auch als sozialgerechte Mobilität versteht (Flore et al. 2021; Hennicke et al. 2021). Als wichtigste Schritte werden die Verkehrsvermeidung, die Verkehrsverlagerung, die Verkehrsberuhigung und die Optimierung von Technik und Nutzung angeführt (Flore und Kröcher 2021, S. 48).

In dieser Arbeit stehen Verkehrsverlagerungen im Fokus. Individuelle Automobilität ist besonders energieintensiv und Autos mit Verbrennungsmotor sind nicht umweltverträglich. Dagegen kann multimodale Mobilität, also das Auswählen des situativ am besten geeigneten Verkehrsmittels, als energieeffizient und nachhaltig[1] eingeordnet werden. Ausgehend von der aktuell dominierenden monomodalen Autonutzung wird multimodales Mobilitätsverhalten als Ziel der Mobilitätswende betrachtet. Multimodale Mobilität beinhaltet Verkehrsmittelwechsel und scheint daher geeignet, die Potenziale und Bedingungen von Verkehrsverlagerungen zu untersuchen. Zentraler Gegenstand dieser Arbeit ist zum einen die Analyse der individuellen Möglichkeiten für multimodales Mobilitätsverhalten, zum anderen die Untersuchung von Verkehrsverlagerungen vom Auto auf die umweltverträglicheren Alternativen ÖV und Fahrrad.

Die anderen Forderungen Verkehrsvermeidung, Verkehrsberuhigung und Optimierung von Technik und Nutzung hängen unmittelbar mit Verkehrsverlagerungen zusammen. Die Verkehrsvermeidung kann nur gelingen, wenn das Verkehrsvolumen insgesamt, z. B. durch die Förderung kurzer Wege, reduziert wird. Kurze Wege steigern gleichzeitig die Attraktivität der aktiven Mobilität

---

[1] Multimodale Mobilität als nachhaltige Mobilität wird ausführlich in Kapitel 2.3.1 diskutiert.

(Zufußgehen und Fahrradfahren) und können damit auch zu Verkehrsverlagerungen beitragen. Verkehrsberuhigung, also Temporeduktion, hätte eine direkte Reduktion der CO_2-Emissionen zur Folge. Zusätzlich gewänne aktive Mobilität an Attraktivität, deren Sicherheit durch die Entschleunigung des Verkehrs gestärkt würde. Mit Optimierung von Technik und Nutzung sind neben Fahrzeugen mit alternativen Antrieben auch kollektive Nutzungsformen, z. B. Carsharing, Ridepooling, On-Demand-Verkehr, gemeint, die dem Individualverkehr vorgezogen werden sollten (Flore und Kröcher 2021, S. 48–49).

Der Wandel von der dominierenden Automobilität zur multimodalen Mobilität zeigt sich bisher nur in ausgewählten Bereichen wie einigen Großstädten (Knie 2016, S. 40). Aufgrund der kurzen Wege, der wenigen Parkplätze und des guten ÖV-Netzes sind Alternativen zum Auto hier besonders attraktiv. Zum Gelingen der Mobilitätswende darf sich die Transformation jedoch nicht auf wenige Großstädte beschränken.

Die Umsetzung der Mobilitätswende wird nur gelingen, wenn Quartiere als Ausgangspunkt für die meisten Wege besonders berücksichtigt werden. Im unmittelbaren Wohnumfeld entscheidet sich, welche Verkehrsmittel genutzt werden. Die Vorteile der multimodalen Quartiersgestaltung wie Teilhabemöglichkeiten für Ältere und Haushalte mit geringem Einkommen, Klimaschutz und Kosteneinsparungen sind überzeugend (Bäumer 2009, S. 8; Verkehrsclub Deutschland (VCD) 2019, S. 10–11). Quartiere als Wohn- und Lebensorte erscheinen daher als zentral für die Akzeptanz multimodaler Mobilität. Um dies zu validieren, wird das Mobilitätsverhalten in dieser Arbeit in drei unterschiedlichen urbanen Quartieren der Ruhrgebietsstadt Bochum untersucht. Es soll geprüft werden, inwiefern multimodale Mobilität abhängig ist von bestimmten raumstrukturellen Bedingungen in der Wohnumgebung und wie sich multimodale Mobilität in den verschiedenen Quartierstypen fördern lässt.

Die Ergebnisse dieser Arbeit basieren auf einer großen Bevölkerungsbefragung in den drei untersuchten Stadtteilen und qualitativen Interviews mit Teilnehmenden der Befragung. Eine Besonderheit der Befragung ist eine sogenannte Vignettenstudie, womit Präferenzen beim Modal Shift vom Auto auf den ÖV oder das Fahrrad abgefragt wurden.

Die vorgestellten Themen rahmen das Ziel der Arbeit, das darin liegt, Akzeptanzaspekte und individuelle Optionen zu identifizieren, die multimodales Mobilitätsverhalten (vom Quartier ausgehend) fördern bzw. einschränken. Dafür werden zwei Untersuchungsstränge verfolgt. Erstens werden die individuellen Möglichkeiten für multimodale Mobilität untersucht. Dazu wird multimodale Mobilität als beobachtbares Verhalten beschrieben und es werden Unterschiede zwischen monomodalen Autofahrer:innen und multimodalen Personen herausgearbeitet. In einem weiteren Schritt lassen sich anhand des Motility-Konzepts die individuellen Zugangsmöglichkeiten, Kompetenzen und Motive multimodaler Mobilität (bzw. monomodaler Autonutzung) identifizieren. Zweitens werden Entscheidungssituationen zwischen zwei Verkehrsmitteln untersucht, um Präferenzen für Verkehrsverlagerungen vom Auto auf den ÖV oder das Fahrrad zu rekonstruieren.

Die Forschungsfragen lauten:

1. Welche Personengruppen sind in Bochum bereits multimodal unterwegs und wie unterscheiden sich multimodale Personen und monomodale Autofahrer:innen (Kapitel 6 und 7)?
2. Wie unterscheiden sich multimodale Personen und monomodale Autofahrer:innen hinsichtlich ihrer Mobilitätsmöglichkeiten (Motility)? Was lässt sich daraus für die Förderung multimodaler Mobilität ableiten (primär Kapitel 7, auch Kapitel 6)?
3. Welche Verkehrsmittelbedingungen können als besonders wichtig für den Umstieg vom Auto auf den ÖV oder das Fahrrad identifiziert werden (Kapitel 8)?
4. Wie wirken die unterschiedlichen städtischen Quartiere auf die Umsetzung multimodaler Mobilität (Abschnitt 6.4)?

Diese Arbeit ist wie folgt aufgebaut: Zunächst werden in Kapitel 2 die zentralen Begriffe dieser Arbeit erläutert. Darunter fallen Mobilität und Verkehr (Abschnitt 2.1) mit den spezifischen Begriffen der nachhaltigen Mobilität (Abschnitt 2.2) und multimodalen Mobilität (Abschnitt 2.3) auf die als zentrale Themen dieser Arbeit eigens eingegangen wird. Anschließend werden kurz der Begriff des Quartiers und seine Bedeutung für das Mobilitätsverhalten besprochen (Abschnitt 2.4). Das Kapitel endet mit der Perspektive der Akzeptanzforschung, die als Rahmen und übergeordnetes Konzept dieser Arbeit betrachtet werden kann (Abschnitt 2.5).

Um das Mobilitätsverhalten und Verkehrsverlagerungen besser zu verstehen, werden zunächst verschiedene theoretische Modelle vorgestellt und zueinander in Bezug gesetzt (Kapitel 3). Dazu werden ausgehend von der Rational-Choice-Heuristik unterschiedliche Perspektiven auf Mobilitätsentscheidungen, Mobilitätshandlungen und Mobilitätsverhalten herausgearbeitet (Abschnitt 3.1). Um die individuellen Möglichkeiten multimodaler Mobilität zu untersuchen, wird das Motility-Konzept vorgestellt (Abschnitt 3.2).

Zur Identifizierung der Akzeptanzbedingungen multimodaler Mobilität und von Verkehrsverlagerungen ist es nötig, relevante Motive und Determinanten der Verkehrsmittelwahl zu kennen. Daher wird in Kapitel 4 der aktuelle Forschungsstand beschrieben, indem die Einflüsse raum- und infrastruktureller Determinanten (Abschnitt 4.1), sozialstruktureller Determinanten (Abschnitt 4.2) und individueller Motive der Verkehrsmittelwahl (Abschnitt 4.3) skizziert werden. Dazu wird primär Literatur zu multimodaler Mobilität herangezogen und durch weitere Studien zur Verkehrsmittelwahl ergänzt. Aus der Darlegung des Forschungsstands ergibt sich die Ableitung des Forschungsbedarfs, was in Abschnitt 4.4 entwickelt wird.

Die methodische Umsetzung und Erhebung der Datengrundlage wird in Kapitel 5 dargelegt. Dazu gehört die Beschreibung der Auswahl der Untersuchungsgebiete (Abschnitt 5.1), der Gestaltung und Durchführung der Bevölkerungsbefragung (Abschnitt 5.2) mit der Vignettenstudie als methodischer „Besonderheit" (Abschnitt 5.3) sowie der Interviews (Abschnitt 5.4).

Nachdem die Datengrundlage bestimmt worden ist, werden in den Kapiteln 6–8 die empirischen Ergebnisse dieser Arbeit vorgestellt. Im ersten Ergebniskapitel (6) werden monomodale Autofahrer:innen und multimodale Personen anhand der Befragungsdaten verglichen. Dazu werden die zentralen Indikatoren Verkehrsmittelverfügbarkeit und Verkehrsmittelnutzung (Abschnitt 6.1), die Lebenslage (Abschnitt 6.3), die Wohnumgebung (Abschnitt 6.4) und die Einstellungen (Abschnitt 6.5) zunächst uni- oder bivariat vorgestellt und schließlich in logistischen Regressionsmodellen gemeinsam betrachtet (Abschnitt 6.6). Der Exkurs in Abschnitt 6.2 gibt einen kurzen Überblick über Veränderungen im Mobilitätsverhalten vor und während der Coronapandemie. Das Kapitel schließt mit einer Diskussion der ersten empirischen Ergebnisse (Abschnitt 6.7).

Den (quantitativen) Vergleich der monomodalen Autofahrer:innen und der multimodalen Personen ergänzen die qualitativen Interviews (Kapitel 7), die darüber Aufschluss geben, welche Fähigkeiten und zentralen Motive die beiden Verhaltensweisen bedingen. Die Interviews werden vor dem Hintergrund des Motility-Konzepts und dessen Analysekategorien Access (Abschnitt 7.2), Skills (Abschnitt 7.3) und Appropriation (Abschnitt 7.4) analysiert. Die zentralen Ergebnisse aus dieser Auswertung der qualitativen Daten werden in Abschnitt 7.5 zusammengefasst und für die Akzeptanz multimodaler Mobilität bewertet und diskutiert.

Verkehrsverlagerungen als zweites zentrales Thema dieser Arbeit werden im dritten Ergebniskapitel (Kapitel 8) beleuchtet. Dazu wird die Vignettenstudie ausgewertet. Zunächst werden Verkehrsverlagerungen vom Auto auf den ÖV (Abschnitt 8.2) und anschließend Verkehrsverlagerungen vom Auto auf das

Fahrrad (8.3) betrachtet. Auch dieses Kapitel schließt mit der Diskussion und Bewertung der wichtigsten empirischen Ergebnisse (Abschnitt 8.4).

Nachdem das Forschungsanliegen, die Methodik und die Ergebnisse präsentiert worden sind, folgt zum Schluss eine Zusammenfassung mit Fazit und Ausblick (Kapitel 9). Darin werden zentrale Ergebnisse der unterschiedlichen Analysen nochmals gemeinsam und übergeordnet beleuchtet (Abschnitt 9.1). Weiter werden die Limitationen dieser Arbeit erläutert (Abschnitt 9.2) und Schlussfolgerungen zur Förderung multimodaler Mobilität in der Praxis dargestellt (Abschnitt 9.3). Diese Arbeit schließt mit einem Ausblick zu weiteren Forschungsfragen (Abschnitt 9.4).

Zentrale Begriffe und Einführung in den Untersuchungsgegenstand 2

Im folgenden Kapitel werden zentrale Begriffe dieser Arbeit in ihrer wissenschaftlichen und manchmal auch alltagssprachlichen Verwendung erläutert. Das Kapitel schließt mit der Perspektive der Akzeptanzforschung (Abschnitt 2.5). Akzeptanz kann als Rahmen für Verhaltensänderungen und die Verbreitung von neuen Handlungsweisen verstanden werden. Die zentralen Begriffe dieser Arbeit sind Mobilität und Verkehr (Abschnitt 2.1) sowie ihre spezifischen Formen der nachhaltigen (Abschnitt 2.2) und multimodalen Mobilität (Abschnitt 2.3). Ausgehend von der wissenschaftlichen und alltagssprachlichen Verwendung der Begriffe Mobilität und Verkehr wird in das Kernthema dieser Arbeit multimodale Mobilität als nachhaltige Mobilität eingeführt. Dazu wird die Verwendung der Begriffe nachhaltige und multimodale Mobilität diskutiert und der Forschungsstand zu multimodaler Mobilität kurz beschrieben. Ein eigenes Teilkapitel ist dem Quartier gewidmet (Abschnitt 2.4). Bedeutung hat das Quartier in dieser Arbeit als Start- und Endpunkt für Wege und damit auch für das Mobilitätsverhalten.

2.1 Mobilität, Verkehr und Motilität

Mobilität leitet sich vom lateinischen Begriff „mobilitas" ab und wird mit „Beweglichkeit" übersetzt. Damit gemeint ist die „Beweglichkeit von Menschen, Lebewesen und Dingen in Zeit und Raum" (Gather et al. 2008, S. 23). In den Verkehrswissenschaften oder der Geografie wird Mobilität als abgeleitetes Bedürfnis zur Raumüberbindung verstanden (Becker 2016, S. 17; Manderscheid 2012, S. 552). Mobilität entsteht, wenn die Bedürfnisse, z. B. Arbeiten, soziale Kontakte oder Einkaufen, nicht vor Ort befriedigt werden können, sondern dafür eine Ortsveränderung notwendig ist. Manderscheid (2012, S. 553) kritisiert, dass

© Der/die Autor(en) 2025
A. Graf, *Akzeptanz multimodaler Mobilität*, Studien zur Mobilitäts- und Verkehrsforschung, https://doi.org/10.1007/978-3-658-46269-7_2

die Ursachen dieser Bedürfnisse zu wenig erforscht werden und schlägt vor, stärker das Verhältnis der mobilitätsintensiven Bedürfnisse, z. B. Freizeitmobilität, zu anderen gesellschaftlichen und räumlichen Entwicklungen zu untersuchen. In der Soziologie wird unter Mobilität traditionellerweise *soziale Mobilität* verstanden, „d. h. der Positionswechsel von Individuen, Gruppen oder Generationen im sozialen Raum oder einem System sozialer Schichtung" (Manderscheid 2012, S. 551). Die geographische Raumüberwindung wird dann als *räumliche Mobilität* bezeichnet. Hierbei wird unterschieden zwischen dauerhafter Mobilität, auch residenzielle Mobilität genannt, und zirkulärer Mobilität. Während Ersteres die Formen der Wohnsitzverlagerung umfasst, also auch Migration, meint Zweiteres wiederkehrende Bewegungen mit Rückkehr zum Ausgangsort (Flade 2013, S. 19; Gather et al. 2008, S. 24; Manderscheid 2012, S. 552). Der Untersuchungsgegenstand dieser Arbeit, Alltagsmobilität, wird zirkulärer Mobilität zugeordnet (Manderscheid 2012, S. 552). Eine Sonderform ist (residenzielle) Multilokalität. Multilokale Personen haben mehr als einen Wohnsitz (Hille 2022, S. 9).[1]

> „Mobilities is about far more than just carrying people and / or commodities from A to B. Indeed, mobility is seen not just as a means of providing access to workplaces and amenities, but more broadly as a constitutive framework for modern society, providing opportunities and constraints – freedom and limitation, justice and inequality and so on – over time and across space [...]" (Shaw und Hesse 2010, S. 310).

Shaw und Hesse beschreiben Mobilität als wesentlichen Bestandteil der Gesellschaft Die Bedeutung von Mobilität geht folglich weit über Ortsveränderungen hinaus. Manderscheid (2012, S. 557) nennt Mobilität ein „grundlegendes Prinzip gesellschaftlicher Beziehungen". Mobilität bildet demnach gesellschaftliche Strukturen ab, ermöglicht Teilhabe und Entfaltung oder schränkt Möglichkeiten ein. Die Interdependenz von sozialer und räumlicher Mobilität wird auch im Verständnis von *Motilität* als Mobilitäts*fähigkeit* und *Mobilität* als Kapital aufgegriffen (siehe Abschnitt 3.2). In diesem Sinne wird Motilität als Ressource verstanden, die Teilhabe am gesellschaftlichen Leben – z. B. am Arbeitsmarkt durch einen Umzug – ermöglicht (Manderscheid 2012, S. 553). Auch Kesselring (2009, S. 210–211) beschreibt Mobilität aus soziologischer Perspektive als gestaltende autonome Mobilität im Sinne von Beweglichkeit und in Abgrenzung

---

[1] Geistige Mobilität verstanden als kognitive Flexibilität und die Fähigkeit Alternativen zu denken, und virtuelle Mobilität im Sinne der Präsenz im virtuellen Raum mittels modernen Informations- und Kommunikationstechnologien vervollständigen die Dimensionen des Mobilitätsbegriffs (Gather et al. 2008, S. 24).

zu tatsächlicher Bewegung. In dieser Arbeit wird Motilität als Mobilitätsfähigkeit im Kontext multimodaler Mobilität untersucht (Kapitel 7). Verkehr wird definiert als „die zeitliche Ausprägung der realisierten Ortsveränderung" (Schwedes et al. 2018, S. 5). „Das Ergebnis von realisierter, zirkulärer Mobilität ist Verkehr" (Hille 2022, S. 34). Verkehr meint die aggregierte Ortsveränderung der einzelnen Verkehrsteilnehmer:innen (Gather et al. 2008, S. 24). Verkehrswachstum entsteht, wenn mehr Wege oder weitere Distanzen zurückgelegt werden (Gather et al. 2008, S. 25). Die Mobilität dagegen nimmt zu, wenn viele Bedürfnisse befriedigt werden. Im Ideal könnten also (emissionsfreie) kurze Wege grenzenlose Mobilität ohne Verkehrswachstum bedeuten (Gather et al. 2008, S. 25).

Der Einfluss der verschiedenen Disziplinen und die meist synonyme Verwendung der Begriffe Verkehr und Mobilität in der Alltagssprache führen dazu, dass sich in der Wissenschaft bisher keine eindeutigen Begriffsverwendungen durchgesetzt haben. Manchmal wird auch reflektiert, dass mit Verkehr überwiegend negative Konnotationen wie Verkehrsunfall, Verkehrstote oder Verkehrsstau verknüpft werden und mit Mobilität ausschließlich positive Assoziationen (Rammler 2016, S. 904). Auch in dieser Arbeit wird nicht konsequent zwischen Verkehr und Mobilität unterschieden, sondern ein pragmatisches synonymes Verständnis übernommen, wenngleich häufiger Mobilität als sozialwissenschaftlich geprägter Begriff verwendet wird.

2.2 Nachhaltige Mobilität

Die Begriffe *nachhaltige Mobilität* und *nachhaltiger Verkehr* werden seit den 1990er Jahren immer häufiger verwendet. Zunächst wies der Begriff der nachhaltigen Mobilität auf das „Bewusstwerden(s) der Nichtnachhaltigkeit des heute vorherrschenden Verkehrs" (Held 2007, S. 852) hin. Mit nachhaltiger Mobilität wurden anfangs Themen wie Abgas- oder Verkehrslärmverminderung verbunden.

Schließlich wurden die Konzepte der nachhaltigen Entwicklung in die Gestaltung von Mobilität und Verkehr integriert. Ziel war es, eine dauerhaft umweltgerechte Mobilität zu etablieren. Als drei Säulen, auch Dimensionen, der Nachhaltigkeit werden die Bereiche Ökonomie, Ökologie und Soziales genannt. Das zukunftsfähige Mobilitätssystem soll folglich nicht nur die Anforderungen des Umweltschutzes erfüllen (z. B. Abgasverminderung), sondern entsprechend der anderen Säulen auch ökonomisch und sozial gerecht sein. Nachhaltige Mobilität sollte emissionsfrei sein, bezahlbar für den Einzelnen und die Gesellschaft und allen Bevölkerungsgruppen die Teilhabe am gesellschaftlichen Leben und die Erfüllung der eigenen Bedürfnisse ermöglichen (Held 2007; Götz 2011, S. 331). Das Konzept nachhaltiger Entwicklung basiert auf Effizienz-, Konsistenz- und Suffizienzstrategien. Effizienz steht für die „Entkopplung von Wirtschaftsleistung und Umweltverbrauch" (Schwedes 2011, S. 23). Ziel ist die Optimierung durch technische Entwicklung wie beispielsweise das 3-Liter-Auto (Canzler und Knie 1998, S. 16) oder die Energierückgewinnung beim Bremsen. Die Idee ist, dass Ressourcen durch effizientere Technik und Logistik gespart werden. Konsistenz meint den effektiven Umgang mit Materialien und die Wiederverwendung der Ressourcen. Es geht darum, Materialien möglichst lange zu verwenden und bestenfalls wiederzuverwenden. Dazu können neben Recycling auch kollaborative Nutzungsformen gezählt werden (Rammler 2016, S. 908). Suffizienz betrifft die Verhaltensweisen. In Bezug auf nachhaltige Mobilität sind damit meist Veränderungen in der Verkehrsmittelwahl gemeint: weniger Autonutzung und mehr Nutzung des Umweltverbundes[2] (Schwedes 2011, S. 24).

Um nachhaltige Mobilität zu erreichen, werden die drei Forderungen der Verkehrsvermeidung, Verkehrsverlagerung und Verkehrsverbesserung erhoben. Die geringsten negativen Umweltwirkungen entstehen, wenn Verkehr nicht stattfindet. Deshalb steht die Verkehrsvermeidung an erster Stelle. Weiter lassen sich durch die Verlagerung auf die umweltverträglichsten Verkehrsmittelmittel weitere negative Umweltwirkungen vermeiden. Schließlich sollte zuletzt an der Verbesserung des unvermeidbaren Verkehrs durch technische und organisatorische Maßnahmen gearbeitet werden (Gather et al. 2008, S. 136).

Um nachhaltige Mobilität im Vergleich zu nicht-nachhaltiger Mobilität als solche zu definieren, muss die Nachhaltigkeit operationalisiert werden. Während sich Verkehrsverlagerungen und Verkehrsvermeidung oder besser -reduktion mit etablierten Kennzahlen, wie dem Modal Split[3] oder dem Verkehrsaufkommen[4] und der Verkehrsleistung[5] messen lassen, sagen diese Kennzahlen nichts über die Bedeutung der einzelnen Dimensionen Ökologie, Soziales und Ökonomie aus.

---

[2] Unter Umweltverbund werden die umweltverträglichen Verkehrsmittel Öffentlicher Verkehr, Fahrrad und Zufußgehen zusammengefasst.

[3] Der Modal Split gibt die Aufteilung der Verkehrsmittel nach Wegen oder Personenkilometern in relativen Häufigkeiten oder absoluten Zahlen an (Nobis und Kuhnimhof 2018).

[4] Das Verkehrsaufkommen nennt die Grundgesamtheit aller Wege in einem bestimmten Zeitraum, z. B. pro Tag oder Jahr (Flade 2013, S. 25; Gather et al. 2008, S. 26).

[5] Verkehrsleistung, auch Verkehrsaufwand genannt, gibt die Grundgesamtheit aller zurückgelegten Personenkilometer in einem bestimmten Zeitraum, z. B. pro Tag oder Jahr, an (Flade 2013, S. 25; Gather et al. 2008, S. 26).

Nobis (2015, S. 101) leitet dazu folgende Kriterien ab, anhand derer die Nachhaltigkeit des Mobilitätsverhaltens auf Individualebene gemessen und bewertet werden kann:

- „Ökologische Dimension: CO_2-Fußabdruck, Größe des Aktionsraums, Entfernungen im Alltag und bei seltenen Fernreisen
- Soziale Dimension: im Verkehr verbrachte Zeit, Erreichbarkeit wichtiger Zielorte, individuelle Zufriedenheit mit der eigenen Mobilität
- Ökonomische Dimension: private Kosten der Verkehrsteilnahme, volkswirtschaftliche Kosten-Nutzen-Berechnungen der verschiedenen Mobilitätsstile."

Die Indikatoren zeigen die Vielfältigkeit und Komplexität nachhaltigen Mobilitätsverhaltens als einen multidimensionalen Untersuchungsgegenstand. Bislang hat sich kein Konzept oder Indikatorenset etabliert, mit dem nachhaltiges Mobilitätsverhalten gemessen und verglichen werden kann.

Etwas weiter ist die Forschung bei der Beschreibung des Ziels nachhaltiger Mobilität in Form von Szenarien. Hier stehen sich im Grunde zwei Visionen gegenüber: Erstens eine „grüne" Automobilität (z. B. Hennicke et al. 2021, S. 77–80; Petersen 2011) und zweitens die multioptionale oder multimodale Mobilität (z. B. Canzler und Knie 1994; Hennicke et al. 2021, S. 80–82). Zwei Szenarien – Petersen (2011) sowie Hennicke et al. (2021) –, die nachhaltige Mobilität mit dominanter Automobilität verknüpfen, werden im Folgenden kurz vorgestellt.

Petersen (2011) beschreibt drei Szenarien mit Fokus auf die Automobilität. Er konzentriert sich primär auf die Reduktion des Energieverbrauchs und der CO_2-Emissionen des Personenverkehrs. Er glaubt, dass Veränderungen in der Verkehrsmittelwahl erst durch eine emotionale Abwertung des Autos möglich sind und lehnt die (planlose) Förderung alternativer Verkehrsmittel wie ÖV oder Fahrrad daher ab (Petersen 2011, S. 427–428). Sein Vorschlag, um die Attraktivität des Autos zu reduzieren, besteht in der gesetzlich geregelten Geschwindigkeitsreduzierung des Autoverkehrs. Dies würde direkt zu Verbrauchseinsparungen führen und könnte mittelfristig durch angepasste Autos mit niedrigerer Motorisierung und leichterer Karosserie weitere Einsparungen bringen. Er argumentiert, dass erst dann alternative Verkehrsmittel in Erwägung gezogen werden, wenn das Auto nicht mehr das schnellste Verkehrsmittel ist. Emissionsfreie Automobilität durch Wasserstoff- oder Elektroantrieb oder alternative Kraftstoffe stellt nach Petersen (2011, S. 421–422) in naher Zukunft keine Alternative dar. Damit greift sein Vorschlag Kernelemente anderer Szenarien auf. Die (langfristigen) ökonomischen und sozialen Aspekte (nicht-)nachhaltiger Mobilität werden jedoch nicht berücksichtigt.

Hennicke et al. (2021, S. 77–80) beschreiben unter dem Stichwort „privilegierter Automobilismus" eine vermeintlich nachhaltige Mobilität, die auf emissionsfreien, womöglich autonomen Fahrzeugen basiert. Digitalisierung, Elektromobilität, alternative Antriebe, aber auch Flugtaxis und Lieferdrohnen sind Stichworte, die in diesem Szenario vorkommen. Letztendlich besteht das auf individuelle Automobilität basierende Verkehrssystem fort. Technischer Fortschritt ermöglicht die Reduktion von Emissionen und die Digitalisierung führt zu neuen Formen wie autonomem Fahren oder Lieferdrohnen. Die Nachhaltigkeit eines solchen Verkehrssystems wird auch auf der ökologischen Ebene angezweifelt.

Hauptkritikpunkt an solchen Szenarien zu nachhaltiger Mobilität ist meist die Fokussierung auf Effizienzstrategien und technologische Lösungen (Butzin et al. 2013, S. 4; Hennicke et al. 2021, S. 77–78; Rammler 2016, S. 909). Einsparungen beim Kraftstoffverbrauch von Autos wurden bislang von sogenannten Rebound-Effekten überholt, sodass die erwünschte Reduktion von CO_2-Emissionen ausblieb (Hennicke et al. 2021, S. 291; Manderscheid 2021, S. 417). Auch die Umstellung der klassischen Antriebsarten Benzin und Diesel auf Elektromobilität oder alternative Kraftstoffe droht dem eigentlichen Zweck der nachhaltigen Mobilität entgegenzulaufen, indem Elektroautos nicht nur dem Trend immer größerer und hochmotorisierter Fahrzeuge folgen, sondern auch weiterhin als privates Universalverkehrsmittel genutzt werden. Eine elektrische Massenmotorisierung ist aufgrund der ressourcenaufwendigen Batterieproduktion mit nachhaltiger Mobilität nicht vereinbar und kann auch nicht zur Vermeidung von Parkplatzmangel oder Stau beitragen (Rammler 2016, S. 908–909).

Die Dominanz technologischer Lösungen in öffentlichen und politischen Debatten beobachtet und kritisiert auch Manderscheid (2021, S. 417). Die soziologische Perspektive, die Mobilität als gesellschaftliche Konstruktion versteht, kann die Kontingenz des Verkehrssystems erkennen und damit Perspektiven für die Transformation des Verkehrssystems eröffnen (Manderscheid 2021, S. 420–421).

Diese Perspektive der Transformation des Verkehrssystems greifen auch die Szenarien zu multioptionaler und multimodaler Mobilität auf. Canzler und Knie (1994) zeichnen – bereits vor fast 30 Jahren – ein Zukunftsszenario der „Multimobilität", das durch effiziente und ressourcenschonende Mobilitätsdienstleistungen die individuellen Mobilitätsbedürfnisse optimal erfüllt. Das Auto wird als dominantes Verkehrsmittel abgelöst. An seine Stelle tritt ein Verkehrsmittelmix, in dem der Umweltverbund und Mobilitätsdienstleistungen wie Ruf- oder Sammeltaxis sowie Mitfahrgelegenheiten eine zentrale Rolle spielen. Ihre

Ideen umfassen auch emissionsfreie Leicht- und Kleinstfahrzeuge, Automobilunternehmen als Mobilitätsdienstleistungsagenturen und die Förderung des Umweltverbundes vor allem im urbanen Raum. Hennicke et al. (2021, S. 80–82) stellen unter „nachhaltige[r] Mobilität für alle" einen Gegenentwurf zum „privilegierten Automobilismus" vor. Nachhaltige Mobilität für alle heißt bei ihnen, Privilegien des Autoverkehrs abzubauen und gleichzeitig den Umweltverbund zu fördern. Die Ziele reichen von Verkehrsvermeidung durch stadtplanerische Leitbilder wie die *Stadt der kurzen Wege* zu mehr Mobilitätsgerechtigkeit, indem das Mobilitätsangebot erweitert wird. Das verspricht mehr Lebensqualität durch weniger Luft- und Umweltverschmutzung und durch die Qualitätsverbesserung des öffentlichen Raums. Dieses Konzept zielt stärker darauf ab, nicht nur ökologische Folgen des Verkehrs zu reduzieren, sondern auch soziale Ungleichheiten des Mobilitätssystems abzubauen (vgl. Dangschat und Segert 2011).

Der entscheidende Unterschied zwischen den autodominierten und multioptionalen Szenarien liegt im Systembruch. Hierin besteht auch die größte Herausforderung. Ein nachhaltiges Mobilitätskonzept, das Privilegien des Autos abbaut, ökologische und ökonomische Kosten der Verkehrsmittel abbildet und soziale Ungleichheiten reduziert, braucht eine umfassende Transformation: die Mobilitätswende.

Die Mobilitätswende geht über die Veränderung des Verkehrssystems hinaus und umfasst auch andere Bereiche wie die Stadtplanung, den Umweltschutz, die Wirtschaft, die Daseinsvorsorge oder die Bildung (vgl. auch Jansen et al. 2014). Diese neue Mobilität wird häufig als multimodal, intermodal und vernetzt beschrieben. Elektromobilität und Digitalisierung sind auch hier wichtig – mit dem Unterschied, dass die Verkehrsmittelnutzung meist auf kollaborativen Nutzungsformen beruht. Teilen statt Nutzen, also On-Demand-Verkehr, Carsharing oder Mobilstationen sind Stichworte, die oft mit ressourceneffizienter, bedürfnisorientierter und moderner Mobilität verknüpft werden. Die Basis dieser multimodalen, intermodalen und vernetzten Mobilität bildet der Umweltverbund. Ein Großteil der Wege sollte als emissionsfreier Individualverkehr zu Fuß oder mit dem Fahrrad zurückgelegt werden, für weitere Distanzen stehen die öffentlichen Verkehrsmittel zur Verfügung. Autos werden als Ergänzung vor allem gemeinsam genutzt oder geteilt.

Kritisiert wird auch hier, dass nicht immer alle drei Nachhaltigkeitsdimensionen – ökologisch, ökonomisch und sozial – berücksichtigt werden. Der Zugang zu den diskutierten neuen „nachhaltigen" Mobilitätsangeboten ist für ärmere Bevölkerungsgruppen oft nicht gegeben (Groth 2019a; Daubitz 2016). Soziologische

Mobilitätsforschung sollte auf diese Widersprüche hinweisen und eine Ausweitung des Diskurses auf die soziale und ökologische Dimension der Nachhaltigkeit forcieren (Manderscheid 2021, S. 427–428). Was wurde bisher erreicht? Betrachtet man die harten Zahlen wie Verkehrsaufwand, zugelassene Neufahrzeuge und CO_2-Einsparungen im Verkehrssektor, wurde bisher (fast) nichts erreicht. Das Zukunftsszenario von Canzler und Knie (1994) ist auch fast 30 Jahre später mehr Zukunftsszenario als Realität. Orientiert man sich an aktuellen Debatten und Entwicklungen, bekommt man einen positiveren Eindruck. „Die Mobilitätswende hat in den Städten bereits begonnen" postuliert beispielsweise die Agora Verkehrswende (2017, S. 25). Hennicke et al. (2021) nennen „Hoffnungszeichen" der Verkehrswende wie beispielsweise den Wandel in den Köpfen der Bevölkerung oder klare politische Ziele zur Reduktion der Automobilität in einzelnen Städten. Die Coronapandemie hat Pop-Up-Radwege und mehr Platz für den Fußverkehr ermöglicht und mobilem Arbeiten einen unerwarteten Boom verschafft (vgl. Jarass et al. 2021, S. 89–90; Philipp et al. 2022, S. 465–466). Dadurch ist auch Bewegung in die Mobilitätswende gekommen. Die verschiedenen Fortschritte sollten jedoch nicht darüber hinwegtäuschen, dass nachhaltige Mobilität – egal ob Elektromobilität, Nutzen statt Besitzen oder multimodale Mobilität – weitestgehend ein urbanes Phänomen ist, vor allem getragen von eher jüngeren, gut gebildeten und einkommensstarken Personen. Von „nachhaltiger Mobilität für alle" ist Deutschland noch weit entfernt.

Zusammenfassend ist zu sagen, dass nachhaltige Mobilität zwar populär und sinnvoll ist, allerdings auch schwierig zu fassen. Aus wissenschaftlichen und politischen Debatten ist weder ein klares Ziel nachhaltiger Mobilität zu erkennen, noch haben sich Instrumente etabliert, die nachhaltige Mobilität bzw. nachhaltigen Verkehr messen und damit dokumentieren. In dieser Arbeit wird nachhaltige Mobilität als spezifische Form der Verkehrsmittelnutzung, nämlich als nachhaltige Mobilität verstanden. Damit verortet sich diese Arbeit im Kontext der zweiten Szenarien, die ein multioptionales Verkehrssystem und damit die Transformation des Verkehrssystems als Voraussetzung für nachhaltige Mobilität verstehen. Während mit multioptionaler oder multimodaler Mobilität als nachhaltige Mobilität das Mobilitätssystem an sich gemeint sein kann, beispielsweise in den Szenarien, wird in dieser Arbeit primär multimodales Mobilitäts*verhalten*, also die Ebene der Individuen untersucht. Multimodale Mobilität als spezifische Form des Mobilitätsverhaltens bzw. der Verkehrsmittelnutzung und die Einordnung als nachhaltige Mobilität sind Thema des nächsten Kapitels.

2.3   Multimodale Mobilität

Multimodale Mobilität (im Folgenden auch manchmal multimodales Verhalten oder multimodale Verkehrsmittelnutzung genannt) kann als eine besondere Form der flexiblen Verkehrsmittelnutzung bezeichnet werden. Von multimodaler Mobilität wird gesprochen, wenn unterschiedliche Verkehrsmittel innerhalb eines festgelegten Zeitraums genutzt werden. Begrifflich ist Multimodalität also von Monomodalität, der Nutzung des immer gleichen Verkehrsmittels, und Intermodalität, der Nutzung unterschiedlicher Verkehrsmittel während eines Weges, zu differenzieren (vgl. Tabelle 2.1).

Tabelle 2.1 Definitionen Mono-, Multi- und Intermodalität (eigene Darstellung nach Nobis 2015, S. 21)

	Definition	Bezugseinheit	Merkmal der Bezugseinheit	Merkmal des Verhaltens
Mono-modalität	Ausschließliche Nutzung eines Verkehrsmittels auf allen Wegen, die innerhalb eines bestimmten Zeitraums durchgeführt werden	Zeitraum	Nutzung eines Verkehrsmittels	keine Variation von Verkehrsmitteln
Multi-modalität	(Wechselnde) Nutzung verschiedener Verkehrsmittel bei der Durchführung von Wegen innerhalb eines bestimmten Zeitraums	Zeitraum	Nutzung verschiedener Verkehrsmittel	Variation von Verkehrsmitteln
Inter-modalität	Nutzung und damit Kombination verschiedener Verkehrsmittel im Verlauf eines Weges	Weg	Nutzung verschiedener Verkehrsmittel	Verkettung von Verkehrsmitteln

Die Operationalisierung multimodaler Mobilität unterscheidet sich von Studie zu Studie erheblich. Das Verbindende der Ansätze ist meist die Segmentierung in homogene Verhaltensgruppen. Variation gibt es je nach Forschungsinteresse und Datengrundlage hinsichtlich der Merkmale, die für die Segmentierung verwendet werden. Typische Merkmale zur Segmentierung betreffen den Zeitraum, der für multimodale Verkehrsmittelnutzung festgelegt ist, die Verkehrsmittel, die berücksichtigt werden und die Intensität der Verkehrsmittelnutzung.

Weitere Unterschiede entstehen durch die Datengrundlage, z. B. Querschnitts-daten, Längsschnittdaten oder qualitative Daten. Multimodale Mobilität wird meist für einen festgelegten Zeitraum definiert. Als Zeitraum wird häufig eine Woche gewählt (An et al. 2021a; Klinger 2017; Scheiner et al. 2016) und manchmal auch nur die Verkehrsmittelnutzung an einem Tag (Blumenberg und Pierce 2014). Daraus folgt, dass Personen als multimodal definiert werden, die entweder innerhalb einer Woche oder innerhalb eines Tages unterschiedliche Verkehrsmittel nutzen.

Ein weiteres Kriterium für multimodale Mobilität ist, welche Verkehrsmittel berücksichtigt werden. Häufig werden die Verkehrsmittel Auto, ÖV und Fahrrad untersucht. Ein wesentlicher Unterschied liegt oft darin, ob auch Fußwege in die Operationalisierung von multimodalem Verhalten eingeschlossen werden (Heinen und Chatterjee 2015; Scheiner et al. 2016; Vij et al. 2013) oder andernfalls Fuß-wege ausgeschlossen werden (Molin et al. 2016; Groth 2019a). Andere Studien untersuchen Multimodalität auch im Hinblick auf neue Mobilitätsdienstleistun-gen wie Carsharing oder On-Demand-Verkehr. Dafür werden wiederum völlig andere Verkehrsmittel bzw. Mobilitätsangebote und Verhaltensweisen berück-sichtigt (Clauss und Döppe 2016; Jonuschat et al. 2015; Matyas 2020). Hinzu kommen Detailfragen hinsichtlich der Verkehrsmittelnutzung, welche öffentlichen Verkehrsmittel, z. B. Bus und/oder Schienenverkehr, berücksichtigt wurden und ob die Autonutzung auch Mitfahrende einschließt, ausschließt oder separiert.

Mit der Intensität der Verkehrsmittelnutzung ist die Nutzungshäufigkeit gemeint. Diese kann sowohl über die Anzahl der Wege als auch über die zurückgelegten Kilometer bestimmt werden. Für die weite Definition von multi-modalem Verhalten genügt es meist, wenn ein Verkehrsmittel mindestens einmal wöchentlich genutzt wird (Nobis 2007, S. 36). Der Vorteil dieser Variante besteht in der einfacheren Operationalisierung. Der Nachteil liegt in der Ungenauig-keit. Bei der Definition multimodaler Mobilität über die wöchentliche Nutzung werden Personen, die ein Verkehrsmittel fast ausschließlich nutzen, gleich klas-sifiziert wie Personen, die es einmal pro Woche nutzen. Dadurch ist auch die Unterscheidung zwischen umweltverträglicher multimodaler Mobilität, die wenig Autonutzung einschließt, und nicht umweltverträglicher multimodaler Mobilität, bei der Auto als Hauptverkehrsmittel dient, nicht möglich. Daher nimmt Nobis (2007) nur Personen in die engere Definition von multimodal auf, die maximal 70 Prozent der Wege mit dem gleichen Verkehrsmittel zurücklegen. Umwelt-verträgliche und nicht umweltverträgliche Mobilität lässt sich auch damit nur bedingt erfassen. Wege sagen wenig über die Verkehrsleistung und damit auch den CO_2-Fußabdruck aus. Hunecke et al. (2020) unterscheiden zwischen autoba-siertem multimodalem Verhalten, das die Autonutzung als Fahrer:in beinhaltet

und grünem multimodalen Verhalten, das auf der Nutzung des Umweltverbundes oder Carsharing basiert. Damit kann umweltverträgliche multimodale
Mobilität deutlich besser identifiziert werden. Ebenso trifft dies auf Heinen und
Chatterjee (2015) zu, die das Hauptverkehrsmittel bestimmen und daraus die
Verhaltensgruppen ableiten.

In Bezug auf die Datengrundlage erfolgt die Segmentierung der Verhaltensgruppen sowohl anhand von Mobilitätstagebüchern, auch Wegetagebücher
genannt, oder Fragen zur Selbsteinschätzung. Mobilitätstagebücher dokumentieren die einzelnen Wege in einem festgelegten Zeitraum und liefern damit eine
hohe Differenzierung. Allerdings sind für multimodales Verhalten Mobilitätstagebücher von einer Woche notwendig, deren Erhebung sehr aufwendig ist.[6]
Fragen zur Selbsteinschätzung, z. B. „Wie häufig haben Sie in der letzten Woche
das Auto genutzt?", sind einfacher umzusetzen, messen das Mobilitätsverhalten
jedoch deutlich ungenauer. Mit Fragen zur Selbsteinschätzung sind zudem nicht
alle oben vorgestellten Segmentierungen möglich.

In dieser Arbeit ist multimodale Mobilität als die Nutzung verschiedener
Verkehrsmittel im Zeitraum einer Woche definiert. Als Verkehrsmittel werden
das Auto als Fahrer:in oder Mitfahrer:in, die öffentlichen Verkehrsmittel Bus,
Straßenbahn, U-Bahn, S-Bahn und Fern-/Nahverkehrszug und das Fahrrad auch
in Form von Pedelecs oder E-Bikes[7] berücksichtigt. Es wird die „einfache"
Definition verwendet: Multimodal ist eine Person, wenn sie innerhalb einer
Woche mindestens zwei der Verkehrsmittel Auto, ÖV oder Fahrrad nutzt. Nicht
berücksichtigt werden Fußwege und motorisierte Zweiräder. Eine differenzierte
Segmentierung und die Erhebung von Mobilitätstagebüchern konnte in dieser
Arbeit nicht geleistet werden.

2.3.1 Multimodale Mobilität im Kontext von nachhaltiger Mobilität

Ziel der Forschung zu multimodaler Mobilität ist häufig, ihr Potenzial für
nachhaltige und umweltverträgliche Mobilität im Vergleich zur monomodalen

---

[6] Im Deutschen Mobilitätspanel (MOP) wird dies dennoch seit 1994 jährlich für Deutschland
erhoben. Weitere Infos unter: https://mobilitaetspanel.ifv.kit.edu/, Stand 10.12.2022.

[7] Im Folgenden wird für Fahrräder mit motorisierter Unterstützung der Begriff Pedelec,
manchmal auch Elektrofahrrad verwendet. Gemeint sind in dieser Studie ausschließlich
Pedelecs/E-Bikes bis 25 km/h, die ohne Führerschein und Kennzeichen genutzt werden
dürfen.

Automobilität zu erheben. Es wird davon ausgegangen, dass Verkehrsverlagerungen von monomodaler Autonutzung zu multimodaler Mobilität zur Reduzierung der CO_2-Emissionen beitragen können. Der Einsatz des jeweils am besten geeigneten Verkehrsmittels für unterschiedliche Wege – als multimodaler Idealtyp – wird gerne in Zukunftsszenarien gezeichnet (Agora Verkehrswende 2017, 15;46; Sommer und Mucha 2014, S. 512). Indessen ist multimodale Mobilität nicht per se emissionsärmer als anderes Mobilitätsverhalten. Wie oben bereits beschrieben, hängt dies stark mit der verwendeten Definition und Segmentierung zusammen. Auch der Verkehrsaufwand der Person ist entscheidend. Nobis (2015, S. 153) hat gezeigt, dass multimodale Personen häufig einen hohen Verkehrsaufwand haben. Dadurch kann trotz multimodaler Verkehrsmittelnutzung ihre Emissionsbilanz deutlich schlechter ausfallen als bei Personen, die monomodal das Auto nutzen, aber nur wenige und kurze Strecken zurücklegen. Zusätzlich orientieren sich die oben vorgestellten Definitionen und Segmentierungen, wenn überhaupt, an indirekt geschätzten CO_2-Emissionen zur Definition von nachhaltiger Mobilität. Das vielfältige Indikatorenset für nachhaltige Mobilität (vgl. Abschnitt 2.2) von Nobis (2015, S. 101) wird nicht annähernd abgebildet. Sie fasst zusammen, dass multimodale Mobilität nur dann nachhaltig ist, wenn viele der genannten Indikatoren, z. B. Erreichbarkeit wichtiger Zielorte, individuelle Zufriedenheit mit der eigenen Mobilität, private Kosten der Verkehrsteilnahme etc., erfüllt sind. Die soziale und ökonomische Dimension von Nachhaltigkeit muss also auch berücksichtigt werden. Personen, die den ÖV und das Fahrrad nutzen, also innerhalb der strengen multimodalen Definitionen als multimodal *und* nachhaltig klassifiziert werden, erreichen nicht zwangsläufig die sozialen Ziele. Einige Studien (Groth et al. 2021, S. 11; Molin et al. 2016, S. 28) haben gezeigt, dass gerade Personen, die gezwungen sind, ausschließlich den Umweltverbund zu nutzen, damit häufig unzufrieden sind und ihre Autonutzung gerne ausweiten würden.

Trotz dieser Einschränkungen lohnt es sich, multimodales Mobilitätsverhalten zu untersuchen und zu fördern. Durchschnittlich legen multimodale Personen deutlich weniger Kilometer mit dem Auto zurück als monomodale Autofahrer:innen (Nobis 2015, S. 156). Wegen der Verteilung auf die verschiedene Verkehrsmittel haben multimodale Personen, trotz des hohen Verkehrsaufwands, einen geringeren CO_2-Fußabdruck (Nobis 2015, S. 244). Bei der Mobilitätswende, die umweltverträgliche Mobilität ohne Mobilitätseinschränkungen fordert, sind multimodale Mobilität und Verkehrsverlagerungen wichtig. Multimodale Mobilität wird als Einstieg in die autoreduzierte oder autofreie Mobilität gesehen. Wer die ÖV- oder Fahrradnutzung erstmal in Alltagswege integriert hat, kann diese Nutzung auch leichter ausbauen (Nobis 2015, S. 91). Nicht nur, aber gerade im urbanen Raum liegt in der multimodalen Mobilität auch die Chance, große sperrige Autos durch kleinere flexiblere Verkehrsmittel wie Fahrräder, Pedelecs oder E-Scooter zu ersetzen. Zudem ist multimodale Mobilität der entscheidende Baustein zur Etablierung neuer Mobilitätsdienstleistungen wie Carsharing oder Ridepooling. Solche Dienste, die das ÖV- und nichtmotorisierte Angebot ergänzen und zur Erleichterung von intermodalen Wegeketten beitragen sollen, sind vor allem dann attraktiv, wenn das eigene Auto nicht das Hauptverkehrsmittel ist, sondern das Auto ein Verkehrsmittel unter verschiedenen ist, das zudem nur selten eingesetzt wird. Die Diffusion multimodaler Mobilität kann die vielfältigen Probleme des aktuellen Verkehrssystems lösen. Schließlich lassen sich unter multimodaler Mobilität viele andere Formen nachhaltiger Mobilität wie Elektromobilität, gemeinsam genutzte Mobilität und aktive Mobilität integrieren. Entscheidend ist der Mix. Obwohl multimodales Mobilitätsverhalten in den meisten Fällen streng genommen nicht nachhaltig ist, ist es dennoch oft ökologisch nachhaltiger als monomodale Autonutzung.

2.3.2 Bisherige Forschung zu multimodaler Verkehrsmittelnutzung

In diesem Kapitel folgt ein kurzer Forschungsüberblick zu multimodaler Mobilität. Ziel dieses Forschungsüberblicks ist es, die Themen multimodaler Mobilitätsforschung zu skizzieren. Multimodale Mobilität als spezifische Form der Verkehrsmittelnutzung wird seit der Jahrtausendwende intensiver erforscht (Groth 2019c, S. 33). Der folgende Forschungsüberblick ist in Tabelle 2.2 zusammengefasst und wurde in ähnlicher Form auch von Groth (2019c, S. 32–40) beschrieben.

Erste Forschungen beschäftigten sich mit der Beschreibung multimodaler Gruppen sowie unterschiedlichen Definitions- und Messmöglichkeiten (Kuhnimhof et al. 2006; Nobis 2007; Ruhren und Beckmann 2005). Nobis (2015, S. 45) fasst zusammen, dass Studien auf Basis deutscher Daten, die die Verkehrsmittel Auto, ÖV und Fahrrad ohne Fußwege berücksichtigen, meist auf einen Anteil multimodaler Personen von knapp 50 Prozent kommen. Sobald auch Fußwege berücksichtigt werden, liegt der Anteil multimodaler Personen meist deutlich höher.

Die Studien von Buehler und Hamre (2015, 2016) und Heinen und Chatterjee (2015) ermöglichen den internationalen Vergleich multimodaler Verkehrsmittelnutzung auch zwischen den USA und Großbritannien mit Deutschland. Auch wenn sich die Datengrundlagen und Gruppensegmentierungen teilweise stark unterscheiden, lassen sich aus den Studien verschiedene multimodale Gemeinsamkeiten herausarbeiten. Multimodales Mobilitätsverhalten manifestiert sich als eher urbanes Phänomen, das von eher jungen Personen praktiziert wird (Buehler und Hamre 2016; Heinen und Chatterjee 2015; Nobis 2007). Der internationale Vergleich multimodaler Mobilität wird auch bei Diana und Mokhtarian (2009a, 2009b) jeweils zwischen Frankreich und den USA (San Francisco Bay) berücksichtigt. Diana und Mokhtarian (2009a, S. 116) identifizieren beispielsweise ähnliche Verhaltensgruppen, wenngleich die Bereitschaft, die Autonutzung zu reduzieren, in den USA bei keiner Gruppe festzustellen ist, in Frankreich immerhin bei einem Teil.

Tabelle 2.2 Themen multimodaler Forschung (eigene Darstellung)

Thema	Studie	Sonstiges
Multimodale Gruppen	Buehler und Hamre 2015, Buehler und Hamre 2016, Heinen und Chatterjee 2015, Molin et al. 2016, Nobis 2007, Ruhren et al. 2005	USA, Großbritannien, Niederlande, Deutschland
Verhaltensänderungen	Diana und Moktharian 2009a, Diana und Moktharian 2009b, Diana 2012, Heinen 2018, Heinen und Mattioli 2019, Klinger 2017	Italien, Niederlande, Großbritannien
Einstellungen und multimodale Mobilität	Groth et al. 2021, Konrad und Groth 2020, Molin et al. 2016	
Fokus junge Erwachsene	Groth et al. 2021, Hunecke et al. 2020, Konrad und Groth 2020, Kuhnimhof et al. 2012	
Neue Mobilitätsdienstleistungen	Clauss und Döppe 2016, Groth 2019, Günther et al. 2020, Jonuschat 2015, Matyas 2020, Miramontes 2017	Dienstwege- und reisen, Carsharing, MaaS, Mobilitätsstationen
Multioptionalität	Groth 2019a und 2019b	
Umzug, Lebensereignis	Klinger 2017, Scheiner et al. 2016	Umzug in andere Stadt, Multimodalität im Lebenslauf

(Fortsetzung)

Tabelle 2.2 (Fortsetzung)

Thema	Studie	Sonstiges
Wohnumgebung (Walkability Index) und multimodale VMN	Riggs et al. 2020	
Multimodale Mobilität und Wegezweck	An et al. 2021b, Vij et al. 2013	
Verwendete Daten		
Längsschnittstudie	An et al. 2021a, Heinen und Chatterjee 2015, Heinen und Mattioli 2019b, Scheiner et al. 2016	
qualitativ	Clauss und Döppe 2016, Matyas 2020, McLaren 2016, Schuppan et al. 2014	

Nobis (2007, S. 42–43) belegt, dass multimodale Personen durchschnittlich
weniger Kilometer mit den Auto zurücklegen als monomodale Autofahrer:innen.
Damit steigt auch das Interesse an multimodaler Mobilität als nachhaltiger
Mobilität. Verhaltensänderungen in der Verkehrsmittelnutzung im Hinblick auf
nachhaltige Mobilität werden auch bei Diana und Mokhtarian (2009a, 2009b),
Heinen (2018) und Klinger (2017) untersucht. Diana und Mokhtarian (2009a)
identifizieren Verhaltensgruppen, die für Verkehrsverlagerungen auf den ÖV
empfänglicher sind als andere. Heinen (2018) untersucht den Einfluss von multimodaler Mobilität auf Verhaltensänderungen über den Zwischenschritt der
Intention zur Verhaltensänderung. Sie stellt einen Zusammenhang zwischen der
Intensität multimodaler Mobilität und dem Wunsch zur Autoreduktion fest,
jedoch nicht zwangsläufig auch zwischen multimodaler Mobilität und der Intention für Verhaltensänderungen. Klinger (2017) dagegen untersucht realisierte
Verhaltensänderungen nach einem Wohnortumzug. Er kommt zu dem Ergebnis,
dass Personen, die in ÖV-affine Städte ziehen, eher zu multimodalem Verhalten
wechseln als Personen, die in autoorientierte Städte ziehen. Damit wird neben den
individuellen Präferenzen auch der Kontext der Umgebung, z. B. die Mobilitätskultur der Stadt, berücksichtigt und in den Ergebnissen hervorgehoben (Klinger
2017, S. 234).

Andere Studien wiederum fokussieren stärker die Verknüpfung zwischen den
Einstellungen zu einem Verkehrsmittel und dessen Nutzung (Groth et al. 2021;
Konrad und Groth 2020; Molin et al. 2016). Konrad und Groth (2020) halten

in ihrer Studie fest, dass sich junge Erwachsene primär konsistent zu ihren Einstellungen verhalten. Als determinierende Faktoren nennen sie den räumlichen Kontext, die Lebenssituation und das verfügbare Budget. Auch Molin et al. (2016) kommen zu dem Ergebnis, dass die Einstellungen zu den Verkehrsmitteln und das Mobilitätsverhalten meist kongruent sind. Als Ausnahme heben sie die Gruppe hervor, die die öffentlichen Verkehrsmittel am häufigsten nutzt. Mit dem Fokus auf Multioptionalität bringt Groth (2019b, 2019a) multioptionale Verfügbarkeit auch als mentale Ressource als zentrale Voraussetzung für multimodale Mobilität in die Debatte ein. Er verweist damit nochmal auf die Bedeutung der Einstellung zu einem Verkehrsmittel als mentale Ressource für dessen Nutzung.

Ein weiteres eigenes Cluster bilden Studien, die in ihrer Forschung explizit die multimodale Mobilität junger Erwachsener untersuchen (Groth et al. 2021; Hunecke et al. 2020; Konrad und Groth 2020; Kuhnimhof et al. 2012). Während die Zunahme multimodaler Mobilität unter jungen Personen mit den Daten belegt werden kann, stehen hier vor allem die Ursachen in der Diskussion. Es wird besprochen, ob die Zunahme der multimodalen Mobilität bei jungen Erwachsenen entweder auf Entwicklungen wie verlängerte Bildungszeiten, spätere Familiengründung und mehr urbane Lebensweisen zurückzuführen ist oder ob sich darin eine Abkehr vom Auto als Universalverkehrsmittel und umweltbewusste Verhaltensweisen zeigen (Kuhnimhof et al. 2012, S. 448–449). Groth et al. (2021) und Hunecke et al. (2020) sehen umweltbewusste Verhaltensweisen und die Abkehr von Autos ausschließlich bei privilegierten jungen Erwachsenen des kosmopolitischen Milieus. Sie verweisen darauf, dass gerade für junge Erwachsene mit geringen Ressourcen Automobilität von hoher Bedeutung ist.

Heinen und Mattioli (2019) versuchen die Verkehrsmittelnutzung in England zwischen 1995 und 2015 nachzuvollziehen. Dabei können sie keine Zunahme multimodaler Mobilität insgesamt feststellen. Weiter konstatieren sie eine Entkopplung von Autonutzung und multimodaler Mobilität. Sie gehen davon aus, dass weniger Automobilität nicht zu mehr multimodaler Verkehrsmittelnutzung führt. Die Entwicklung der Autonutzung und multimodaler Mobilität sollten unabhängig voneinander betrachtet werden. An et al. (2021b) untersuchen den Einfluss von Alters-, Perioden- und Kohorteneffekten auf multimodale Mobilität in England. Sie stellen größere Effekte durch die Kohorte fest als durch Perioden. Als Kohorte mit der geringsten multimodalen Verkehrsmittelnutzung identifizieren sie die Jahrgänge 1945–1969. Alterseffekte führen An et al. (2021b) auf Erwerbsarbeit oder körperliche Einschränkungen zurück. Dazu ähnlich beschäftigen sich Scheiner et al. (2016) mit multimodaler Mobilität und Lebensereignissen auf Basis des deutschen Mobilitätspanels. Sie verknüpfen die Alterseffekte direkt mit Lebensereignissen wie dem Einstieg in den Arbeitsmarkt, der Familiengründung oder dem Auszug des Nachwuchses. Während Berufstätigkeit und Familie multimodale Mobilität reduzieren, führt der Auszug des Nachwuchses zu mehr multimodaler Mobilität (Scheiner et al. 2016). Diesen Studien ist gemeinsam, dass sie multimodale Mobilität über einen längeren Zeitraum betrachten, also Längsschnittdaten auswerten.

Den Zusammenhang zwischen der Walkability, also er fußläufigen Erreichbarkeit in der Wohnumgebung, und multimodaler Verkehrsmittelnutzung haben Riggs und Sethi (2020) untersucht. Sie kommen zu dem Ergebnis, dass der Walkabilityindex und multimodale Mobilität zusammenhängen. Sie betonen die Bedeutung kurzer Distanzen für aktive Mobilität. Allerdings spielen auch andere Faktoren wie Alter, Einkommen und Haushaltsgröße eine Rolle, sodass Maßnahmen, die ausschließlich die gebaute Umwelt betreffen, an Grenzen stoßen.

Vij et al. (2013) analysieren die Bedeutung von Mobilitätsstilen für multimodale Mobilität. Sie identifizieren drei Klassen: die habitualisierten Autofahrer:innen, die sensitiven Multimodalen und nicht-sensitiven Multimodalen. Während die sensitiven Multimodalen sich in Abhängigkeit von der verfügbaren Zeit für ein Verkehrsmittel entscheiden, spielt dies bei den nicht-sensitiven Multimodalen keine Rolle (Vij et al. 2013, S. 175). An et al. (2021a) nehmen in ihrer Studie verschiedene Wegezwecke und damit verbundene Flexibilität im Kontext von multimodaler Verkehrsmittelnutzung in den Blick. Ihre Ergebnisse zeigen einen Zusammenhang zwischen hoher zeitlicher Flexibilität und hoher multimodaler Mobilität, wenn die Personen insgesamt ein Mindestlevel an Mobilität aufweisen.

In den letzten Jahren wurden vermehrt Studien veröffentlicht, in denen unter Multimodalität vor allem neue Mobilitätsformen wie Sharing, MaaS (Mobility as a Service) und Mobilstationen verstanden werden (Clauss und Döppe 2016; Groth 2019a; Günther et al. 2020; Matyas 2020; Miramontes et al. 2017). Während in den meisten Studien quantitative Daten ausgewertet werden, nutzen gerade die neueren Studien zu neuen Mobilitätsdienstleistungen und -formaten qualitative Daten (Clauss und Döppe 2016; Matyas 2020; Schuppan et al. 2014). Dies lässt sich damit erklären, dass MaaS-Dienstleistungen bisher nur sehr punktuell vorhanden sind, sodass qualitativ-explorative Studien besser geeignet sind.

Der kleine Einblick in die Forschung zeigt, dass das wissenschaftliche Interesse an multimodaler Mobilität in den letzten Jahren zugenommen hat. Die Themen sind dabei sehr divers. Auffällig ist, dass qualitative Forschung – neuere Mobilitätsdienstleistungen vielleicht ausgenommen – bisher kaum angewendet wurde. Viele Studien nutzen die Daten der nationalen Mobilitätspanels (An et al. 2021a; Blumenberg und Pierce 2014; Buehler und Hamre 2015; Scheiner et al.

2016), sodass die Wohnumgebung meist nur über die Bevölkerungsdichte oder die Größe des Wohnortes abgebildet wird; eine Differenzierung unterschiedlicher städtischer Quartiere findet selten statt (bedingt auch bei Groth 2019c; McLaren 2016).

2.4   Quartier vs. Stadtteil: Definition und Bedeutung für Mobilität

Der Begriff Quartier ist populär und bietet einige Möglichkeiten sich von administrativen Bezeichnungen wie Stadtteil, Ortsteil oder Bezirk zu distanzieren (Schnur 2014, S. 37). Die Kritik an den administrativen Grenzziehungen lautet, dass diese kaum den Lebenswelten der Bewohner:innen entsprechen und daher für einige Forschungsfragen und -vorhaben nicht geeignet sind. Das Quartier soll diesen „geschlossenen" Raum überwinden und sich stärker an den Erfahrungen der vor Ort lebenden Menschen orientieren (Schnur 2014, S. 41). Schnur (2013, S. 31) schlägt daher folgende Definition vor:

> „Ein Quartier ist ein kontextuell eingebetteter, durch externe und interne Handlungen sozial konstruierter, jedoch unscharf konturierter Mittelpunkt-Ort alltäglicher Lebenswelten und individueller sozialer Sphären, deren Schnittmengen sich im räumlich-identifikatorischen Zusammenhang eines überschaubaren Wohnumfelds abbilden."

Als zentrale Elemente hebt er die soziale Konstruktion, die Überschaubarkeit, den Bezug zur alltäglichen Lebenswelt und Möglichkeiten zur Identifikation hervor (Schnur 2013, S. 31). Vogelpohl (2013, S. 103) bezeichnet das „Quartier als ein Raum des städtischen Alltags" und ergänzt „ein Raum, der einerseits als Ort auch individuell erlebt wird und andererseits durch gesellschaftliche Verhältnisse bedingt ist." Je nach disziplinärer Ausrichtung der Definition wird die Ortsgebundenheit (eher Geografie, Städtebau) oder die soziale Konstruktion (eher Sozialwissenschaften) des Quartiers stärker betont. Wichtig ist, dass mit dem Quartier stärker lebensweltliche Zusammenhänge und subjektive Repräsentationen der Bewohnerschaft verbunden sind, wenngleich diese unklaren Grenzen für manche Fragestellungen ungeeignet sind. Gerade für Politik und Wirtschaft sind klare Grenzen meist notwendig, um Förderprogramme oder Investitionen zu planen. Eine Stärke der Quartiere als kleine Untersuchungseinheit besteht auch darin, dass sich gesellschaftliche Veränderungen und Prozesse verdeutlichen und beobachten lassen (Neitzel 2013, S. 181–182).

Zur Analyse der Mobilität sind Quartiere und die Wohnumgebung zentral. Die persönlichen Mobilitätsbedürfnisse wie Arbeit, Bildung oder soziale Teilhabe sind per se eher raumunabhängig. Für die Umsetzung dieser Bedürfnisse spielen dagegen die Bedingungen am Start und Ziel eines Weges eine wichtige Rolle. Das eigene Wohnquartier, welches verschiedene Mobilitätsangebote bietet oder eben nicht, setzt dabei den Rahmen des Mobilitätshandelns. Vielfältige Faktoren wie Parkplatzsuche, ruhender Verkehr, Verfügbarkeit von öffentlichen Verkehrsmitteln, Aufenthaltsmöglichkeiten im öffentlichen Raum, Nahversorgung oder Lärmbelastung bestimmen die Ausgangssituation am Wohnort (vgl. Verkehrsclub Deutschland (VCD) 2019). Eine gute Anbindung an die öffentlichen Verkehrsmittel ist vor allem für die Teilhabe von Jugendlichen, Älteren und ärmeren Personen wichtig (Bäumer 2009, S. 8; Stiewe und Bäumer 2013, S. 475; Verkehrsclub Deutschland (VCD) 2019, S. 10).

Ein Großteil der Wege ist kürzer als fünf Kilometer und findet damit im Stadtteil statt. Diese Wege werden von den Bedingungen im nächsten Wohnumfeld entscheidend geprägt. Nicht zuletzt deswegen ist die Betrachtung der räumlich kleinen Einheit des Quartiers vielversprechend. Daher sollte der Personenverkehr in die energie- und ressourcenschonende Quartiersentwicklung einbezogen werden.

2.5 Akzeptanzforschung

Akzeptanz ist eine wichtige Voraussetzung für die Durchsetzung von Maßnahmen, die Verbreitung neuer Technologien oder die Umsetzung neuer Verhaltensweisen. Meist wird ihre Bedeutung erst relevant oder sichtbar, wenn es keine oder zu wenig Akzeptanz gibt. Ein großes Forschungsfeld der Akzeptanzforschung ist die Implementierung neuer Technologien. Dazu gehört im Kontext der Energiewende die Untersuchung des Ausbaus erneuerbarer Energien (Ruddat und Sonnberger 2019; Wüstenhagen et al. 2007; Zoellner et al. 2012). In Bezug auf Mobilität und Verkehr wurden beispielsweise die Akzeptanz von Elektromobilität wie E-Autos, Pedelecs oder des autonomen Fahrens untersucht (Ahrens 2014; Albayrak et al. 2015; Geldmacher 2020; Wittowsky und Preißner 2014). Auch wenn es in dieser Forschung nicht um die Akzeptanz einer neuen Technologie im engeren Sinne gehen soll, kann die Perspektive der Akzeptanzforschung helfen, die Möglichkeiten für Verhaltensänderungen in der Verkehrsmittelnutzung zu identifizieren.

Die sozialwissenschaftlichen Definitionen von Akzeptanz berücksichtigen meist zwei Dimensionen, die Einstellungs- und die Verhaltensdimension. Die

Einstellung gegenüber einem Objekt lässt sich als positiv und negativ beschreiben und das Verhalten ihm gegenüber als passiv und aktiv. Daraus ergibt sich eine Vierfeldermatrix mit den Feldern Befürwortung (passiv und positiv), Unterstützung/Engagement (aktiv und positiv), Ablehnung (passiv und negativ) und Widerstand (aktiv und negativ) (Hildebrand et al. 2018, S. 201). Die Kombination aus positiver Einstellung und aktivem Verhalten wird manchmal auch als aktive Akzeptanz bezeichnet (Zoellner et al. 2012, S. 94).

Im Vordergrund der Forschung stehen häufig die Ursachen fehlender Akzeptanz. Um sie zu untersuchen, muss die Situation der Akzeptanzsubjekte und Akzeptanzobjekte genauer betrachtet werden. Schippl et al. (2021) untersuchen in ihrer Forschung die Entscheidungsspielräume in der Alltagsmobilität, beispielsweise die zeitliche Flexibilität eine Aktivität durchzuführen und die Nutzungsabsicht neuer Mobilitätsdienstleistungen. Sie stellen fest, dass das entscheidende Maß zur Akzeptanz der neuen Mobilitätsdienstleistungen die wahrgenommene Kompatibilität für die aktuellen Bedürfnisse ist. Der Umstieg vom eigenen Auto auf andere Verkehrsmittel, z. B. Carsharing, wird als Flexibilitäts- und Sicherheitsverlust wahrgenommen und daher abgelehnt. Aber auch positive Aspekte wie geringere Kosten oder gesundheitliche Aspekte können eine Rolle dabei spielen, den Umstieg vom eigenen Auto auf andere Verkehrsmittel zu begünstigen. Es kann zusammengefasst werden, dass neue Mobilitätsangebote mit den eigenen Alltagsanforderungen kompatibel sein müssen, um akzeptiert zu werden (Schippl et al. 2021, S. 61–62).

Bei der Umsetzung von Veränderungen spielt die Kommunikation eine zentrale Rolle. Zur Steigerung der Akzeptanz sollte die gewünschte Zielgruppe, z. B. Bevölkerung, Unternehmen, politische Entscheidungsträger, ihren Vorkenntnissen entsprechend angesprochen werden (Zoellner et al. 2012, S. 102). Nicht immer stehen politische Entscheidungsträger eindeutig hinter Vorhaben zur Steigerung von nachhaltigem Mobilitätshandeln und den damit verbundenen Veränderungsprozessen. Dies kann auch in der Öffentlichkeit und Bevölkerung zu geringer Akzeptanz beitragen. Häufig wird Bürgerbeteiligung als Königsweg für mehr Akzeptanz genannt. Allerdings gibt es keine eindeutigen Belege für die Wirksamkeit von Bürgerbeteiligung. Letztendlich sind lokale Projekte sehr spezifisch, sodass auch Beteiligungsverfahren die Situation vor Ort explizit aufnehmen müssen (Zoellner et al. 2012).

Die Diffusionstheorie von Rogers (2003) versucht die Akzeptanz für eine Innovation als individuelle Entscheidungssituation des Individuums und die Verbreitung der Innovation mittels Kommunikation in einem sozialen System zu erklären (Karnowski 2013, 2017; Rogers 2003). Eine Innovation wird aus der Subjektperspektive definiert: „Eine Innovation ist eine Idee, Tätigkeit oder Objekt, welche vom Übernehmer als neu angesehen wird" (Karnowski 2017, S. 23).

Die Adaption auf der Mikroebene, also die Entscheidung des Individuums, eine Innovation anzuwenden, umfasst in der Diffusionstheorie fünf Akzeptanzschritte: Wissen, Persuasion, Entscheidung, Implementierung und Bestätigung. Zunächst muss die Innovation wahrgenommen und Anwendungskenntnisse aufgebaut werden (Wissen). Persuasion umfasst die Einstellungsbildung zur Innovation. Dafür werden Argumente für und wider die Anwendung, mögliche Handlungskonsequenzen und die Unterstützung im Sozialen berücksichtigt. Die dritte Phase der Entscheidung enthält das Ergebnis der Einstellungsbildung. Die Innovation wird ausprobiert oder abgelehnt. Als Implementierung wird schließlich die Integration und Übernahme der Innovation in Handlungsroutinen, also eine langfristige Verhaltensänderung, bezeichnet. Dissonanzen während der Implementierung können auch zum Abbruch des Adaptionsprozesses führen, weshalb die Diffusionstheorie noch die letzte Phase der Bestätigung vorsieht (Karnowski 2013, S. 515–516).

Der Akzeptanzprozess wird auch von Eigenschaften und Bedingungen bestimmt, die das Akzeptanzobjekt, also die Innovation, mit sich bringt. Als wichtigste Voraussetzungen werden in der Diffusionstheorie der subjektive Vorteil, Kompatibilität, Komplexität, Probierbarkeit und Sichtbarkeit genannt. Der subjektive oder relative Vorteil wird sehr unterschiedlich bewertet und enthält neben Kosten- und Zeitersparnis auch Aspekte wie soziales Prestige. Unter Kompatibilität wird betont, dass die Innovation zu den Werten, Einstellungen und Bedürfnissen passen muss. Die Möglichkeit, die Innovation zu testen oder auch den Nutzen bei anderen zu beobachten, trägt ebenfalls zur erfolgreichen Übernahme bei. Hohe Komplexität dagegen schränkt die Nutzung der Innovation ein. Es muss einfach sein, die neue Innovation zu nutzen (Karnowski 2013, S. 517; Le Bris 2015, S. 83).

Die Adaption der Innovation auf der Makroebene wird in der Diffusionstheorie in der sogenannten Diffusionskurve beschrieben. Die Diffusionskurve gleicht der Normalverteilung und wird in fünf Adoptionsgruppen unterteilt, die die Innovation in einem bestimmten Diffusionszeitraum übernehmen: Innovatoren und Innovatorinnen, frühe Übernehmer:innen (Early Adopters), frühe Mehrheit, späte Mehrheit und Nachzügler:innen. Neben der Größe der Gruppen wurden auch bereits zentrale Charakteristika wie Risikobereitschaft und Unsicherheitstoleranz der Innovatoren und Innovatorinnen herausgearbeitet (Karnowski 2013, S. 519–520).

Multimodale Mobilität das Hauptthema dieser Arbeit, kann in diesem Sinne auch als Innovation verstanden werden. Die Mobilitätswende kann nur gelingen, wenn ein Großteil der Gesellschaft multimodal unterwegs ist. Die Diffusionstheorie kann genutzt werden, die Adaption multimodaler Mobilität auf individueller

Ebene und die Verbreitung multimodaler Mobilität in der Gesellschaft zu beobachten und einzuordnen. Im Adaptionsprozess der Diffusionstheorie wird die initiale Entscheidung ebenso berücksichtigt, wie die langfristige Verhaltensänderung. Damit werden auch die beiden zentralen Fragen dieser Arbeit angesprochen: Entscheidungsfaktoren für die Verkehrsverlagerung und Bedingungen für gewohnheitsmäßige multimodale Mobilität angesprochen.

Darüber hinaus kann für diese Arbeit die Unterscheidung der Einstellungs- und Verhaltensebene aus der Akzeptanzforschung genutzt werden. Diese Perspektive betont die gemeinsame Bedeutung von Einstellungen und Verhalten. Positive Einstellungen allein führen nicht automatisch zum gewünschten Verhalten. Darüber hinaus hat menschliches Handeln auch eine entscheidende emotionale Ebene, die in Bezug auf die Verkehrsverlagerungen berücksichtigt werden muss. Weiter kann die detaillierte Betrachtung der Akzeptanzsubjekte und -objekte gewinnbringend eingesetzt werden. Die Sensibilisierung für die Handlungsspielräume und Einschränkungen der Akzeptanzsubjekte kann den Blick auf entscheidende Hindernisse lenken. Aber auch Vorteile der Akzeptanzobjekte können wahrgenommen werden und in der Kommunikation eingesetzt werden. Neben der Akzeptanz der Bevölkerung spielt beim Thema Mobilitätswende auch die Akzeptanz anderer wichtiger Stakeholder aus Politik oder Wirtschaft wie auch von (Verkehrs- und Mobilitäts-)Unternehmen eine wichtige Rolle.

Theoretische Ansätze zur Erklärung von Mobilitätsverhalten

3

Um Verkehrsmittelnutzung, Mobilitätsentscheidungen, Mobilitätshandeln und Mobilitätsverhalten zu erklären, werden in diesem Kapitel handlungstheoretische Ansätze und spezifischere Modelle sozialwissenschaftlicher Mobilitätsforschung eingeführt. Je nach Forschungsfrage und Interesse spielen bei der Analyse des Mobilitätsverhaltens eher bewusste Entscheidungen, z. B. die Kaufentscheidung eines Autos oder ÖV-Abos, eine Rolle oder eher gewohnheitsmäßiges und routiniertes Verhalten, z. B. Pendelwege zur Arbeit. Die Verkehrsmittel*wahl* entspricht folglich nicht immer einer Entscheidung, sondern Mobilitätsverhalten im Alltag zeigt sich häufig als Routine. Die tägliche Autonutzung wird nicht ständig als bewusste Entscheidung (neu) reflektiert.

Verhalten, Handeln, Routinen und Entscheidung
Um zwischen den Begriffen Verhalten, Handeln, Routinen und Entscheidung besser differenzieren zu können, werden sie nachfolgend kurz erläutert. In der Soziologie werden körperliche Prozesse und unbewusste Reaktionen als Verhalten bezeichnet. Auch wenn damit überwiegend für das soziale Geschehen unbedeutende Prozesse verbunden sind, kann Verhalten auch sozial relevant werden. Verhalten kann Reaktionen anderer Personen nach sich ziehen und soziale Interaktionen und Prozesse beeinflussen. Körperliche Einschränkungen können die Handlungsmöglichkeiten reduzieren (Schimank 2016, S. 28–29).

Der Begriff des Handelns wird verwendet, wenn Verhalten mit subjektivem Sinn verknüpft wird, also zielgerichtet ist. Zudem ist Handeln in ein soziales Gefüge eingebettet, d. h. Handlungen beziehen sich meist auf andere Personen (soziales Handeln). Soziales Handeln ist eingebunden in den gesellschaftlichen Kontext, dabei spielen kollektive Regeln, Normen und Werte eine Rolle (Reinhold 2000, S. 250–251; Schulz-Schaeffer 2018). Im Alltag ist meist eine

Zwischenstufe zwischen Verhalten und Handeln zu beobachten: Gewohnheiten und Routinen[1].

Als Routine wird unbewusstes habituelles Handeln verstanden. Routinen sind meist zielgerichtet, allerdings liegen ihnen keine bewussten Abwägungsprozesse wie Entscheidungen zugrunde. In der Alltagssprache werden Routinen oft mit Verhalten gleichgesetzt.

Mit Entscheidungen sind Handlungen gemeint, in denen mehrere Optionen zur Verfügung stehen und abgewogen werden. Meist sind Entscheidungen einmalig, d. h. eine vergleichbare Situation wiederholt sich nicht (Pfister et al. 2017, S. 23). Eine Entscheidung meint also eine bewusste und reflektierte Handlung, während Routine für eine unbewusste und nicht reflektierte Handlung steht.

Sehr unterschiedlich werden auch die Begriffe Mobilitätshandeln, Mobilitätsverhalten, Verkehrsverhalten oder Verkehrshandeln (Müggenburg 2017, S. 23–24; Schwedes et al. 2018, S. 14–21) benutzt. Schwedes et al. (2018, S. 16) beschreiben Verhalten und Handeln durch einen Perspektivwechsel. Verhalten ist das, was auf objektiver Ebene beobachtet wird. Aus Beobachterperspektive kann nicht zwischen bewusstem, unbewusstem und routiniertem Handeln unterschieden werden. Wechselt man die Perspektive zum Subjekt, so kann man eine spezifische Handlung untersuchen, die sich im Verhalten zeigt. Diese Handlung ist zielgerichtet, kann jedoch unbewusst oder bewusst erfolgen.

Im Folgenden werden Ansätze und Perspektiven vorgestellt, die entweder zielgerichtetes Handeln und Entscheidungen oder Routinen und Verhalten stärker betonen. Stark vereinfacht zusammengefasst, werden die vorgestellten Rational-Choice-Theorien eher mit bewussten Entscheidungen assoziiert, während Praxistheorien habituelles Verhalten und Routinen ins Zentrum stellen. Dennoch liegen ihnen allen die übergeordneten Fragen zugrunde, wodurch unsere Handlungen, hier beispielsweise die Verkehrsmittelwahl, beeinflusst werden, wie Verhaltensänderungen erklärt werden können oder wodurch sich Mobilität konstituiert.

3.1   Rational-Choice-Theorie

Liebe und Preisendörfer (2011, S. 222) bezeichnen die Rational-Choice-Theorie (RCT) als „Theoriefamilie mit mehreren Varianten". Als gemeinsamen Kern identifiziert Diekmann (1996, zit. nach Liebe und Preisendörfer 2011, S. 222–223): erstens Handelnde als Ausgangspunkt, zweitens die Verfügbarkeit von

---

[1] Die Begriffe Gewohnheit und Routine werden im Folgenden synonym verwendet.

mindestens zwei Optionen (Wahlmöglichkeit) und drittens das Vorhandensein einer Entscheidungsregel. Die Kriterien der Entscheidungsregel sind variabel. Es wird davon ausgegangen, dass die Handelnden zielgerichtet agieren und die Entscheidungen der Kosten-Nutzen-Maximierung dienen. Die Handlung kann neben monetären Motiven auch von Restriktionen wie Zeit oder moralischen Werten wie Umweltbewusstsein geleitet sein (Brand 2014, S. 165). Eine Entscheidung wie beispielsweise die Verkehrsmittelwahl wird von Präferenzen, Ressourcen und Restriktionen determiniert (Nobis 2015, S. 81).

Übergeordnetes Ziel der RCT ist es, kollektive Phänomene (Makroebene) durch individuelle Handlungen (Mikroebene) zu erklären (Gather et al. 2008, S. 162; Meleghy 2015, S. 100). Das Makro-Mikro-Makro-Modell von Coleman (1986, zit. nach Liebe und Preisendörfer 2011, S. 222) umfasst drei Stufen, die als Heuristik die Erklärung kollektiver Phänomene anleiten können: Zuerst steht die Analyse der Situation, wobei die Wahrnehmung der Makroebene durch die Individuen betrachtet wird. Danach folgt die Analyse der zielgerichteten individuellen Handlung auf der Mikroebene und schließlich die Rückbeziehung der aggregierten individuellen Handlungen auf die kollektive Ebene (Brand 2014, S. 166–167; Liebe und Preisendörfer 2011, S. 222).

Reduzierte RCT-Ansätze versuchen die Entscheidungssituation durch relevante Dimensionen (z. B. Schnelligkeit, Zeit, Kosten, Komfort) abzubilden, hierdurch eine Präferenzstruktur der Handelnden zu identifizieren und daraus die Verkehrsmittelwahl abzuleiten (Brand 2014, S. 167). Die Handelnden wählen anhand ihrer Präferenzstruktur die für sie günstigste Option (Brand 2014, S. 165). Ein zentrales Merkmal dieser Entscheidungstheorie ist, dass die Präferenzen in eine Rangfolge überführt werden können (Liebe und Preisendörfer 2011, S. 223). Es wird davon ausgegangen, dass Verhaltensänderungen durch veränderte Rahmenbedingungen erreicht werden (Brand 2014, S. 167). Andere Ansätze der RCT-Familie, z. B. Theory of Planned Behavior, gehen von Verhaltensänderungen durch Einstellungen oder Normen aus (Brand 2014, S. 167; Götz 2011, S. 334–335). Forschungsbeiträge, die die Verkehrsmittelwahl als rationale Entscheidung anhand von externen situationalen Merkmalen rekonstruieren sind beispielsweise: Franzen 1997; Lübke et al. 2021; Preisendörfer 2000.

3.1.1 Theorie des geplanten Verhaltens und Norm-Aktivations-Modell

Die beiden sozialpsychologischen Modelle Theory of Planned Behavior (TPB)[2] von Azjen (1991) und das Norm-Aktivations-Modell (NAM) von Schwartz (1977) erweitern die Perspektive der externen Faktoren um interne Faktoren wie Einstellungen und Normen.

> „Nach der TPB wird eine Verhaltensintention ausgebildet, wenn das Verhalten positiv bewertet wird (Einstellung), andere Personen dieses Verhalten von einem erwarten (subjektive Norm) und das Verhalten leicht auszuführen ist (wahrgenommene Verhaltenskontrolle)" (Hunecke 2015, S. 26).

Bei der TPB wird das Verhalten durch die subjektive Bewertung der objektiven Merkmale erklärt. Dadurch verändert sich die Perspektive – weg von den „objektiven" externen Faktoren – auf die individuellen Motive und sozialen Normen (Götz 2011, S. 335). Im Zentrum der TPB stehen weiterhin die eigenen Vorteile der handelnden Person.

Das NAM (Norm-Aktivations-Modell) dagegen stellt die Verantwortungsübernahme für andere bzw. die Umwelt ins Zentrum. Wie im Namen bereits erkennbar, setzt das NAM auf die Bedeutung von sozialen und persönlichen Normen. Soziale Normen bedeuten gesellschaftliche Konventionen und sozialer Druck von außen – ähnlich der subjektiven Norm bei der TPB. Die persönliche Norm dagegen umfasst die eigenen moralischen Ansprüche. Zur Aktivierung der persönlichen Norm werden laut NAM auch die Problemwahrnehmung, die Verknüpfung des Handelns mit seinen Wirkungen und Wirksamkeitserwartungen vorausgesetzt. Das Verhalten wird hier stärker durch kritische Reflexion und Verantwortungsübernahme erklärt statt durch primäre Vorteile der handelnden Person (vgl. Hunecke et al. 2008, S. 5–6).

Die beiden Modelle sowie Erweiterungen und Mischformen wurden in verschiedenen Studien auch auf die Verkehrsmittelwahl angewendet und überprüft (Bamberg et al. 2003; Bamberg und Schmidt 2003; Haustein und Hunecke 2007; Heath und Gifford 2002; Hunecke et al. 2001). Sie konnten unter anderem erfolgreich zur Vorhersage der Verkehrsmittelnutzung nach der Einführung kostenloser ÖV-Tickets angewendet werden (Heath und Gifford 2002; Hunecke et al. 2001).

---

[2] Auf Deutsch „Theorie des geplanten Verhaltens".

3.1.2 Modell der Frame-Selektion

Handlungen wie Kaufentscheidungen, die auch im Mobilitätskontext vorkommen, werden meist als rationale Entscheidungssituationen verstanden. Es wird davon ausgegangen, dass Informationen eingeholt werden, Wahlmöglichkeiten bestehen und Kosten-Nutzen abgewogen werden. Alltägliches Mobilitätsverhalten wie Pendeln dagegen ist meist geprägt von Routinen und Gewohnheiten. Esser (zit. nach Miebach 2014, S. 419–421) entwickelt mit dem Modell der Frame-Selektion (MFS) einen Ansatz, der versucht, Entscheidungen und Gewohnheiten zu integrieren. Auch er geht davon aus, dass Individuen nach Präferenzen handeln (Werterwartung). Die Basis des MFS bildet die subjektive Bewertung der Situation der Handelnden. Die wesentlichen Bestandteile seines Modells sind Frames und Skripte. Frames bilden typische Situationen ab und Skripte enthalten typische Handlungssequenzen. Die Orientierung in der Handlungssituation geht im MFS mit der Auswahl eines Frames und Skripts (aus Alternativen) einher, die das Handeln lenken (Kroneberg 2009, S. 125–128). Anhand dieser Werkzeuge kann in wiederkehrenden Situationen routiniert bewertet und gehandelt werden. Mit der Einführung zweier Modi, des ac-Modus (automatisch-spontan) und des rc-Modus (reflexiv-kalkulierend) bietet Esser eine Möglichkeit, Verhaltensänderungen abzubilden. Die Handlung wird entweder unbewusst automatisch-spontan ausgeführt (ac-Modus) oder es werden aufgrund vorheriger Konflikte wie z. B. nicht eingetretener Erwartungen, Frames und Skripte zur Situation bewusst selektiert bzw. neu abgestimmt (rc-Modus) (Miebach 2014, S. 421).

Während enggefasste RCT-Ansätze eine Handlung primär durch das rationale Individuum erklären und objektive Rahmenbedingungen berücksichtigen, gehen die sozialpsychologischen Ansätze einen Schritt weiter und betonen die subjektive Bewertung der objektiven Situation. Damit wird stärker der individuelle Kontext der Handelnden (z. B. Einstellungen, Normen, Präferenzordnungen) betont. Entscheidungen werden nicht aufgrund umfassender Informiertheit objektiv getroffen, sondern die subjektive Wahrnehmung und Interpretation der Situation ist entscheidend. Im MFS sind Verhaltensänderungen durch die beiden Modi automatisch-spontan und reflexiv-kalkulierend direkt integriert. Strengere RC-Ansätze gehen dagegen davon aus, dass Entscheidungen durch neue Lösungen und optimierten Nutzen „angepasst" werden und dadurch Verhaltensänderungen eintreten (Miebach 2014, S. 425).

3.1.3 Rational-Choice-Theorie und praxistheoretische Ansätze

Ein Kritikpunkt an der RCT aus praxistheoretischer Perspektive liegt in der Reduktion auf rationale Entscheidungen der Handelnden. Manderscheid (2015, S. 2) führt aus, dass kausale Analysen, wie sie meist zur Operationalisierung rationaler Entscheidungen angewendet werden, zwar Eigenschaften, Präferenzen und Bedürfnisse der Handelnden benennen können, diese jedoch nicht erklären. Sie argumentiert weiter, dass Kontext, Bedürfnisse und Handlungen nicht getrennt voneinander betrachtet werden können und als soziale Praktiken stets neu ausgehandelt werden (Manderscheid 2015, S. 2).

Ähnlich der RCT-Familie wird unter praxistheoretischen Ansätzen eine Vielfalt von theoretischen Modellen zusammengefasst, die sich zum Teil erheblich unterscheiden (Brand 2011). Gemeinsamer Kern der Praxistheorien ist das Verständnis der sozialen Praktik als „Basiskategorie des,Sozialen'" (Brand 2011, S. 178). Soziale Praktiken werden als Routinen und unbewusste habitualisierte Handlungssequenzen verstanden (Miebach 2014, S. 449–450). Shove und Pantzar (2005, S. 45) verwenden die Kategorien Meaning, Competences und Material (Brand 2014, S. 175; Greene und Rau 2018, S. 66). Brand (2014, S. 176) dagegen nennt Sinn, Fähigkeiten, materielle Arrangements und soziales Setting als zentrale Elemente, die die Praktiken strukturieren. Praktiken entstehen durch die Aushandlung und individuelle Verknüpfung der vier Elemente (Brand 2014, S. 175). Mit Sinn ist „impliziter Sinn" gemeint. Zwar spielen auch hier Handlungsziele und Erwartungen eine Rolle (Brand 2014, S. 176), allerdings werden soziale Praktiken nicht als bewusste Abwägungsprozesse im Sinne von Entscheidungen der RCT verstanden. „Mobilitäten als soziale Praktiken [sind] nur teilweise rational und bewusst, zu großen Teilen jedoch habituell, vorbewusst und eingebettet in kulturelle Diskurse und Wissensvorräte" (Manderscheid 2015, S. 2).

Mit Fähigkeiten sind Kompetenzen sowie kognitives und physisches Knowhow gemeint. Die Bedeutung von körperlichem und implizitem Wissen als Knowhow wird bei RCT häufig vernachlässigt. Im MFS wird dies in Form der Skripte als routinierte Handlungssequenzen teilweise aufgegriffen.

Materielle Arrangements meinen die Dinge und Techniken, die eng mit dem Durchführen der Praktiken verknüpft sind. Mobilität erfordert beispielsweise Straßen und Wege als Infrastruktur und zur Überwindung weiterer Distanzen auch Verkehrsmittel. Die Bedeutung, die materiellen Arrangements und der Verknüpfung von menschlichen Körpern und nicht-menschlichen Dingen in

praxistheoretischen Ansätzen zugeschrieben wird, kann nicht auf RCT übertragen werden. Allerdings werden Kontextbedingungen wie Erreichbarkeit und
Verfügbarkeit der Infrastruktur auch bei RCT berücksichtigt werden.

Das soziale Setting umfasst den institutionellen oder persönlichen Kon-
text, worin die Praktiken eingebunden sind. Hier geht es darum, dass soziale
Praktiken in Settings gebunden sind, die Rollenerwartungen implizieren und
Machtstrukturen enthalten (Brand 2011, S. 190). Je nach RCT-Modell, z. B.
TPB oder MFS, wird die subjektive Bewertung der Situation der handelnden
Person berücksichtigt, auch hier können Machtaspekte oder Rollenerwartungen
einfließen.

Die Stärke der Praxistheorien sieht Brand (2014, S. 179) „in detaillierten, all-
tagsnahen Studien der Entstehung, Stabilisierung und Veränderung von Praktiken
und Praxisgefügen auf der Mikro- und Mesoebene."

In den letzten Jahren wurden verstärkt Forschungsbeiträge zu Mobilitätsverhalten veröffentlicht, die sich praxistheoretischen Ansätzen zuordnen lassen:
Manderscheid 2015; Meinherz und Fritz 2021; Rau und Sattlegger 2018; Selzer
und Lanzendorf 2022.

3.2 Motilität – Mobilität als Kapital

Das Besondere am Motility-Ansatz ist, dass weniger die Mobilität an sich,
als vielmehr die Mobilitätsmöglichkeiten von Personen, Gruppen oder anderen
Untersuchungsebenen in den Fokus rücken. Die Optionen bzw. Möglichkeiten
werden als der Handlung *vorgeschaltet* analysiert. Kaufmann (2002) spezifiziert
Motilität in seinem Motility-Konzept. Motility meint die Fähigkeit zu Mobilität
oder wie Kaufmann (2002, S. 37) definiert "[a] set of characteristics that enable
people to move from one place to another" oder als „capacity a person to be
mobile". Das Motility-Konzept dient der Erfassung dieser Möglichkeiten, die realisiert werden können, aber nicht zwangsläufig müssen (Flamm und Kaufmann
2004, S. 3). Kaufmann et al. (2004, S. 749) bezeichnen Motilität – in Anlehnung an Bourdieu – als Kapital, also als Ressource für räumliche und soziale
Mobilität. Motilität als Kapital liegt das Verständnis zugrunde, dass realisierte
Mobilität in anderes Kapital wie finanzielles oder soziales „gewandelt" werden
kann (Kaufmann et al. 2004, S. 751–752), also „an sich einen Wert hat" (Manderscheid 2012, S. 555). Motility soll die Interdependenz zwischen räumlicher
und sozialer Mobilität aufzeigen und damit auch die Ungleichheitsdimension
von Mobilität (Manderscheid 2012, S. 554). Das Motility-Konzept wurde als

interdisziplinäres Modell entwickelt und integriert ökonomische, räumliche und sozialpsychologische Aspekte (Witte et al. 2013, S. 331).

Zur Analyse der Mobilitätsmöglichkeiten ziehen Kaufmann et al. (2004) die drei Kategorien Access, Skills bzw. Competences und Appropriation heran. Access meint den Zugang zu Mobilität, der durch Optionen und Bedingungen gesteuert wird. Dazu zählen die vorhandene Infrastruktur, Fahrpläne, aber auch zeitliche oder finanzielle Ressourcen. Der Zugang zu Mobilität ist damit von räumlichen und sozialen Faktoren mitbestimmt (Kaufmann et al. 2004, S. 750). Skills bzw. Competences umfassen die drei Hauptaspekte physische bzw. körperliche Voraussetzungen, die erworbenen Kompetenzen wie Führerscheinerwerb oder Fahrradfahren können und organisatorische Fähigkeiten, die zur Realisierung von Mobilität notwendig sind, z. B. Planung von Wegeketten, Zeiteinteilung, das Kaufen von Tickets.

Zwischen den beiden Kategorien Access und Skills steht die Kategorie Appropriation: die subjektive Bewertung der Optionen und Fähigkeiten. Die Aneignung von Mobilität erfolgt durch die Reflexion von Zugangsmöglichkeiten und Nutzungsfähigkeiten und deren Integration in den eigenen Werte- und Organisationskanon. Die Aneignung und Umsetzung von Mobilität bezieht damit immer auch die individuellen Motive, Werte und Routinen ein (Kaufmann et al. 2004, S. 750; Le Bris 2015, S. 70–71).

Diese drei Kategorien Access, Skills und Appropriation sind eng miteinander verknüpft und interdependent. Das Motility-Konzept verweist darauf, dass Zugang oder Kompetenz allein keine hinreichende Bedingung für Mobilität darstellen. Zugang und Kompetenz müssen auch als solche interpretiert werden und eine Handlungskonsequenz nach sich ziehen: Appropriation.

In Bezug auf Mobilitätsverhalten und Verkehrsmittelnutzung wurde das Motility-Konzept bereits bei empirischen Forschungen herangezogen: Bernier et al. 2019; Cuignet et al. 2020; Flamm und Kaufmann 2004; Kaufmann et al. 2010; Le Bris 2015; Shiselberg et al. 2020.

Motility-Konzept und praxistheoretische Ansätze
Zwischen dem Motility-Konzept und Praxistheorien gibt es Gemeinsamkeiten. Beide Ansätze haben eine eigene Kategorie für Fähigkeiten und Kompetenzen und heben somit die Bedeutung von kognitivem und *körperlichem* Wissen hervor. Während mit sozialen Praktiken primär realisiertes habitualisiertes Verhalten untersucht wird, stehen bei der Motilität die Bewegungsmöglichkeiten im Vordergrund. Um die Möglichkeit im Sinne des Motility-Konzepts wahrnehmen zu können, muss auch „praktisches Verständnis" vorhanden sein. In beiden Konzepten wird die Interdependenz der verschiedenen Elemente der subjektiven

Wahrnehmung und Bewertung der Situation, der Ressourcen und der Restriktionen durch Wissen und körperlichen Fähigkeiten, aber auch der Infrastruktur und des Materiellen hervorgehoben.

Multioptionalität
Multimodale Mobilität, also die Nutzung unterschiedlicher Verkehrsmittel, fordert auch multiple Optionen. Groth (2019c, S. 56) führt dazu materielle Multioptionalität *und* mentale Multioptionalität als Voraussetzung für multimodales Verhalten zusammen. Darin steckt erstens die Notwendigkeit mehrerer verfügbarer Optionen, um multimodal zu handeln, und zweitens das Zusammenkommen von materiellen und mentalen Ressourcen für die Umsetzung einer Handlung. Unter materiellen Ressourcen fasst Groth externe Faktoren, z. B. Haltestellenzugang, Fahrradwege, und interne Faktoren, z. B. Führerscheinbesitz, Autoverfügbarkeit, ÖV-Zeitkarte, zusammen. Mentale Ressourcen meinen psychologische Konstrukte wie Einstellungen, Emotionen und Normen gegenüber Verkehrsmitteln und Mobilitätsangeboten. Als ein zentrales Ergebnis seiner Arbeit hebt Groth (2019c, S. 119) hervor, dass positive Einstellungen bzw. mentale Offenheit gegenüber einem Verkehrsmittel eine zentrale Voraussetzung für dessen Nutzung sind, während materielle Ressourcen nicht zwangsläufig zum Einsatz kommen. Diese Verknüpfung materieller und mentaler Multioptionalität wird im Motility-Konzept durch die Kategorien Access und Appropriation eingeholt.

Eine wichtige Ergänzung, die das Motility-Konzept zu Groths Multioptionalität liefert, liegt in den körperlichen und organisatorischen Kompetenzen und dem Wissen um diese Kompetenzen. Verhaltenspraktische Kompetenzen, verstanden als „Knowhow", überzeugen als wichtige Voraussetzung zur Realisierung von Handlungen (vgl. hierzu auch praxistheoretische Ansätze weiter oben). Knowhow, das über das Bestehen der Führerscheinprüfung oder Gleichgewichthalten auf dem Fahrrad hinausgeht, aber als Kompetenz – wenn meist auch unbewusst – in der alltäglichen Mobilität zum Einsatz kommt, bleibt in Groths Konzept der Multioptionalität unberücksichtigt. Der Blick auf diese oft unbewussten Fähigkeiten und Kompetenzen könnte jedoch helfen, das Mobilitätsverhalten besser zu verstehen und weitere Hemmnisse von Verhaltensänderungen aufzudecken. Darüber hinaus enthält das Motility-Konzept mit der Kategorie Appropriation einen Aspekt, der über die Einstellungen gegenüber einem Verkehrsmittel und der mentalen Multioptionalität bei Groth herausgeht. Appropriation meint die Interpretation und Integration der materiellen, physischen, kognitiven und mentalen Möglichkeiten. Man muss ein Auto zur Verfügung haben (Access), die physischen Abläufe des Autofahrens beherrschen (körperliche Fähigkeiten, Skills), Verkehrsregeln und Wege kennen (kognitive, organisatorische Skills) und das

Auto für sich als geeignet erachten (mental, Appropriation). Da im Motility-Konzept die strukturellen, psychologischen und verhaltenspraktischen Aspekte beachtet werden, überzeugt es als geeignetes Modell zur Analyse multimodaler Mobilität.

3.3 Die Bedeutung der theoretischen Ansätze für die Untersuchung von multimodalem Mobilitätsverhalten und von Verkehrsverlagerungen

Das tägliche Mobilitätsverhalten läuft meist weitgehend unbewusst und routiniert ab und hat einen hohen Gewohnheitscharakter. Besonders plausibel erscheint dies bei monomodaler Autonutzung, wenn also „immer" das Auto gewählt wird. Hier kann unbewusstes Verhalten unterstellt werden, wobei die Autonutzung im Alltag nicht (situativ) hinterfragt wird. Würden regelmäßig ernsthafte Abwägungsprozesse zwischen Verkehrsmitteln stattfinden, müssten sich diese auch im Verhalten spiegeln (Nobis 2015, S. 90). Multimodales Mobilitätsverhalten dagegen impliziert Verkehrsmittelwechsel und damit auch situative Entscheidungen. Multimodale Mobilität und Verkehrsverlagerungen setzen Alternativen voraus, sodass hier Entscheidungen getroffen werden müssen. Dennoch kann davon ausgegangen werden, dass auch multimodales Mobilitätsverhalten Routinen unterliegt und Verkehrsmittel*entscheidungen* weitgehend automatisiert ablaufen. Wie die Routinen bei multimodaler Mobilität konkret ablaufen oder welchen Strukturen sie unterliegen ist bisher noch wenig erforscht (Nobis 2015, S. 90–91). Nobis (2015, S. 91) identifiziert als mögliche abhängige Faktoren für multimodale Mobilitätsroutinen die Aktivität, die Jahreszeit, das Wetter, die Begleitumstände und die Distanz. Die detaillierte Untersuchung multimodaler Mobilitätsroutinen könnte Aufschluss über Entscheidungsmuster für multimodales Mobilitätsverhalten und dessen Aneignung bringen. Die theoretischen Ansätze sensibilisieren für das beobachtbare Mobilitätsverhalten zwischen bewussten Abwägungsprozessen, also Entscheidungen, und unbewussten habitualisierten Routinen.

Die vorgestellten theoretischen Ansätze können zudem Hinweise liefern, welche Elemente das Mobilitätsverhalten leiten und strukturieren. Auch wenn die Ansätze unterschiedliche Schwerpunkte setzen, lässt sich folgern, dass Handlungen immer in einem Setting, also einer spezifischen Situation, stattfinden. Wie gehandelt wird, ist schließlich von Ressourcen und Restriktionen abhängig. Ressourcen und Restriktionen können eher objektiv oder subjektiv sein, kollektives

Wissen sowie individuelle Präferenzen betreffen oder auch Fähigkeiten und Kompetenzen voraussetzen. Im folgenden Kapitel wird der Forschungsstand zu den Determinanten der Verkehrsmittelnutzung vorgestellt. Mit anderen Worten ausgedrückt: Es werden bekannte, also wissenschaftlich untersuchte Ressourcen und Restriktionen des Mobilitätverhaltens erläutert.

Determinanten der Verkehrsmittelwahl – Forschungsstand

4

Während in Abschnitt 2.3.2 die Themen multimodaler Mobilitätsforschung vorgestellt wurden, wird im Folgenden stärker auf zentrale Ergebnisse der Forschung zur Verkehrsmittelwahl eingegangen. Dazu wird auch Literatur herangezogen, die nicht direkt multimodale Mobilität zum Thema hat, aber zum Verständnis der Akzeptanz des Autos, des ÖVs oder des Fahrrads und von Mobilitätsverhalten beitragen kann.

Mobilitätsverhalten – ob als bewusste Entscheidung oder unbewusste Routine – wird von Präferenzen, Restriktionen und Ressourcen geprägt. Je nach Forschungsinteresse und Perspektive richtet sich der Fokus der Forschenden eher auf die Wirkung externer, also infrastruktureller Restriktionen und Ressourcen, wie die Erreichbarkeit von ÖV-Haltestellen oder Parkplatzverfügbarkeit, oder aber die Wirkung interner Restriktionen und Ressourcen auf das Mobilitätsverhalten, wie zeitliche Flexibilität oder verfügbare finanzielle Mittel. Präferenzen in der Verkehrsmittelwahl werden auch mit symbolisch-emotionalen Motiven erklärt.

Da räumliche Mobilität und Mobilitätsverhalten in unterschiedlichen Disziplinen wie der Verkehrswissenschaft, der Verkehrsplanung, der Ökonomie, der Geografie, der Soziologie, der Psychologie und der Stadtplanung erforscht wird, beruhen die Forschungsergebnisse der (sozialwissenschaftlichen) Mobilitätsforschung auf den diversen Perspektiven und theoretischen Annahmen sehr unterschiedlicher Disziplinen. In diesem Kapitel werden bereits untersuchte Determinanten der Verkehrsmittelwahl auf der infrastrukturellen und sozialstrukturellen Ebene sowie diverse Motive vorgestellt. Die Analyse der Infrastruktur und Erreichbarkeiten sind klassische Themen der Disziplinen mit starkem Raumbezug wie Geografie oder Stadtplanung (Abschnitt 4.1). Die Analyse der Sozialstruktur ist ein typisches soziologisches Forschungsfeld (Abschnitt 4.2), die zweckrationalen Motive basieren auf eher ökonomischen Fragestellungen

A. Graf, *Akzeptanz multimodaler Mobilität*, Studien zur Mobilitäts- und Verkehrsforschung, https://doi.org/10.1007/978-3-658-46269-7_4

(Abschnitt 4.3.1) und intrapersonale Aspekte wie die symbolisch-emotionalen Motive können der Psychologie zugeordnet werden (Abschnitt 4.3.2). Gemeinsames Ziel dieser Perspektiven und Herangehensweisen ist es, die Gründe und Ursachen der Verkehrsmittelwahl und Verkehrsmittelnutzung zu erklären.

4.1   Raum- und infrastrukturelle Determinanten

Ein zentraler Untersuchungsgegenstand zur Erklärung der Verkehrsmittelwahl sind raum- und siedlungsstrukturelle Aspekte wie Erreichbarkeit, Nutzungsmischung oder Bevölkerungsdichte. Die wichtigsten Erkenntnisse bisheriger Forschung fasst Scheiner (2016, S. 686) in drei Kernaussagen zusammen: Erstens begünstigen die siedlungsstrukturellen Faktoren Dichte, Nutzungsmischung und Kompaktheit verkehrssparsames Verhalten. Zweitens beeinflussen diese Merkmale die Nutzung des Umweltverbundes am Gesamtverkehr. Drittens korrespondiert die Lage im Stadtraum und der Region mit den Reisedistanzen. Cervero und Kockelman (1997) weisen darauf hin, dass die sogenannten drei Ds – Density, Diversity und Design – mit der Verkehrsmittelwahl nur moderat zusammenhängen, allerdings gerade die Kombination der drei Faktoren zu weniger Autonutzung führen kann. Da die drei Ds auch meist gemeinsam auftreten, lassen sich einzelne Effekte kaum bestimmen. Die Zusammenhänge zwischen siedlungsstrukturellen Merkmalen und der wahrscheinlicheren Nutzung des Umweltverbundes werden mit den zahlreichen und vielfältigen Aktivitätsgelegenheiten (z. B. Arbeit, Einkauf und Freizeit) erklärt, die sich in urbanen, gemischten und dichten Gebieten befinden. Viele Angebote in der direkten Wohnumgebung schaffen Gelegenheiten für kurze Wege und aktive Mobilität (Schweer und Hunecke 2006). Zudem bieten solche dichtbesiedelten Gebiete erst die Nachfrage für ein gutes bis sehr gutes ÖV-Angebot. In Bezug auf die in dieser Arbeit untersuchte multimodale Mobilität sind die vorgestellten Befunde wichtig: Multimodale Mobilität setzt Alternativen zur Autonutzung – im Regelfall den Umweltverbund – voraus. Diese Alternativen sind meist in dichten und nutzungsgemischten Gebieten attraktiver, weil es mehr Gelegenheiten und kürzere Wege gibt als im suburbanen oder ländlichen Raum.

Bevölkerungsdichte
Auch im spezifischen Kontext von multimodaler Mobilität wurden die Einflüsse struktureller Aspekte (vgl. Tabelle 4.1) in diversen Studien berücksichtigt (An et al. 2021b; Blumenberg und Pierce 2014; Diana 2012; Groth 2019c; Molin

et al. 2016; Nobis 2015; Ruhren und Beckmann 2005). Übereinstimmend wird multimodale Mobilität als urbane Verhaltensweise postuliert:

> „Beyond the well-known figures related to the general population, transit use also for multimodal travelers is highest at the center of metropolitan cities, lower in towns above 50,000 inhabitants and the lowest one in smaller towns and in the suburbs of metropolitan cities" (Diana 2012, S. 10).

Während manche Studien die Bevölkerungsdichte als Indikator heranziehen (Blumenberg und Pierce 2014; Buehler und Hamre 2015), nutzen andere eine Raumtypologie über die Einwohnerzahl der Gemeinde oder Stadt (An et al. 2021b; Diana 2012; Nobis 2007).

Flächennutzung
Ebenfalls wird die Flächennutzung am Wohnort im Zusammenhang mit multimodaler Mobilität untersucht (Groth 2019c; Kuhnimhof et al. 2010). Groth (2019c, S. 98–99) stellt heraus, dass die öffentlichen Verkehrsmittel in gemischten Nutzungsgebieten häufiger genutzt werden, während in reinen Wohngebieten die monomodale Autonutzung dominiert. Die Fahrradnutzung hingegen scheint unabhängig von diesen Siedlungsstrukturen. Da Fahrradfahren jedoch meist in einem engen Radius um den Wohnort praktiziert wird (Kuhnimhof et al. 2010, S. 26), setzt auch die Fahrradnutzung Siedlungsstrukturen voraus, welche über reine Wohngebiete hinausgehen.

Erreichbarkeit der öffentlichen Verkehrsmittel
Eng verknüpft mit Siedlungsstrukturen und Dichte ist die Erreichbarkeit der öffentlichen Verkehrsmittel, insbesondere deren Angebot hinsichtlich Vielfalt und Häufigkeit. Es konnte bereits gezeigt werden, dass durch eine Verbesserung der Erreichbarkeit der öffentlichen Verkehrsmittel, z. B. durch einen Umzug, die Autonutzung reduziert werden kann (Aditjandra et al. 2012; Cao et al. 2007; Scheiner et al. 2016). Komplementär dazu sind Groths (2019c, S. 99) Ergebnisse, die zeigen, dass die schlechte Erreichbarkeit des Schienenverkehrs die intensive Autonutzung zur Folge hat. Scheiner et al. (2016, S. 155–156) berücksichtigen die Verbindung des ÖVs zum Arbeitsplatz und demonstrieren, dass eine schnelle und direkte Verbindung zum Arbeitsort, aber auch ein gutes ÖV-Angebot am Wohnort allgemein multimodale Mobilität begünstigen.

Parkplatzsituation

Neben der ÖV-Infrastruktur wirkt sich auch die Autoinfrastruktur am Wohnort und Arbeitsort auf die Verkehrsmittelnutzung aus. Eine schwierige Parksituation am Arbeitsplatz mündet eher in multimodale Mobilität (Scheiner et al. 2016, S. 156). Auch unabhängig von der Forschung zu (spezifisch) multimodaler Verkehrsmittelnutzung wurde bereits gezeigt, dass ausreichend Parkplätze in der Wohnumgebung sowohl mit der Nutzungshäufigkeit des Autos als auch dem Autobesitz insgesamt zusammenhängen (vgl. Jarass 2018, S. 34).

Topografie

Betrachtet man die strukturellen Gegebenheiten, sollte in Bezug auf Fahrradmobilität als ein möglicher Baustein multimodaler Mobilität die Topografie nicht vergessen werden. Mahne-Bieder et al. (2020, S. 90) haben die Topografie als Hindernis zur Fahrradnutzung identifiziert. Holz-Rau et al. (2021, S. 12) betonen in ihrer Vergleichsstudie die Bedeutung einer ebenen Topografie für das Fahrradklima einer Stadt.

Zeitstrukturen (Makroebene)

Weitere Aspekte, die unter infrastrukturellen Determinanten auf die Verkehrsmittelnutzung diskutiert werden, sind Zeitstrukturen auf der Makroebene. Die Auslastung und Kapazität der Straßen wird beispielsweise durch die „erweiterte Nutzung" in den Abendstunden, eine höhere PKW-Auslastung oder die Nutzung der Gegenrichtung gesteigert (Holz-Rau 2001, S. 270–271). Makrostrukturelle Entwicklungen wie die Ausdehnung der Aktivitätszeiten und Erweiterung des Aktivitätenradius ermöglichen „zusätzliche" Mobilität.

Zusammenfassung

Die Ergebnisse der Studien, die sich spezifisch mit multimodaler Mobilität beschäftigen, korrespondieren mit allgemeinen Befunden zur Verkehrsmittelwahl. Die Relevanz und Wirkung der siedlungsstrukturellen Faktoren werden weiterhin diskutiert (Scheiner 2016, S. 687). „Kompakte und gemischte Siedlungsstrukturen schaffen also nur die Möglichkeit zu einem verkehrssparsamen Verhalten – nicht mehr *aber auch nicht weniger* [H. i. O.]" (Holz-Rau 2001, S. 271).

Die strukturellen Gegebenheiten sind durch langfristige städtebauliche Leitbilder geprägt und wirken damit exogen und beständig auf die Verkehrsmittelnutzung. Individuelle Wohnstandortentscheidungen ermöglichen dagegen das „Anpassen" der Raum- und Infrastruktur an individuelle Bedürfnisse und stehen damit zwischen exogenen und endogenen Merkmalen.

Tabelle 4.1 Übersicht zu Determinanten multimodaler Mobilität (eigene Darstellung nach Groth 2019c, S. 41)

Determinanten	Studie	Wirkung auf multimodale VMN: positiv (+), negativ (−) oder uneindeutig (~)
Raum- und Infrastruktur		
Dichte, Stadt-/ Gemeindegröße	An et al. 2021a, Blumenberg und Pierce 2014, Buehler und Hamre 2015, Buehler und Hamre 2016, Diana 2012, Groth et al. 2021, Heinen und Chatterjee 2015, Heinen und Mattioli 2019, Molin et al. 2016, Nobis 2007	hohe Bevölkerungsdichte (+), geringe Bevölkerungsdichte (−)
Flächennutzung	Groth 2019	
Zugang zu ÖV	Buehler und Hamre 2015, Buehler und Hamre 2016, Heinen und Chatterjee 2015, Scheiner et al. 2016	ÖV-Zugang (+)
Autoparkplätze	Scheiner et al. 2016	kein Parkplatz am Arbeitsort (+)
Sozialstruktur		
Geschlecht	An et al. 2021a, 2021b, Buehler und Hamre 2015, Buehler und Hamre 2016, Heinen und Chatterjee 2015, Heinen und Mattioli 2019, Klinger 2017, Kuhnimhof et al. 2012, Molin et al. 2016, Nobis 2007, Vij et al. 2013	Männer (+), Frauen (+), uneindeutig
Alter	An et al. 2021a, 2021b, Buehler und Hamre 2015, Buehler und Hamre 2016, Heinen und Chatterjee 2015, Heinen und Mattioli 2019, Klinger 2017, Kuhnimhof et al. 2012, Molin et al. 2016, Nobis 2007	Junge Erwachsene (+), Senioren (−)

(Fortsetzung)

Tabelle 4.1 (Fortsetzung)

Determinanten	Studie	Wirkung auf multimodale VMN: positiv (+), negativ (–) oder uneindeutig (~)
Erwerbsstatus	An et al. 2021a, 2021b, Buehler und Hamre 2015, Heinen und Chatterjee 2015, Klinger 2017, Kuhnimhof et al. 2012, Molin et al. 2016, Nobis 2007, Scheiner et al., Vij et al. 2013	Erwerbstätige (–), nicht Erwerbstätige (+), Vollzeiterwerbstätige (–)
Haushaltsform	Buehler und Hamre 2015, Buehler und Hamre 2016, Heinen und Chatterjee 2015, Molin et al. 2016, Nobis 2007, Scheiner et al. 2016, Vij et al. 2013, An et al. 2021b	mit Kindern (–), Singlehaushalt (+)
Bildung	Buehler und Hamre 2015, Buehler und Hamre 2016, Groth et al. 2021, Heinen und Chatterjee 2015, Kuhnimhof et al. 2012, Molin et al. 2016, Scheiner et al. 2016	Hohe Bildung (+)
Einkommen	An et al. 2021a, Blumenberg und Pierce 2014, Buehler und Hamre 2015, Buehler und Hamre 2016, Heinen und Chatterjee 2015, Kuhnimhof et al. 2012, Molin et al. 2016, Nobis 2007, Vij et al. 2013	Uneindeutig, hohes Einkommen (+)
Einstellungen		
Einstellungen und Emotionen	Clauss und Döppe 2016 (quali), Groth et al. 2021, Molin et al. 2016	
Mobilitätsressourcen		
Führerschein	An et al. 2021a, Buehler und Hamre 2015, Scheiner et al. 2016	

(Fortsetzung)

Tabelle 4.1 (Fortsetzung)

Determinanten	Studie	Wirkung auf multimodale VMN: positiv (+), negativ (−) oder uneindeutig (~)
Autoverfügbarkeit/ -besitz	An et al. 2021a, 2021b, Blumenberg und Pierce 2014, Buehler und Hamre 2015, Buehler und Hamre 2016, Groth et al. 2021, Heinen und Chatterjee 2015, Heinen und Mattioli 2019, Molin et al. 2016, Nobis 2007, Scheiner et al. 2016, Vij et al. 2013	Autobesitz und -verfügbarkeit (−), Haushalt ohne Auto (+)
Zeitkartenbesitz	An et al. 2021a, Groth et al. 2021, Heinen und Chatterjee 2015, Vij et al. 2013	Zeitkartenbesitz (+)
Fahrradbesitz	An et al. 2021a, Groth et al. 2021, Heinen und Chatterjee 2015	Fahrradverfügbarkeit (+)

4.2 Sozialstrukturelle Determinanten

Zur Erklärung der Verkehrsmittelwahl und multimodaler Mobilität werden auch sozialstrukturelle Merkmale herangezogen. Das Mobilitätsverhalten variiert zwischen Lebensphasen und Lebensformen. Die Präferenzen, Restriktionen und Möglichkeiten, die mit den unterschiedlichen Lebensphasen und Lebensformen verknüpft sind, werden meist mit soziodemografischen bzw. sozialstrukturellen Indikatoren wie Geschlecht, Alter, Bildung und Einkommen als Proxy gemessen.

Das Alter impliziert beispielsweise typische Ressourcen, Verhaltensweisen und Einschränkungen, die oft mit der Verkehrsmittelnutzung korrespondieren. Bestimmte Phasen wie Schulzeit, Studium, Erwerbstätigkeit, Elternschaft und Rente lassen sich grob über das Alter abbilden. Damit verbunden ist typisches Mobilitätsverhalten, z. B. ÖV-Nutzung von Schüler:innen und Studierenden, Immobilität von Hochbetagten. Die soziodemografischen Merkmale stehen also für die typischen Ressourcen und Einschränkungen, die mit unterschiedlichen Erwerbsstatus und Haushaltsformen oder auch verfügbarem Einkommen und dem Alter einhergehen. Da in Deutschland der Führerscheinerwerb auf die Vollendung des 18. Lebensjahres festgesetzt ist, ist auch die eigenständige Autonutzung erst ab diesem Alter möglich. Auch am Beispiel des Geschlechts lassen sich

Mobilitätserfordernisse und Ressourcen nachvollziehen. Mit der Angleichung der Geschlechter – Erwerbstätigkeit der Frau, Führerscheinerwerb von Frauen, Autobesitz von Frauen – haben sich auch die Verhaltensweisen der Geschlechter angeglichen (Konrad 2016, S. 293). In der Forschung werden die soziodemografischen Merkmale oft als Proxyvariablen genutzt, um Ressourcen und Einschränkungen (z. B. Zeitstrukturen, Verkehrsmittelverfügbarkeit) zu schätzen. Die soziodemografischen Merkmale erklären das Mobilitätsverhalten jedoch nicht selbst.

Alter
Multimodale Verkehrsmittelnutzung ist bekannt als Verhaltensweise, die überdurchschnittlich von jungen Personen praktiziert wird (Blumenberg und Pierce 2014, S. 40; Buehler und Hamre 2016, S. 363; Nobis 2015, S. 45). Erklärt wird dies durch die typischen Ressourcen und daraus folgenden Verhaltensweisen, die mit der Schulzeit und dem Studium zusammenhängen: kein Führerscheinbesitz, der Zugang zu vergünstigten ÖV-Zeitkarten, geringe finanzielle Mittel und urbanes Wohnen von Studierenden (Kuhnimhof et al. 2012, S. 448). Für die Altersgruppe der Senioren sind die Befunde diverser. Einerseits nimmt multimodale Mobilität mit zunehmendem Alter ab, was durch gesundheitliche Einschränkungen erklärt werden kann. Andererseits gibt es auch viele multimodale Senioren (Nobis 2007, S. 41), was mit einer flexibleren Zeiteinteilung im Ruhestand oder einer geringeren Führerscheinquote vor allem älterer Senioren erklärt werden könnte.

Geschlecht
Der Einfluss des Geschlechts auf multimodale Mobilität ist unklar. Während einige Studien multimodales Mobilitätsverhalten eher bei Frauen finden (An et al. 2021b, S. 140; Nobis 2007, S. 41), wird Multimodalität in anderen Studien eher mit Männern assoziiert (Blumenberg und Pierce 2014, S. 42; Buehler und Hamre 2015, S. 1098; Heinen und Chatterjee 2015, S. 279). Ausschlaggebender als das Geschlecht scheinen hier die sozialen Rollen sowie die Ressourcenverteilung im Haushaltskontext. Wie viele Führerscheinbesitzer:innen teilen sich wie viele Autos? Wer besitzt (zusätzlich) eine (vergünstigte) Zeitkarte für den ÖV? Wer übernimmt mehr Erwerbsarbeit, wer mehr Hausarbeit?

Verkehrsmittel- und Zeitkartenbesitz
Bei der Verfügbarkeit von Verkehrsmitteln oder Zeitkarten, auch „Mobilitätswerkzeuge" (Scheiner 2016, S. 693) genannt, sind die Befunde eindeutiger. Je mehr Autos in einem Haushalt zur Verfügung stehen, desto intensiver werden diese

auch genutzt (Nobis 2007, S. 42; Klinger 2017, S. 235). Dagegen führt der Besitz einer Zeitkarte für die öffentlichen Verkehrsmittel zur häufigeren Nutzung derselben und damit auch eher zu multimodaler Mobilität (Vij et al. 2013, S. 176). Für den Fahrradbesitz lässt sich dieser Zusammenhang nicht bestätigen. Hier bleibt die verfügbare Ressource oft ungenutzt (Groth 2019c, S. 147).

Haushaltszusammensetzung
Auch die Zusammensetzung des Haushalts hat einen Einfluss auf die Verkehrsmittelwahl (Buehler und Hamre 2015, S. 1098). Singlehaushalte haben aufgrund der flexibleren Zeitstrukturen eine bessere Disposition für multimodale Mobilität (Heinen und Chatterjee 2015, S. 275), während Haushalte mit Kindern eher mit Autonutzung assoziiert werden (Klinger 2017, S. 235; McLaren 2016, S. 223; Nobis 2007, S. 42). Aber auch hier dient weniger der Haushaltskontext als Erklärungsrahmen, sondern vielmehr die Zeitzwänge und vielfältigen Aufgaben (Begleitwege, Einkäufe, Arbeitswege), die mit dem Alltag in einer Familie verknüpft sind. Daneben sind auch die Ressourcen von Bedeutung, die dafür zur Verfügung stehen, z. B. Einfamilienhaussiedlung oder Innenstadt, kein Auto im Haushalt oder mehrere Autos im Haushalt.

Bildung und Einkommen
Die Merkmale Bildung, Einkommen und Verkehrsmittelbesitz korrelieren meist. Höhere Bildung ermöglicht besser bezahlte Arbeit und ein hohes Einkommen wiederum, dass man sich unterschiedliche Mobilitätswerkzeuge leisten kann. Daher werden hohe Bildung und hohes Einkommen eher mit (freiwilliger) multimodaler Mobilität verknüpft (Molin et al. 2016, S. 27; Nobis 2007, S. 42; Scheiner et al. 2016, S. 161). Konträr dazu gibt es die Gruppe der niedrig gebildeten Personen mit geringem Einkommen, die aufgrund mangelnder Ressourcen, z. B. eines fehlenden Autos, zu multimodaler Mobilität gezwungen ist. Diese Personen empfinden ihre Situation oft als einschränkend und unbefriedigend (Groth et al. 2021; Molin et al. 2016, S. 23). Aus einem niedrigen Einkommen folgen meist weniger Mobilitätsressourcen und damit eingeschränkte (multimodale) Mobilität. Diesen Aspekt der Multioptionalität als Voraussetzung für multimodale Mobilität hebt Groth (2019a, 2019b) in seiner Forschung hervor. Vergünstigte Sozialtickets sollen das Problem der Mobilitätsarmut abfedern. Allerdings müssen auch hier die finanziellen Ressourcen für das Ticket und die Infrastruktur der öffentlichen Verkehrsmittel vorhanden sein, um Teilhabe am gesellschaftlichen Leben zu ermöglichen (Daubitz 2016, S. 442).

Zeitstrukturen (Mikroebene)
Auch im Kontext sozialstruktureller Merkmale spielen Zeitstrukturen eine Rolle. Auf der individuellen Ebene werden Faktoren wie Arbeitszeiten, der organisatorische Rahmen in Familien mit Erwerbstätigkeit und Care-Arbeit oder flexible Zeiteinteilung als Restriktionen oder Ressourcen wahrgenommen. In Bezug auf multimodale Verkehrsmittelnutzung haben An et al. (2021a) gezeigt, dass Aktivitäten, die Flexibilität bei der Abfahrtzeit aufweisen, häufiger multimodal zurückgelegt werden.

Mobilitätsbiografien und Lebensereignisse
In Forschungsbeiträgen zu Mobilitätsbiografien, Umbruchsituationen und Lebensereignissen wird der Zusammenhang zwischen Restriktionen und Ressourcen und dem Mobilitätsverhalten auf konkrete Situationen wie Umzüge, den Berufseinstieg oder die Geburt eines Kindes übertragen (Klinger 2017; Scheiner und Holz-Rau 2015; Scheiner et al. 2016). Es wird davon ausgegangen, dass Lebensereignisse durch die veränderten Rahmenbedingungen Veränderungen im Mobilitätsverhalten begünstigen oder erzwingen. Lebensereignisse erfordern eine Reflexion der Verkehrsmittelwahl und ermöglichen neue Verkehrsmittelentscheidungen. Daher wird in solchen Umbruchsituationen eine Chance gesehen, die Verkehrsmittelwahl zu beeinflussen. Konkrete Maßnahmen, die daraus abgeleitet werden, sind z. B. ÖV-Probetickets für Neuzugezogene.

Mobilitätssozialisation
Bei der Mobilitätssozialisation wird davon ausgegangen, dass Mobilitätsverhalten primär in der Kindheit und Jugend geprägt wird und langfristig stabil ist. Mobilitätssozialisation wird von Tully und Baier (2011, S. 197) definiert als

„ein[en] Prozess, in dessen Verlauf ein Individuum zum Teilnehmer der Mobilitätsgesellschaft wird. Das wesentliche Ergebnis dieses Prozesses ist ein mobilitätsbezogener Lebensstil, in dem ein eigenwilliger Umgang mit Mobilität längerfristig festgelegt ist."

Sie führen aus, dass der Prozess durch die drei Ebenen der gesellschaftlichen Bedingungen, der mesosozialen Bedingungen und der persönlichen Bedingungen geprägt wird (Tully und Baier 2011, S. 196). Sie betonen, dass neben explizit erworbenem Wissen Einstellungen und Verhaltensweisen auch unbewusst geprägt werden (Tully und Baier 2011, S. 197). Individuelles Mobilitätsverhalten orientiert sich auch an gesellschaftlichen, milieu- oder kulturell spezifischen Konventionen und Erwartungen.

4.3 Motive als Determinanten der Verkehrsmittelwahl

Neben den Merkmalen der Raumstruktur und Sozialstruktur werden viele weitere Motive, Determinanten oder Zielkategorien der Verkehrsmittelwahl diskutiert (Diekmann 1995, S. 57; Flade et al. 2002, S. 10–27; Held 1980, S. 321; Pripfl et al. 2010, S. 32–52; Seebauer 2011, S. 30–62). Im Folgenden wird nur eine Auswahl davon vorgestellt. Diese Auswahl umfasst die zweckrationalen Motive Zeitkosten, Geldkosten und Komfort sowie die symbolisch-emotionalen Motive Autonomie, Status, Erlebnis, Privatheit, Sicherheit und Umweltbewusstsein. Während zweckrationale Motive meist genutzt werden, um Kosten-Nutzen-Abwägungen zu rekonstruieren (vgl. enge RCT), repräsentieren die symbolisch-emotionalen Motive zentrale Einstellungen, die über individuelle Erfahrungen und soziale Normen auf die Verkehrsmittelwahl wirken (vgl. TPB).

Zudem ist zu berücksichtigen, dass Personen, die unterschiedliche Verkehrsmittel bevorzugen, auch ihre Motive und Nutzungsgründe unterschiedlich stark gewichten (Flade et al. 2002, S. 88). Da bei multimodaler Mobilität immer mehrere Verkehrsmittel involviert sind, ist dies inhärent.

4.3.1 Zweckrationale Motive

Zeitkosten

Das Motiv Zeit wurde als Ressource oder Restriktion bereits bei den sozialstrukturellen Merkmalen angesprochen. Zeit bzw. Zeitkosten können auch eine entscheidende Zielkategorie der Verkehrsmittelwahl darstellen. Zeit kann verschiedene Aspekte wie Schnelligkeit, Zeitersparnis oder auch schwer kalkulierbare Zeitfaktoren wie Wartezeiten oder die Parkplatzsuche bedeuten (Held 1980, S. 321). Da das menschliche Zeitbudget endlich ist und nicht beliebig vermehrt werden kann, scheint es logisch, dass Schnelligkeit und Zeitersparnis eine entscheidende Rolle bei der Verkehrsmittelwahl spielen. Die bisherige Forschung zu Zeitbudgets in der Mobilitätsforschung zeigt, dass Verbesserungen in Infrastruktur oder Technik, die zu Zeiteinsparungen geführt haben, meist durch die Erweiterung des Radius wieder ausgeglichen wurden (vgl. Gather et al. 2008, S. 155–158). Die Zeiteinsparung wird also durch weitere Distanzen kompensiert, sodass der Zeitaufwand insgesamt gleichbleibt. Der Zeitaufwand für Mobilität scheint also bis zu einem gewissen Punkt akzeptiert und erst ab einem Kipppunkt als „Mehraufwand" wahrgenommen zu werden. Diekmann (1995, S. 57) untersucht die Zeitdifferenz, die Autofahrer:innen oder ÖV-Nutzende hätten, wenn

sie das jeweils andere Verkehrsmittel nutzen würden. Er ermittelt, dass Auto-
fahrer:innen mit dem ÖV durchschnittlich 32 Minuten länger bräuchten und
ÖV-Nutzende mit dem Auto nur eine Zeitersparnis von knapp 10 Minuten hätten. Umstiege und die Verfügbarkeit eines Parkplatzes am Zielort stellten sich als
abhängige Faktoren der Zeitdifferenz heraus. Auch bei Lübke (2019) werden der
Wegfall der Parkplatzsuche und schnellere Verbindungen häufig als Nutzungsgründe für den ÖV genannt. Betrachtet man die komplette Reisezeit im ÖV,
so sind schnelle Verbindungen auch von der Taktung und der Bewältigung der
sog. „letzten Meile" abhängig. Auch bei der Fahrradnutzung ist Zeitersparnis ein
wichtiges Motiv (Flade et al. 2002, S. 79). Da das Fahrrad meist nur für kurze
Distanzen in Frage kommt, kommt es auf das Verhältnis von Raum und Zeit an.
Berechnungen zeigen, dass das Fahrrad auf kurzen Strecken bis fünf Kilometer
keine zeitlichen Einbußen im Vergleich zum Auto bringt. Für Pedelecs erhöht sich
diese Distanz sogar auf 7,5 Kilometer (Umweltbundesamt 2014). Hinzu kommt,
dass die subjektive Einschätzung des Zeitaufwands mit individuellen Erfahrungs-
werten zusammenhängt. Dies führt dazu, dass der Zeitaufwand von Personen, die
das Verkehrsmittel nicht oder selten nutzen, meist falsch eingeschätzt wird, was
wiederum eine „objektive" Bewertung erschwert (Pripfl et al. 2010, S. 72). Lübke
et al. (2021, S. 375–376) stellen in ihrer Studie dagegen keine systematische
Fehleinschätzung zu Ungunsten des ÖVs fest.

Finanzielle Aufwand
Der finanzielle Aufwand, auch Geldkosten genannt, wird häufig als relevantes
Motiv bei Kaufentscheidungen genannt. Die Korrelation zwischen Einkommen
und Anzahl der Autos im Haushalt gehört zu den zuverlässigsten Erkenntnisse,
die die Mobilitätsforschung zu bieten hat. Auch wenn Autos in den letzten
Jahrzehnten durchschnittlich immer teurer wurden, hohe Kraftstoff- und War-
tungskosten verursachen und damit als teuerstes unter den Alltagsverkehrsmitteln
gelten, wird ihre Nutzung kaum in Frage gestellt.

Forschungsergebnisse zeigen, dass auch die Effekte von anderen monetären
Restriktionen wie Roadpricing[1] eher gering ausfallen (Seebauer 2011, S. 55). Es
wird davon ausgegangen, dass von Roadpricing, City-Maut oder Parkgebühren
eher geringe Lenkungswirkungen für den Umweltverbund erzielt werden können.
Personen, die häufig ein Auto nutzen, lehnen preisliche Maßnahmen besonders
häufig ab (Andor et al. 2019, S. 13; Ruhrort 2019, S. 359).

Deutlich intensiver werden die entstehenden Kosten beim ÖV diskutiert. Hier
wird kostenloser oder deutlich günstigerer ÖV häufig als Nutzungsgrund genannt

---

[1] Roadpricing meint eine Maut für die Nutzung einer Straße zur Steuerung des Verkehrs.

(Lübke 2019). Bamberg (1996, S. 28) stellt als Ergebnis seiner Forschung heraus, dass der subjektiv wahrgenommene finanzielle Aufwand unter Kontrolle der Zeitkosten keinen signifikanten Einfluss auf die Nutzung des Busangebots ausübt. Ähnliche Indizien zur stärkeren Bedeutung der Zeitkosten im Vergleich zum finanziellen Aufwand findet auch Diekmann (1995, S. 57). Alternative Ergebnisse liefern Studien zu zeitlich begrenzten Gratistickets, wodurch ein signifikanter Umstieg vom Auto auf den ÖV nachgewiesen werden konnte (Heath und Gifford 2002; Lübke et al. 2021). Die Nutzung der öffentlichen Verkehrsmittel ist an etablierte Ticketstrukturen wie Einzelfahrscheine, Abonnements und Tarifzonen gebunden, die für den Alltagsgebrauch häufig – insbesondere im Vergleich zum Auto – als unflexibel oder kompliziert wahrgenommen werden. Maas (2021, S. 14) zeigt in seiner Forschung, dass Monatskarten für den ÖV das Rückgrat von Mobilitätspaketen sind, die Zusatzleistungen wie Carsharing oder Taxifahrten bieten.

Komfort

Komfort, manchmal auch Bequemlichkeit oder Bequemlichkeitskosten genannt, bezieht sich auf die Praktikabilität eines Verkehrsmittels aber auch körperlichen Komfort (Held 1980, S. 321; Seebauer 2011, S. 60). Dazu zählen zeitliche und räumliche Flexibilität, der Organisationsaufwand der Fahrt, die erforderliche Konzentration, die Transportmöglichkeiten, körperliche Betätigung, das Wetter und weitere sehr unterschiedliche Aspekte, die kaum von einem auf das andere Verkehrsmittel zu übertragen (Seebauer 2011, S. 61).

Die meisten Komfortpunkte werden oft an das Auto verteilt, wobei zeitliche und räumliche Flexibilität, aber auch geringer Organisationsaufwand und Wetterunabhängigkeit genannt werden. Fahrkomfort im Auto entsteht auch, wenn moderne Technik das Fahren erleichtert oder reservierte Parkplätze zur Verfügung stehen (Diekmann 1995, S. 59–60). Als ein Nutzungshemmnis des ÖVs wird die bequeme Fortbewegung im Auto genannt (Lübke et al. 2021, S. 377).

Der Komfort der öffentlichen Verkehrsmittel besteht im „Gefahren werden". Wenn man sich nicht um Navigation, Route und das aktive Fahren kümmern muss, werden kognitive und zeitliche Ressourcen für andere Tätigkeiten frei (Henkel et al. 2015, S. 5). Auch Direktverbindungen ohne Umstiege können zur Steigerung des Komforts im ÖV beitragen.

Das Fahrrad wird wegen der körperlichen Betätigung oder der Wetterabhängigkeit als nicht zweckmäßig oder unpraktikabel empfunden (Mahne-Bieder et al. 2020, S. 90–91). Hunecke et al. (2008, S. 148) empfehlen das Konstrukt Wetterresistenz zur Messung der individuellen Wetterabhängigkeit von

Personen. Die Wetterresistenz hängt stärker mit den Einstellungen der Personen zu den unterschiedlichen Verkehrsmitteln zusammen als mit der direkten Wetterlage. Fahrradfahrende stufen Bequemlichkeit als weniger wichtig ein als Autofahrer:innen (Flade et al. 2002, S. 85).

4.3.2 Symbolisch-emotionale Motive

Mobilität und die Verkehrsmittelnutzung sind eingebettet in soziale Strukturen, womit auch symbolische und emotionale Motive die Verkehrsmittelwahl prägen. Die Bedeutung von psychografischen Merkmalen wie mobilitätsbezogenen Einstellungen, Lebensstilen und Werten für die Verkehrsmittelnutzung wurde in diversen Studien herausgearbeitet (Beckmann et al. 2006; Hinkeldein et al. 2015, S. 182–189; Hunecke et al. 2008). Im Folgenden werden die von Hunecke (2006) identifizierten symbolisch-emotionalen Dimensionen der Verkehrsmittelwahl, Autonomie, Status, Erlebnis und Privatheit vorgestellt. Diese symbolisch-emotionalen Dimensionen repräsentieren instrumentelle, affektive oder symbolische Einstellungen. Die Verkehrsmittel werden danach bewertet, ob sie zur Befriedigung der Bedürfnisse geeignet sind (instrumentell), einen hedonistischen Erlebniswert bieten (affektiv) und den eigenen sozialen Status die soziale Identität bestätigen (symbolisch) (Hunecke 2015, S. 16–17). Die symbolisch-emotionalen Motive können zur Erklärung der Verkehrsmittelwahl beitragen, wenn rationale Motive wie Geld- oder Zeitkosten an ihre Grenzen stoßen und trotz Zeitkostenersparnis oder geringerem finanziellen Aufwand „irrational" das Auto als Verkehrsmittel genutzt wird. Hoffmann et al. (2020) betonen als Ergebnis ihrer Interviewstudie, dass Einstellungen zu Verkehrsmitteln stark kontextabhängig sind. Kontexte wie ein dienstliches oder privates, ein urbanes oder ländliches Ziel beeinflussen die Verkehrsmittelwahl und die damit zusammenhängenden Abwägungsprozesse. Die nachfolgende Übersicht zu symbolisch-emotionalen Dimensionen nach Hunecke (2006) wird um die Motive Sicherheit und Umweltbewusstsein erweitert.

Autonomie[2]
Autonomie beschreibt die subjektive Wahrnehmung der Erreichbarkeit von Zielen und Teilhabemöglichkeiten. Autonomie wird durch die Gefühle Freiheit, Flexibilität, Selbstbestimmung und Individualität ausgedrückt. Oft wird das Auto als Freiheitssymbol und Universalverkehrsmittel stilisiert und gilt wie kein

---

[2] Die vier symbolisch-emotionalen Dimensionen werden so ähnlich auch bei Groth (2019, S. 51–52) und bei Hunecke et al. (2008, S. 6–7) beschrieben.

anderes Verkehrsmittel als Garant für Flexibilität und Autonomie. Allerdings können auch Fußwege, das Fahrrad oder andere Individualverkehrsmittel diese Bedürfnisse – für einen begrenzten Radius – gut erfüllen (Groth 2019c, S. 51–52).

Status
Die Art und Weise der Fortbewegung wird von der Gesellschaft auch mit Anerkennung honoriert. Dabei spielt es auch eine Rolle, dass selbst entschieden wird, wann und wie man mobil ist. Das Auto bietet hier eine gute Möglichkeit, seinen Status auszudrücken, in Form der modernen Elektroautos sogar assoziiert mit Umweltbewusstsein (Hemel, S. 23). Dagegen kann auch ein bewusst autofreier Lebensstil identitätsstiftend wirken und öffentliche Anerkennung erfahren, z. B. Diehl (2022). Zudem werden auch Fahrräder als „neues" Statussymbol meist in urbanen Milieus identifiziert (Hielscher und Lörsch 2022, S. 203; Hudde 2022, 2).

Erlebnis
Als Erlebnis werden die positiven Erfahrungen der „Reisezeit" und deren hedonistischer Wert bezeichnet. Was als hedonistisch gilt, ist wiederum stark von Bewertungen und Trends der Gesellschaft oder des sozialen Umfelds abhängig. Die Beispiele der romantischen Bahnreise, der Fahrt im Cabrio, des Mountainbikings oder des E-Scooters zeigen, dass quasi mit allen Verkehrsmitteln Erlebniskategorien assoziiert werden können.

Privatheit
Unter Privatheit wird das Bedürfnis nach selbstbestimmter Privatsphäre und die Vermeidung unerwünschter Kontakte verstanden (Hunecke 2000, S. 132). Die selbstbestimmte Kontrolle der Privatsphäre ist auch die Voraussetzung für Wohlbefinden. Was als Privatsphäre angesehen wird, ist kulturell geprägt und kann stark variieren. Das Auto als abgeschlossene Einheit kann Privatsphäre am besten gewährleisten.

Sicherheit
Unter Sicherheit wird hier das subjektive Sicherheitsempfinden verstanden, das manchmal stark von „objektiver" Sicherheit wie Unfallstatistiken oder Kriminalitätsraten abweichen kann. Subjektives Sicherheitsempfinden ist eng mit Wohlbefinden und Privatheit verknüpft. Seebauer (2011, S. 50–51) schätzt die Forschung zu Sicherheit als Motiv in der Verkehrsmittelnutzung als mangelhaft ein. Während das Auto gemeinhin als das sicherste Verkehrsmittel gilt, werden in Bezug auf den ÖV Aspekte der Kriminalitätsfurcht öffentlich diskutiert

und in Bezug auf das Fahrradfahren die Infrastruktur und Verkehrssicherheit. Mahne-Bieder et al. (2020, 94) stellen fest, dass Fahrradfahren unter Aktiven und Passiven als gefährlich eingestuft wird. Erfahrungen mit mangelnder Infrastruktur und Sicherheitsdefizite stellen eine hohe Hürde für Wiederaufsteiger dar. Bei Lübke (2019, S. 10) stellte sich das Item „weil es nicht sicher genug ist" nicht als zentrales Nutzungshemmnis des ÖVs heraus. Subjektives Sicherheitsempfinden wird von Merkmalen wie Geschlecht, Alter oder der Tageszeit moderiert.

Umweltbewusstsein
Die Untersuchung der Zusammenhänge zwischen Umweltbewusstsein und Umweltverhalten stellt ein zentrales und frühes Anliegen der Forschung zu nachhaltiger Mobilität dar (Diekmann 1995). Dabei konnte der Einfluss von Umweltbewusstsein festgestellt werden, wenngleich er eher gering ausfällt (Seebauer 2011, S. 35). Umweltbewusstsein wird vor allem dann in umweltschonendes Handeln umgesetzt, wenn es mit geringen Kosten verbunden ist (Brand 2014, S. 167). Umweltbewusstsein kann auch als Teil der Identität auf das Verhalten wirken (vgl. Status weiter oben).

Einstellungen in multimodaler Forschung
Einige Forschungsbeiträge zu multimodaler Mobilität beziehen Einstellungen ein, um die Kongruenz zwischen Einstellungen und Verhalten zu untersuchen (Groth et al. 2021; Konrad und Groth 2020; Molin et al. 2016). Ein zentrales Ergebnis ist, dass die Verkehrsmittelnutzung meist mit den Einstellungen korrespondiert. Groth (2019c) integriert mentale Offenheit, gemessen anhand der Einstellungen einer Person zu den Verkehrsmitteloptionen in sein Konzept der Multioptionalität als Voraussetzung für multimodale Mobilität. Er verweist darauf, dass Offenheit gegenüber verschiedenen Verkehrsmitteln eine Voraussetzung für multimodale Mobilität ist (Groth 2019c, S. 119).

Zusammenfassung
Mit den raumstrukturellen und sozialstrukturellen Merkmalen sowie den zweckrationalen und symbolisch-emotionalen Motiven wurden wichtige Erklärungsansätze der sozialwissenschaftlichen Mobilitätsforschung sowie deren Erkenntnisse dargestellt. Ein zentrales Ergebnis ist, dass jede einzelne Perspektive für sich nur einen geringen Beitrag zum Verständnis des Mobilitätshandelns leistet. Der Mehrwert entsteht durch die Integration raumstruktureller, sozialstruktureller und einstellungsbasierter Merkmale. Die einzelnen Merkmale erscheinen für die Individuen als Ressourcen oder Restriktionen und wirken folglich förderlich oder hinderlich auf die Verkehrsmittelnutzung.

4.4 Zwischenfazit und Ableitung des Forschungsbedarfs

In der Einleitung werden das rasante Verkehrswachstum und die Nicht-Nachhaltigkeit des Verkehrssystems als Probleme aufgezeigt und Verkehrsverlagerungen als eine Möglichkeit, die negativen Wirkungen zu reduzieren, identifiziert. Anschließend wird der Untersuchungsgegenstand multimodales Mobilitätsverhalten vor dem Kontext nachhaltiger Mobilität diskutiert. Die theoretischen Ansätze der sozialwissenschaftlichen Mobilitätsforschung ermöglichen, Handlungen einerseits als unbewusst oder bewusst und andererseits als Verhalten, Routinen, Handeln oder Entscheidungen zu systematisieren.

Die Darlegung des aktuellen Forschungsstands zur multimodalen Mobilität, zum Mobilitätsverhalten und zur Verkehrsmittelwahl zeigt, wie unterschiedliche Ressourcen und Restriktionen auf raumstruktureller, sozialstruktureller und persönlicher Ebene zusammen auf das Mobilitätsverhalten wirken. Der Problemaufriss sowie der theoretische Hintergrund verweisen einerseits auf die Notwendigkeit von Veränderung und demonstrieren andererseits die Persistenz des aktuellen Systems. Wissenschaftliche Forschung zu Mobilitätsverhalten und multimodaler Mobilität als spezifischer Form der Verkehrsmittelnutzung konnte bereits zum besseren Verständnis des Mobilitätsverhaltens beitragen. Dennoch können Forschungslücken identifiziert werden, die in dieser Arbeit untersucht werden.

Es gibt Einigkeit darüber, dass das aktuelle Verkehrssystem nicht nachhaltig ist. Ein Zukunftsszenario für nachhaltige Mobilität stützt sich auf multimodale Mobilität. Im Idealfall wird dabei das Auto als Hauptverkehrsmittel abgelöst und durch multimodale und intermodale Verkehrsmittelnutzung ersetzt. Hinzu kommen meist neue Mobilitätsdienstleistungen wie Sharing, On-Demand-Verkehr oder Mobilstationen. Diese neuen Mobilitätsdienstleistungen setzen jedoch eine flexible, multimodale und intermodale Bevölkerung voraus, wie sie heute, wenn überhaupt, in den Zentren der deutschen Großstädte existiert. In dieser Arbeit werden daher das multimodale Mobilitätsverhalten und die Einstellungen dazu als Grundbaustein für flexible, emissionsarme und zukunftsfähige Mobilität in den Blick genommen.

Die Mobilitätswende steht unter dem Slogan „Die Mobilitätswende hat in den Städten bereits begonnen" (Agora Verkehrswende 2017, S. 25). Großstädte bieten wichtige Voraussetzungen wie Urbanität oder ein gutes ÖV-Angebot, sodass multimodale Mobilität hier besonders attraktiv ist. Dennoch sind multimodale Mobilität und neue Mobilitätsdienstleistungen bisher nicht in allen deutschen

Großstädten etabliert. Ein Anliegen dieser Arbeit ist es, Hemmnisse aufzuzeigen, die multimodale Mobilität ausbremsen, und damit Erkenntnisse für die Umsetzung der Mobilitätswende in Großstädten zu gewinnen. Für die soziologische Perspektive sind die Ungleichheiten in Städten von zentraler Bedeutung. Dazu gehören die Erreichbarkeit und Ausstattung von bestimmten Orten sowie die demografischen, ökonomischen und kulturellen Unterschiede der Bevölkerung (Häußermann und Siebel 2004, S. 117). Ein Aspekt, der daher in dieser Arbeit aufgegriffen wird, ist die Analyse multimodaler Mobilität im lokalen Kontext des Quartiers bzw. Stadtteils. Ein Großteil der Wege beginnt und endet am Wohnort und damit im eigenen Quartier. Die Mobilitätsangebote und die Versorgungssituation im Wohnumfeld beeinflussen damit direkt das Mobilitätsverhalten der Bevölkerung. Die Verkehrsmittelwahl hängt mit den Angeboten und Bedingungen im Quartier zusammen, weshalb diese infrastrukturelle Ebene bei der Untersuchung multimodaler Mobilität berücksichtigt werden sollte. In dieser Arbeit wird die kleinste administrative Einheit des Stadtteils als Untersuchungsebene gewählt. Der Nachteil dieser Setzung besteht darin, dass mit Stadtteilen die meist subjektiven Quartiere und Lebensräume der dort lebenden Menschen nicht erfasst werden können. Als Vorteil kann man sehen, dass in der Stadt- und Regionalentwicklung Stadtteile als Interventionsebene etabliert sind, weshalb sie sich als Untersuchungseinheit anbieten. Anhand des Vergleichs von drei typischen Stadtteilen einer deutschen Großstadt sollen stadtteilspezifische Mobilitätsmuster aufgedeckt und passende Interventionen abgeleitet werden.

In dieser Arbeit geht es darum, multimodales Mobilitätsverhalten und Verkehrsverlagerungen vom Auto auf den ÖV oder das Fahrrad besser zu verstehen. Um Hemmnisse und Restriktionen, aber auch Möglichkeiten und Chancen multimodaler Mobilität zu identifizieren, werden primär die beiden Mobilitätsgruppen „monomodale Autonutzung" und „multimodale Verkehrsmittelnutzung" verglichen. Angelehnt an die Diffusionstheorie wird multimodale Mobilität als Innovation betrachtet, deren Verbreitung untersucht und analysiert werden soll. Die bereits Multimodalen werden der Gruppe der Early Adopters zugeordnet, die die neue „Technik" bereits übernommen haben. Anhand des Vergleichs sollen Adaptionshemmnisse offengelegt werden. Anhand der Adaptionshemmnisse können wiederum Erkenntnisse für die Förderung multimodaler Mobilität abgeleitet werden.

Im theoretischen Teil dieser Arbeit und der Darlegung des Forschungsstands wurde herausgearbeitet, dass das Mobilitätsverhalten mit vielfältigen Ressourcen und Restriktionen zusammenhängt. Während Verhaltensänderungen oder Kaufentscheidungen Reflexion und Abwägungsprozesse erfordern, ist das alltägliche Mobilitätsverhalten meist habitualisiert und routiniert. Theoretische Ansätze wie

Rational-Choice- oder Praxistheorien stellen jeweils unterschiedliche Aspekte ins Zentrum der Verhaltensanalyse, z. B. Präferenzordnungen bei RCT oder Material-Mensch-Interaktionen in Praxistheorien. Als Determinanten, die zur Erklärung der Verkehrsmittelnutzung beitragen sollen, werden Merkmale der Situation, Einstellungen der Individuen, gesellschaftliche Normen oder verfügbare Mittel herangezogen.

In dieser Arbeit wird das Motility-Konzept (Kaufmann et al. 2004) zur Analyse der Adaptionshemmnisse von multimodaler Mobilität eingesetzt. Dazu werden neben dem Zugang zu Mobilität (Access) auch die individuellen Fähigkeiten und Kompetenzen (Skills) untersucht und die Integration dieser Möglichkeiten in das eigene Mobilitätshandeln (Appropriation) betrachtet. Während der Zugang zu Mobilität und verkehrsmittelbezogene Einstellungen bereits häufiger Gegenstand wissenschaftlicher Forschung zu Mobilität waren (Beckmann et al. 2006; Groth 2019c; Hunecke et al. 2008), gibt es zu den spezifischen Fähigkeiten und Kompetenzen, die multimodale Mobilität erfordert, bisher keine Forschung. Da im Motility-Konzept Fähigkeiten als Kategorie explizit berücksichtigt werden, liegt hierin ein Vorteil des Motility-Konzepts im Vergleich zu den RCT. Insgesamt haben das Motility-Konzept und die praxistheoretischen Ansätze viele Gemeinsamkeiten. Mit der Perspektive auf Mobilitätsmöglichkeiten und Mobilitätskapital werden im Motility-Konzept Ungleichheiten stärker in den Vordergrund gestellt. Deshalb wird in dieser Arbeit die *Motilität* von multimodalen und nicht-multimodalen Personen herausgearbeitet.

Eine weitere Forschungslücke betrifft die „Verschwendung" von Mobilitätsressourcen. Wissenschaftliche Forschung hat bereits aufgezeigt, dass bestimmte Ressourcen – meist das Fahrrad – häufig nicht genutzt werden. Der Zugang zu einem Verkehrsmittel oder das Vorhandensein der Infrastruktur allein muss noch keine Nutzung nach sich ziehen. Da im Motility-Konzept das Zusammenspiel der Kategorien Access, Skills und Appropriation betont wird, könnte es helfen, die Nutzung und Nichtnutzung der Ressourcen besser zu verstehen.

Eine andere Möglichkeit ist, nicht nach den Fähigkeiten und Kompetenzen der Handelnden zu fragen, sondern die Bedingungen der Verkehrsmittel als Akzeptanzbarrieren in den Blick zu nehmen. Meist werden die Motive der Verkehrsmittelwahl eindimensional über Skalen erhoben, wobei die Wichtigkeit eingestuft werden muss. Daraus folgt das Problem, dass zwar die Wichtigkeit unterschiedlicher Motive mittels Mittelwertevergleich eingeordnet werden kann, über die Gewichtung der Motive in realen Situationen, die immer vieldimensional sind, kann damit jedoch keine Aussage getroffen werden. Mithilfe des faktoriellen Surveys (Vignettenstudie) soll in dieser Arbeit eine Lösungsmöglichkeit für dieses Problem aufgezeigt werden. In der Vignettenstudie werden mehrere Merkmale gemeinsam geschätzt. Daraus kann eine Präferenz- ordnung bestimmter Aspekte der Verkehrsmittelwahl abgeleitet werden. Conjoint Analysen, die ähnlich wie Vignetten funktionieren, werden zur Implementation neuer Mobilitätsdienstleistungen oder Mobilitätspakete angewendet (Arentze und Molin 2013; Maas 2021). Dabei wird übergangen, dass multi- und intermodale Mobilität als Basis dieser Dienstleistungen meist gar nicht praktiziert wird. Die Vignettenstudie in dieser Arbeit geht daher einen Schritt zurück und vergleicht die Verkehrsmittelwahl zwischen Auto und ÖV bzw. Auto und Fahrrad als Basis flexibler Verkehrsmittelnutzung. Die Verkehrsmittelwahl wird damit als bewusste Entscheidung zwischen jeweils zwei Verkehrsmitteln konstruiert.

Damit verfolgt diese Arbeit zwei Anliegen. Erstens wird multimodale Mobilität in dieser Arbeit als individuelle Motility betrachtet, die aus dem Zusammenspiel zwischen dem Zugang zu Verkehrsmitteln, den Fähigkeiten und Kompetenzen und der Integration ins eigene Mobilitätshandeln besteht. Damit soll dazu beigetragen werden, die Forschungslücken zu den für multimodale Mobilität erforderlichen Fähigkeiten und Kompetenzen und zu ungenutzten Mobilitätsressourcen zu schließen. Zweitens werden Präferenzordnungen bestimmter Situations- und Verkehrsmittelmerkmale für die Verkehrsmittelwahl zwischen Auto und ÖV bzw. Fahrrad untersucht. Hierzu wird eine Vignettenstudie angewendet, um die gemeinsame Wirkung unterschiedlicher Merkmale zu einzuschätzen.

Untersuchungsdesign: Mobilität in Bochum 2020

Zur Beantwortung der Forschungsanliegen wurde ein Mixed-Methods-Design gewählt. Anhand einer quantitativen Studie wird multimodale Mobilität im Vergleich zu monomodaler Automobilität in Bochum „quantifiziert" und in ihren Nutzungsformen beschrieben. Dazu wird an bestehende quantitative Forschung zu multimodaler Mobilität angeknüpft (Groth 2019c; Nobis 2015). Der Zugang zu Verkehrsmitteln stellt eine klassische Fragestellung quantitativer Befragungen dar. Auch zur Erhebung der Einstellungen gibt es bereits Forschung mit getesteten Items, sodass auch diese zuverlässig mittels Befragungen erhoben werden können (Hunecke et al. 2022). Anders verhält es sich mit den im Rahmen des Motility-Konzepts vorgestellten Fähigkeiten und Kompetenzen. Diese wurden im Kontext multimodaler Mobilität noch nicht untersucht, sodass hier ein qualitativer Ansatz geeignet scheint, um relevante Fähigkeiten und Kompetenzen zu identifizieren. Das Mixed-Methods-Design umfasst daher die quantitative Befragung in drei Bochumer Stadtteilen und Interviews mit Teilnehmenden der Befragung.

Da das Mobilitätsverhalten eng mit den Bedingungen am Wohnort verknüpft ist, wird das Quartier als Untersuchungsebene gewählt. In dieser Arbeit werden die Untersuchungsquartiere mit Stadtteilen gleichgesetzt. Dies bedingt, dass die Lebenswelten der Befragten nicht optimal erfasst werden können und die Quartiere an manchen Stellen über das erforderliche überschaubare „menschliche Maß" (Gehl 2018; Schnur 2013, S. 31) hinausgehen. Die Vorteile der Setzung als Stadtteile liegen in der administrativen Abgrenzung. In Wissenschaft, Politik und Wirtschaft sind Stadtteile eine häufig verwendete Einheit für Forschung,

---

Ergänzende Information Die elektronische Version dieses Kapitels enthält Zusatzmaterial, auf das über folgenden Link zugegriffen werden kann https://doi.org/10.1007/978-3-658-46269-7_5.

Maßnahmen und Investitionen. Da sich bislang keine eindeutigen Operationalisierungen und Abgrenzungen von Quartieren durchgesetzt haben, ist „ein gewisser Pragmatismus zweifellos angebracht" (Schnur 2014, S. 42). Mit Stadtteilen wird dennoch die kleinstmögliche administrativ verfügbare Ebene gewählt, um sich dem Quartier bestmöglich anzunähern.

Die Bevölkerungsbefragung mit über 2.000 Teilnehmenden und die 14 qualitativen Interviews mit Teilnehmenden der Befragung wurden im Rahmen des Projekts „Nachhaltige Mobilität im Quartier. Eine Akzeptanzstudie" erhoben. Dieses Projekt wurde von der DBU gefördert und hatte das Ziel, nachhaltige Mobilitätsangebote für unterschiedliche Quartierstypen zu identifizieren.

Im folgenden Kapitel werden die Quartiersauswahl und die Untersuchungsgebiete stark verkürzt beschrieben. Die detaillierte Beschreibung der Quartiersauswahl und der Untersuchungsgebiete kann im Abschlussbericht des DBU-Projekts nachgelesen werden (Graf et al. 2022). Zudem umfasst dieses Kapitel die Erläuterungen zum Vorgehen bei der Befragung (Absschnitt 5.2) und bei den Interviews (Abschnitt 5.4). Auch der Aufbau der Vignettenstudie als besonderer Teil der Befragung wird hier erläutert (Abschnitt 5.3).

5.1   Bochum als Untersuchungsgebiet

Die drei Untersuchungsstadteile befinden sich in Bochum. Bochum ist eine Stadt mit einer Population von ca. 370.000 Personen, mitten im Ruhrgebiet und ist damit eingebunden in die polyzentrischen Verflechtungen eines großen Ballungsraums. Bochum hat eine hügelige Topografie (Stadt Bochum und Planersocietät 2013, S. 11) und das Verkehrssystem ist stark autoorientiert. Mehrere Autobahnen führen direkt durch das Stadtgebiet. Eine Parkraumbewirtschaftung gibt es ausschließlich im Bereich der Innenstadt. Die öffentlichen Verkehrsmittel sind gut ausgebaut. Es gibt mehrere Straßenbahnlinien, die eine schnelle Anbindung an die Bochumer Innenstadt und den Hauptbahnhof ermöglichen. Die Stadt ist über Regionalbahnhöfe und den Hauptbahnhof gut an den regionalen und überregionalen öffentlichen Verkehr angeschlossen. Die Fahrradinfrastruktur der Stadt ist ausbaufähig. In den letzten Jahren wurden neben dem Umbau alter Bahntrassen auch Radwege an wichtigen Zubringerstraßen realisiert. Ein flächendeckendes sicheres Radwegenetz ist jedoch nicht vorhanden. Trotz eines guten Angebots der öffentlichen Verkehrsmittel ist Bochum – wie viele andere Ruhrgebietsstädte auch – eine Autostadt. Dichte Bebauung und urbane Bewohnerstrukturen begünstigen im Regelfall die Nutzung des Umweltverbundes und

multimodale Verkehrsmittelnutzung. In Bochum fällt die Nutzung des Umweltverbundes jedoch geringer aus als in anderen deutschen Städten vergleichbarer
Größe (Gerike et al. 2020, Tab 15 (a), Tab 22 (a)). Das Potenzial für Verkehrsverlagerungen vom Auto auf die umweltverträglicheren Verkehrsmittel ÖV und
Fahrrad sollte in Bochum folglich besonders hoch sein.

Ein weiterer prägender Aspekt ist die Industriegeschichte des Ruhrgebiets. Wie
in vielen anderen Städten des Ruhrgebiets lebten auch in Bochum viele Menschen
vom Kohlebergbau. Die letzte Zeche wurde bereits 1973 stillgelegt. Allerdings
begleiten der Strukturwandel und seine Auswirkungen die Stadt bis heute. In
ehemaligen Arbeiterstadtteilen hält sich bis heute eine hohe Arbeitslosigkeit
(Kersting et al. 2009). Die Reduzierung der Umweltprobleme in Luft, Wasser
und Boden bindet bis heute viele Ressourcen (Nonn 2009). Einige der Ruhrgebietsstädte sind hoch verschuldet, sodass im Vergleich zu anderen deutschen
Städten weniger Spielraum für Investitionen zur Verfügung steht.

Erst in den 1960er Jahren wurden die ersten Universitäten im Ruhrgebiet,
oft als Campusuniversitäten etwas außerhalb der Stadt, gegründet. Mit Studierenden und Mitarbeitenden umfasst die Ruhr-Universität Bochum fast 50.000
Personen, die täglich zum Campus und wieder nach Hause befördert werden
müssen. Der dezentrale Standort, der weitläufige Campus und die autogerechte
Stadtentwicklung der 1960er Jahre stellen heute Herausforderungen an nachhaltige Transportmöglichkeiten. Die alten stillgelegten Bahntrassen erleben dagegen
als Fahrradwege abseits des Autoverkehrs eine Renaissance.

Bochum ist in 30 Stadtteile aufgeteilt, welche wiederum sechs Stadtbe-
zirken zugeordnet sind. Hinsichtlich der Bevölkerung weisen die Stadtteile
große Unterschiede beim Anteil ausländischer Bevölkerung, beim Anteil der
Sozialhilfeempfänger und bei der Altersstruktur auf.

5.1.1 Auswahl der Untersuchungsstadtteile

Für die Auswahl der Untersuchungsstadtteile werden die für sozialräumliche
Analysen typischen Dimensionen Urbanität und Soziodemografie herangezogen (Metzmacher 2007). Über Urbanität bzw. Dichte und soziodemografische
Merkmale wie Alter und Einkommen lassen sich raum- und sozialstrukturelle
Ressourcen und Restriktionen indirekt schätzen. Aufgrund der Fragestellung dieser Arbeit wird die Mobilitätssituation als eigene Dimension aufgenommen. Für
die Dimension Urbanität werden als Indikatoren der Anteil an Ein- und Zweifa-
milienhäusern im Stadtteil berücksichtigt. Ein hoher Anteil an Ein- und Zweifa-
milienhäusern geht meist mit geringer Bevölkerungsdichte einher. Zudem befindet

sich diese lockere Bebauungsart selten in Innenstadtnähe. Viele Mehrfamilienhäuser dagegen bedeuten eine hohe Bevölkerungsdichte. Die Soziodemografie wird durch drei Indikatoren abgebildet: den Anteil an unter 18-Jährigen, den Anteil an über 60-Jährigen und den Anteil an Sozialgeldempfängern. Junge und alte Bevölkerungsgruppen sind meist stärker von Alternativen zum Auto abhängig und benötigen eine andere Versorgungsstruktur wie beispielsweise Kindergärten, Schulen, Seniorenheime oder Pflegedienste. Der Anteil an Sozialhilfeempfängern steht für äußert geringe finanzielle Ressourcen und damit eingeschränkte Möglichkeiten, sich alle Mobilitätsangebote leisten zu können. Die Dimension Mobilitätssituation setzt sich aus der Entfernung zum Stadtzentrum, dem Anschluss an den Schienennahverkehr und den Angeboten für Car- und Bikesharing zusammen (vgl. Anhang B im elektronischen Zusatzmaterial). Ein ähnliches Vorgehen wurde auch in der MOBILANZ-Studie (Hunecke et al. 2008, S. 56) und im Projekt StadtLeben (Beckmann et al. 2006, S. 32–34) gewählt. Die Datengrundlage für den Stadtteilvergleich bietet der Bochumer Stadtbericht „Bochumer Ortsteile kompakt 2019" (Stadt Bochum 2019). Dort stehen die ausgewählten Indikatoren auf Stadtteilebene zur Verfügung, sodass alle 30 Bochumer Stadtteile verglichen werden können (Anhang C im elektronischen Zusatzmaterial).

Als Untersuchungsgebiete wurden Stadtteile ausgewählt, die sich in diesen Indikatoren unterscheiden. Um verschiedene Verkehrsmittel nutzen zu können, ist deren Verfügbarkeit eine wichtige Voraussetzung. Stadtteile ohne Anschluss an den Schienennahverkehr wurden, bedingt durch die Forschungsfrage ausgeschlossen. Aufgrund der geplanten Befragung wurde die ausreichende Größe der Bevölkerungszahl auf mindestens 7.000 festgelegt. Stadtteile mit geringerer Bevölkerungsgröße wurden ausgeschlossen. Der Innenstadtbereich – Stadtteilname Gleisdreieck – unterscheidet sich in der Bevölkerungsdichte, Altersstruktur und Flächennutzung stark von den anderen Stadtteilen und wurde daher ebenfalls ausgeschlossen. Zur Typisierung der Stadtteile wird auf das klassische konzentrische Stadtmodell zurückgegriffen, das Städte in Innenstadt, Innenstadtrand und Stadtrand einteilt (Göddecke-Stellmann et al. 2019).

Als Ergebnis des Auswahlprozesses stehen die Stadtteile Hamme, Gerthe und Wiemelhausen-Brenschede[1] als Untersuchungsgebiete fest.

---

[1] Im Weiteren nur noch Wiemelhausen genannt.

5.1.2 Beschreibung der Untersuchungsgebiete

Die drei Untersuchungsstadtteile Hamme, Gerthe und Wiemelhausen unterscheiden sich in ihrer Lage innerhalb des Stadtgebiets (vgl. Abbildung 5.1) und in der soziodemografischen Zusammensetzung der Bevölkerung.

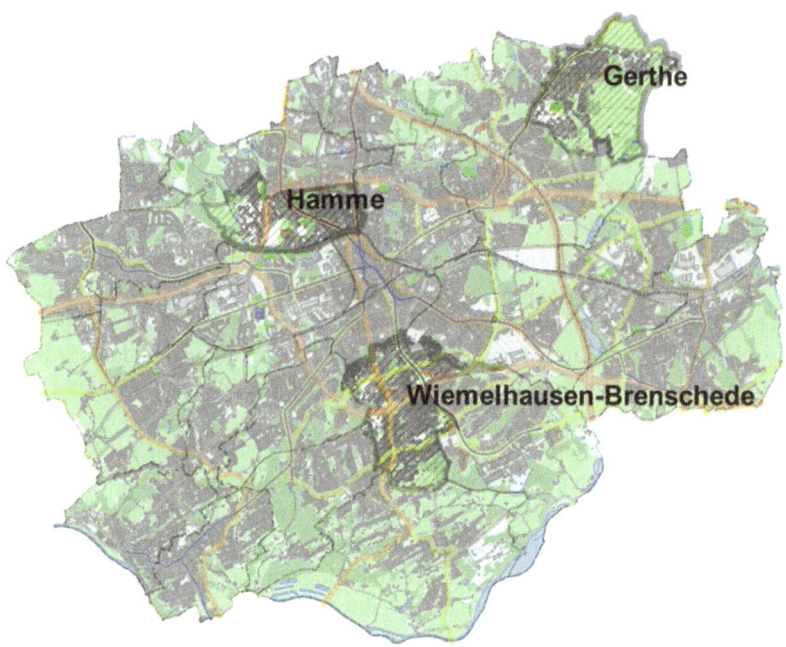

Abbildung 5.1 Lage der Untersuchungsgebiete in Bochum. (Eigene Darstellung, Daten der Stadt Bochum und OSM)

Hamme liegt eher zentral und grenzt im Süden an die Bochumer Innenstadt. Hamme kann als urbaner und junger Stadtteil bezeichnet werden. Die Bevölkerung ist etwas jünger als der Bochumer Durchschnitt, der Anteil an Sozialhilfeempfängern liegt mit 22 Prozent[2] über dem
Durchschnitt von knapp 16 Prozent. Wiemelhausen liegt im Bereich der Mittelstadt und zeichnet sich durch eine lange Nord-Süd-Ausdehnung aus. Dadurch

---

[2] Die meisten Zahlen zu den Stadtteilen sind der Broschüre „Bochumer Ortsteile kompakt 2019" (Stadt Bochum 2019) entnommen.

sind die nördlichen Gebiete des Stadtteils gut an die Innenstadt angebunden, während dies auf die südlichen Gebiete nicht zutrifft. Wiemelhausen zeichnet sich durch eine eher überalterte und wohlhabendere Bevölkerung aus. Der Anteil an Sozialhilfeempfängern ist hier mit knapp 6 Prozent besonders niedrig. Gerthe ist ein typischer Stadtrandstadtteil mit einer geringeren Bevölkerungsdichte als die beiden anderen Stadtteile und einem hohen Anteil an Einfamilienhäusern. Bezüglich des Anteils der älteren Bevölkerung und der Sozialhilfeempfänger liegt Gerthe im Bochumer Durchschnitt. Die Unterschiede in der Zusammensetzung der Bevölkerung lassen Unterschiede in der Mobilität und Verkehrsmittelnutzung der Befragten vermuten.

5.2   Die Befragung: Mobilität in Bochum 2020

Die verwendeten Daten wurden in der Befragung „Mobilität in Bochum 2020" erhoben. Die Befragung wurde im Rahmen des DBU-Projekts „Nachhaltige Mobilität im Quartier. Eine Akzeptanzstudie" vom ZEFIR und vom Lehrstuhl Soziologie für Stadt und Region der Ruhr-Universität Bochum durchgeführt. Untersuchungsgebiete sind die oben beschriebenen Stadtteile Hamme, Gerthe und Wiemelhausen.

Befragungen sind eine weit verbreitete Methode der empirischen Sozialforschung. Zu den Vorteilen gehört der hohe Standardisierungsgrad und damit die Möglichkeit, Ergebnisse zu verallgemeinern und zu replizieren (Reinecke 2014, S. 612). Die vorliegende Studie wurde als schriftlich-postalische Befragung (PAPI) umgesetzt. Zusätzlich gab es die Möglichkeit den Fragebogen online auszufüllen (mixed mode). Schriftlich-postalische Befragungen sind meist kostengünstiger durchzuführen als Befragungen mit Interviewenden. Weitere Vorteile liegen in der Reduktion der Effekte zur sozialen Erwünschtheit, da die soziale Kontrolle durch Interviewende entfällt, und in der zeitlichen Flexibilität der Befragten, wann der Fragebogen ausgefüllt wird und wie viel Zeit sich dafür genommen wird (Reuband 2014, S. 648). Als Nachteile sind Verständnisprobleme beim Ausfüllen des Fragebogens zu nennen, die zu fehlerhaften Antworten führen, aber auch Verständnisprobleme von Personen mit geringer Bildung oder geringen Deutschkenntnissen, die daraufhin nicht an der Befragung teilnehmen. Dies führt dazu, dass Personen mit geringer Bildung in schriftlichen Befragungen häufig unterrepräsentiert sind (Reuband 2014, S. 649).

Die folgenden Kapitel enthalten Informationen zu den Inhalten des Fragebogens und erläutern das Vorgehen bei der Umsetzung der Befragung.

5.2.1 Der Fragebogen: Inhalt und Methodisches

Die Befragung „Mobilität in Bochum 2020" hatte zum Ziel, die Verkehrsmittelnutzung der Bevölkerung im Kontext ihres spezifischen Wohnortes zu erheben. Es ging darum, Wechselwirkungen zwischen der Verkehrsmittelwahl und der Wohnumgebung zu überprüfen und mögliche Unterschiede zwischen verschiedenen Stadtteiltypen bei der Förderung nachhaltiger Verkehrsmittel wie Fahrrad oder ÖV zu berücksichtigen.

Das Deckblatt des Fragebogens wurde an den jeweiligen Stadtteil angepasst, z. B. Befragung in *Hamme*. Inhaltlich sind die Fragebögen der Stadtteile identisch. Der Fragebogen setzt sich aus den folgenden sieben thematischen Blöcken zusammen: Verfügbarkeit von Verkehrsmitteln, Mobilität in der Wohnumgebung, Nutzung von Verkehrsmitteln, Rückblick: Nutzung von Verkehrsmitteln vor einem Jahr, Einstellungen zu Verkehrsmitteln, potenzielle Verkehrsmittelnutzung und Angaben zur Person (siehe Tabelle 5.1).

Insgesamt umfasst der Fragebogen 49 Fragen auf 13 Seiten (vollständiger Fragebogen im Anhang A im elektronischen Zusatzmaterial). Aufgrund der Vignettenstudie (Themenblock 6) gibt es neun Fragebogenversionen, die sich jeweils in den acht Fragen zur potenziellen Verkehrsmittelnutzung inhaltlich unterscheiden. Nimmt man die formale Unterscheidung der Stadtteile hinzu, ergeben sich daraus 27 Fragebogenversionen.

Tabelle 5.1 Aufbau des Fragebogens (eigene Darstellung)

Nr.	Themenblock	Inhalt	Fragen
1	Verfügbarkeit von Verkehrsmitteln	• Verfügbarkeit und Besitz von Führerschein, Verkehrsmitteln und anderen Mobilitätsangeboten • Abstellmöglichkeiten für Autos und Fahrräder	1–10
2	Mobilität in der Wohnumgebung	• Entfernung zu Mobilitätsangeboten (z. B. Bushaltestelle) • Aussagen zur Wohnumgebung • Nutzung der Wohnumgebung für Aktivitäten	11–15
3	Nutzung von Verkehrsmitteln	• Häufigkeit der Verkehrsmittelnutzung • Verkehrsmittelnutzung nach Entfernungsklassen	16–19

(Fortsetzung)

Tabelle 5.1 (Fortsetzung)

Nr.	Themenblock	Inhalt	Fragen
4	Rückblick: Verkehrsmittelnutzung vor einem Jahr	• Häufigkeit der Verkehrsmittelnutzung 2019 • Verkehrsmittelnutzung nach Entfernungsklassen 2019	20–23
5	Einstellungen zu Verkehrsmitteln	• allgemeine Einstellungen zur Verkehrsmittelwahl • Einstellungen zur Nutzung des Autos, der öffentlichen Verkehrsmittel, des Fahrrads, des Zufußgehens	24–28
6	Potenzielle Verkehrsmittelnutzung	• vier Situationsbeschreibungen zur Nutzung des Autos oder der öffentlichen Verkehrsmittel • vier Situationsbeschreibungen zur Nutzung des Autos oder Fahrrads	29–36
7	Angaben zur Person	• Geschlecht • Alter • deutsche und weitere Staatsbürgerschaft • höchster Schulabschluss • Erwerbstätigkeit • Haushaltsform und -zusammensetzung • Wohndauer im Stadtteil • Art des Wohnens (Miete oder Eigentum) • Haushaltsnettoeinkommen	37–49

Der Einstieg in den Fragebogen erfolgt mit eher einfachen Fragen zur Verfügbarkeit von Verkehrsmitteln. Im zweiten Block werden Fragen zur Wohnumgebung gestellt. Diese Fragen sollen die individuelle Mobilitäts- und Angebotssituation am Wohnort erfassen. In den Blöcken drei und vier wird die aktuelle Verkehrsmittelnutzung und die Verkehrsmittelnutzung vor einem Jahr abgefragt. Der Rückblick zur Verkehrsmittelnutzung vor einem Jahr wurde aufgrund der veränderten Situation durch die Coronapandemie seit März 2020 ergänzt. Damit sollen Veränderungen in der Verkehrsmittelwahl, die sich durch die veränderte Situation während der Coronapandemie ergeben haben, ermittelt werden. Da die retrospektive Messung der Verkehrsmittelnutzung von vor einem Jahr vermutlich ungenauer ist als die aktuelle Messung aus dem Jahr 2020 (Faulbaum et al. 2009, S. 158) werden die Analysen in dieser Arbeit auf Basis der aktuellen Verkehrsmittelnutzung aus dem Jahr 2020 durchgeführt. In Block fünf folgen die Einstellungsitems zu multimodaler Mobilität und den einzelnen Verkehrsmitteln. Um zu verhindern, dass durch die Reflexion der eigenen Einstellungen das Verhalten uminterpretiert wird und damit Verzerrungen entstehen, wurden die Einstellungsfragen nach den Verhaltensfragen gestellt (Schnell 2012, S. 121). Im vorletzten Block sind die Befragten aufgefordert, acht Vignetten zu beantworten. Die Vignetten enthalten Situationsbeschreibungen zur Verkehrsmittelwahl zwischen dem Auto und den öffentlichen Verkehrsmitteln und dem Auto und dem Fahrrad. Am Ende des Fragebogens stehen die sensiblen Fragen zu soziodemografischen Angaben wie Alter, Geschlecht und Einkommen. Der Fragebogen schließt mit der Möglichkeit, noch weitere Angaben zum Thema der Befragung oder Kritik in eigenen Worten zu äußern.

Bei der Konstruktion des Fragebogens und der Formulierung der Fragen und Antworten wurden die etablierten Standards und Gütekriterien für standardisierte Fragebogen berücksichtigt (Lenzner und Menold 2015; Schnell 2012, S. 79–81). Bei einigen Fragen, z. B. zu soziodemografischen Merkmalen, wurde auf geprüfte standardisierte Formulierungen zurückgegriffen. Dadurch wird die Validität sichergestellt und die Vergleichbarkeit mit anderen Studien ermöglicht (Schnell 2012, S. 106). Die Items im Block „Einstellungen zu Verkehrsmitteln" wurden größtenteils aus anderen Fragebögen und Studien übernommen. Es handelt sich dabei um Items der Konstrukte Autonomie, Erlebnis, Privatheit und Status für die Verkehrsmittelwahl von Hunecke (2000) und zur Multimodalität von Groth (2019c). Weitere berücksichtigte Studien für die Operationalisierung der Einstellungen sind die von Fliegner (2002) und Jarass (2018). Im Layout des Fragebogens wurden die Gütekriterien der Tailored Design Method von Dillman et al. (2009) umgesetzt.

5.2.2 Pretest

Der Fragebogen wurde in verschiedenen Projektphasen unterschiedlichen Pretests unterzogen. Ein erster Pretest fand im Februar 2020 mit der „vor Corona"-Version des Fragebogens statt. Hierfür wurden ca. 30 Personen zu einem kognitiven Pretest aufgefordert. Dabei wurde überprüft, wie die Fragen und Antwortmöglichkeiten verstanden werden, wo es Verständnisprobleme gibt und welche Fragen unterschiedlich interpretiert werden. Daraufhin wurden einige Formulierungen überarbeitet und angepasst. Diskussionen gab es in der Projektgruppe um die Verwendung der Skala zur Häufigkeit der Verkehrsmittelnutzung, die in einer der größten deutschen Mobilitätsstudien, dem MiD, verwendet wird (Nobis und Kuhnimhof 2018). Ein Problem dieser Skala sind ungenaue und nicht disjunkte Kategorien. Zur besseren Vergleichbarkeit der Ergebnisse mit anderen Studien – die meist auch die MiD-Skala verwenden – wird die Verkehrsmittelnutzung allerdings auch in diesem Projekt über die MiD-Skala abgefragt.

Durch die neue Situation im Alltag während der Coronapandemie wurden
Teile des Fragebogens noch einmal überarbeitet, manches gekürzt oder ergänzt.
Diese Änderungen betrafen überwiegend die Vergleichsblöcke der Verkehrsmittelnutzung 2019 und 2020 sowie die Vignetten. Die Fragen zur Verkehrsmittelnutzung 2019 wurden neu eingefügt. Um die Länge des Fragebogens durch
zusätzliche Fragen insgesamt überschaubar zu halten, wurden einzelne Items aus
Fragebatterien (z. B. Einstellungsitems zu Verkehrsmitteln, Nutzung von Carsharing, Unterscheidung der Nutzung von Elektrofahrrad und Fahrrad) gestrichen.
Außerdem wurden die Vignetten überarbeitet und insgesamt in ihren Dimensionen und Ausprägungen gekürzt. Rückmeldungen aus dem Pretest hatten ergeben,
dass die Vignetten als zu komplex empfunden wurden und in Anbetracht der
Fragebogenlänge insgesamt viele kognitive Ressourcen gefordert werden.

Im August 2020 wurde der neue und aktualisierte Fragebogen mit ca. 10 Personen getestet. Im Nachgang an diesen Pretest wurden erneut wenige Änderungen
am Fragebogen vorgenommen. Da sich der Onlinefragebogen inhaltlich nicht von
der gedruckten Version unterscheidet, wurde hier ausschließlich ein technischer
Pretest durchgeführt.

5.2.3 Kontaktaufnahme und Versand

Die Befragung fand im Zeitraum vom 15.10.2020 bis 17.12.2020 statt. Damit
umfasste der Befragungszeitraum neun Wochen. Insgesamt wurden die Befragten dreimal über ihre Anschriften aus dem Melderegister[3] der Stadt Bochum
kontaktiert: erster Versand, Erinnerungsschreiben und zweiter Versand nach vier
Wochen.

Um den Rücklauf zu steigern, wurden bewährte Maßnahmen umgesetzt (siehe
Tabelle 5.2). Die Fragebögen wurden in DIN-A4-Format gedruckt und in passenden Briefumschlägen versendet. Diesen beigefügt waren das personalisierte
Anschreiben, ein Informationsblatt mit wichtigen Erklärungen zum Datenschutz,
ein Rückantwortschreiben und ein Rückantwortumschlag mit der Aufschrift
„Porto zahlt Empfänger“. Neben der personalisierten Anrede und Adresse enthiel-
ten die Anschreiben auch einen Link zur Onlineversion des Fragebogens sowie
ein individuelles Passwort, das die einmalige Onlineteilnahme der ausgewählten

---

[3] In Deutschland besteht die Möglichkeit für Forschung im öffentlichen Interesse, worunter
meist die wissenschaftliche Forschung an Universitäten fällt, Adressen aus dem Meldegis-
ter zu verwenden.

Personen sicherstellte. Zur Unterstreichung der Bedeutung der Befragung wurden in der lokalen Zeitung der Stadt Bochum (WAZ) und im Newsportal der Ruhr-Universität Bochum jeweils ein kurzer Artikel zur Befragung veröffentlicht. Ebenfalls wurde für den Befragungszeitraum eine Befragungshotline eingerichtet, worüber eine Person des Projektteams erreichbar war, um individuelle Fragen zur Befragung direkt zu beantworten. Darüber hinaus bestand die Möglichkeit, über eine E-Mailadresse Kontakt zum Projektteam aufzunehmen. Die Befragungshotline wurde über hundertmal genutzt. Die meisten Personen riefen an, um die Nichtteilnahme mitzuteilen und sich für weitere Kontaktaufnahmen aus der Adressliste entfernen zu lassen. Vor allem ältere Menschen und Personen mit geringen Deutschkenntnissen ließen Bekannte und Verwandte anrufen oder sagten selbst ab. Wenige Anrufe betrafen Fragen zur Anonymität und zum Datenschutz oder zu Inhalten des Fragebogens. Nach dem zweiten Versand meldeten sich einige Personen, die sich von der wiederholten Kontaktaufnahme belästigt oder bedrängt fühlten. Wenige Anrufende fragten, bis wann der Fragebogen zurückgesendet werden solle. Via E-Mail wurde 30-mal Kontakt aufgenommen. Meist teilten die angeschriebenen Personen mit, dass sie nicht teilnehmen werden. Ein ausgefüllter Fragebogen kam als Scan zurück. Personen, die umgezogen waren, fragten, ob sie den Fragebogen trotzdem ausfüllen sollen. Wenige teilten mit, dass sie ein Erinnerungsschreiben oder den zweiten Versand erhalten haben, obwohl der Fragebogen bereits ausgefüllt und zurückgesendet wurde.

Tabelle 5.2 Umgesetzte Maßnahmen zur Steigerung des Rücklaufs. (Eigene Darstellung nach Diekmann 2014, S. 518; Dillman et al. 2009; Groth 2019c, S. 87; Schnell 2012, S. 246–263)

Thema	Umsetzung
Kuvert	DIN-A4
Anschreiben	Adressiert mit Namen und Adresse, direkte Ansprache mit Namen, Universitäts-Logo, Corporate Design der RUB, Nützlichkeit der Studie, Wichtigkeit der Befragten, Datenschutzhinweise (Anonymität, gesetzliche Regelungen), Name mit Telefonnummer und E-Mailadresse für Rückfragen, Danksagung, echt aussehende Unterschrift
Fragebogen online	Individualisierter Link im Anschreiben, damit auch online an der Befragung teilgenommen werden kann

(Fortsetzung)

Tabelle 5.2 (Fortsetzung)

Thema	Umsetzung
Fragebogen	DIN-A4-Fomat, festes weißes Papier, gutes optisch ansprechendes Design, Titelseite in Farbe und mit Foto, Kontaktinformation und Ansprechpartner auf Titelseite, alternierende Einfärbung als Ausfüllhilfe, optische Trennung von Fragen und Antworten, Fragenanordnung von oben nach unten, Gelegenheit für Rückmeldungen und Kritik am Ende des Fragebogens, leichte Einstiegsfragen, logische und sinnhafte Fragenanordnung, überwiegend standardisierte geschlossene Fragen, Vermeidung von Suggestivfragen, Fragen zu Soziodemografie am Ende
Datenschutzinformationen	Doppelseite mit häufigsten Fragen und Antworten zum Datenschutz, Nennung einer zuständigen Stelle inkl. Kontaktperson für Fragen und Beschwerden der RUB
Rückantwort	Kostenfreie Rückantwort durch Kuvert mit Aufdruck „Porto zahlt Empfänger", fertig adressiertes Antwortschreiben
Bekanntmachung	Pressemitteilung der RUB, Artikel in Lokalzeitung (WAZ), eigene Webseite zur Befragung
Erreichbarkeit für Rückfragen	Telefonhotline, E-Mailadresse
Nachfassaktionen	Erinnerungsschreiben nach einer Woche, Versand eines zweiten Fragebogens nach 4 Wochen

Die Onlinebefragung wurde mit SoSci Survey (SoSci Survey GmbH 2021) erstellt und durchgeführt. In der Onlineversion wurden zusätzlich bestimmte Vorteile des Onlinedesigns genutzt. Hier wurde nur eine Frage pro Seite angezeigt. Ebenso wurden die verschiedenen Antwortmöglichkeiten (Einfach- oder Mehrfachnennung) durch unterschiedliche Ankreuzformen symbolisiert. Onlinefragebögen bieten die Möglichkeit der direkten Filterführung, was den Fragebogenfluss für die Teilnehmenden etwas erleichtert. Mit Ausnahme der Filterfragen wurden auch in der Onlineversion keine Antworten erzwungen. Auf einen „zurück-Button" wurde verzichtet, weshalb anders als in der postalischen Version nicht die Möglichkeit bestand, zwischen Fragen zu springen oder Korrekturen vorzunehmen.

5.2.4   Stichprobe

Für die Befragung „Mobilität in Bochum 2020" wurde eine Stichprobe (Sample) von 1.200 Personen – 400 Personen je Untersuchungsstadtteil – als Zielvorgabe angestrebt. Bei einer durchschnittlichen Ausschöpfungsrate von 20 Prozent ergeben sich 6.000 benötigte Personen – jeweils 2.000 Personen pro Untersuchungsstadtteil, die kontaktiert werden müssen. Diese Personen und deren Anschriften wurden aus dem amtlichen Melderegister der Stadt Bochum als drei Zufallsstichproben für die drei Untersuchungsbiete Hamme, Gerthe und Wiemelhausen gezogen (vgl. Tabelle 5.3).

Tabelle 5.3   Grundgesamtheit und einfache Zufallsstichprobe

Stadtteil	Grundgesamtheit mit Hauptwohnsitz gemeldete Personen (18 bis 80 Jahre, April 2020)	Zufallsstichprobegezogene Personen	Stichprobe (Sample) Ausschöpfungsrate
Hamme	12.508	2.000 (16 %)	547 (25 %)
Gerthe	7.204	2.000 (28 %)	716 (33 %)
Wiemelhausen	14.169	2.000 (14 %)	915 (42 %)
Gesamt	33.881	6.000 (18 %)	2.179 (39 %)

(Quelle: Stadt Bochum und Mobilität in Bochum 2020, eigene Berechnung)

Bei der Ziehung der Adressen wurden alle mit Hauptwohnsitz gemeldeten Personen zwischen 18 und 80 Jahren (Jahrgänge 1939–2002) berücksichtigt. Die Grundgesamtheit betrug 33.881 Personen. Zudem wurden die Personen nach Geburtsjahr und Geschlecht sortiert, um diese Merkmale möglichst entsprechend der Verteilung in den Untersuchungsgebieten auch in der Stichprobe abzubilden. Aufgrund der Verschiebung der Befragung durch die Coronapandemie lag die Stichprobenziehung zum Befragungszeitpunkt bereits ein halbes Jahr zurück, weshalb die stichprobenneutralen Ausfälle hier etwas höher ausfallen.

Rücklauf und Ausfälle
Die Befragung „Mobilität in Bochum 2020" hatte einen guten Rücklauf, sodass die Zielstichprobe von 1.200 Personen bzw. 400 Personen pro Untersuchungsgebiet erreicht und sogar deutlich übertroffen werden konnte.

Insgesamt kamen 2.179 auswertbare Fragebogen zurück (vgl. Tabelle 5.3). Damit wurde eine Ausschöpfung der bereinigten Bruttostichprobe von 39 Prozent

erreicht. Ca. 80 Prozent der Fragebögen kamen auf postalischem Weg zurück, ca.
20 Prozent nutzten die Möglichkeit, online an der Befragung teilzunehmen. Die
Verteilung der auswertbaren Fragebögen auf die Untersuchungsgebiete lautet: 547
(25 Prozent) aus Hamme, 716 (33 Prozent) aus Gerthe und 915 (42 Prozent) aus
Wiemelhausen.

Die Ausfälle setzen sich aus stichprobenneutralen Ausfällen (6,4 Prozent) und
systematischen Ausfällen (61,2 Prozent) zusammen (Tabelle 5.4). Der hohe Rücklauf von 39 Prozent sowie die Bereitschaft der angeschriebenen Personen bzw.
ihrer Angehörigen, ihre Nichtteilnahme mitzuteilen, spricht dafür, dass die Befragung von der Bochumer Bevölkerung sehr ernst genommen wurde. Die hohe
Anzahl an Teilnehmenden verleiht den Aussagen und Ergebnissen der Befragung
ein stärkeres Gewicht. Sowohl die für schriftlich-postalische Befragungen überdurchschnittliche Ausschöpfung, als auch die insgesamt hohe Beteiligung sind
ein großer Erfolg der Studie und ein Beleg für die Relevanz des Studien- und
Befragungsthemas.

Tabelle 5.4 Stichprobenausschöpfung und Nonresponse

	Gesamt	Prozent
Bruttostichprobe	**6.000**	**100**
stichprobenneutrale Ausfälle		
Anschreiben nicht zustellbar	323	5,4
Erinnerungsschreiben nicht zustellbar	43	0,7
Zielperson verstorben	7	0,1
Zielperson umgezogen	12	0,2
stichprobenneutrale Ausfälle insgesamt	385	6,4
bereinigter Stichprobenansatz	**5.615**	**100**
systematische Ausfälle		
Zielperson nicht zum Interview bereit	54	1,0
Zielperson kann nicht teilnehmen (z. B. Krankheit, mangelnde Sprachkenntnisse)	16	0,3
Fragebogen nicht ausgefüllt	3.314	59,0
leeren Fragebogen zurückgesendet	8	0,1
Fragebogen als (Teil-)Fälschung identifiziert	7	0,1

(Fortsetzung)

Tabelle 5.4 (Fortsetzung)

	Gesamt	Prozent
Fragebogen nicht auswertbar	37	0,7
systematische Ausfälle insgesamt	**3.436**	**61,2**
auswertbare *Interviews*		
Postalisch	1.764	31,4
Online	415	7,4
auswertbare Interviews insgesamt	**2.179**	**38,8**

(Quelle: Mobilität in Bochum 2020, eigene Berechnung)

Stichprobenvergleich
Der Vergleich der realisierten Stichprobe mit der Grundgesamtheit zeigt in vielen Punkten eine ähnliche Verteilung (vgl. Tabelle 5.5). Bei den Altersgruppen sind junge Menschen im Alter von 18 bis 29 Jahren in der realisierten Stichprobe unterrepräsentiert. Am deutlichsten trifft dies auf Gerthe zu. Dagegen sind ältere Personen ab 60 Jahren in der realisierten Stichprobe eher überrepräsentiert. Dies trifft am deutlichsten auf die Gruppe der 60- bis 69-Jährigen in Gerthe zu. Während die Anteile an Frauen und Männern in der Grundgesamtheit fast gleich verteilt sind, sind in der realisierten Stichprobe Frauen etwas häufiger vertreten. Dieser Unterschied ist im Stadtteil Hamme am deutlichsten. Eindeutige Unterschiede zwischen der realisierten Stichprobe und der Grundgesamtheit werden beim Vergleich verschiedener Haushaltsformen sichtbar. Einpersonenhaushalte sind in der realisierten Stichprobe in allen drei Stadtteilen deutlich unterrepräsentiert. Ursache hierfür könnte sein, dass Personen in Einpersonenhaushalten über unsere Anfrage deutlich schlechter erreicht werden konnten. Weiter sollte berücksichtigt werden, dass die Zahlen der Stadt Bochum zur Haushaltsform die ganze Bevölkerung berücksichtigen, während in der realisierten Stichprobe Personen über 80 Jahren bereits im Vorfeld ausgeschlossen wurden. Ein Teil der Einpersonenhaushalte könnte also auf hochbetagte alleinstehende Personen fallen, die für die Befragung nicht berücksichtigt wurden. Anders der Vergleich der Haushalte mit Kindern: Diese sind in der realisierten Stichprobe eher überrepräsentiert, in Wiemelhausen am deutlichsten. Dies spricht wiederum dafür, dass Personen aus Haushalten mit mehreren Personen insgesamt besser erreicht werden konnten als Personen aus Einpersonenhaushalten.

Tabelle 5.5 Stichprobenverteilung nach Alter und Geschlecht: realisierte Stichprobe und Grundgesamtheit

	Hamme		Gerthe		Wiemelhausen		Durchschnitt
	MobiBo 2020	Stadt Bochum	MobiBo 2020	Stadt Bochum	MobiBo 2020	Stadt Bochum	MobiBo 2020
Altersgruppen							
18–29 Jahre	132 (24 %)	3.406 (27 %)	81 (11 %)	1.260 (17 %)	131 (14 %)	2.667 (19 %)	344 (16 %)
30–39 Jahre	111 (20 %)	2.688 (21 %)	96 (13 %)	1.182 (16 %)	122 (13 %)	2.204 (16 %)	329 (15 %)
40–49 Jahre	67 (12 %)	1.835 (15 %)	96 (13 %)	1.093 (15 %)	146 (16 %)	1.952 (14 %)	309 (14 %)
50–59 Jahre	102 (19 %)	1.889 (15 %)	164 (23 %)	1.582 (22 %)	193 (21 %)	2.724 (19 %)	460 (21 %)
60–69 Jahre	71 (13 %)	1.519 (12 %)	173 (24 %)	1.238 (17 %)	171 (19 %)	2.467 (17 %)	415 (19 %)
70–81 Jahre	62 (11 %)	1.171 (9 %)	103 (14 %)	849 (12 %)	145 (16 %)	2.155 (15 %)	310 (14 %)
Gesamt*	545 (100 %)	12.508 (100 %)	713 (100 %)	7.204 (100 %)	908 (100 %)	14.169 (100 %)	2.167 (100 %)
Geschlecht							
Frauen	296 (54 %)	6.030 (48 %)	387 (54 %)	3.582 (50 %)	498 (54 %)	7.284 (51 %)	1.182 (54 %)

(Fortsetzung)

Tabelle 5.5 (Fortsetzung)

	Hamme		Gerthe		Wiemelhausen		Durchschnitt
	MobiBo 2020	Stadt Bochum	MobiBo 2020	Stadt Bochum	MobiBo 2020	Stadt Bochum	MobiBo 2020
Männer	250 (46 %)	6.478 (52 %)	328 (46 %)	3.622 (50 %)	416 (46 %)	6.885 (49 %)	994 (46 %)
Gesamt**	547 (100 %)	12.508 (100 %)	716 (100 %)	7.204 (100 %)	915 (100 %)	14.169 (100 %)	2.179 (100 %)
Einpersonenhaushalt***	147 (29 %)	5150 (58,1 %)	133 (20 %)	2190 (46,6 %)	167 (20 %)	4810 (49,1 %)	447 (22 %)
Haushalt mit Kindern	87 (17 %)	1350 (15,2 %)	149 (22 %)	890 (19 %)	214 (25 %)	1470 (15 %)	451 (22 %)
Durchschnittliche Haushaltsgröße	2,26	1,76	2,34	1,94	2,4	1,81	2,35

*Die Abweichungen in den Summen ergeben sich durch Personen, die ihr Alter in der Befragung nicht angegeben haben.
**Die Abweichungen in den Summen ergeben sich durch Personen, die sich weder dem weiblichen noch männlichen Geschlecht zuordnen.
***Für die Berechnung der Einpersonenhaushalte der Stadt Bochum sind auch Personen über 80 Jahre eingeschlossen, weshalb die Zahlen nur bedingt vergleichbar sind.
(Quellen: Stadt Bochum und Mobilität in Bochum 2020, eigene Darstellung)

5.3   Vignettenstudie zur Verkehrsmittelwahl

Ein Teil des Fragebogens besteht aus zwei faktoriellen Survey, auch Vignetten-studien genannt. Dabei werden konkrete Situationen, in denen mehrere Variablen gleichzeitig enthalten sind, von den Befragten bewertet. Faktorielle Surveys tes-ten die einzelnen und gemeinsamen Effekte der ausgewählten Variablen. Mit klassischen Frageformaten können meist nur Aussagen über einzelne Gründe bzw. Einflussfaktoren getroffen werden: Was ist Ihnen bei der Nutzung der öffentlichen Verkehrsmittel wichtig? Unter welchen Umständen würden Sie häu-figer die öffentlichen Verkehrsmittel nutzen? Manchmal sind auch Rankings möglich: Kürzere Fahrtzeiten wurden wichtiger als eine schnellere Taktung ein-gestuft oder keine Umstiege wurden als häufigster Grund genannt. Da faktorielle Surveys die Merkmale gemeinsam untersuchen, sind sie auch für komplexe Ent-scheidungssituationen wie die Verkehrsmittelwahl interessant und bieten Vorteile gegenüber anderen Frageformaten. Ziel des faktoriellen Surveys zur Verkehrsmit-telwahl ist es, Merkmale zu identifizieren, die die Nutzung eines Verkehrsmittels wahrscheinlicher machen.

5.3.1   Die Methode des faktoriellen Surveys

Beim faktoriellen Survey handelt es sich um ein quasi-experimentelles Design, in dem verschiedene Situationsbeschreibungen bewertet werden. „Der Faktorielle Survey zielt darauf ab, die *relativen* Gewichte einzelner Objekt- oder Situations-merkmale für Einstellungen, Bewertungen oder Entscheidungen zu bestimmen" (Auspurg et al. 2009b, S. 62). Eine Situationsbeschreibung (Vignette) setzt sich aus verschiedenen Dimensionen mit jeweils unterschiedlichen Ausprägungen (Levels) zusammen. Jede Vignette enthält eine variierende Situationsbeschreibung anhand der Kombinationsmöglichkeiten aus Dimensionen und Ausprägungen. Schon mit wenigen Dimensionen und Ausprägungen erreichen faktorielle Sur-veys daher eine hohe Komplexität. Alle Kombinationsmöglichkeiten zusammen ergeben das sog. Vignettenuniversum.

   Meist werden Vignettenstudien für die Erfassung von Einstellungen und Nor-men eingesetzt. Auch die Verhaltensmessung via Vignetten ist beliebt, wenngleich die Messung prospektiven Verhaltens sehr ungenau ist (Eifler 2007). Groß und

Börensen (2009) sowie Petzold und Wolbring (2019) haben in ihren Studien die Ergebnisse von Feldexperimenten und Vignettenstudien verglichen. Sie stellen fest, dass sich das tatsächliche Verhalten im Feld und das berichtete Verhalten in den Vignettenstudien erheblich unterscheidet. Gerade sozial erwünschtes Verhalten wird in Vignettenstudien deutlich überschätzt. Dennoch zeigen die methodischen Studien, dass die Feld- und Vignettenstudien zumindest für die Richtung der Effekte und teilweise auch bei den relativen Effektgrößen gleiche Ergebnisse liefern. Vignettenstudien sind daher in der Lage, einflussreiche Faktoren für eine Verhaltensentscheidung zu identifizieren.

Zentral bei der Entwicklung einer Vignettenstudie ist die sorgfältige Auswahl der Dimensionen und deren Ausprägungen. Diese Auswahl sollte immer theoriegeleitet und in Orientierung an bereits vorhandenen Forschungsergebnissen erfolgen (Rost 2018, S. 54; Atzmüller und Steiner 2010, S. 130). Zur richtigen Anzahl der Dimensionen und Ausprägungen gibt es nur wenige methodische Studien. Meist setzen sich die Situationsbeschreibungen aus fünf bis sieben Dimensionen zusammen (Steiner und Atzmüller 2006, S. 119). Es konnte gezeigt werden, dass die Effektstärken einzelner Merkmale mit zunehmender Dimensionenzahl deutlich abnehmen. Die Effektstärken der Dimensionen hängen folglich eng mit dem Vignettendesign zusammen und sollten vorsichtig interpretiert werden (Auspurg et al. 2009b, S. 87).

Weiter muss entschieden werden, ob das gesamte Vignettenuniversum genutzt wird, oder ob nur eine Teilstichprobe eingesetzt wird. Hierzu gibt es standardisierte experimentelle Verfahren oder die klassische Zufallsauswahl als (einfache) Alternative. Wenn nur ein Teil des gesamten Vignettenuniversums verwendet wird, können daraus statistische Probleme entstehen, sodass Alternativen zu bevorzugen sind (Steiner und Atzmüller 2006, S. 125).

Anschließend wird die Verteilung der Vignetten auf die Befragten bestimmt. Meist beantwortet jeder Befragte mehrere Vignetten. Dies hat den Vorteil, dass möglichst viele verschiedene Vignetten beantwortet werden. Außerdem ist es damit möglich, nicht nur Unterschiede zwischen den Befragten, sondern auch Präferenzen der einzelnen Befragten zu analysieren. Um die Vignetten auf die Befragten zu verteilen, werden meist sogenannte Vignettensets gebildet. Jedes Set enthält eine festgelegte Anzahl an Vignetten. Über verschiedene Sets variieren die Vignetten, die beantwortet werden müssen. Damit können große Teile oder das ganze Vignettenuniversum abgedeckt werden. Auch zur Bildung der

Vignettensets gibt es standardisierte experimentelle Verfahren. Am einfachsten erfolgt die Setbildung via Zufallsauswahl. Bezüglich der Anzahl an Vignetten pro befragter Person konnten Auspurg et al. (2009b, S. 88) in ihrer Untersuchung keine Überforderung bzw. keine Ermüdungseffekte feststellen. Hier kann es hilfreich sein, den spezifischen Befragungskontext zu berücksichtigen: Wer ist die Zielgruppe und wie sind die Vignetten in den Fragebogen eingebettet (vgl. Rost 2018, S. 59–60)?

Anhand des Forschungsdesigns mit mehreren Vignetten pro Person ergibt sich eine hierarchische Datenstruktur, die am besten mittels Mehrebenenanalysen ausgewertet werden kann (Dülmer 2019, S. 870). Anhand der Modelle können sogenannte Haupteffekte – also einflussreiche Dimensionen – und Interaktionseffekte – gemeinsame Einflüsse von kombinierten Situationsmerkmalen – geschätzt werden. Selbst wenn einzelne Vignettensets nicht die Kriterien der Orthogonalität und Balanciertheit[4] des gesamten Vignettenuniversums erfüllen, führt eine hohe Anzahl an Bewertungen zur Reduktion des Stichprobenfehlers (Dülmer 2016, S. 306).

Daraus ergeben sich die vier wesentlichen Vorteile von Vignettenstudien (vgl. Auspurg et al. 2009b, S. 62–63). In Vignettenstudien lässt sich der jeweilige Einfluss unterschiedlicher Merkmale in einer Situation separat bestimmen. Vignettenstudien erlauben die Realisierung größerer Stichproben als klassische Laborexperimente. Die hierarchische Datenstruktur ermöglicht differenzierte Auswertungen zwischen den Befragten, aber auch innerhalb eines Befragten. Es können komplexe Entscheidungen modelliert werden, die an mehrere Merkmale geknüpft sind. Die Kritik betrifft im Wesentlichen den hohen Befragungsaufwand und nicht verwertbare Ergebnisse aufgrund instabiler Antworten.

5.3.2 Aufbau der Vignetten

In dieser Befragung wurden insgesamt zwei unterschiedliche Situationen mittels Vignetten untersucht. Es wurden Entscheidungen zwischen der Nutzung des Autos oder der öffentlichen Verkehrsmittel (ÖV-Vignetten) und Entscheidungen zwischen der Nutzung des Autos oder des Fahrrads (Fahrradvignetten) erhoben.

---

[4] Orthogonal meint, dass die Faktoren unkorreliert sind. Balanciert weist darauf hin, dass die Merkmalsausprägungen innerhalb eines Faktors gleich häufig auftreten (Dülmer 2019, S. 868.

Tabelle 5.6 Aufbau der ÖV-Vignetten

Dimension	Ausprägungen (Level)
Fahrtdauer	gleich lang wie mit dem Auto mit den öffentlichen Verkehrsmitteln 15 Minuten länger mit den öffentlichen Verkehrsmitteln 30 Minuten länger
Taktung der öffentlichen Verkehrsmittel	alle 15 Minuten alle 30 Minuten
Kosten für eine einfache Fahrt mit den öffentlichen Verkehrsmitteln	1 Euro 3 Euro
Autoparkgebühr am Ziel	keine 3 Euro 5 Euro

ÖV-Vignetten

In den ÖV-Vignetten wird die Verkehrsmittelwahl zwischen Auto und öffentlichen Verkehrsmitteln modelliert. Eine Situationsbeschreibung bzw. Vignette im Fragebogen lautet zum Beispiel: „Der Weg von Tür zu Tür dauert mit den öffentlichen Verkehrsmitteln ca. 15 Minuten länger. Die öffentlichen Verkehrsmittel fahren alle 15 Minuten. Eine einfache Fahrt mit den öffentlichen Verkehrsmitteln kostet 1 Euro. Am Ziel fallen Parkgebühren für das Auto von 5 Euro an."

Alle Vignetten variieren in den vier Dimensionen: Fahrtdauer, Taktung der öffentlichen Verkehrsmittel, Kosten für eine einfache Fahrt mit den öffentlichen Verkehrsmitteln und Autoparkgebühr am Ziel (vgl. Tabelle 5.6). Die Dimension Fahrtdauer variiert in drei Ausprägungen. Die Fahrt mit den öffentlichen Verkehrsmitteln und dem Auto dauert gleich lang, es entsteht also kein Zeitvorteil, die Fahrt mit den öffentlichen Verkehrsmitteln dauert 15 Minuten länger oder die Fahrt mit den öffentlichen Verkehrsmitteln dauert sogar 30 Minuten länger als die Fahrt mit dem Auto. Die Dimension Taktung der öffentlichen Verkehrsmittel umfasst die beiden Ausprägungen „alle 15" oder „alle 30 Minuten". Die einfache Fahrt mit den öffentlichen Verkehrsmitteln kostet in den Situationsbeschreibungen entweder 1 Euro oder 3 Euro. Die vierte Dimension Autoparkgebühr variiert nochmals in drei Ausprägungen: keine Parkgebühren am

Ziel, Parkgebühren von 3 Euro oder Parkgebühren von 5 Euro. Mithilfe dieser Situationsbeschreibungen soll herausgefunden werden, welche Zeit- und Geldkosten die Befragten in Kauf zu nehmen bereit sind und welchen Einfluss Zeit- und Geldaufwand auf die Wahl des Verkehrsmittels haben.

Die Wahl der verwendeten Ausprägungen stützt sich nicht auf konkrete Untersuchungen im Untersuchungsgebiet in Bochum, orientiert sich in einigen Punkten jedoch an den vorherrschenden Bedingungen. Die Fahrtdauer im Bochumer Stadtgebiet kann je nach Verbindung, Tageszeit und Verkehrsmittel stark schwanken, weshalb die Vergleiche hier ohne Referenzsituationen gewählt wurden. Die Taktung „alle 15" bzw. „alle 30 Minuten" orientiert sich an der Normal- und Schwachverkehrszeit des Straßenbahn- und Busverkehrs in Bochum (vgl. Stadt Bochum und Planersocietät 2013, S. 25). Die Kosten für eine einfache Fahrt von 3 Euro bilden ungefähr die aktuellen Kosten zum Erhebungszeitpunkt ab. Eine einfache Fahrt für 1 Euro würde eine deutliche Preisreduktion bedeuten. Ähnlich verhält es sich mit den Parkgebühren. Die meisten Parkflächen in Bochum werden nicht bewirtschaftet (Stadt Bochum und Planersocietät 2013, S. 18), zwei Stunden Parken im Innenstadtbereich kosteten 2020 ca. 3 Euro.

Wenn man alle Kombinationsmöglichkeiten aus Dimensionen und Ausprägungen ($3 \times 2 \times 2 \times 3$) berücksichtigt, ergibt sich ein Vignettenuniversum von 36 Vignetten. Mit 36 Vignetten ist das hier verwendete Vignettenuniversum deutlich kleiner als in vielen anderen Studien. Neben der Fragebogenlänge insgesamt ließ es auch die Komplexität der Befragung durch eine schriftlich-postalische und eine online Version in drei verschiedenen Stadtteilen – mit zumindest optisch jeweils eigenem Fragebogen – angeraten erscheinen, die Vignettenstudie in ihrer Komplexität zu reduzieren. Um die Befragten nicht mit zu vielen Vignettenurteilen zu überfordern oder zu langweilen, wurde das Vignettenuniversum in neun Sets à vier Vignetten eingeteilt. Jeder Fragebogen enthielt folglich vier Vignetten zur Nutzung des ÖVs im Vergleich zum Auto. Eine Übersicht mit allen Vignettenkombinationen und die Zuordnung zu den Sets findet sich im Anhang E im elektronischen Zusatzmaterial.

Die Verteilung der Vignetten auf Sets erfolgte via Zufallsauswahl. Für Vignettendesigns mit einer unterschiedlichen Anzahl an Ausprägungen ist die experimentelle Setauswahl aufwendig, weshalb hier darauf verzichtet wurde (Dülmer

2014). Da insgesamt das komplette Vignettenuniversum den Befragten vorgelegt wurde, sind alle Haupt- und Interaktionseffekte in einem Mehrebenenmodell schätzbar.

Die Vignetten wurden als Fließtext aus vollständigen Sätzen präsentiert. Zur besseren Orientierung wurden die jeweils variablen Textpassagen fett gedruckt. Hierzu ein Beispiel:

> Der Weg von Tür zu Tür dauert mit **den öffentlichen Verkehrsmitteln ca. 15 Minuten** länger. Die öffentlichen Verkehrsmittel fahren **alle 15 Minuten**. Eine einfache Fahrt mit den öffentlichen Verkehrsmitteln kostet **1 Euro**. Am Ziel fallen **Parkgebühren für das Auto von 5 Euro** an.

Die Vignettenurteile wurden über eine siebenstufige Antwortskala von 1 – auf keinen Fall – bis 7 – auf jeden Fall – erhoben. Die Mittelkategorie 4 war mit „vielleicht" ebenfalls verbal beschriftet. Die Vignettenurteile wurden für beide zu vergleichenden Verkehrsmittel, also die öffentlichen Verkehrsmittel und das Auto, erhoben. Der genaue Fragetext lautete „Wie wahrscheinlich ist es, dass Sie in dieser Situation…" entweder „…die öffentlichen Verkehrsmittel nutzen?" oder „… das Auto nutzen?". Für jede Vignette liegen folglich Urteile zur ÖV- und Autonutzung vor. Da die flexible und unabhängige Autonutzung einen Autoführerschein voraussetzt, wurden Personen, die keinen Autoführerschein besitzen, von der Vignettenstudie ausgeschlossen.

Fahrradvignetten

Bei den Fahrradvignetten geht es um die Nutzung des Fahrrads oder des Autos in bestimmten Situationen. Die Vignetten variieren ebenfalls in vier Dimensionen: Distanz des Weges, Fahrradinfrastruktur, Wetter und Distanz zwischen Autoparkplatz und Ziel (vgl. Tabelle 5.7).

Die Distanz, die zurückgelegt wird, ist in den Situationsbeschreibungen entweder 2 km, 5 km oder 7 km lang. Weiter gibt es folgende Optionen für die Fahrradinfrastruktur: Der Radweg ist räumlich von der Autospur getrennt (moderner Radweg) oder nicht räumlich von der Autospur getrennt (schmaler Schutzstreifen). Das Wetter variiert zwischen „trocken und mild" oder „leichten Regenschauern". Als Einschränkung für den Autoverkehr ist der Autoparkplatz entweder direkt am Ziel, 200 m vom Ziel entfernt (3 Minuten Fußweg) oder 500 m vom Ziel entfernt (7 Minuten Fußweg).

Tabelle 5.7 Aufbau der Fahrradvignetten

Dimension	Ausprägungen (Level)
Distanz des Weges	2 km 5 km 7 km
Fahrradinfrastruktur	moderner Radweg, der räumlich von der Autospur getrennt ist schmaler Schutzstreifen, der räumlich nicht von der Autospur getrennt ist
Wetter	trocken und mild leichte Regenschauer
Distanz zwischen Autoparkplatz und Ziel	200 m (3 Minuten Fußweg) 500 m (7 Minuten Fußweg) keine

Die Festlegung der Ausprägungen orientiert sich an vorherigen Forschungsergebnissen. Die Distanzen von 2, 5 und 7 Kilometern stellen drei Distanzen dar, die sich unterdurchschnittlich, etwas länger als der Durchschnitt und deutlich überdurchschnittlich im Vergleich zu den in Bochum zurückgelegten Fahrraddistanzen verhalten (Gerike et al. 2020, Tab 24 (a)). Berechnungen zeigen, dass das Fahrrad auf kurzen Strecken bis fünf Kilometer keine zeitlichen Einbußen im Vergleich zum Auto bringt. Für Pedelecs erhöht sich diese Distanz sogar auf 7,5 Kilometer (Umweltbundesamt 2014). Die Auswahl zwischen schmalen Schutzstreifen auf der Autospur oder räumlich getrennten Radwegen sind in Deutschland häufig praktizierte Umsetzungen von Radwegen. Mit dem Vergleich zwischen trockenem Wetter und leichten Regenschauern, wird ein zentrales Merkmal der Wetterresistenz abgebildet. Die Distanzen vom Autoparkplatz zum Ziel sollen keine, geringe und mittlere Zeitkosten abbilden.

Damit setzen sich die Fahrradvignetten ebenfalls aus zwei Dimensionen mit zwei Ausprägungen und zwei Dimensionen mit drei Ausprägungen ($3 \times 2 \times 2 \times 3$) zusammen. Daraus ergibt sich ein Vignettenuniversum von 36 Vignetten.[5] Eine Übersicht mit allen Vignettenkombinationen und die Zuordnung zu den Sets findet sich im Anhang E im elektronischen Zusatzmaterial. Mithilfe dieser Situationsbeschreibungen soll herausgefunden werden, welche dieser Situationsmerkmale das Fahrrad als Alternative zum Auto attraktiv machen.

---

[5] Für weitere Ausführungen zum allgemeinen Aufbau und der Präsentation der Vignetten im Fragebogen dieser Befragung siehe „ÖV-Vignetten".

Die Vignettenurteile wurden für beide zu vergleichenden Verkehrsmittel, also das Fahrrad und das Auto, erhoben. Für jede Vignette liegen folglich Urteile zur Fahrrad- und Autonutzung vor. Da die flexible und unabhängige Autonutzung einen Autoführerschein voraussetzt, wurden Personen, die keinen Autoführerschein besitzen, von der Vignettenstudie ausgeschlossen.

5.3.3 Hypothesen

Im Folgenden werden die Hypothesen zur Verkehrsmittelwahl eingeführt, die anhand der eben erläuterten Vignettenstudie überprüft werden sollen. Die Hypothesen stützen sich auf bisherige Forschungsergebnisse der sozialwissenschaftlichen Mobilitätsforschung (vgl. Kapitel 4) und vorherige Überlegungen.

ÖV-Vignetten

Haupteffekte Vignettenmerkmale:
Es wird davon ausgegangen, dass für die konkrete Verkehrsmittelwahl zwischen Auto und ÖV Zeit- und Geldkosten als rationale Motive abgewogen werden. Die Zeitkosten des ÖVs werden hier über die unterschiedlichen Aspekte der reinen Fahrtdauer und der Taktung berücksichtigt. Die Geldkosten werden über die Kosten der einfachen Fahrt im ÖV und der Parkgebühren fürs Auto in den Vignetten abgefragt. H_1 beschreibt den Zusammenhang der Zeit- und Geldkosten. Eine kurze Fahrdauer und häufige Taktung sollten sich positiv auf die ÖV-Nutzung auswirken, ebenso günstige ÖV-Tickets und hohe Parkgebühren fürs Auto.

H_1:   Je weniger Kosten (Zeit und Geld) mit der Nutzung des ÖVs einhergehen, desto eher wird der ÖV genutzt.

Bezüglich des direkten Vergleichs der Zeit- und Geldkosten finden sich in der Literatur widersprüchliche Aussagen. Bei Lübke (2019) gab knapp die Hälfte der Befragten an, die öffentlichen Verkehrsmittel häufiger zu nutzen, wenn diese kostenlos wären. In anderen Studien wiederum finden sich Hinweise, dass Geldkosten in der Verkehrsmittelwahl überschätzt werden (Seebauer 2011, 50; 55). Auch Bamberg (1996) hält fest, dass subjektiv wahrgenommene Geldkosten unter Kontrolle der Zeitkosten keinen signifikanten Effekt auf die Busnutzung ausüben. Da in faktoriellen Surveys die ausgewählten Merkmale simultan gemessen werden, kann die Präferenzordnung rekonstruiert werden. Die unterschiedlichen

Zeit- und Geldkostenaspekte können in ihrer Relevanz für die Wahrscheinlichkeit der ÖV-Nutzung also direkt vergleichen werden. H_2 folgt der Annahme, dass die Fahrtdauer als zentraler Aspekt der Zeitkosten bei der Wahl zwischen Auto und ÖV als wichtigstes Merkmal eingestuft wird. Geldkosten (Ticketpreis und Parkgebühren) werden als der Fahrtdauer untergeordnet angenommen.

H_2:   Die Fahrtdauer hat den stärksten Einfluss auf die Nutzung der öffentlichen Verkehrsmittel.

Da die Taktung im Vergleich zur gesamten Fahrdauer die Zeitkosten nur indirekt misst, wird hier von einem geringeren Effekt ausgegangen. Zudem liegen die hier verwendeten Ausprägungen mit „alle 15 Minuten" und „alle 30 Minuten" auf hohem und mittlerem Niveau, sodass der Einfluss hier als gering eingeschätzt wird.

H_3:   Die Taktung hat den geringsten Einfluss auf die Nutzung der öffentlichen Verkehrsmittel.
H_4:   Bei der Fahrtdauer (30 Minuten länger mit dem ÖV, 15 Minuten länger mit dem ÖV und gleich lang) liegt ein kurvlinearer Effekt vor.

H_4 liegt die Annahme zugrunde, dass geringe Zeitkosten eher akzeptiert werden als hohe Zeitkosten. Während folglich die Wahrscheinlichkeit für die ÖV-Nutzung zwischen gleicher Fahrtdauer und 15 Minuten länger mit dem ÖV nur wenig abnehmen sollte, wird zwischen 15 Minuten und 30 Minuten länger mit dem ÖV eine deutliche Abnahme der ÖV-Nutzung erwartet.

H_5:   Bei den Parkgebühren (0, 3 und 5 Euro) liegt ein linearer Effekt vor.

Für die Parkgebühren dagegen wird ein linearer Effekt angenommen. Es wird davon ausgegangen, dass die Wahrscheinlichkeit der Autonutzung im gleichen Verhältnis zu den Preisen abnimmt.

Interaktionseffekte Vignettenmerkmale:

H_6:   Es hat einen zusätzlichen Effekt auf die Wahrscheinlichkeit zur ÖV-Nutzung, wenn die Zeitkosten besonders gering sind und die Geldkosten zwischen den Verkehrsmitteln eine hohe Differenz aufweisen (Interaktionseffekt Fahrtdauer und Taktung sowie ÖV-Kosten und Parkgebühren).

Zusätzlich zu den Haupteffekten von geringen Zeitkosten und hohen Geldkosten wird vermutet, dass sich Interaktionseffekte für geringe Zeitkosten (gleich lange Fahrtdauer und Taktung alle 15 Minuten) und hohe Geldkostendifferenz (ÖV-Ticket 1 Euro und 5 Euro Parkgebühren) zeigen. Es wird angenommen, dass „optimale" Bedingungen die Wahrscheinlichkeit für die ÖV-Nutzung zusätzlich erhöhen, es also einen gemeinsamen positiven Effekt der Merkmale gibt.

Zusammenhänge mit Personenmerkmalen:

H_7:   Wenn eine Person positiv gegenüber einem Verkehrsmittel eingestellt ist, ist es wahrscheinlicher, dass es genutzt wird.

Der Zusammenhang zwischen Einstellungen zu Verkehrsmitteln und deren Nutzung wurde bereits in anderen Studien untersucht (Groth 2019c; Hunecke et al. 2008; Konrad und Groth 2020; Molin et al. 2016). Daher wird davon ausgegangen, dass Personen, die einem Verkehrsmittel positiv gegenüber eingestellt sind, dies auch eher nutzen.

H_8:   Wenn eine Person ein Verkehrsmittel aktuell regelmäßig nutzt, ist es wahrscheinlicher, dass sie es auch in den Vignetten wahrscheinlicher nutzt.

Diese Hypothese geht von den aktuellen Verhaltensroutinen als Basis für die Verkehrsmittelwahl in den Vignetten aus. Dem aktuellen Mobilitätsverhalten wird damit ein höherer Einfluss auf die potenzielle Verkehrsmittelwahl unterstellt als den variierenden Situationsmerkmalen. Falls dies zutrifft, wäre dies unter dem Aspekt der Gewohnheiten nachvollziehbar, würde jedoch gleichzeitig bedeuten, dass die untersuchten Vignettenmerkmale sich nicht zur Rekonstruktion der Verkehrsmittelwahl eignen.

Fahrradvignetten
Haupteffekte Vignettenmerkmale:

H_9:   Das Wetter hat den stärksten Einfluss auf die Nutzungsabsicht des Fahrrads.

Andere Forschungsbeiträge haben bereits einen bedeutenden Einfluss des Wetters auf die Fahrradnutzung herausgearbeitet (Hunecke et al. 2008, S. 67; Mahne-Bieder et al. 2020, S. 90). Daher wird davon ausgegangen, dass das Wetter in dieser Vignettenstudie die Verkehrsmittelnutzung am stärksten beeinflusst.

H_{10}:   Die Distanz vom Autoparkplatz zum Ziel hat den geringsten Einfluss auf
die Nutzungsabsicht des Fahrrads.

Zwar werden einschränkende Maßnahmen für den Autoverkehr wie die Reduzierung von Parkplätzen, autofreie Innenstädte und Wohngebiete für Attraktivitätssteigerung von Verkehrsmittelalternativen genannt, allerdings ist das Lenkungspotenzial unklar. Hier wird davon ausgegangen, dass davon im Gegensatz zu den
anderen Dimensionen Distanz, Wetter und Radweg geringes Lenkungspotenzial
ausgeht.

H_{11}:   Bei der Distanz (2 km, 5 km und 7 km Strecke) liegt ein kurvlinearer
Effekt vor.

Realisierte Fahrradwege waren in Bochum 2018 durchschnittlich 3,8 km lang
(Gerike et al. 2020, Tab 24 (a)). Daher wird davon ausgegangen, dass die kurze
Distanz von zwei Kilometern besonders attraktiv ist und die Nutzungswahrscheinlichkeit bei fünf und sieben Kilometern rapide abnimmt.

Interaktionseffekte zwischen Vignettenmerkmalen:

H_{12}:   Bei kurzer Distanz, gutem Wetter und modernem Radweg (Interaktion
zwischen Distanz, Wetter und Radweg) ist die Nutzungsabsicht des
Fahrrads zusätzlich höher.

Hypothese 12 fasst zusammen, dass von sehr guten Bedingungen für die
Fahrradnutzung eine zusätzliche Nutzungsabsicht erwartet wird, die über die
Haupteffekte hinaus geht.

H_{13}:   Kurze Distanz für das Fahrrad und weite Entfernung vom Autoparkplatz
zum Ziel steigern die Attraktivität des Fahrrads (Interaktion zwischen
Distanz und Autoparkplatz).

Ebenfalls ein zusätzlicher Effekt wird von der kurzen Distanz des Weges von
zwei Kilometern und der dazu relativ weiten Entfernung zum Autoparkplatz von
500 Metern erwartet.

Zusammenhänge mit Personenmerkmalen:

H_7:   Wenn eine Person positiv gegenüber einem Verkehrsmittel eingestellt ist,
ist es wahrscheinlicher, dass es genutzt wird.

H_8: Wenn eine Person ein Verkehrsmittel aktuell regelmäßig nutzt, ist es wahrscheinlicher, dass sie es auch in den Vignetten wahrscheinlicher nutzt.

Im Kontext der Personenmerkmale werden für die ÖV- und Fahrradvignetten die gleichen Hypothesen zugrunde gelegt.

5.4 Interviews zu Motiven der Verkehrsmittelwahl

Die Interviews dienen dazu, die Themen des Fragebogens zu vertiefen und mehr über die subjektiven Motive zur Verkehrsmittelnutzung und die persönlichen Erfahrungen mit unterschiedlichen Verkehrsmitteln herauszufinden. Während Zugangsmöglichkeiten und Einstellungen bereits in anderen Forschungsbeiträgen untersucht wurden, waren Fähigkeiten und Kompetenzen bisher kein Thema in der Forschung zu multimodaler Forschung. Diese Lücke soll in der Analyse von qualitativen Daten geschlossen werden.

Interviewt wurden sogenannte statistische Zwillinge. Es wurden jeweils zwei Personen interviewt, die ähnliche sozialstrukturelle Merkmale aufweisen, sich allerdings in der Verkehrsmittelnutzung unterscheiden. Mit diesem Untersuchungsdesign sollten gezielt Unterschiede zwischen Personen, die monomodal das Auto nutzen, und Personen, die das Zielverhalten multimodale Verkehrsmittelnutzung praktizieren, offengelegt werden.

5.4.1 Aufbau des Leitfadens

Als Methode wurden leitfadengestützte Interviews gewählt. Wie der Name bereits verrät, wird in solchen Interviews ein Leitfaden eingesetzt, der die Inhalte und Themen der Interviews strukturiert. Leitfadengestützte Interviews werden daher auch als halbstrukturierte Interviews bezeichnet (Misoch 2019, S. 65). Leitfadeninterviews sind sinnvoll, wenn bestimmte Themen im Interview zur Sprache kommen sollen und die „subjektiven Theorien" der Interviewten Teil des Forschungsinteresses sind (Helfferich 2011, S. 179–180).

Inhaltlich setzt sich der Leitfaden aus den folgenden vier thematischen Blöcken zusammen: Organisation des Mobilitätsalltags, Routinen und Veränderungen im Mobilitätsverhalten, Bedeutung der Wohnumgebung und politische Interventionen. Insgesamt umfasst der vierseitige Leitfaden eine Hauptfrage für jeden Themenblock sowie 21 potenzielle Nachfragen (siehe Anhang D im elektronischen Zusatzmaterial). Die Themen des Leitfadens greifen die zentralen Anliegen dieser Arbeit auf. Auf der einen Seite geht es darum, die Anforderungen und Mobilitätsbedürfnisse der Interviewten offen zu legen und deren Routinen und Veränderungen im Mobilitätsverhalten als Bewältigungs- und Anpassungsstrategien zu untersuchen (Themenblöcke eins und zwei). Auf der anderen Seite wird die Bedeutung der Wohnumgebung für die Verkehrsmittelnutzung berücksichtigt (Themenblock drei). Der letzte Themenblock die Akzeptanz politischer Interventionen wird in dieser Arbeit nicht ausgewertet.[6]

5.4.2 Auswahl der interviewten Personen

Da davon ausgegangen werden kann, dass unterschiedliche Lebenslagen unterschiedliche Möglichkeiten bieten und unterschiedliche Fähigkeiten erfordern, wurden die Interviews mit statistischen Zwillingen geführt. Ziel dieses speziellen Samples ist es, multimodale Mobilität als Mobilitätsfähigkeit in unterschiedlichen Lebensphasen und Haushaltskontexten zu demonstrieren. Anhand der Auswahl der Interviewten wurde sichergestellt, dass Frauen, Männer, Familien, Rentner, Paarhaushalte und Alleinlebende sowie die unterschiedlichen Stadtteile berücksichtigt werden. Die Erwartung ist, dass damit das Spektrum an Fähigkeiten, das es entweder als Familie oder auch im Ruhestand braucht, und die Restriktionen und Möglichkeiten, die die verschiedenen Stadtteile mitbringen, abgebildet werden können. Dieses spezifische Sample soll dazu beitragen, multimodale Mobilität in ihrer Vielfältigkeit und in ihrer Übertragbarkeit auf die unterschiedlichen Lebensphasen zu verstehen.

Die ausgewählten Personen hatten zuvor an der schriftlichen Befragung „Mobilität in Bochum 2020" teilgenommen und ihre Zustimmung für die erneute Kontaktaufnahme erteilt. Zur Auswahl der Interviewten wurden zunächst Mobilitätsgruppen gebildet. Anhand der Zuordnung zur multimodalen oder monomodalen Nutzungsgruppe wurden die Zwillinge voneinander abgegrenzt. Als gemeinsame Kriterien der Zwillinge wurden Geschlecht (weiblich – männlich), Haushaltsform (Einpersonenhaushalt – Zweipersonenhaushalt – Haushalt mit Kind(ern)), Erwerbstätigkeit (Vollzeit – Teilzeit – im Ruhestand) und der bewohnte Stadtteil (Hamme – Gerthe – Wiemelhausen) festgelegt. Das Sampling erfolgte also anhand vorab festgelegter Kriterien (Przyborski 2014, S. 182–184).

---

[6] Eine kurze Zusammenfassung steht im Projektbericht: Graf et al. 2022, S. 56–58.

Über ein Propensity Score Matching[7] wurden die Personen mit gleichen Kontrollmerkmalen identifiziert und in Gruppen zusammengefasst. Aufgrund sehr kleiner Zahlen in vielen Gruppen wurden die statistischen Zwillinge pragmatisch ausgewählt. Insgesamt wurde versucht, möglichst alle Kontrollkriterien über die Zwillingspaare hinweg abzubilden und mindestens zwei Paare pro Stadtteil zu interviewen. Trotzdem konnten nicht für alle sieben Zwillingspaare alle Kriterien berücksichtigt werden. Daher bestehen manche statistischen Zwillinge beispielsweise aus einem Mann und einer Frau.

5.4.3 Realisiertes Sample

Die realisierten Zwillinge und die Interviews sind anhand der Auswahlkriterien sowie des Alters der Interviewten in Tabelle 5.8 dargestellt. Von den 14 Interviews verteilen sich fünf auf Frauen und neun auf Männer sowie sechs auf Wiemelhausen und jeweils vier auf Gerthe und Hamme. In der Realisierung der Interviews spiegelt sich auch die Bereitschaft zu den Interviews wider. Männer und Personen aus Wiemelhausen erklärten am häufigsten ihre Bereitschaft für ein Interview. Die Kontaktaufnahme[8] erfolgte überwiegend telefonisch. Insgesamt wurden 26 Personen kontaktiert. Die Interviews wurden im Zeitraum von März bis Juli 2021 durchgeführt. Aufgrund der im März 2021 geltenden Kontaktbeschränkungen im Rahmen der Coronapandemie wurden die Interviews online als Videotelefonat geführt. Die Interviews waren zwischen 25 und 110 Minuten lang – durchschnittlich 50 Minuten – und wurden mit dem Einverständnis der Interviewten digital aufgenommen.

Auf Grundlage der digitalen Audioaufzeichnungen wurden die Interviews zunächst mit der Software trint verschriftlicht. Anschließend wurden sie kontrolliert, um feinsprachliche Merkmale ergänzt und anonymisiert.

---

[7] Das Propensity Score Matching wird verwendet, um kausale Effekte zu schätzen, indem möglichst gleiche Paare aus der Kontroll- und der Treatmentgruppe gesucht werden. Hier wurde das Verfahren stark vereinfacht angewendet. Ein berechneter Propensity Score aus den Kontrollmerkmalen wurde genutzt, um Personen mit gleichen Merkmalen, z. B. Geschlecht, Erwerbstätigkeit, Stadtteil, zu identifizieren.

[8] Die Interviews wurden (während meiner Elternzeit) von Corinna Pfeiffer geführt, die ebenfalls Mitarbeiterin im DBU-Projekt „Nachhaltige Mobilität im Quartier. Eine Akzeptanzstudie" war. Die Entwicklung des Leitfadens erfolgte größtenteils von mir, ebenso die Auswahl der Zwillingspaare. Das erste Interview wurde gemeinsam geführt.

5.4.4 Datenauswertung

Die Datenauswertung erfolgte mit der Software MAXQDA (Versionen 2020 und 2022). Das Vorgehen der Datenauswertung orientierte sich am Ablaufmodell der inhaltlich strukturierenden qualitativen Inhaltsanalyse nach Kuckartz (2018). Die Datenauswertung erfolgte sowohl mit der Bildung induktiver als auch deduktiver Kategorien. Für die Kategorienbildung wurde ein mehrstufiges Verfahren der Kategorienbildung und Kodierung genutzt. Hierbei wurde in der ersten Phase eine grobe Kodierung von Hauptkategorien vorgenommen. Hierzu wurden die Analysekategorien Access, Skills und Appropriation des Motility-Konzepts verwendet. In der zweiten Phase wurden die Kategorien am Material weiterentwickelt und ausdifferenziert. Die Basis der induktiven Kategorienbildung ist das vorhandene Datenmaterial mit den individuellen Themen und Aspekten der Interviewten. Es wird davon ausgegangen, dass die Interviewten die ihnen wichtigen Themen, Erfahrungen und Motive selbstständig einbringen. Im Zentrum der qualitativen Datenauswertung stehen daher die Fragen, was und wie erzählt wurde, also die subjektiven und individuellen Sichtweisen (Misoch 2019, S. 2).

Tabelle 5.8 Übersicht der realisierten Interviews

Interview ID	Paar	Stadtteil	Geschlecht	Erwerbstätigkeit	Haushalt	Alter	Mobilitätsgruppe
1	1	Wiemelh.	männlich	Vollzeit	mit Kind	44	Auto-ÖV-Rad
8	1	Wiemelh.	männlich	Vollzeit	mit Kind	46	mono Auto
2	2	Gerthe	weiblich	Vollzeit	mit Kind	34	Auto-Rad
9	2	Gerthe	weiblich	Teilzeit	mit Kind	39	mono Auto
3	3	Hammc	weiblich	Vollzeit	2 Pers.	32	Auto-ÖV
10	3	Hamme	männlich	Vollzeit	2 Pers.	30	mono Auto
4	4	Wiemelh.	weiblich	Vollzeit	2 Pers.	41	Auto-Rad
11	4	Wiemelh.	weiblich	Vollzeit	2 Pers.	27	mono Auto
5	5	Wiemelh.	männlich	Ruhest.	2 Pers.	65	Auto-ÖV
12	5	Wiemelh.	männlich	Ruhest.	2 Pers.	66	mono Auto
6	6	Gerthe	männlich	Ruhest.	2 Pers.	68	Auto-Rad
13	6	Gerthe	männlich	Ruhest.	2 Pers.	65	mono Auto
7	7	Hamme	männlich	Vollzeit	1 Pers.	34	Auto-Rad
14	7	Hamme	männlich	Vollzeit	1 Pers.	28	mono Auto

(Quelle: Mobilität in Bochum 2020, eigene Darstellung)

Multimodales Mobilitätsverhalten und monomodale Autonutzung im Vergleich

6

Multimodale Mobilität wird in dieser Arbeit als Zielverhalten untersucht. Es wird davon ausgegangen, dass multimodale Personen weniger Auto fahren als Personen, die ausschließlich das Auto nutzen (Nobis 2007). Außerdem wird angenommen, dass Personen, die bereits verschiedene Verkehrsmittel nutzen, deren Nutzung leichter ausbauen können, da sie sich bereits Wissen und Handlungsroutinen in der Nutzung unterschiedlicher Verkehrsmittel angeeignet haben (Nobis 2015, S. 91).

Ziel dieses Kapitels ist die Beantwortung der ersten Forschungsfrage: Welche Personengruppen sind in Bochum bereits multimodal unterwegs und wie unterscheiden sich die multimodalen Personen und die monomodalen Autofahrer:innen? Mithilfe der Bildung von Mobilitätsgruppen werden die multimodalen Personen und die monomodalen Autofahrer:innen identifiziert und quantifiziert (Abschnitt 6.1). Anschließend werden die multimodalen Personen und die monomodalen Autofahrer:innen anhand soziodemografischer Merkmale (Abschnitt 6.3), Merkmale der Wohnumgebung (Abschnitt 6.4) und ihren Einstellungen zu Verkehrsmitteln (Abschnitt 6.5) verglichen. Die zunächst einzeln betrachteten Merkmale werden zum Schluss in logistischen Regressionsanalysen gemeinsam untersucht (Abschnitt 6.6). Das Kapitel schließt mit einer kurzen Diskussion der Ergebnisse (Abschnitt 6.7). In Abschnitt 6.2 wird in einem Exkurs auf die Unterschiede der Verkehrsmittelnutzung vor und während der Coronapandemie eingegangen.

Ergänzende Information Die elektronische Version dieses Kapitels enthält Zusatzmaterial, auf das über folgenden Link zugegriffen werden kann https://doi.org/10.1007/978-3-658-46269-7_6.

A. Graf, *Akzeptanz multimodaler Mobilität*, Studien zur Mobilitäts- und Verkehrsforschung, https://doi.org/10.1007/978-3-658-46269-7_6

6.1   Verkehrsmittelverfügbarkeit und Verkehrsmittelnutzung

6.1.1   Verkehrsmittelverfügbarkeit

Zunächst wird die Verfügbarkeit der Verkehrsmittel in den Blick genommen. Zu welchem Verkehrsmittel haben die Befragten jederzeit Zugang? Wie viele Befragte haben sogar Zugang zu mehreren Verkehrsmitteln? Die Beantwortung dieser Fragen ist zur Erforschung multimodaler Mobilität essenziell. Erst wenn ein Verkehrsmittel zur Verfügung steht, kann dieses auch genutzt werden (Groth 2019c, S. 117). Scheiner weist in diesem Zusammenhang auf einen weiteren Aspekt hin. Er (Scheiner 2016, S. 693) verweist darauf, dass „Mobilitätswerkzeuge" (Auto, Fahrrad, Zeitkarten für den ÖV) erst gemeinsam mit der vorhandenen Infrastruktur am Wohnort zur Erfüllung der Mobilitätsbedürfnisse beitragen. D. h. die Verfügbarkeit eines Mobilitätswerkzeugs allein, macht das Verkehrsmittel nicht automatisch zur Option. Verfügbarkeit setzt zusätzlich Infrastruktur voraus. An einem Beispiel verdeutlicht, heißt das: Ein ÖV-Ticket für sich mündet nicht automatisch in Zugang zum ÖV. Die gewünschte Strecke muss auch von Bus oder Bahn bedient werden.

Groth (2019b) stellt in seiner Forschung für multimodale Verkehrsmittelnutzung heraus, dass diese auch materielle *Multi*optionalität voraussetzt. Um sich multimodal, also mit verschiedenen Verkehrsmitteln, fortbewegen zu können, müssen auch mehrere Verkehrsmitteloptionen zur Verfügung stehen. In dieser Hinsicht könnte multimodale Mobilität auch als Luxus verstanden werden. *Eine* Option sollte zur Erfüllung der Mobilitätsbedürfnisse völlig ausreichen. Das Auto, auch Universalverkehrsmittel genannt, ist am besten geeignet, alle Mobilitätsbedürfnisse zu erfüllen. Aufgrund der vielen negativen Wirkungen steht die monomodale Autonutzung jedoch in der Kritik.

Mobilitätsressourcen, also die Verfügbarkeit von Verkehrsmitteln sowie auch die zeitlichen und finanziellen Mittel, die für Bedürfnisbefriedigung und Mobilität aufgewendet werden können, sind in der Bevölkerung ungleich verteilt. Die ungleiche Verteilung zeigt sich im Haushaltskontext wie auch in der Gesellschaft allgemein. Nicht immer stehen alle Mobilitätswerkzeuge allen Haushaltsmitgliedern in gleichem Umfang zur Verfügung. Mobilitätsressourcen sind abhängig von finanziellen Ressourcen, Restriktionen und individuellen Präferenzen. In Haushalten mit höherem Einkommen sind meist mehr Autos verfügbar (Nobis und Kuhnimhof 2018, S. 35).

Die materielle Verfügbarkeit eines Verkehrsmittels und der passenden Infrastruktur sind eine notwendige Bedingung für dessen Nutzung. Daher wird auf den folgenden Seiten zunächst auf die Verkehrsmittelverfügbarkeit der Befragten eingegangen. Dabei steht die materielle Verfügbarkeit im Vordergrund. Die Verfügbarkeit der Infrastruktur wurde nicht explizit überprüft. Allerdings wohnen alle Befragten in Stadtteilen mit Anbindung an den öffentlichen Schienenverkehr. Fahrradwege sind ebenfalls in allen Stadtteilen vorhanden. Es kann jedoch nicht von einem flächendeckenden Radwegenetz ausgegangen werden.

Abbildung 6.1 zeigt die Verfügbarkeit der vier wichtigsten Verkehrsmittel. Die meisten der Befragten können jederzeit über ein Auto verfügen (ca. 80 Prozent) und knapp zwei Drittel über ein Fahrrad. Die Optionen Pedelec (ca. 20 Prozent) und eine Zeitkarte für die öffentlichen Verkehrsmittel (ca. 30 Prozent) stehen deutlich weniger Befragten jederzeit zur Verfügung.

Die Ergebnisse der Erhebung zeigen im Hinblick auf die Verfügbarkeit des Autos und des Fahrrads große Übereinstimmungen mit den Ergebnissen der Erhebung „Mobilität in Städten – SrV 2018". Der Besitz einer Zeitkarte ist in unserer Erhebung etwas geringer (28 Prozent vs. 38 Prozent) als die Verfügbarkeit am Stichtag der Erhebung „Mobilität in Städten – SrV 2018" und die Verfügbarkeit von Pedelecs deutlich höher (Gerike et al. 2020, Tab 4 (a)). Diese unterschiedlichen Zahlen kann man unterschiedlich erklären. Der Besitz der Zeitkarten könnte durch die Auswahl unseres speziellen Samples aus drei Stadtteilen abweichend ausfallen. Zudem haben einige Befragte angegeben, dass sie ihre Zeitkarte aufgrund der veränderten Situation durch die Coronapandemie abgeschafft haben. Bei der Verfügbarkeit der Pedelecs könnten ebenfalls die Selektivität unserer Befragung und die dynamische Marktsituation der Pedelecs eine Rolle spielen. An der Befragung „Mobilität in Bochum 2020" haben überdurchschnittlich häufig höhergebildete und wohlhabendere Personen teilgenommen. Diese können sich eher ein Pedelec leisten. Außerdem hat die Zahl der Pedelecs in den Jahren rasant zugenommen, sodass Zahlen von 2018 möglicherweise den Vergleich verzerren. Trotzdem ist die Verfügbarkeit für Pedelecs in unserer Befragung vermutlich etwas überschätzt.

In Bezug auf die Zielsetzung dieser Arbeit, multimodale Mobilität zu fördern, müssen auch die Befragten in den Blick genommen werden, für die ein Verkehrsmittel *nicht* verfügbar ist. Ungefähr ein Viertel der Befragten kann nie über ein Fahrrad verfügen und mehr als zwei Drittel besitzen keine Zeitkarte für die öffentlichen Verkehrsmittel. Zu einem Auto haben die meisten Befragten Zugang. Bei den nachhaltigeren Alternativen ÖV und Fahrrad dagegen bestehen große Zugangslücken. Nachdem zunächst die univariate Verteilung der einzelnen Verkehrsmittelnutzungen betrachtet wurde, stellt sich die Frage, wie vielen Befragten mehrere Verkehrsmittel zur Verfügung stehen. Damit kann geklärt werden, wie viele Befragte Multioptionalität als Voraussetzung für multimodale Mobilität erfüllen.

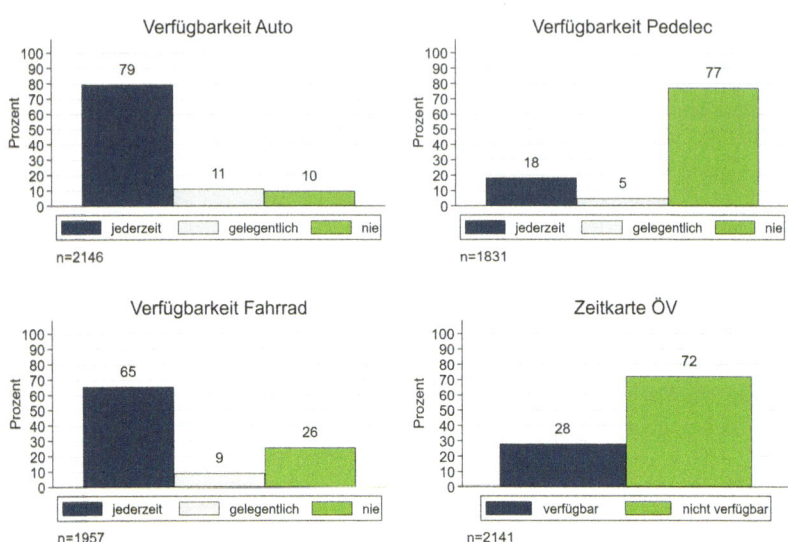

Abbildung 6.1 Verfügbarkeit von Verkehrsmitteln. (Quelle: Mobilität in Bochum 2020, eigene Berechnung)

Von Verfügbarkeit bzw. dem Zugang zu einem Verkehrsmittel wird hier ausgegangen, wenn die Befragten angegeben haben, dass sie jederzeit über Auto, Elektrofahrrad, funktionsfähiges anderes Fahrrad oder motorisiertes Zweirad verfügen können. Zusätzlich ist bei einem Auto ein Autoführerschein notwendig. Beim Zugang zu den öffentlichen Verkehrsmitteln wird der Besitz einer Zeitkarte als jederzeit verfügbare Option angesehen. Aus diesen Kategorien ergeben sich acht Kombinationen mit jeweils jederzeit zur Verfügung stehenden Verkehrsmitteln (vgl. Abbildung 6.2). Motorisierte Zweiräder und Autos sind unter dem Begriff motorisierter Individualverkehr (MIV) zusammengefasst, Pedelecs, Elektrofahrräder und normale Fahrräder unter Fahrrad. Personen in der Gruppe „ohne Option" steht keines der berücksichtigten Verkehrsmittel jederzeit zur Verfügung.

Der Hälfte der Befragten hat Zugang zum MIV und Fahrrad. Weitere 20 Prozent der Befragten haben Zugang zu mehreren Verkehrsmitteloptionen: entweder MIV und ÖV, ÖV und Fahrrad oder MIV und ÖV und Fahrrad. Damit erfüllen

70 Prozent der Befragten eine wesentliche – hier stark vereinfachte – Voraussetzung für multimodale Verkehrsmittelnutzung. Dies heißt im Umkehrschluss auch, dass knapp ein Drittel diese Voraussetzung nicht erfüllt und damit sozusagen von multimodaler Verkehrsmittelnutzung ausgeschlossen ist. Groth (2019c, S. 101) hat Daten aus einer Befragung in Offenbach am Main (2013) ausgewertet und kommt zu vergleichbaren Anteilen an multioptionalen und monooptionalen Personen.

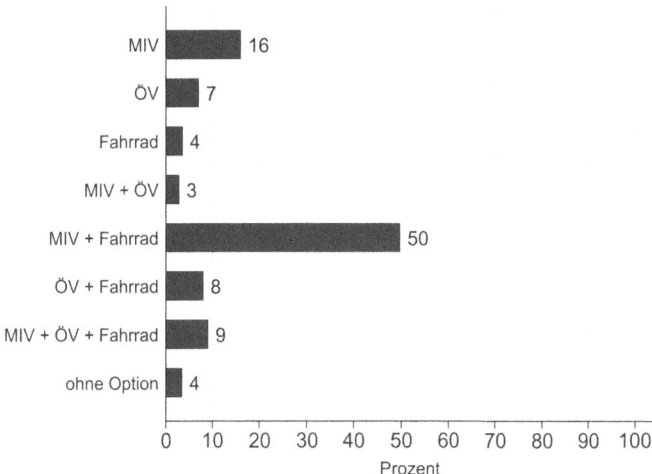

Abbildung 6.2 Verfügbarkeit von Verkehrsmitteln (gruppiert). (Quelle: Mobilität in Bochum 2020, eigene Berechnung, n = 2020)

Wenn es um die Förderung multimodaler Mobilität geht, liegt der erste Förderansatz im Schaffen der Voraussetzung: Multioptionaler Zugang für alle. Erst wenn mehrere Verkehrsmittel zur Verfügung stehen, können unterschiedliche Verkehrsmittel genutzt werden. Damit ist nicht gemeint, den stetigen Trend der Motorisierung zu beschleunigen (Umweltbundesamt 2022), sondern die nachhaltigeren Alternativen Fahrrad, Pedelec und ÖV zu fördern.

6.1.2 Verkehrsmittelnutzung und Mobilitätsverhalten

Nachdem betrachtet wurde, welche Verkehrsmittel den Befragten zur Verfügung stehen, wird im Folgenden auf die tatsächliche Nutzung und auf ungenutzte

Ressourcen eingegangen.[1] Tabelle 6.1 gibt einen Überblick zur Nutzungshäufigkeit der unterschiedlichen Verkehrsmittel im Alltag. Die Zahlen zeigen die hohe
Bedeutung des Autos. Mehr als die Hälfte der Befragten nutzt das Auto täglich,
ein weiteres Viertel mindestens wöchentlich. Eine vergleichbare Alltagspräsenz
erreicht keines der anderen Verkehrsmittel. Die tägliche und wöchentliche Nutzung der öffentlichen Verkehrsmittel und des Fahrrads bewegen sich zwischen
drei und 16 Prozent. Hohe Nutzungswerte erreichen zudem Fußwege. Insgesamt
zwei Drittel gehen mindestens wöchentlich zu Fuß. Motorisierte Zweiräder und
Leihfahrräder spielen im Alltag der Befragten kaum eine Rolle. Aus Tabelle 6.1
kann auch abgelesen werden, dass ungefähr die Hälfte der Befragten die öffentlichen Verkehrsmittel und das Fahrrad nie nutzt. Genau diese beiden Verkehrsmittel
ÖV und Fahrrad sind jedoch das Rückgrat multimodaler Mobilität. Diese erste
Übersicht hebt die Dominanz des Autos hervor und deutet darauf hin, dass
multimodale Verkehrsmittelnutzung aktuell allenfalls von einer kleinen Gruppe
praktiziert wird.

Tabelle 6.1 Häufigkeit Verkehrsmittelnutzung

Verkehrsmittel / Nutzungshäufigkeit	(fast) täglich	an 1–3 Tagen pro Woche	an 1–3 Tagen pro Monat	seltener	(fast) nie	n
Auto (Fahrer:in)	52 %	24 %	5 %	3 %	16 %	2059
Auto (Mitfahrer:in)	6 %	26 %	19 %	21 %	28 %	1994
Mofa, Moped, Motorrad	1 %	2 %	2 %	2 %	93 %	1867
Bus	6 %	7 %	12 %	21 %	53 %	1986
Straßen- oder U-Bahn	10 %	10 %	14 %	20 %	46 %	2004
S-Bahn oder Zug	3 %	6 %	10 %	17 %	64 %	1936
(Elektro-)Fahrrad	11 %	16 %	15 %	15 %	43 %	1997
Leihfahrrad/ Bikesharing	0 %	0 %	1 %	1 %	97 %	1881
Zu Fuß	31 %	31 %	16 %	14 %	8 %	2071

(Quelle: Mobilität in Bochum 2020, eigene Berechnung)

---

[1] Nicht berücksichtigt werden können in dieser Arbeit die Gründe, weshalb Verkehrsmittel
nicht genutzt werden, ob also z. B. körperliche Einschränkungen die Nutzung verhindern.

Um multimodale Mobilität zu fördern, sind die Fragen interessant, wie viele bereits multimodal unterwegs sind und was diese Personen auszeichnet. Dazu wurden Gruppen zur Verkehrsmittelnutzung gebildet. Die Gruppenzugehörigkeit wird dadurch definiert, dass die Personen angegeben haben, die jeweiligen Verkehrsmittel mindestens wöchentlich zu nutzen. Eine Person wurde einer Mobilitätsgruppe zugeordnet, wenn mindestens fünf der neun Optionen beantwortet wurden. Für die Zuordnung Autonutzung mussten die Personen angeben „(fast) täglich" (5) oder „an 1–3 Tagen pro Woche" (4) das Auto als Fahrer:in oder Mitfahrer:in zu nutzen. Für die Zuordnung zur Nutzung des ÖVs mussten Bus, Straßen- oder U-Bahn oder S-Bahn oder Zug „(fast) täglich" (5) oder „an 1–3 Tagen pro Woche" (4) genutzt werden. Für die Zuordnung zur Fahrradnutzung waren Antworten „(fast) täglich" (5) oder „an 1–3 Tagen pro Woche" (4) bei Fahrrad oder Elektrofahrrad oder Leihfahrrad bzw. Bikesharing notwendig. Personen, die keine der genannten Optionen mindestens wöchentlich nutzen, wurden in der Gruppe „nichts davon" zusammengefasst. Sehr wenige Personen gaben an, Mofa, Moped oder Motorrad wöchentlich zu nutzen, nicht jedoch das Auto. Dies betraf drei Fälle, die ausgeschlossen wurden.

Abbildung 6.3 stellt die Verkehrsmittelnutzung der Befragten anhand der gebildeten Mobilitätsgruppen dar. Die monomodale Autonutzung ist wenig überraschend mit über 50 Prozent die größte Gruppe. Die zweitgrößte Gruppe sind mit 18 Prozent die bimodalen Auto- und Fahrradnutzenden. Insgesamt sind 32 Prozent der Befragten multimodal unterwegs. Damit gibt es in der Befragung „Mobilität in Bochum 2020" etwas weniger multimodale Personen als in vergleichbaren Studien, wo der Anteil bei ca. 50 Prozent oder sogar darüber liegt (Groth 2019c, S. 95; Nobis 2015, S. 45). Auch in der SrV-Befragung 2018 liegt der Anteil multimodaler Personen in Bochum bei 45 Prozent (Gerike et al. 2020, Tab 22(a)). Ein Grund, weshalb der Anteil multimodaler Personen in dieser Befragung deutlich geringer ist als in anderen Erhebungen, könnte die Situation der Coronapandemie sein (vgl. auch Abschnitt 6.2). Es wird vermutet, dass viele Freizeitwege, die sonst mit dem Fahrrad oder wahrscheinlicher noch mit dem ÖV zurückgelegt wurden, zum Befragungszeitraum nicht stattgefunden haben und damit einige Personen nicht als multimodal identifiziert werden konnten. Eine andere Erklärung könnte in der Auswahl des speziellen Samples der drei Untersuchungsstadtteile liegen, die nicht den Bochumer Durchschnitt repräsentieren. Dies erscheint jedoch unwahrscheinlich, da in allen Befragungsstadtteilen Schienenverkehr vorhanden ist, was multimodales Mobilitätsverhalten begünstigt.

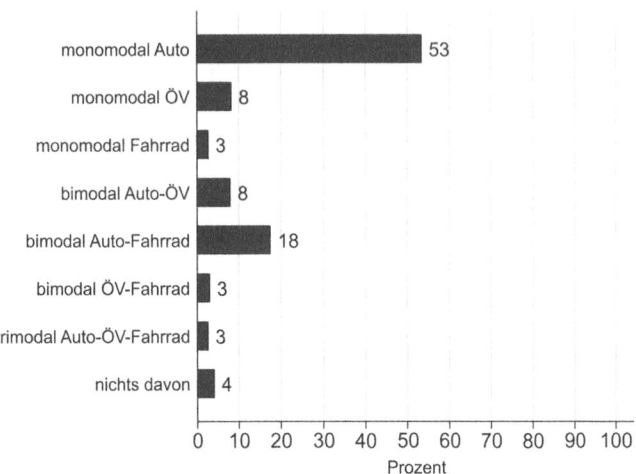

Abbildung 6.3 Verkehrsmittelnutzung 2020 in Mobilitätsgruppen. (Quelle: Mobilität in Bochum 2020, eigene Berechnung, n = 1960)

6.1.3 Zusammenhang zwischen Verkehrsmitteloptionen und deren Nutzung

Während laut der Verfügbarkeitsanalyse 70 Prozent der Befragten mehrere Verkehrsmitteloptionen zur Verfügung stehen, sind nur bei 32 Prozent unterschiedliche Verkehrsmittel fest in der Alltagsmobilität integriert. Hier liegt – etwas verkürzt dargestellt – also ein ungenutztes Potenzial von ca. 40 Prozent. Es besteht folglich noch Handlungsbedarf bei der Verbreitung multimodaler Mobilität. Im nächsten Schritt werden die Verkehrsmitteloptionen und die tatsächliche Nutzung gegenübergestellt (vgl. Tabelle 6.2). Daraus sollen einerseits Lücken und Ressourcen zwischen Verfügbarkeit und Nutzung abgeleitet werden und andererseits Erklärungsansätze für multimodale Verkehrsmittelnutzung geprüft werden.

Die Gegenüberstellung der Verkehrsmitteloptionen und der Verkehrsmittelnutzung zeigt: Je mehr Verkehrsmitteloptionen zur Verfügung stehen, desto weniger werden genutzt. Die erste Spalte in Tabelle 6.2 zeigt, dass 95 Prozent der Personen, die nur ein Auto als Verkehrsmitteloption zur Verfügung haben, auch nur das Auto im Alltag nutzen. Mit 63 Prozent ist dieser Wert bei der monomodalen ÖV-Verfügbarkeit und ÖV-Nutzung ebenfalls hoch. Sobald mehrere Verkehrsmitteloptionen zur Verfügung stehen, nutzt dagegen nur noch ein Drittel alle verfügbaren Optionen. Bei den trioptionalen Personen sinkt der Wert auf 14 Prozent. Dieses Muster zeigt auch Groth (2019c, S. 117) anhand der Daten aus Offenbach am Main.

Zudem zeigt Tabelle 6.2, dass häufig das Fahrrad nicht genutzt wird. Mehr als die Hälfe der bioptionalen Auto-Rad-Besitzer:innen (62 Prozent) nutzen monomodal das Auto. In der bioptionalen ÖV-Rad-Gruppe wählen 25 Prozent ausschließlich den ÖV und unter den trioptionalen Personen bleibt das Fahrrad in fast 60 Prozent der Fälle stehen, wenn entweder monomodal das Auto oder bimodal Auto und ÖV genutzt werden. Das Fahrrad als ungenutzte Ressource tritt in der Befragung „Mobilität in Bochum 2020" noch deutlicher hervor, als in Groths (2019c, S. 117) Analysen für Offenbach am Main.

Zusammenfassung

In diesem ersten Teil der Analyse konnte einerseits ein hohes Potenzial multimodaler Mobilität aufgezeigt (70 Prozent) und andererseits eine große Lücke zwischen Verkehrsmitteloptionen und deren Nutzung nachgewiesen werden. Erstens werden, je mehr Verkehrsmittel zur Verfügung stehen, desto weniger tatsächlich im Alltag genutzt. Zweitens fällt das Fahrrad als Verkehrsmitteloption häufig aus. In den weiteren Analysen dieser Arbeit bleibt herauszufinden, weshalb manche Ressourcen ungenutzt bleiben und aus welchen Gründen häufig das Fahrrad selten genutzt wird.

Tabelle 6.2 Kreuztabelle zur Verfügbarkeit und Nutzung der Verkehrsmittel

Verkehrsmittelnutzung 2020	Verfügbarkeit Verkehrsmittel								Gesamt
	1 monoopt. MIV n = 295	2 monoopt. ÖV n = 126	3 monoopt. Rad n = 67	4 biopt. Auto-ÖV n = 54	5 biopt. MIV-Rad n = 925	6 biopt. ÖV-Rad n = 161	7 triopt. MIV-ÖV-Rad n = 167	8 ohne Option n = 60	n = 1865
1 monomodal Auto	*95 %*	6 %	30 %	52 %	62 %	2 %	28 %	27 %	52 %
2 monomodal ÖV	0 %	*63 %*	12 %	11 %	0 %	25 %	6 %	28 %	9 %
3 monomodal Rad	0 %	1 %	*13 %*	0 %	3 %	6 %	3 %	0 %	3 %
4 bimodal Auto-ÖV	2 %	19 %	1 %	*30 %*	2 %	21 %	29 %	8 %	8 %
5 bimodal Auto-Rad	0 %	0 %	22 %	2 %	*31 %*	5 %	16 %	0 %	18 %
6 bimodal ÖV-Rad	0 %	4 %	6 %	0 %	0 %	*27 %*	3 %	2 %	3 %
7 trimodal Auto-ÖV-Rad	0 %	1 %	4 %	0 %	1 %	10 %	*14 %*	0 %	3 %
8 nichts davon	3 %	6 %	10 %	6 %	2 %	4 %	1 %	*35 %*	4 %
Gesamt	100 %	100 %	100 %	100 %	100 %	100 %	100 %	100 %	100 %

Abweichungen in den Summen ergeben sich durch Rundungen. (Quelle: Mobilität in Bochum 2020, eigene Berechnung)

6.1.4 Multimodales Mobilitätsverhalten vs. monomodale Autonutzung

Für die Fragestellung dieser Arbeit sind primär die monomodalen Autofahrer:innen und die multimodalen Personen interessant, weshalb die anderen Personen für weitere Analysen ausgeschlossen werden. Ziel ist es nicht, ÖV-Nutzende oder Fahrradfahrende zur Autonutzung zu bewegen, um die Anteile multimodaler Mobilität zu erhöhen, sondern Autofahrende zur Nutzung der umweltverträglicheren Alternativen ÖV und Fahrrad zu motivieren. Mit der Gegenüberstellung der monomodalen Autofahrer:innen und der multimodalen Personen sollen Unterschiede zwischen der „Ausgangslage" monomodale Automobilität und dem Zielverhalten multimodales Mobilitätsverhalten aufgezeigt werden. Die Unterschiede können anschließend genutzt werden, um Maßnahmen zur Förderung multimodaler Mobilität abzuleiten.

Die Verfügbarkeit der zentralen Verkehrsmittel Auto, ÖV und Fahrrad ist in Abbildung 6.4 in Abhängigkeit der Mobilitätsgruppen monomodale Autonutzung und multimodale Verkehrsmittelnutzung dargestellt. Hinsichtlich der Verfügbarkeit von Autos und Zeitkarten für den ÖV gibt es große Unterschiede zwischen den beiden Mobilitätsgruppen. Je mehr Autos in einem Haushalt verfügbar sind, desto geringer ist der Anteil an multimodalen Personen. Personen, die in Haushalten ohne Auto leben, sind zu über 95 Prozent multimodal unterwegs. Personen, die eine Zeitkarte für den ÖV besitzen, sind zu ca. 75 Prozent multimodal unterwegs. Bei den Personen ohne Zeitkarte ist es nur etwa ein Viertel. Wenn es um die Verfügbarkeit eines Fahrrads geht, ist auffällig, dass 80 Prozent der Personen, denen kein Fahrrad zur Verfügung steht, monomodal das Auto nutzen. Ist ein Fahrrad verfügbar, verhält sich etwas weniger als die Hälfte multimodal (45 Prozent).

Die Stärke der Zusammenhänge wird nochmal durch die Werte von Cramérs V verdeutlicht. Für den Auto- (Cramérs V = 0,29) und Zeitkartenbesitz (Cramérs V = 0,4) zeigen diese bivariaten Analysen einen mittleren Zusammenhang, während der Zusammenhang bei der Verfügbarkeit eines Fahrrads (Cramérs V = 0,23) als geringer Zusammenhang interpretiert werden kann.[2] Die Zusammenhang zwischen der Verfügbarkeit eines Verkehrsmittels als wichtiges Kriterium für dessen Nutzung wird auch in anderen Studien betont (Heinen und Chatterjee 2015, S. 280–281; Klinger 2017, S. 235; Nobis 2007, S. 42). Erste bivariate Verteilungen demonstrieren den Zusammenhang zwischen der Verkehrsmittelverfügbarkeit

---

[2] Diese Arbeit orientiert sich an der Interpretation des Zusammenhangmaßes Cramérs V von Kühnel und Krebs (2018, S. 322).

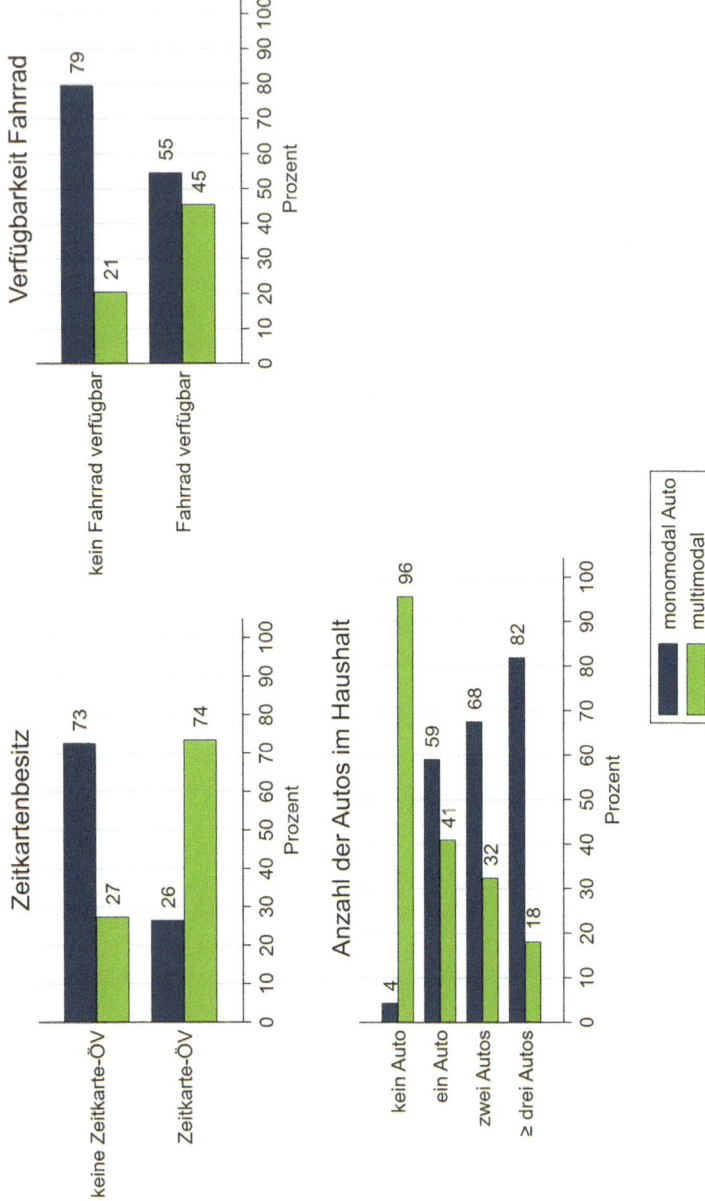

Abbildung 6.4 Verfügbarkeit und Verkehrsmittelnutzung. (Quelle: Mobilität in Bochum 2020, eigene Berechnung, n = 1368)

und der Verkehrsmittelnutzung auch für die Daten der Befragung „Mobilität in Bochum 2020". Die Variablen zur Verkehrsmittelverfügbarkeit werden daher später in die multivariate Regressionsanalyse für multimodales Mobilitätsverhalten aufgenommen.

6.2 Exkurs: Verkehrsmittelnutzung vor und während der Coronapandemie

Die Befragung fand im Herbst 2020 zu einem Zeitpunkt statt, als die mittel- und langfristigen Veränderungen durch verschiedene Maßnahmen zur Eindämmung der Coronapandemie noch nicht abgeschätzt werden konnten. Dies betrifft auch die für diese Arbeit zentralen Themen Mobilität und Verkehrsmittelnutzung. Die weitreichenden Einschränkungen des öffentlichen Lebens durch Kontaktbeschränkungen und umfangreiche Anordnungen zu Homeoffice führten dazu, dass ein Großteil der Mobilität während der Monate März, April und Mai 2020 wegfiel (Haas et al. 2020, S. 840). Der unklare Forschungsstand zur Übertragung des Virus sowie zur Schwere der Erkrankung führten zur starken Abnahme der ÖV-Nutzung. Die Pandemie erzwang eine quantitative und qualitative Neubewertung der Mobilität und Verkehrsmittelnutzung. Mit quantitativ ist gemeint, dass viele Wege ersatzlos wegfielen und damit die Mobilität insgesamt abnahm. Qualitativ wird hier genutzt, um die Neubewertung der Verkehrsmittel zu beschreiben. Die öffentlichen Verkehrsmittel gerieten als Infektionsherde in die Kritik und Individualverkehrsmittel wie Auto und Fahrrad boten diesbezüglich mehr Sicherheit. Zum Befragungszeitpunkt waren zwar viele einschränkende Maßnahmen aufgehoben, andere Studien zeigen jedoch, dass sich die Mobilität erst langsam an das Vor-Coronaniveau anpasste. Die öffentlichen Verkehrsmittel verzeichneten noch lange deutlich geringeren Zulauf (Schelewsky 2022, S. 15; Thorn et al. 2020).

Um diese Veränderungen annähernd abschätzen und berücksichtigen zu können, wurde bei der Befragung die Verkehrsmittelnutzung für den (aktuellen) Zeitraum August bis Oktober 2020 und den vergangenen Zeitraum August bis Oktober 2019 abgefragt. Der Vergleich der beiden Jahre wird in diesem Exkurs kurz dargestellt.

In Abbildung 6.5 werden die Nutzungshäufigkeiten der unterschiedlichen Verkehrsmittel zwischen den beiden Jahren verglichen. Die erfassten Unterschiede sind insgesamt eher gering. Die meisten Veränderungen bewegen sich im Rahmen von einem bis vier Prozent. Der Rückgang der täglichen Nutzung von Straßen- oder U-Bahn ist mit fünf Prozent etwas stärker. Ein deutlicher Unterschied zeigt sich jedoch bei der Betrachtung der öffentlichen Verkehrsmittel – Bus, Straßen-

oder U-Bahn und S-Bahn oder Zug in der Kategorie „(fast) nie". Die Kategorie „(fast) nie" hat jeweils um ca. zehn Prozent zugenommen. Anhand der Abbildungen kann man allerdings nicht ablesen, wie häufig die Personen die Verkehrsmittel 2019 genutzt haben, wenn sie 2020 angegeben haben, sie „(fast) nie" zu nutzen. Die Häufigkeitsklassen „(fast) täglich" und „an 1–3- Tagen pro Woche", die für meine Gruppenzuteilung relevant sind, weisen nur geringe Schwankungen von wenigen Prozent auf. Addiert man diese, kommt man für 2020 jedoch trotzdem zu einer Reduzierung der mindestens wöchentlichen Nutzung des ÖVs um ca. 5 Prozent im Vergleich zu 2019. Anke et al. (2021) dagegen identifizieren in ihrer Forschung einen stärkeren Rückgang der ÖV-Nutzung von ca. 15 Prozent.

Eine Ursache für die doch eher geringen Unterschiede könnte im Erhebungsinstrument liegen. Erstens wurden in dieser Befragung grobe Kategorien genutzt, mit denen die Regelmäßigkeit der Verkehrsmittelnutzung erhoben werden kann. Wegeprotokolle als Alternative erheben Mobilität deutlich genauer und können daher auch präziser Veränderungen messen. Zweitens liegen einer Befragung immer subjektive Einschätzungen zugrunde. Je länger die abgefragten Ereignisse zurückliegen, desto schwieriger ist es für die Befragten, sich zu erinnern, und desto größer werden Messfehler (Faulbaum et al. 2009, S. 158).

In Abbildung 6.6 ist der Vergleich der Verkehrsmittelnutzung anhand der Mobilitätsgruppen für 2019 und 2020 dargestellt. Die meisten Unterschiede sind gering. Mit einer Abnahme von fünf Prozent ist der Unterschied in der bimodalen Auto-ÖV-Gruppe am größten. Für Personen, die über Auto und Zeitkarte verfügen, war es vermutlich am einfachsten, während der Coronapandemie auf die öffentlichen Verkehrsmittel zu verzichten. Addiert man die multimodalen Gruppen, waren 2019 35 Prozent der Befragten multimodal unterwegs und 2020 32 Prozent. Die multimodale Verkehrsmittelnutzung ist also leicht zurückgegangen.

Auch in den Interviews wurden die Befragten nach Veränderungen in ihrem Mobilitätsverhalten, die durch die Coronapandemie bedingt sind, gefragt. Dabei wurden auch die beiden Trends der quantitativen Abnahme und qualitativen Neubewertung angesprochen.

Die quantitative Abnahme der Mobilität bedeutet für manche Erwerbstätige, dass Wege zur Arbeit durch Homeoffice entfallen sind.

„Dass ich viel im Homeoffice bin und deswegen komplett die Wege wegfallen. Aber sonst hat sich da für mich eigentlich nicht viel geändert. Ich bin trotzdem noch ein bis zwei Tage ins Büro gefahren." (I3)

Zudem waren viele Freizeitaktivitäten nicht oder nur eingeschränkt möglich. Dies betrifft alle mobilen Bevölkerungsgruppen gleichermaßen.

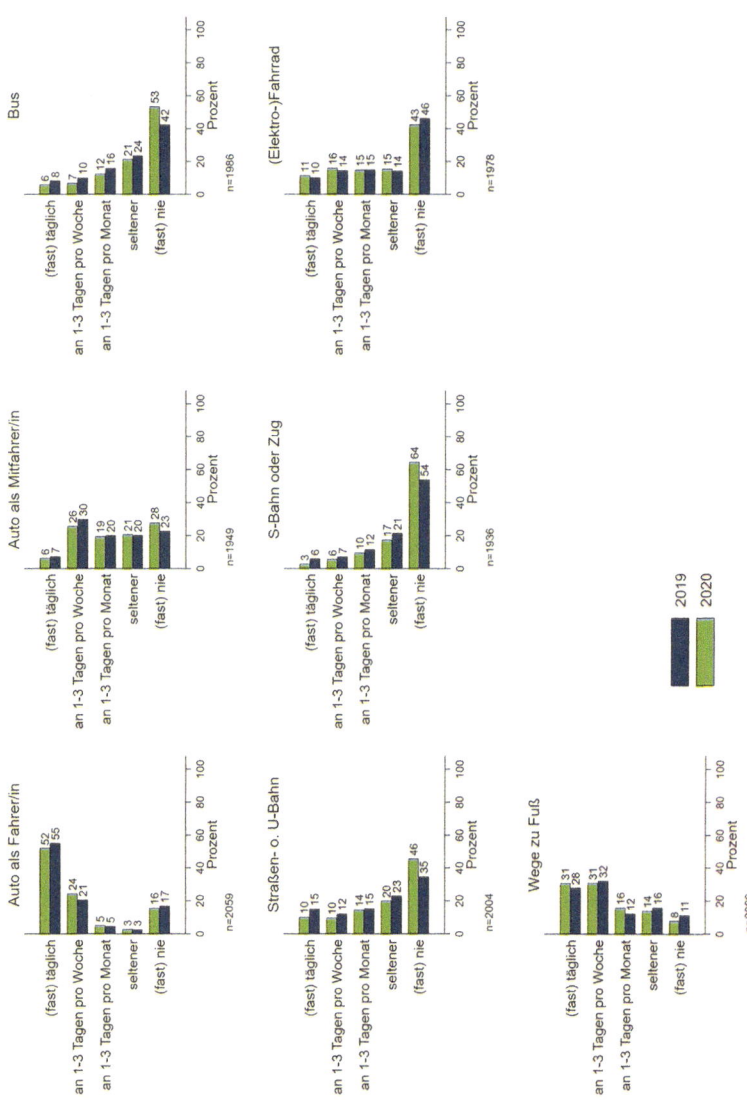

Abbildung 6.5 Vergleich der VMN 2019 und 2020. (Quelle: Mobilität in Bochum 2020, eigene Berechnung)

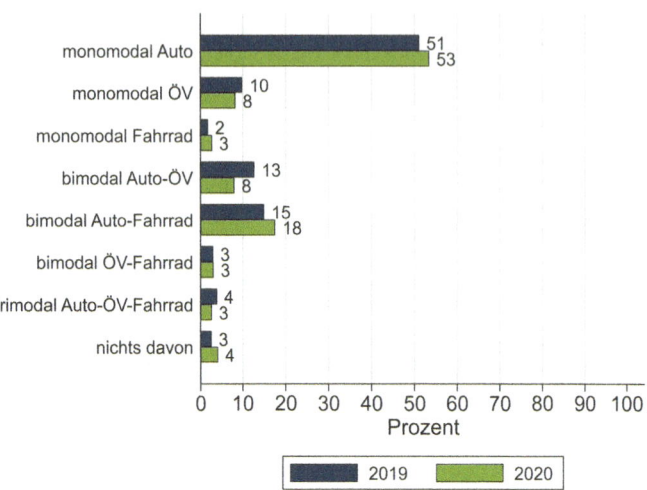

Abbildung 6.6 Vergleich der Mobilitätsgruppen für die Jahre 2019 und 2020. (Quelle: Mobilität in Bochum 2020, eigene Berechnung, n = 1960)

„Ja, insofern, dass dadurch die ganzen Freizeitmöglichkeiten und sozialen Möglichkeiten eingeschränkt sind. Ist man weniger unterwegs. Ich bin einfach weniger unterwegs. Also weniger Verabredungen, weniger Kultur." (I5)

Die Meidung der öffentlichen Verkehrsmittel aus Infektionsschutzgründen wird beispielsweise von Personen angesprochen, die mit der Bahn zur Arbeit pendeln.

„Am Anfang bin ich komplett auf das Auto umgestiegen, weil es mir einfach unsicher war in der Bahn, wenn man so viele Menschen trifft. Aber ich habe dann irgendwann festgestellt in der S-Bahn, da ist einfach so viel Platz, da kann jede Person auf einem Vierer sitzen, morgens und mittags und mit der Maske. Da habe ich mich dann auch sicher gefühlt und habe da keine Probleme gesehen, dass da irgendwie was passieren kann." (I3)

Dieses Zitat greift auch die Wirkung von Schutzmaßnahmen wie Masken auf. In den Interviews kommt neben der Vermeidung von Menschenansammlungen aus Infektionsschutzgründen auch zur Sprache, dass die öffentlichen Verkehrsmittel in einigen Fällen deutlich weniger genutzt wurden. Durch die Einhaltung von Mindestabständen und die Maskenpflicht konnte die Infektionsgefahr eingedämmt werden.

Zusammenfassend zeigen sich die allgemeinen Trends der Coronapandemie wie weniger Mobilität und die bevorzugte Nutzung des Autos auch in der Befragung „Mobilität in Bochum 2020". Aufgrund der Operationalisierung des Mobilitätsverhaltens über Routinen und Regelmäßigkeit treten sie jedoch weniger stark hervor. Zudem hängt die Wahrnehmung der Infektionsgefahr stark mit der individuellen Einstellung zusammen. Die vorliegenden Daten vermitteln den Eindruck, dass Personen, die vorher häufig den ÖV nutzten, ihn auch weiterhin nutzten und eher Personen, die selten den ÖV nutzten, komplett auf die Nutzung verzichteten. Diese Wege wurden meist mit dem Auto, seltener mit dem Fahrrad substituiert oder entfielen ersatzlos.

6.3 Lebenslage und Verkehrsmittelnutzung

Bisherige Forschung hat gezeigt, dass die Verkehrsmittelnutzung eng mit der aktuellen Lebenslage oder -situation zusammenhängt. Das Mobilitätsverhalten wird von Ressourcen und Restriktionen determiniert, die häufig als Alter-, Einkommens- oder Erwerbstätigkeitseffekte gemessen werden (Busch-Geertsema 2018, S. 31–32). Die Autonutzung ist an das Mindestalter für den Führerscheinerwerb gekoppelt oder die ÖV- und Fahrradnutzung sind von körperlicher Fitness abhängig. Hausfrauen und -männer haben im Alltag andere Wege als Vollzeiterwerbstätige (Konrad 2016, S. 62). Während Kinder, Jugendliche und junge Erwachsene häufig die öffentlichen Verkehrsmittel nutzen und multimodal unterwegs sind, beginnt für viele die „Autokarriere" mit dem Berufseinstieg. Damit verbunden sind oft neue Mobilitätsanforderungen, die weniger gut mit dem ÖV bedient werden können, und neue finanzielle Ressourcen, die den Autobesitz ermöglichen (Busch-Geertsema 2018, S. 338). Die Verkehrsmittelnutzung ist ebenfalls von Kohorteneffekten beeinflusst. Während die Motorisierung bis in die 1980er Jahre stetig zugenommen hat, wurde in den 2000er Jahren ein Rückgang der Autonutzung bei der jungen Generation beobachtet (Kuhnimhof et al. 2012, S. 449).

Im nächsten Schritt wird dargestellt, wie sich soziodemografische Merkmale auf die Verkehrsmittelnutzung auswirken. Betrachtet man die Verkehrsmittelnutzung über die Lebensphasen (vgl. Abbildung 6.7), zeigt sich bei zunehmendem Alter abnehmendes multimodales Mobilitätsverhalten. Dies lässt sich unter anderem damit erklären, dass vor allem Schüler:innen und Studierende einen einfachen Zugang zu günstigen Tickets für den öffentlichen Nahverkehr haben und seltener über ein eigenes Auto verfügen. Zudem setzen die Fahrrad- und ÖV-Nutzung meist mehr körperliche Fitness voraus als die Autonutzung, weshalb hier der Anteil mit zunehmendem Alter abnimmt. Auch An et al. (2021b) kommen zu dem Schluss, dass ältere Menschen sich weniger multimodal verhalten. Nobis (2007, S. 39–40) stellt fest, dass auch ältere Menschen häufiger multimodal sind als die mittleren Altersgruppen. Sie vermutet, dass die Autonutzung unter den Hochbetagten weniger verbreitet war und diese ihre Gewohnheiten fortführen. Mit dem Älterwerden der Babyboomer als Autogeneration müsste sich diese multimodale Lücke in Zukunft folglich schließen. Das Zusammenhangsmaß Cramérs V hat den Wert 0,13, was einen geringen Zusammenhang bedeutet. Damit ist der Zusammenhang zwischen der Lebensphase und dem Mobilitätsverhalten geringer als die Zusammenhänge zwischen Verkehrsmittelverfügbarkeit und dem Mobilitätsverhalten, die oben betrachtet wurden.

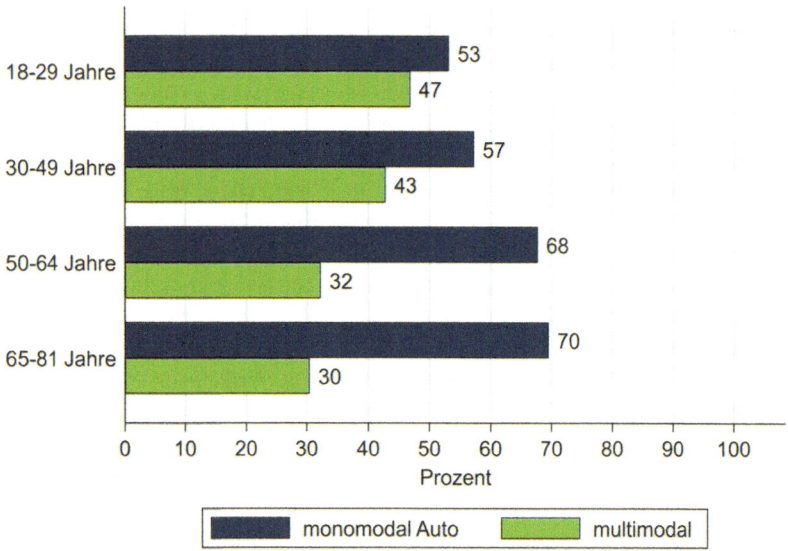

Abbildung 6.7 Verkehrsmittelnutzung nach Lebensphase. (Quelle: Mobilität in Bochum 2020, eigene Berechnung, n = 1368)

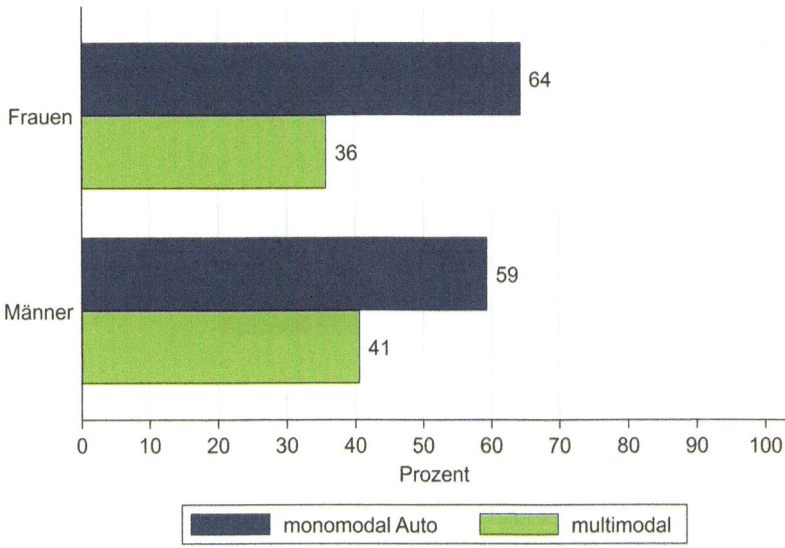

Abbildung 6.8 Verkehrsmittelnutzung und Geschlecht. (Quelle: Mobilität in Bochum 2020, eigene Berechnung, n = 1368)

Abbildung 6.8 zeigt die Verkehrsmittelnutzung in Abhängigkeit des Geschlechts. Zwischen Männern und Frauen gibt es einen kleinen Unterschied zwischen monomodaler Autonutzung oder multimodaler Verkehrsmittelnutzung. In unserer Befragung sind 36 Prozent der Frauen multimodal und 41 Prozent der Männer. Das Zusammenhangsmaß Cramérs V ist mit 0,05 gering und liegt genau auf der Grenze für „geringer Zusammenhang". Wenn man vorherige Studien heranzieht, so ist der Einfluss des Geschlechts auf multimodale Verkehrsmittelnutzung nicht eindeutig zu beschreiben. Einige Studien kommen zu dem Ergebnis, dass Männer sich eher multimodal verhalten (Diana und Mokhtarian 2009a; Buehler und Hamre 2015), andere, dass Frauen sich eher multimodal verhalten (Molin et al. 2016; Scheiner et al. 2016), und wieder andere betrachten den Einfluss vom Geschlecht als unklar (Heinen und Mattioli 2019b, 2019a).

In Bezug auf Bildung (vgl. Abbildung 6.9) zeigen die vorliegenden Daten, dass sich höhere Schulbildungsabschlüsse positiv auf multimodale Verkehrsmittelnutzung auswirken. Das Zusammenhangsmaß Cramérs V weist mit 0,15 auch hier auf einen geringen Zusammenhang hin.

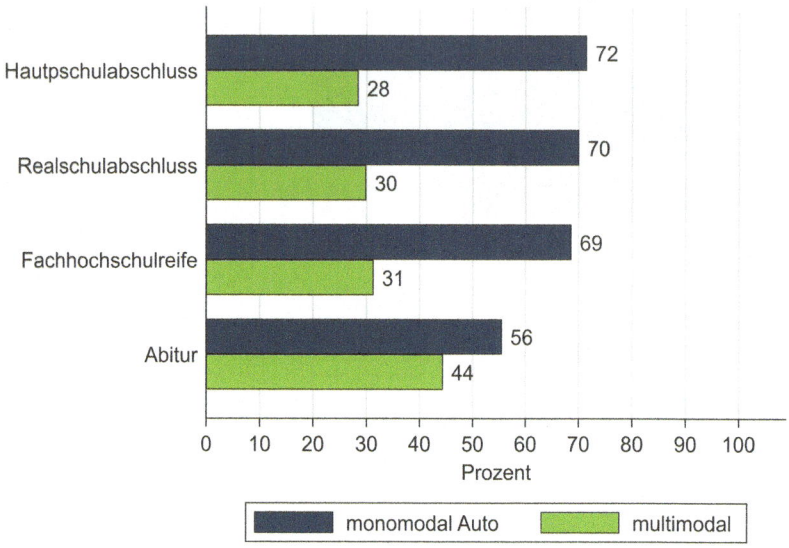

Abbildung 6.9 Verkehrsmittelnutzung und höchster Schulabschluss. (Quelle: Mobilität in Bochum 2020, eigene Berechnung, n = 1368)

Zusammenfassung
Die bivariate Analyse der soziodemografischen Merkmale und des Mobilitätsverhalten bestätigt den geringen und z. T. unklaren Einfluss dieser Variablen. Während sich anhand der Lebensphasen und Schulbildungsabschlüsse die tieferliegenden Ressourcen und Restriktionen in geringem Maß abbilden lassen, eignet sich das Geschlecht kaum als Proxy für Mobilitätsverhalten. Dennoch werden die Variablen zur Lebenslage als etablierte „Kontrollvariablen" in die multivariaten Modelle integriert.

6.4 Wohnumgebung und Verkehrsmittelnutzung

Welches Verkehrsmittel eine Person wozu nutzt, hängt mit vielen verschiedenen Faktoren zusammen. Auch die Wohnumgebung spielt bei der Verkehrsmittelwahl eine wichtige Rolle. Dies betrifft sowohl das Mobilitätsangebot im Stadtteil, als auch die Erreichbarkeit der Angebote der Daseinsvorsorge wie Einkaufsmöglichkeiten, ärztliche Versorgung oder Schulen (Hunecke und Schweer 2006, S. 148). Ein zentraler Gegenstand bisheriger Untersuchungen sind die Wirkungen der gebauten Umwelt (Cervero und Kockelman 1997; Scheiner und Holz-Rau 2007; Holz-Rau und Scheiner 2016). Während auf der einen Seite feststeht, dass Dichte, Nutzungsmischung und die städtebauliche Gestaltung der Wohnumgebungen mit der Verkehrsmittelwahl zusammenhängen, bleibt die Erklärungskraft dieser räumlichen Merkmale hinter den Erwartungen zurück (Cervero und Kockelman 1997). Der Verkehr im Quartier korrespondiert auch mit der Lage des Quartiers in der Stadt und der Region. Mit der Entfernung zum nächsten Zentrum steigen die Reisedistanzen. Viele Aktivitätsgelegenheiten dagegen fördern verkehrssparsames Verhalten (Scheiner 2016, S. 686). Ausreichend Parkplätze vereinfachen den Autobesitz (Jarass 2018, S. 34).

Ebenfalls sollten die Wechselwirkungen zwischen Verkehrsangebot und -nachfrage sowie die komplexen kausalen Wirkungsketten beachtet werden, in die die Verkehrsmittelwahl und das Mobilitätsverhalten eingebunden sind (Holz-Rau und Scheiner 2016). Neue Verkehrswege führen zu neuem Verkehr, auch induzierter Verkehr genannt. Ein Beispiel dafür sind weitere Pendelwege (Gather et al. 2008, S. 155–158). Die gesteigerte Nachfrage nach Wohnraum (im Grünen) führt zur Suburbanisierung und damit erst zum Ausbau der Verkehrswege. Auch die Selektivität der Wohnstandortpräferenzen verdeutlicht die komplexen Zusammenhänge (Friedwagner et al. 2005, S. 387–388). Wer den ÖV nutzen möchte, sucht sich einen Wohnort mit ÖV-Anschluss. Wer den ÖV nicht nutzen möchte, wird durch ein gutes ÖV-Angebot nicht zum Stammkunden (Holz-Rau 1997, S. 38 nach Holz-Rau und Scheiner 2016, S. 456).

Ein Anliegen dieser Arbeit ist es, die Wechselwirkungen des Mobilitätsverhaltens und unterschiedlicher Stadtteiltypen zu untersuchen (vierte Forschungsfrage). Damit knüpft diese Forschung an andere Arbeiten an, die Mobilitätsverhalten im Quartierskontext betrachtet haben (Beckmann et al. 2006; Hunecke et al. 2008). Im Folgenden werden bivariate Zusammenhänge zwischen multimodalem Mobilitätsverhalten bzw. monomodaler Autonutzung einerseits und Merkmalen der Wohnumgebung andererseits dargestellt.

6.4.1 Die Stadtteile, die Wohnumgebung und das Mobilitätsverhalten

Zunächst wird der Zusammenhang zwischen den Stadtteilen und dem Mobilitätsverhalten untersucht. Da sich die drei Untersuchungsstadtteile in ihrer soziodemografischen Zusammensetzung und ihrer Lage innerhalb der Stadt Bochum unterscheiden, sollten sich auch Unterschiede im Mobilitätsverhalten anhand der Lage des Stadtteils in der Stadt widerspiegeln (vgl. Abbildung 6.10). Während in Hamme die beiden Gruppen fast gleich groß sind, nutzen in Gerthe (71 Prozent) und Wiemelhausen (60 Prozent) deutlich mehr Personen monomodal das Auto. Dieses Ergebnis scheint auf den ersten Blick zu bestätigen, dass Dichte und Urbanität zu multimodaler Verkehrsmittelnutzung beitragen (Nobis 2015, S. 66). Mit 0,14 als Wert für das Zusammenhangsmaß Cramérs V ist der Zusammenhang zwischen den Stadteilen und dem Mobilitätsverhalten jedoch gering.

Viele Aktivitätsgelegenheiten in der Wohnumgebung (WU) fördern kurze Wege und die Nutzung des Umweltverbundes (Agora Verkehrswende 2017, S. 26). Anhand von vier Items zur fußläufigen Erreichbarkeit, Einkaufsmöglichkeiten, sozialen Einrichtungen und Freizeiteinrichtungen konnten die Befragten einschätzen, ob diese in ihrer Wohnumgebung[3] gegeben sind. Abbildung 6.11 zeigt die subjektiven Bewertungen der Befragten in Abhängigkeit der Mobilitätsgruppen monomodal Auto oder multimodal. Die Unterschiede zwischen den beiden Mobilitätsgruppen sind über alle Items hinweg eher gering. Der größte Unterschied zeigt sich bei der Bewertung der fußläufigen Erreichbarkeit: 66 Prozent der Multimodalen stimmen der Aussage, dass man in ihrer Wohnumgebung fast alles zu Fuß erledigen kann, eher oder völlig zu. In der monomodalen Autogruppe sind dies 62 Prozent. Die Gründe für eine gute fußläufige Erreichbarkeit wie beispielsweise kurze Distanzen oder attraktive, barrierefreie Fußwege können hier nicht rekonstruiert werden.

Der Aussage „Es gibt in meiner Wohnumgebung soziale Einrichtungen, wie Kitas, Schulen oder Ärzte." stimmen mit 52 Prozent bei der monomodalen Autogruppe vier Prozent mehr völlig zu als bei der multimodalen Gruppe (48 Prozent). Zieht man die ebenfalls zustimmende Nachbarkategorie „stimmt eher" hinzu, relativiert sich diese Differenz (monomodale Autogruppe: 28 Prozent, multimodale: 32 Prozent). Bei der Bewertung der Aussagen „Es gibt in meiner WU

---

[3] Die Wohnumgebung wurde im Fragebogen nicht genauer definiert. Daher ist unklar, auf welcher Vorstellung von Wohnumgebung die Antworten der Befragten basieren.

verschiedene Einkaufsmöglichkeiten des täglichen Bedarfs." und „Es gibt in meiner WU Freizeiteinrichtungen wie Gastronomie, Sport, Kultur oder Spielplätze." ist der Unterschied zwischen monomodalen Autofahrer:innen und multimodalen Personen noch geringer (ein bis zwei Prozentpunkte). Insgesamt wird zwischen den Bewertungen der Wohnumgebungen und der Verkehrsmittelnutzung kein statistischer Zusammenhang belegt. Da diese Items nicht die Zufriedenheit oder gar Nutzung der Angebote abfragen, ist es schwierig, daraus Schlüsse für die Verkehrsmittelnutzung zu ziehen.

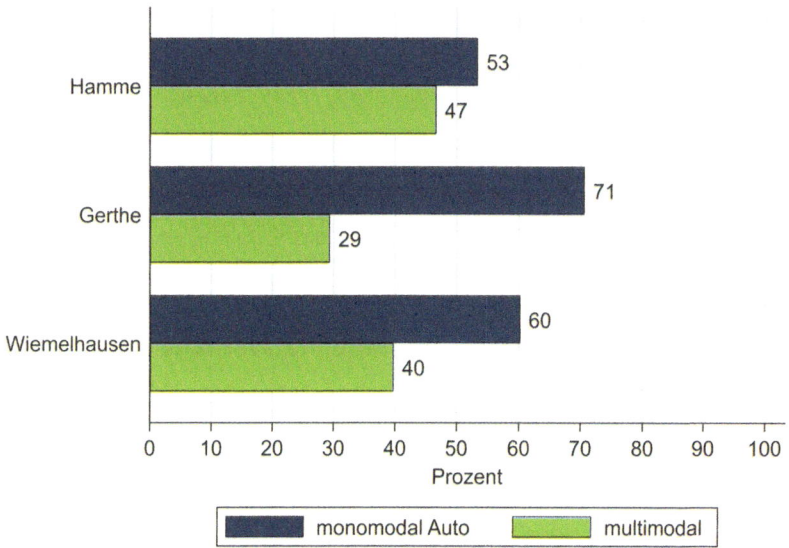

Abbildung 6.10 Verkehrsmittelnutzung nach Stadtteilen. (Quelle: Mobilität in Bochum 2020, eigene Berechnung, H: n = 328, G: n = 439, W: n = 601)

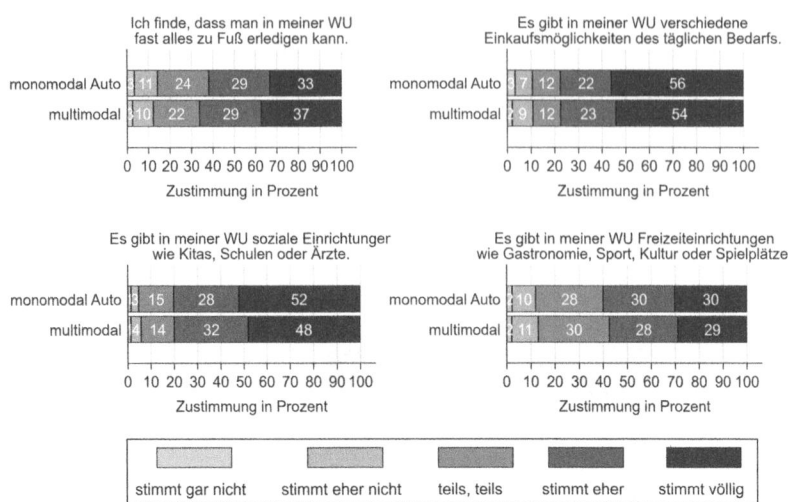

Abbildung 6.11 Einschätzung der Wohnumgebung und Verkehrsmittelnutzung. (Quelle: Mobilität in Bochum 2020, eigene Berechnung, n = 1368)

6.4.2 Entfernungsklassen und Mobilitätsverhalten

Während das Auto und die öffentlichen Verkehrsmittel eher unabhängig von bestimmten Entfernungsklassen sind, liegt die Stärke des Fahrrads auf der Kurzstrecke. Wege, die mit dem Fahrrad zurückgelegt werden, sind durchschnittlich vier Kilometer lang (Nobis und Kuhnimhof 2018, S. 46). Die Fahrradnutzung ist folglich in besonderem Maße von Gelegenheiten im näheren Umkreis zum Wohnort abhängig. Die Nutzungshäufigkeit drei ausgewählter Entfernungsklassen – bis ein Kilometer, ein bis fünf Kilometer und weiter als fünf Kilometer – sind in Abbildung 6.12 in Abhängigkeit der monomodalen Autonutzung und multimodalen Verkehrsmittelnutzung dargestellt.

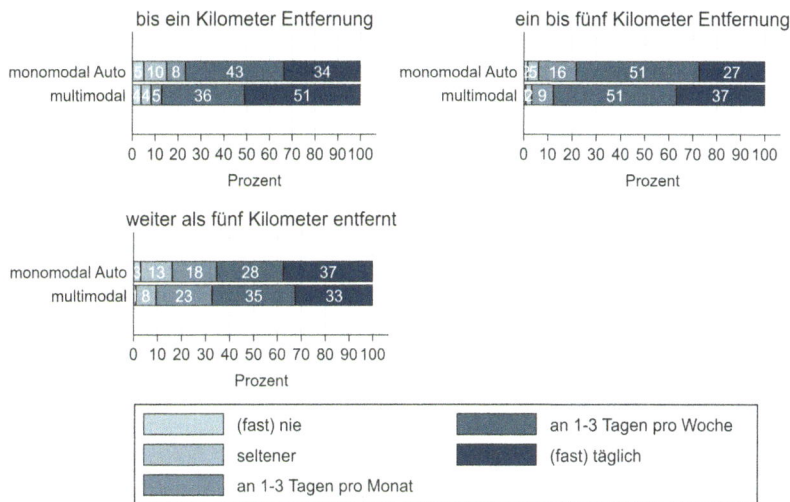

Abbildung 6.12 Nutzungshäufigkeit der Entfernungsklassen und Verkehrsmittelnutzung. (Quelle: Mobilität in Bochum 2020, eigene Berechnung, n = 1368)

Betrachtet man die kurze Distanz bis einen Kilometer, zeigen sich deutliche Unterschiede im Mobilitätsverhalten. Während nur 34 Prozent der monomodalen Autofahrer:innen die kurze Distanz täglich zurücklegen, sind es 51 Prozent der multimodalen Personen. Insgesamt legen 77 Prozent der monomodalen Autofahrer:innen die Distanz bis einen Kilometer mindestens wöchentlich zurück und 87 Prozent der multimodalen Personen. Der Zusammenhang gemessen mit Cramérs V beträgt 0,19, ist statistisch signifikant[4], allerdings ist die Effektstärke gering. Auch bei der mittleren Distanz „von einem bis fünf Kilometer" sind die Unterschiede in Abhängigkeit zum Mobilitätsverhalten noch vorhanden, mit 27 Prozent bei den monomodalen Autofahrer:innen im Vergleich zu 37 Prozent bei den multimodalen Personen für die tägliche Häufigkeitskategorie jedoch deutlich geringer als für die kurze Distanz. Das Zusammenhangsmaß Cramérs V

---

[4] Signifikant meint, dass die Ergebnisse der vorliegenden Stichprobe auf die Grundgesamtheit übertragen werden können. Die geschätzten Effekte sind nicht zufällig, sondern systematisch (Kuckartz et al. 2013, S. 153–154; Wenzelburger et al. 2014, 22 ff.).

beträgt 0,14 und hat somit ebenfalls abgenommen. In der weiten Entfernungsklasse „weiter als fünf Kilometer" sind die Unterschiede zwischen den Gruppen geringer. 62 Prozent der monomodalen Autofahrer:innen und 68 Prozent der multimodalen Personen nutzen die weite Entfernungsklasse mindestens wöchentlich. Das Zusammenhangsmaß Cramérs V beträgt 0,13. Die hohe Nutzungshäufigkeit der kurzen Wege weist auf ein hohes Potenzial für aktive Mobilität, also Fuß- und Fahrradmobilität, hin. Auch die mittlere Distanz zwischen einem und fünf Kilometern wird von ca. 80 Prozent mindestens wöchentlich genutzt. Hier kann das Fahrrad als Individualverkehrsmittel eine gute Alternative zum Auto sein. Hudde (2022, 11) identifiziert Distanzen zwischen einem und vier Kilometern als besonders attraktiv für die Fahrradnutzung.

Nachdem gezeigt wurde, dass die meisten Befragten die kurze und mittlere Distanz mindestens wöchentlich zurücklegen, ist es interessant zu untersuchen, mit welchen Aktivitäten die Distanzen verknüpft sind. Einkaufswege oder Wege zum Arbeitsplatz sind stark routinisiert und bieten daher hohes Potential für multimodale Verkehrsmittelnutzung (Nobis 2015, S. 47).

Abbildung 6.13 zeigt die Nutzung der kurzen Entfernungsklasse für verschiedene Aktivitäten im Alltag in Abhängigkeit zum Mobilitätsverhalten. Für die kurze Distanz bis ein Kilometer gibt es nur einen Unterschied beim Einkauf des täglichen Bedarfs. Fast 60 Prozent der multimodalen Personen kaufen im Umkreis von einem Kilometer ein. In der monomodalen Autogruppe kaufen nur 46 Prozent im Umkreis von einem Kilometer ein. Der Chi2-Test ist signifikant, allerdings ist der Zusammenhang zwischen dem Mobilitätsverhalten und dem Einkauf im Umkreis von einem Kilometer gering (Cramérs V = 0,13). Private Erledigungen und Freizeitaktivitäten werden von jeweils ungefähr 30 Prozent der Befragten der beiden Mobilitätsgruppen (auch) im Umkreis von einem Kilometer erledigt. Sieben bzw. sechs Prozent der Teilnehmenden arbeiten im Umkreis bis zu einem Kilometer.

Betrachtet man die mittlere Entfernungsklasse zwischen einem und fünf Kilometern (vgl. Abbildung 6.14), die als optimale Distanz fürs Fahrrad angesehen werden kann, fallen Unterschiede bei den Freizeitaktivitäten und dem Arbeitsplatz auf. Während 61 Prozent der monomodalen Autofahrer:innen Freizeitaktivitäten in der mittleren Entfernungsklasse durchführen, sind es bei den multimodalen Personen sogar 68 Prozent. Ca. ein Fünftel der monomodalen Autofahrer:innen erreicht den Arbeitsplatz in der mittleren Entfernungsklasse und ca. ein Drittel der multimodalen Personen. Der Chi2-Test ist jeweils signifikant. Das Mobilitätsverhalten und die Aktivitäten im Umkreis der mittleren Distanz hängen also zusammen. Der Zusammenhang ist jedoch gering (Cramérs V = 0,12 und 0,07).

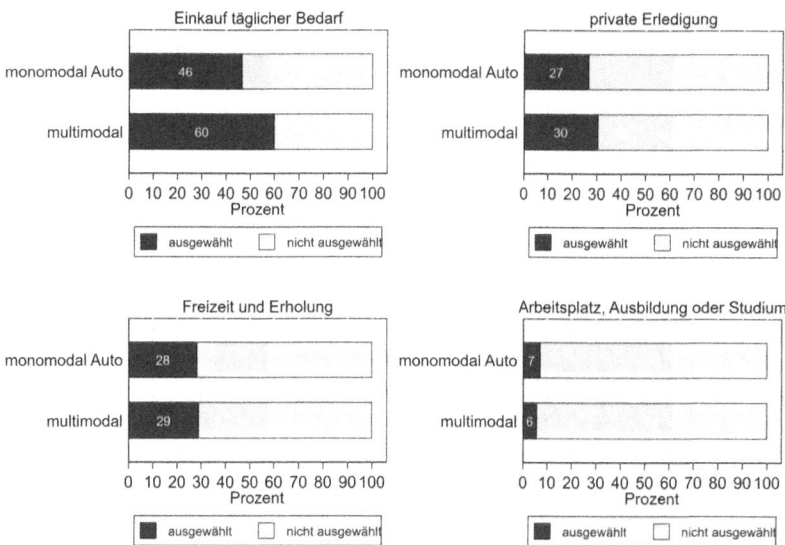

Abbildung 6.13 Entfernungsklasse bis ein Kilometer für regelmäßige Aktivitäten. (Quelle: Mobilität in Bochum, eigene Berechnung, n = 1368)

Die Analyse zeigt, dass die Anteile der multimodalen Gruppe bei der Nutzung der kurzen und mittleren Entfernungsklasse meist höher sind. Anders ausgedrückt: Multimodale Personen nutzen kurze und mittlere Distanzen häufiger für unterschiedliche Aktivitäten. Anhand der Zusammenhänge zwischen den Mobilitätsgruppen und den Aktivitäten nach Entfernungsklassen lassen sich jedoch keine Aussagen zur Kausalität machen. Dies kann nur in Längsschnittstudien untersucht werden. Interessant wäre zu wissen, ob multimodale Personen sich eher Aktivitäten im Umkreis bis fünf Kilometer suchen, oder ob gute Gelegenheiten und ein attraktives Angebot dazu führen, dass Personen sich eher im nahen und mittleren Umkreis bewegen und aufgrund der kurzen Distanzen multimodal unterwegs sind.

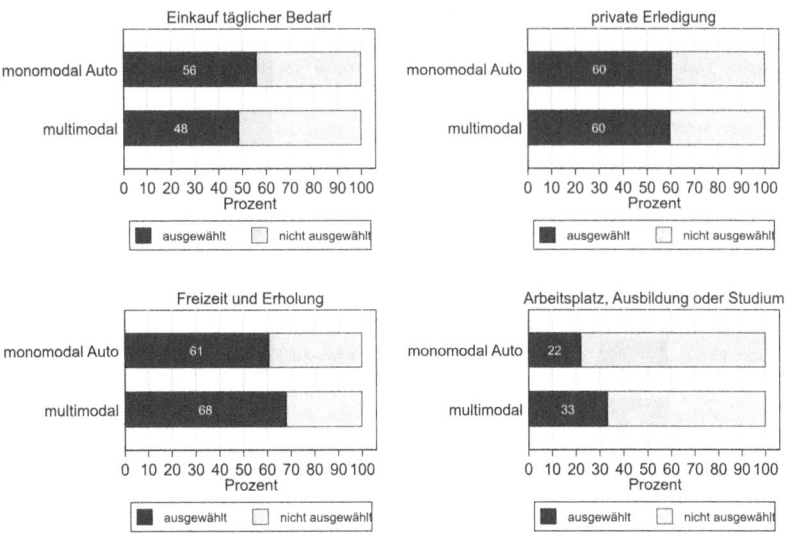

Abbildung 6.14 Entfernungsklasse ein bis fünf Kilometer für regelmäßige Aktivitäten. (Quelle: Mobilität in Bochum, eigene Berechnung, n = 1368)

6.4.3 Verfügbarkeit von Haltestellen und Parkplätzen

Während für die Fahrradnutzung kurze Distanzen eine wichtige Bedingung sind, ist es zur ÖV-Nutzung förderlich, wenn Haltestellen, evtl. sogar Schienenverkehr gut erreichbar sind (Groth 2019c, S. 98–99). Abbildung 6.15 zeigt die durchschnittliche Entfernung unterschiedlicher Haltestellen in Abhängigkeit der Mobilitätsgruppe. Die durchschnittliche Entfernung wurde als subjektive Einschätzung erhoben. Berücksichtigt wurden nur Erreichbarkeiten bis 15 Minuten zu Fuß. Bei der fußläufigen Erreichbarkeit einer Haltestelle – egal, ob Bus, Straßen- oder U-Bahn oder eines Bahnhofs – gibt es keine Unterschiede zwischen den Mobilitätsgruppen. Da die multimodale Gruppe alle Formen der multimodalen Verkehrsmittelnutzung mit und ohne ÖV umfasst, könnten Unterschiede, die zwischen ÖV-Nutzenden und Nicht-ÖV-Nutzenden bestehen, hier verschwimmen.

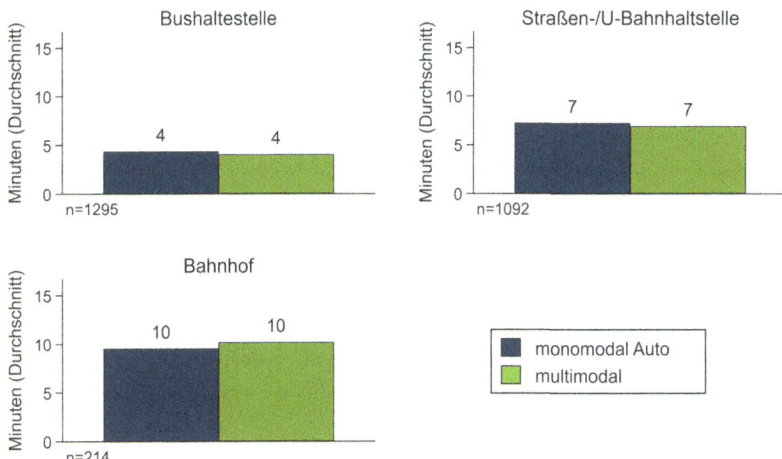

Abbildung 6.15 Entfernung unterschiedlicher ÖV-Haltestellen und Mobilitätsgruppen. (Quelle: Mobilität in Bochum 2020, eigene Berechnung)

Die Verfügbarkeit von ausreichend Parkraum erleichtert den Autobesitz und dessen Nutzung. Aufgrund der hohen Bevölkerungsdichte und weniger privaten Abstellplätzen ist der Parkdruck in urbanen Gebieten trotz geringer Autodichte meist höher. Tabelle 6.3 zeigt, dass der Parkdruck in Bochum eher gering ist. Die monomodalen Autofahrer:innen brauchen durchschnittlich 1,2 Minuten für die Parkplatzsuche, die multimodalen Personen 1,7 Minuten. Der Unterschied zwischen den beiden Verhaltensweisen ist signifikant, kann also auf die Grundgesamtheit verallgemeinert werden.

Tabelle 6.3 Durchschnittliche Dauer der Parkplatzsuche nach Mobilitätsgruppen

Mobilitätsgruppe	N	Mittelwert	Standardabweichung	Min.	Max.	Konfidenz-intervall 95 %
monomodal Auto	900	1,2	2,2	0	15	1,04–1,35
multimodal	485	1,7	2,7	0	15	1,43–1,92

(Quelle: Mobilität in Bochum 2020, eigene Berechnung)

Zusammenfassung
In den bivariaten Analysen zwischen der Wohnumgebung und dem Mobilitäts-
verhalten konnten einige geringe Zusammenhänge aufgezeigt werden. Bei der
Verfügbarkeit von Haltestellen gibt es keine nennenswerten Unterschiede zwischen den monomodalen Autofahrer:innen und multimodalen Personen. Dieser
Aspekt der Wohnumgebung scheint folglich für die Verkehrsmittelnutzung (in
den Untersuchungsgebieten in Bochum) keine ausschlaggebende Rolle zu spielen.
Anders liegt es bei den Entfernungsklassen und Aktivitäten, die in der näheren
Umgebung durchgeführt werden. Multimodale Personen nutzen häufiger kurze
und mittlere Entfernungsklassen. Daher werden die kurze und mittlere Entfernungsklasse als unabhängige Variablen für Zusammenhänge multimodaler Mobilität mit der Wohnumgebung in die Regressionsanalysen aufgenommen. Aufgrund
des Untersuchungsdesigns mit drei unterschiedlichen Stadtteilen werden diese
ebenfalls als unabhängige Variablen in die Regressionsmodelle integriert.

6.5   Einstellungen und Verkehrsmittelwahl

Einstellungen als intrapersonale Einflüsse spielen bei der Verkehrsmittelwahl eine
entscheidende Rolle (Hunecke und Schweer 2006). Einstellungen setzen sich aus
Erfahrungen zusammen, sind dadurch gefestigt und zeitlich eher stabil. Hunecke
(2015) differenziert Einstellungen, die instrumentelle, affektive und symbolische
Motive enthalten können. Demnach können Verkehrsmittel bewertet werden, ob
sie hilfreich zur Zielerreichung sind (instrumentell), ob sie einen Erlebniswert wie
Freude oder Stolz hervorrufen (affektiv) oder ob sie mit dem eigenen Status und
der sozialen Identität korrespondieren (symbolisch). Sogenannte Kontrollüberzeugungen zielen mehr auf die verhaltensbezogene Komponente von Einstellungen
ab. Dabei geht es darum, wie die eigenen Mobilitätsbedarfe wahrgenommen werden und wie deren Umsetzung eingeschätzt wird. Individualverkehrsmittel wie
Auto und Fahrrad werden bezogen auf Kontrollüberzeugungen meist als zuverlässiger und flexibler eingeschätzt als beispielsweise die öffentlichen Verkehrsmittel
(Hunecke 2015, S. 12–16).

Wie in Abschnitt 4.3 erläutert, hängt das Mobilitätsverhalten mit Einstellungen bzw. symbolisch-emotionalen Motiven zusammen. Neben den raum- und
sozialstrukturellen Merkmalen werden auch die Einstellungen als Einflussfak-
tor auf multimodales Mobilitätsverhalten im Rahmen dieser Arbeit untersucht.

Dazu wird zunächst die Zusammenfassung der Einstellungsitems zu Einstellungsskalen beschrieben (Abschnitt 6.5.1). Anschließend wird der bivariate Zusammenhang zwischen den Einstellungen und dem Mobilitätsverhalten dargestellt
(Abschnitt 6.5.2).

6.5.1 Bildung von Einstellungsskalen zu den Verkehrsmitteln

Um die Einstellungen zu Verkehrsmitteln zu erheben, wurden insgesamt 32 Einstellungsitems zu den einzelnen Fortbewegungsmöglichkeiten Auto, öffentliche
Verkehrsmittel, Fahrrad und Zufußgehen sowie zur Verkehrsmittelnutzung und
Mobilität allgemein abgefragt. Die jeweiligen Items konnten anhand einer fünf-
stufigen Antwortskala 1 „stimmt gar nicht", 2 „stimmt eher nicht", 3 „teils, teils",
4 „stimmt eher" und 5 „stimmt völlig" beantwortet werden. Um die unabhängigen Einstellungsvariablen überschaubar zu halten, wurden die 32 Items zu
vier Mittelwertskalen zusammengefasst. Dazu wurden mithilfe von Hauptkom-
ponentenanalysen Items identifiziert, die die gleiche Einstellungsdimension eines
Verkehrsmittels messen. Anschließend wurden die Items, die auf den gleichen
Faktor laden, zu einer Mittelwertskala zusammengefasst und deren Reliabilität
mit Cronbachs Alpha überprüft (Kopp und Lois 2014, S. 79–105). Die konstru-
ierten Skalen bestehen aus jeweils drei oder vier Items, wovon mindestens die
Hälfte, also zwei oder drei, beantwortet werden mussten. Aufgrund der Konstruktion über Mittelwerte erreichen die Skalen Werte von eins bis fünf. Eins
steht für keine Zustimmung und fünf für völlige Zustimmung. Cronbachs Alpha
erreicht Werte von 0,67 bis 0,87, was als akzeptabel bis gut angesehen werden
kann (Kuckartz et al. 2013, S. 246–249).

Folgende Skalen wurden gebildet:

– Autoorientierung bestehend aus den Items (Cronbachs Alpha = 0,8):
  • Ich fahre leidenschaftlich gerne Auto.
  • Ohne mein Auto kann ich meinen Alltag nicht organisieren.
  • Wenn ich im Auto sitze, fühle ich mich sicher und geschützt.
  • Autofahren ist für mich die bequemste Art der Fortbewegung.

– ÖV-Orientierung bestehend aus den Items (Cronbachs Alpha = 0,83):
  • Ich fahre gerne mit Bus und Bahn.
  • Ich kann meinen Alltag sehr gut mit öffentlichen Verkehrsmitteln organisieren.
  • Die Benutzung von Bus und Bahn ist mir zu umständlich. (in umgekehrter Richtung)
  • Ich wäre in meiner Bewegungsfreiheit eingeschränkt, wenn ich hauptsächlich auf Bus und Bahn angewiesen wäre. (in umgekehrter Richtung)
– Fahrradorientierung bestehend aus den Items (Cronbachs Alpha = 0,87):
  • Fahrradfahren macht mir Spaß.
  • Auf dem Fahrrad fühle ich mich unabhängig und frei.
  • Auf kurzen Strecken ist das Fahrrad das ideale Verkehrsmittel.
  • Um die Umwelt zu schonen, bemühe ich mich, so oft wie möglich das Fahrrad zu nutzen.
– Flexibilität bei der Verkehrsmittelwahl bestehend aus den Items (Cronbachs Alpha = 0,67):
  • Wenn ich neue Wege plane, habe ich Spaß daran, mir Alternativen mit unterschiedlichen Verkehrsmitteln anzuschauen.
  • Für mich ist es wichtig, dass ich Fahrrad und öffentliche Verkehrsmittel gut kombinieren kann.
  • Für mich ist es wichtig, je nach Situation immer wieder unter mehreren Verkehrsmitteln auswählen zu können.

Die Dichteverteilungen der Einstellungsskalen (vgl. Abbildung 6.16) zeigen für alle Verkehrsmittel eine Verteilung, die der Normalverteilung sehr ähnlich ist. Der Höhepunkt bei der Autoorientierung liegt bei vier, bei der ÖV-Orientierung liegt er bei zwei und bei der Fahrradorientierung zwischen drei und vier. Bei der Flexibilität der Verkehrsmittelwahl liegt der Höhepunkt bei zwei. Die Zustimmung zu den öffentlichen Verkehrsmitteln ist insgesamt etwas geringer als zu Auto und Fahrrad.

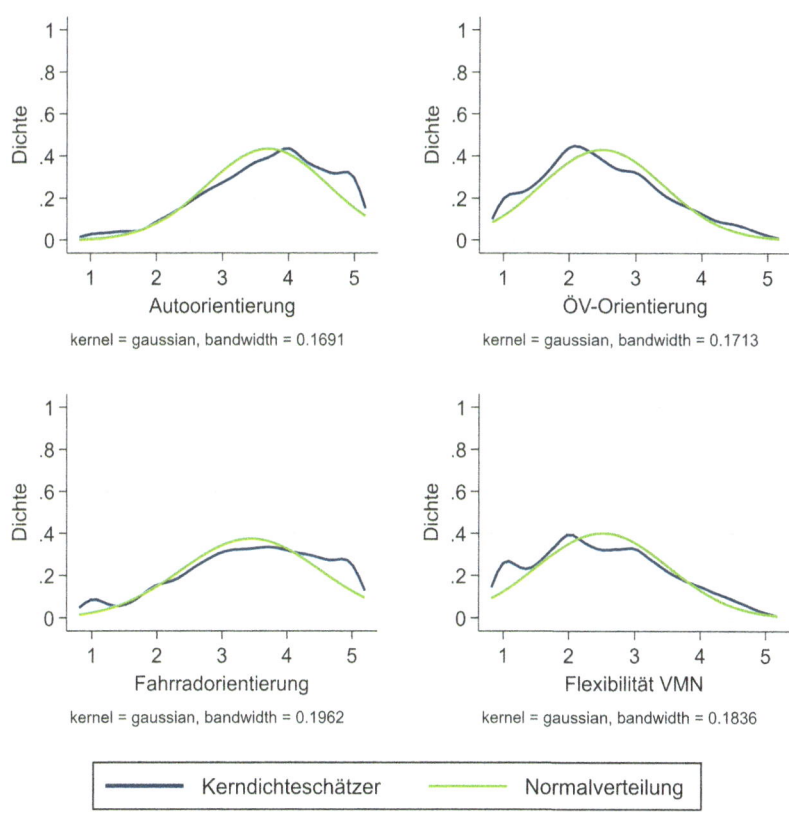

Abbildung 6.16 Dichteverteilung der Einstellungsskalen. (Quelle: Mobilität in Bochum 2020, eigene Berechnung, n = 1368)

6.5.2 Einstellungen und Mobilitätsverhalten

Um ein Bild davon zu bekommen, wie Einstellungen und Verkehrsmittelnutzung zusammenhängen, sind in Abbildung 6.17 die Mittelwerte der Einstellungsskalen für die monomodalen Autofahrer:innen und multimodalen Personen dargestellt. Die Einstellungen der Mobilitätsgruppen unterscheiden sich stark. Die Unterschiede betreffen sowohl die Intensität der Orientierung an einem Verkehrsmittel als auch die Reihenfolge der bevorzugten Verkehrsmittel. Während die Autoorientierung bei den monomodalen Autofahrer:innen mit einem durchschnittlichen

Wert von vier den höchsten Wert erreicht, ist dies unter den multimodalen Personen die Fahrradorientierung. Bei den multimodalen Personen liegen die ÖV-Orientierung, Flexibilität bei der Verkehrsmittelnutzung und Autoorientierung bei einem Wert von ca. drei relativ dicht zusammen. Bei den monomodalen Autofahrer:innen dagegen erreichen die ÖV-Orientierung und Flexibilität mit etwas über zwei deutlich geringere Werte. Die Fahrradorientierung liegt mit drei ungefähr in der Mitte. Das Zusammenhangsmaß Cramérs V beträgt für die Auto- und ÖV-Orientierung sowie die Flexibilität bei der Verkehrsmittelwahl jeweils 0,4 (mittlerer Zusammenhang) und für die Fahrradorientierung 0,5 (starker Zusammenhang). Damit korreliert das Mobilitätsverhalten deutlich höher mit den Einstellungen als mit den bisher untersuchten raum- und sozialstrukturellen Merkmalen und der Verkehrsmittelverfügbarkeit, die nur einen geringen Zusammenhang aufzeigten.

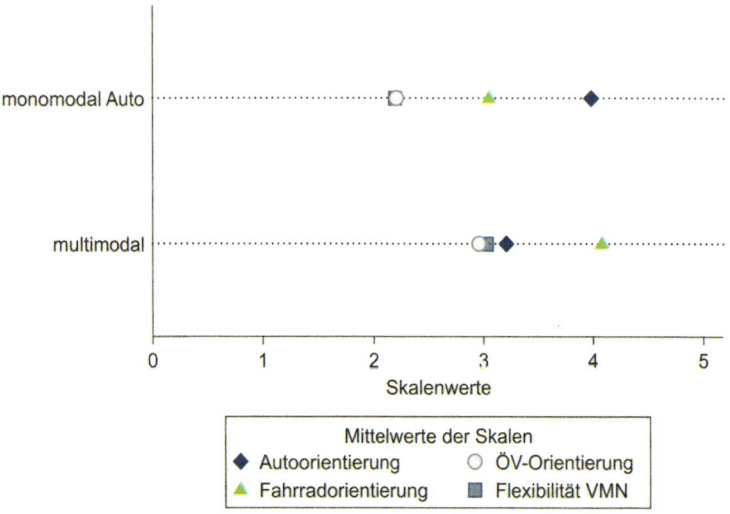

Abbildung 6.17 Einstellungen zu Verkehrsmitteln und Mobilitätsgruppen. (Quelle: Mobilität in Bochum 2020, eigene Berechnung, n = 1368)

Der Zusammenhang zwischen Verkehrsmittelnutzung und Einstellungen sagt nichts über die Kausalität aus. Ob eine positive Einstellung die Verkehrsmittelnutzung festigt oder positive Einstellungen aus den Erfahrungen durch die Nutzung erst entstehen, kann damit nicht erklärt werden. Um zu prüfen, ob die in den bivariaten Analysen gezeigten Zusammenhänge tatsächlich bestehen und nicht von Drittvariablen beeinflusst werden, werden im nächsten Kapitel multivariate Regressionen geschätzt. Der Vorteil multivariater Modelle besteht darin, dass die Effekte der anderen unabhängigen Variablen jeweils kontrolliert werden.

Betrachtet man die Einstellungen zu den Verkehrsmitteln und soziodemografische Merkmale (Tabelle 6.4), so sieht man zwischen den Geschlechtern kaum Unterschiede in den Einstellungen. Über die Lebensphasen hinweg unterscheiden sich die Einstellungen zu den Verkehrsmitteln teilweise. Während die Autoorientierung im mittleren Alter etwas höher ist, ist die ÖV-Orientierung in der Altersgruppe der 18–29-Jährigen am höchsten. Die Fahrradorientierung erreicht den höchsten Wert (3,6) unter den 30–49-Jährigen und ist im hohen Alter am niedrigsten (3,2). Die Flexibilität bei der Verkehrsmittelwahl nimmt mit zunehmendem Alter ab.

Tabelle 6.4 Mittelwerte der Einstellungsskalen und soziodemografische Merkmale

	Auto-orientierung	ÖV-Orientierung	Fahrrad-orientierung	Flexibilität VMN	n
Geschlecht					
weiblich	3,7	2,5	3,3	2,5	716
männlich	3,7	2,5	3,6	2,5	652
Lebensphasen					
18–29 Jahre	3,6	2,8	3,5	2,6	222
30–49 Jahre	3,7	2,4	3,6	2,5	484
50–64 Jahre	3,7	2,4	3,4	2,4	452
65–81 Jahre	3,6	2,5	3,2	2,4	210

(Quelle: Mobilität in Bochum 2020, eigene Berechnung)

Zusammenfassung

Zwischen den Einstellungen zu einem Verkehrsmittel und dessen Nutzung gibt es einen starken Zusammenhang. Personen, die ein Verkehrsmittel häufig nutzen, sind diesem gegenüber tendenziell auch positiv eingestellt. Das Auto und das

Fahrrad erreichen im Durchschnitt etwas höhere Mittelwerte bei den Einstellungs-skalen als die öffentlichen Verkehrsmittel. Aufgrund des starken Zusammenhangs mit dem Mobilitätsverhalten werden die verkehrsmittelbezogenen Einstellungs-skalen Auto-, ÖV- und Fahrradorientierung in die Regressionsmodelle für multimodale Mobilität aufgenommen.

6.6 Gemeinsame Betrachtung von individuellen Faktoren und Merkmalen der Wohnumgebung

Eine zentrale Frage dieser Arbeit ist, wodurch die Verkehrsmittelnutzung ent-scheidend beeinflusst wird. Die bivariaten Analysen haben gezeigt, dass es Zusammenhänge zwischen der Verfügbarkeit der Verkehrsmittel, individuellen Merkmalen wie der sozialen Lage und den Einstellungen, aber auch Aspek-ten der Wohnumgebung und dem Mobilitätsverhalten gibt. Im Folgenden wird geprüft, ob der Einfluss der soziodemografischen Merkmale, der Verkehrsmit-telverfügbarkeit, der Merkmale der Wohnumgebung und der Einstellungen zu den Verkehrsmitteln auf multimodale Verkehrsmittelnutzung auch unter Kontrolle der anderen unabhängigen Variablen signifikant vorhanden ist. Daraus ergeben sich erste Ansatzpunkte für Interventionen und geeignete Maßnahmen, die das Verhalten lenken können.

6.6.1 Aufbau der logistischen Regressionsmodelle

Um die Zusammenhänge der verschiedenen Merkmale und der Verkehrsmittel-wahl zu identifizieren, werden Regressionsmodelle statistisch geschätzt. Dafür wird der Zusammenhang mehrerer unabhängiger Variablen auf eine abhängige Variable geschätzt. Als unabhängige Variablen werden die bereits vorgestell-ten Variablen zur Soziodemografie, zur Verfügbarkeit der Verkehrsmittel, zur Wohnumgebung und den Einstellungen zu den Verkehrsmitteln einbezogen. Ein Vorteil von Regressionsanalysen besteht darin, dass die Effekte einer unabhängi-gen Variablen unter „statistischer Kontrolle" der jeweils anderen unabhängigen Variablen geschätzt werden. Der Regressionskoeffizient gibt für jede unab-hängige Variable den geschätzten Einfluss auf die abhängige Variable unter gleichbleibenden Werten der anderen unabhängigen Variablen an.

Da die hier verwendeten abhängigen Variablen nur zwei Ausprägungen besit-zen – ein Verkehrsmittel bzw. eine Verkehrsmittelkombination wird genutzt (1)

oder nicht genutzt (0) – werden binär logistische Regressionsanalysen durchgeführt. Um die Regressionsmodelle möglichst einfach zu halten, werden, wenn
es möglich und sinnvoll ist, ordinale Variablen in binäre Variablen recodiert
(Abitur ja/nein, tägliche Wege bis ein Kilometer ja/nein, tägliche Wege zwischen
einem und fünf Kilometern ja/nein, kein Auto im Haushalt ja/nein). Dies hat
den Vorteil, dass eine Referenzgruppe bestimmt wird, z. B. Personen, die Abitur
haben, und die anderen Kategorien für die Berechnung von eigenen Koeffizienten ausschließen. Für die Variable der drei Stadtteile ist dies nicht sinnvoll,
weshalb in der Ergebnistabelle nur Werte für Hamme und Wiemelhausen abgebildet sind. Gerthe[5] dient dann als Referenzkategorie. Der Einfluss von Hamme
oder Wiemelhausen ist also immer im Vergleich zu Gerthe zu interpretieren.

In der Spalte der Koeffizienten kann anhand des Vorzeichens abgelesen werden, ob die Variable einen erhöhenden oder mindernden Effekt auf die abhängige
Variable ausübt (Kühnel und Krebs 2018, S. 672). Die Signifikanz, hier über
die Sternchen abgebildet, verweist darauf, dass der Effekt einer Variablen nicht
zufällig ist (Bittmann 2018, S. 8; Kuckartz et al. 2013, S. 153). Das Modell
zur multimodalen Verkehrsmittelnutzung (vgl. Tabelle 6.5) ist schrittweise aufgebaut. Der schrittweise Aufbau der Regressionsmodelle hält die Modelle einfach
und dient dazu, Veränderungen der Koeffizienten, die sich durch die Hinzunahme
weiterer Einflussgrößen ergeben sowie deren Beitrag zum Modellfit, zu interpretieren. Die Modellstatistiken dienen dem Vergleich der Modelle untereinander.
Anhand des Adj. R2-Wertes und des AIC kann die Modellgüte bestimmt werden. Dabei hat das Modell mit dem höchsten Adj. R2-Wert und dem geringsten
AIC-Wert die größte Erklärungskraft (Wenzelburger et al. 2014, S. 71–72).

Da in logistischen Regressionen die Koeffizienten nicht direkt vergleichbar
sind, werden AMEs (average marginal effects) berechnet. AMEs bieten zudem
den Vorteil, dass sie direkt zum Vergleich von schrittweise aufgebauten Modellen herangezogen werden können (Best und Wolf 2010, S. 839–840; Kopp
und Lois 2014, S. 182). Da auch AMEs die nicht-linearen Effekte logistischer
Regressionen nicht ausdrücken, werden Margins in Marginsplots erläutert, die die
berechneten Wahrscheinlichkeiten für bestimmte Ausprägungen enthalten (Wolf
und Best 2010, S. 846). Damit kann die Effektstärke besser beurteilt werden.
Bei der Berechnung der Margins können entweder alle anderen Variablen auf
den Mittelwert gesetzt werden (marginal effects at the mean, MEM) oder alle

---

[5] Die Setzung von Gerthe als Referenzkategorie bedingt, dass Unterschiede zwischen
Hamme und Wiemelhausen in diesem Modell nicht geschätzt und abgebildet werden können. Im Modell mit Wiemelhausen als Referenzkategorie wurden keine signifikanten Unterschiede zwischen Hamme und Wiemelhausen nachgewiesen. Deshalb wird hier Gerthe als
Referenzkategorie gewählt.

vorhanden Werte bleiben erhalten und nur die betreffende Variable wird variiert (marginal effects at representative values). Da Ersteres bei kategorialen oder Dummy-Variablen wenig sinnvoll ist, wurde hier die zweite Methode angewendet (Best und Wolf 2010, S. 839–840; Jann 2013).

6.6.2 Logistische Regressionsmodelle für multimodales Mobilitätsverhalten

Tabelle 6.5 zeigt vier aufeinander aufbauende Modelle zur multimodalen Verkehrsmittelnutzung im Vergleich zur monomodalen Autonutzung. Analog zur Vorstellung der bivariaten Zusammenhänge werden schrittweise soziodemografische Merkmale, die Verkehrsmittelverfügbarkeit, Merkmale der Wohnumgebung und schließlich die Einstellungen zum Modell hinzugefügt. Zunächst werden die Modellstatistiken betrachtet. Der Adj. R2-Wert nimmt über die Modelle hinweg zu, was eine Verbesserung der Modelle bedeutet (Kohler und Kreuter 2016, S. 374). Von Modell 1 auf Modell 2 und von Modell 3 auf Modell 4 nimmt das Adj. R2 jeweils am stärksten zu.

Im Modell 2 sind neben den soziodemografischen Merkmalen auch die Variablen zur Verfügbarkeit einer Zeitkarte, kein Auto im Haushalt und die Fahrradverfügbarkeit enthalten. Alle drei neuen Variablen sind signifikant und wirken erhöhend auf die Wahrscheinlichkeit multimodaler Verkehrsmittelnutzung. Für Personen, die in Haushalten ohne Auto leben, ist die Wahrscheinlichkeit, sich multimodal zu verhalten, um 55 Prozentpunkte höher, für Personen mit Zeitkarte um 36 Prozentpunkte und für Personen mit Fahrrad 23 Prozentpunkte. Die Verfügbarkeit der Verkehrsmittel wirkt sich also deutlich stärker auf multimodales Mobilitätsverhalten aus als die soziodemografischen Merkmale. Bei den soziodemografischen Merkmalen sind das Geschlecht und die mittlere Altersgruppe inzwischen nicht mehr signifikant. Der Koeffizient der jüngsten Altersgruppe hat das Vorzeichen geändert. Unter Kontrolle der Verfügbarkeit der Verkehrsmittel reduziert sich die Wahrscheinlichkeit, für 18–29-Jährige sich multimodal zu verhalten, um elf Prozentpunkte. Eine mögliche Erklärung dafür ist, dass Personen der jüngsten Altersgruppe 18–29 Jahre häufig Zugang zu vergünstigten Zeitkarten haben und häufiger in Haushalten ohne Auto leben (z. B. WGs). Sobald für diese Aspekte kontrolliert wird, reduziert sich für Jüngere die Wahrscheinlichkeit, multimodal zu sein.

Tabelle 6.5 Logistische Regressionen für multimodale VMN vs. monomodale Autonutzung

multimodal	Modell 1		Modell 2		Modell 3		Modell 4	
	AME	z-Stat.	AME	z-Stat.	AME	z-Stat.	AME	z-Stat.
Soziodemografische Merkmale								
männlich	0,058*	2,25	0,039	1,69	0,049*	2,17	0,02	0,99
Alter (Ref. 50–64 Jahre)								
18–29 Jahre	0,114**	2,80	−0,107**	−3,21	−0,112**	−3,44	−0,069*	−2,23
30–49 Jahre	0,078*	2,44	0,037	1,33	0,027	0,99	0,028	1,19
65–81 Jahre	−0,016	−0,40	0,023	0,65	0,026	0,74	0,017	0,57
Abitur	0,116***	4,31	0,065*	2,72	0,060*	2,54	0,021	0,99
Verfügbarkeit VM								
Besitz Zeitkarte			0,362***	14,58	0,350***	14,03	0,269***	10,07
kein Auto im HH			0,545***	5,02	0,510***	4,82	0,327***	3,85
Fahrrad verfügbar			0,225***	8,41	0,212***	8,00	0,033	1,35
Wohnumgebung								
Hamme (Ref. Gerthe)					0,089*	2,52	0,031	1,12
Wiemelhausen (Ref. Gerthe)					0,057*	2,19	0,015	0,67
tägliche Wege bis 1 km					0,117***	5,25	0,064**	3,27
tägliche Wege 1 bis 5 km					0,030	1,21	0,040	1,85

(Fortsetzung)

Tabelle 6.5 (Fortsetzung)

multimodal	Modell 1 AME	z-Stat.	Modell 2 AME	z-Stat.	Modell 3 AME	z-Stat.	Modell 4 AME	z-Stat.
Einstellungen								
Fahrradorientierung							0,173***	17,74
Autoorientierung							−0,069***	−5,19
ÖV-Orientierung							0,035*	2,55
N	1368		1368		1368		1368	
Adj. R^2 (Mc Fadden´s)	0,02		0,19		0,21		0,38	
AIC	1783		1471		1442		1120	

Berichtet werden die Koeffizienten und z-Statistiken. Signifikanz: *** $\alpha \leq 0,001$; ** $\alpha \leq 0,01$; * $\alpha \leq 0,05$.
(Quelle: Mobilität in Bochum 2020, eigene Berechnung)

In Modell 3 werden drei weitere Variablen zur Wohnumgebung aufgenommen. Die Effekte für die Stadtteile Hamme und Wiemelhausen sind positiv und signifikant. Allerdings ist die Wirkung des Wohnstadtteils mit neun Prozentpunkten (Hamme) und sechs Prozentpunkten (Wiemelhausen) gering. Für Personen, die täglich kurze Distanzen zurücklegen, ist die Wahrscheinlichkeit, sich multimodal zu verhalten, zwölf Prozentpunkte höher. In Modell 3 ist der Unterschied zwischen Männern und Frauen erneut signifikant. Sonst hat sich bei den soziodemografischen Merkmalen und den Variablen zur Verfügbarkeit nichts Nennenswertes zu Modell 2 verändert. Vergleicht man die Effektstärken, haben die Variablen zur Verkehrsmittelverfügbarkeit weiterhin die größten Auswirkungen mit 51 Prozentpunkten erhöhter Wahrscheinlichkeit für Personen, die in Haushalten ohne Autos leben, und 35 Prozentpunkten für Personen, die eine Zeitkarte besitzen.

Modell 4 enthält zusätzlich die Einstellungsvariablen zum Auto, den öffentlichen Verkehrsmitteln und zum Fahrrad. Alle drei Einstellungsvariablen sind signifikant. Personen mit einer positiven Einstellung gegenüber dem Fahrrad oder den öffentlichen Verkehrsmitteln verhalten sich eher multimodal. Für die Fahrradorientierung folgt, dass die Wahrscheinlichkeit für multimodales Mobilitätsverhalten durchschnittlich um ca. 17 Prozentpunkte steigt, wenn sich die Einstellung zum Fahrrad um einen Skalenpunkt erhöht. Bei der ÖV-Orientierung steigt die Wahrscheinlichkeit, sich multimodal zu verhalten, lediglich um vier Prozentpunkte pro Skalenpunkt. Für Personen mit einer positiven Einstellung zum Auto ist die Wahrscheinlichkeit, sich multimodal zu verhalten, um sieben Prozentpunkte geringer, wenn sich die Autoorientierung um einen Skalenpunkt erhöht. Die Variablen Zeitkartenbesitz, kein Auto im Haushalt und tägliche Wege bis ein Kilometer sind weiterhin signifikant, ebenso die jüngste Altersgruppe 18–29 Jahre. Unter der Berücksichtigung der Einstellungsvariablen haben das Geschlecht und die Stadtteile ihre Erklärungskraft verloren. Diese Effekte werden durch die Einstellungen zu den Verkehrsmitteln „wegerklärt".

Der Nachteil der AMEs besteht darin, dass sie lediglich Durchschnittswerte zeigen und damit der nichtlinearen Wahrscheinlichkeitskurve nicht gerecht werden (Wolf und Best 2010, S. 840). Zur besseren Veranschaulichung der Effektstärken werden in Abbildung 6.18 daher die berechneten Wahrscheinlichkeiten (margins) für multimodale Verkehrsmittelnutzung für die unterschiedlichen Ausprägungen ausgewählter unabhängiger Variablen dargestellt. Ausgewählt wurden unabhängige Variablen, die ein möglichst hohes Signifikanzniveau aufweisen und möglichst kleine Konfidenzintervalle haben.

Anhand dieser Grafiken kann abgelesen werden, wie die Wahrscheinlichkeit für multimodale Verkehrsmittelnutzung variiert, wenn sich die Werte der Variablen verändern. Die einzelnen berechneten Werte sind in einer Tabelle im Anhang F im elektronischem Zusatzmaterial dargestellt.

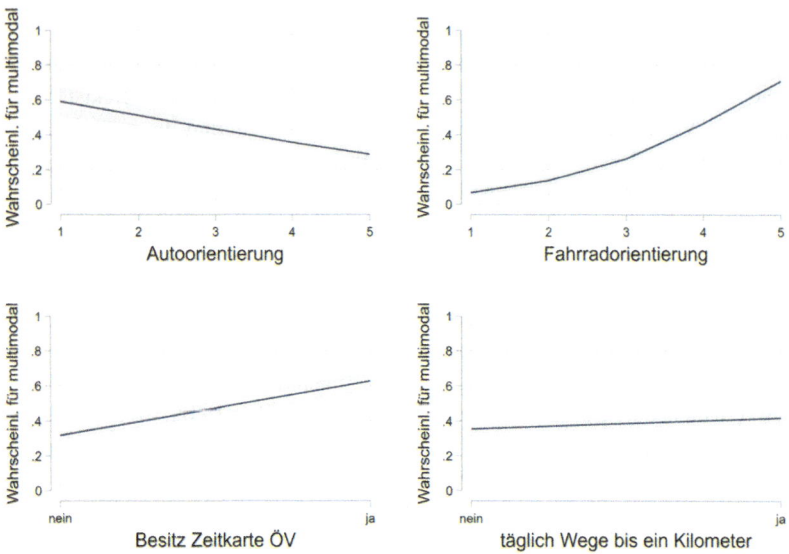

Abbildung 6.18 Marginsplots logistische Regression für multimodale VMN (Modell 4). (Quelle: Mobilität in Bochum 2020, eigene Berechnung, n = 1368)

Für eine Person, die eine geringe Autoorientierung von eins hat – ablehnende Autoeinstellung –, liegt die Wahrscheinlichkeit, sich multimodal zu verhalten, bei knapp 60 Prozent, während sie für eine Person, die eine hohe Autoorientierung von fünf hat, bei nur ca. 30 Prozent liegt. Bei der Fahrradorientierung wird die nichtlineare Zunahme der Wahrscheinlichkeiten besonders deutlich. Personen mit geringer Fahrradorientierung haben eine äußerst geringe Wahrscheinlichkeit, sich multimodal zu verhalten (sieben Prozent), während Personen mit einer hohen Fahrradorientierung eine Wahrscheinlichkeit von 71 Prozent erreichen. Dabei nimmt die Wahrscheinlichkeit im oberen Skalenbereich zwischen vier und fünf deutlich stärker zu als im unteren Bereich zwischen eins und drei. Auch für den Besitz einer Zeitkarte für den ÖV sehen wir einen positiven Zusammenhang. Personen, die keine Zeitkarte besitzen, haben eine Wahrscheinlichkeit von ca.

30 Prozent, sich multimodal zu verhalten, Personen, die eine Zeitkarte besitzen, von ca. 60 Prozent. Der Effekt, ob eine Person täglich Wege bis ein Kilometer zurücklegt, ist kaum erkennbar. Die Wahrscheinlichkeit variiert hier zwischen 35 Prozent (keine täglichen Wege bis ein Kilometer) und 42 Prozent (tägliche Wege bis ein Kilometer). Dieses Beispiel zeigt: Ein signifikanter Unterschied allein bedeutet noch keinen starken Effekt der Variable.

Auffällig ist, dass die Altersgruppe der 18–29-Jährigen eine geringere Wahrscheinlichkeit hat, sich multimodal zu verhalten, als die anderen Altersgruppen. Demgegenüber wird in diversen anderen Forschungsarbeiten zu multimodaler Mobilität die multimodale Verhaltensweise als Phänomen junger urbaner Bevölkerung hervorgehoben (Blumenberg und Pierce 2014, S. 40; Buehler und Hamre 2016, S. 363; Nobis 2015, S. 45). Daher werden zur Veranschaulichung der Effekte die Auswirkungen der Lebensphasen und des Zeitkartenbesitzes (vgl. Abbildung 6.19) sowie der Lebensphasen und der Fahrradorientierung (vgl. Abbildung 6.20) in Conditional-Effects-Plots dargestellt.

Während in Abbildung 6.18 lediglich die durchschnittlichen Wahrscheinlichkeiten für multimodales Mobilitätsverhalten zwischen Personen mit und ohne Zeitkarte gezeigt werden, verdeutlicht Abbildung 6.19 zusätzlich die Abhängigkeit des Alters. Betrachtet man nur Personen ohne Zeitkarte (blaue Line), ist die Wahrscheinlichkeit, sich multimodal zu verhalten, für die Altersgruppe 18–29 Jahre am geringsten; ebenso, wenn man ausschließlich die Personen mit Zeitkarte (grüne Linie) betrachtet. Für die Altersgruppe 30–49 Jahre ist die Wahrscheinlichkeit, sich multimodal zu verhalten, jeweils am höchsten.

Abbildung 6.20 veranschaulicht die Effekte, die das Lebensalter in Abhängigkeit zur Fahrradorientierung auf multimodales Mobilitätsverhalten hat. Erstens wird deutlich, dass die Wahrscheinlichkeit für multimodale Verkehrsmittelnutzung mit zunehmender Fahrradorientierung stärker zunimmt (vgl. Abbildung 6.18). Zweitens ist zu sehen, dass dieser Effekt bei der jüngsten Altersgruppe (18–29-Jährige) abgeschwächt verläuft, die Wahrscheinlichkeit für multimodales Verhalten mit zunehmender Fahrradorientierung als weniger stark ansteigt als bei den anderen Altersgruppen. Personen mit der höchsten Fahrradorientierung von fünf Skalenpunkten und einem Alter zwischen 30 und 49 Jahren erreichen eine Wahrscheinlichkeit von 74 Prozent, sich multimodal zu verhalten, während Personen mit gleich hoher Fahrradorientierung im Alter zwischen 18 und 29 Jahren nur eine Wahrscheinlichkeit von 60 Prozent erreichen.

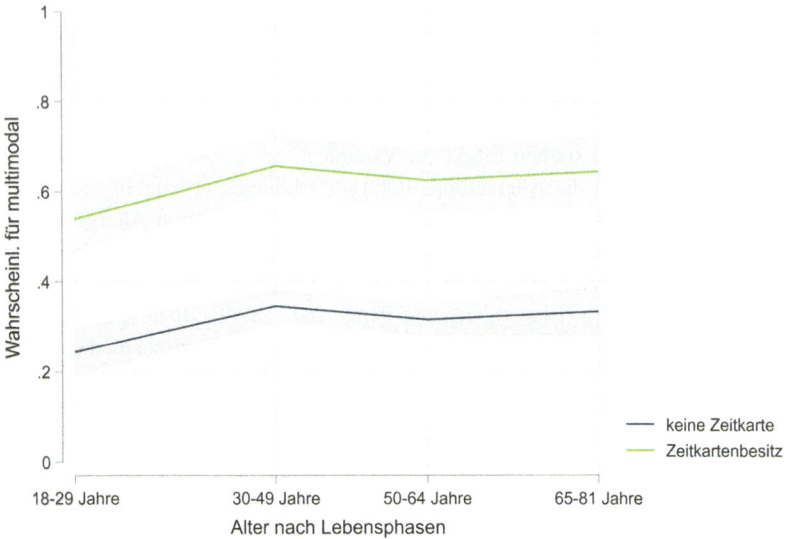

Abbildung 6.19 Marginsplot für multimodale VMN nach Lebensphasen und Zeitkarten-besitz. (Quelle: Mobilität in Bochum 2020, eigene Berechnung, n = 1368)

Anders als in anderen Studien finden sich in der vorliegenden Arbeit kaum Indizien, dass die jüngste Altersgruppe 18–29 Jahre häufiger multimodal ist. Der in der bivariaten Analyse gezeigte Zusammenhang zwischen zunehmendem Alter und der Abnahme multimodaler Verkehrsmittelnutzung wird in der multivaria-ten Analyse nicht bestätigt. Sobald für die Verfügbarkeit der Verkehrsmittel und die Einstellungen zu den Verkehrsmitteln kontrolliert wird, ist die jüngste Alters-gruppe eher weniger multimodal. Groth et al. (2021, S. 11) verweisen darauf, dass beobachtbare multimodale Trends der jüngeren Generation keinesfalls ver-allgemeinerbar sind, sondern ebenfalls eine große Gruppe existiert, die weiterhin eine hohe Autoorientierung hat. Mit den Ergebnissen dieser Arbeit wird diese These gestützt, die multimodales Mobilitätsverhalten unter jüngeren Personen als eindeutigen Trend in Frage stellt.

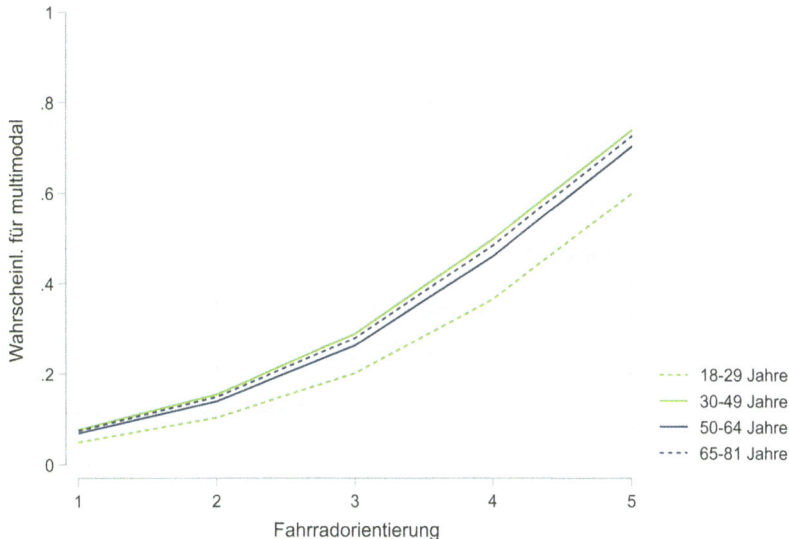

Abbildung 6.20 Marginsplot für multimodale VMN nach Fahrradorientierung und Lebensphasen. (Quelle: Mobilität in Bochum 2020, eigene Berechnung, n = 1368)

Die anderen Ergebnisse der multivariaten Analyse dagegen entsprechen im Großen und Ganzen den Ergebnissen bisheriger Forschung. Der Einfluss des Geschlechts auf multimodale Verkehrsmittelnutzung ist anhand bisheriger Studien nicht eindeutig zu beschreiben. Einige Studien kommen zu dem Ergebnis, dass Männer sich eher multimodal verhalten (Diana und Mokhtarian 2009a; Buehler und Hamre 2015), andere, dass Frauen sich eher multimodal verhalten (Molin et al. 2016; Scheiner et al. 2016) und wieder andere betrachten den Einfluss vom Geschlecht als unklar (Heinen und Mattioli 2019b, 2019a). Zwar stützt die bivariate Analyse die These, dass Männer sich eher multimodal verhalten, allerdings bestätigt sich dieser Effekt nicht, wenn auch die Einstellungen zu den Verkehrsmitteln berücksichtigt werden. Es drängt sich eher die These auf, dass das Geschlecht ungeeignet ist, die tieferliegenden Ressourcen und Restriktionen für multimodale Verkehrsmittelnutzung, z. B. finanziell oder zeitlich, abzubilden.

Hudde (2022) hat in seiner Forschung nachgewiesen, dass höher gebildete Personen häufiger das Fahrrad nutzen als Personen mit niedrigeren Bildungsabschlüssen. Während Hudde (2022) in seiner Untersuchung auch Hochschulabschlüsse berücksichtigt, kann für diese Studie nur auf Schulabschlüsse zurückgegriffen werden. Da in der multimodalen Gruppe dieser Erhebung viele Fahrradnutzende enthalten sind, könnte es sein, dass sich dieser Effekt auch in den vorliegenden Daten zeigt. Entscheidend ist jedoch, dass dieser signifikante, wenn auch schwache Effekt (vgl. Tabelle 6.5) mit der Hinzunahme der Einstellungen zu den Verkehrsmitteln verschwindet. Damit zeigt sich nochmals die Bedeutung der Einstellungen zu den Verkehrsmitteln für die Vorhersage multimodalen Mobilitätsverhaltens.

Der Einfluss der Verfügbarkeit des Autos (Nobis 2007, S. 42) und einer Zeitkarte (Vij et al. 2013, S. 176) wird in der vorliegenden Analyse bestätigt. Im hier überprüften Modell lässt sich multimodale Verkehrsmittelnutzung dennoch am besten anhand der Fahrradorientierung vorhersagen. Eine hohe Fahrradorientierung erreicht immerhin eine Wahrscheinlichkeit von 70 Prozent für multimodale Verkehrsmittelnutzung. Die besondere Bedeutung der Einstellungen zu den Verkehrsmitteln fasst auch Groth (2019c, S. 119) zusammen: Personen, die nur einem Verkehrsmittel offen bzw. positiv gegenüber eingestellt sind – „mentale Monooptionalität" – nutzen meist auch nur dieses. Währenddessen schließt die Ablehnung des Autos als Verkehrsmittel dessen monomodale Nutzung aus. Diese Personen verhalten sich meist multimodal. Zudem verweisen Hunecke et al. (2008, S. 76 77; 2010, S. 29) darauf, dass Einstellungstypen Unterschiede im Mobilitätsverhalten besser erklären können als die Segmentierung über Gebietstypen oder Lebensphasen. Dies wird in der vorliegenden multivariaten Analyse bestätigt.

6.7 Zusammenfassung und Diskussion der Ergebnisse zu multimodalem Mobilitätsverhalten

Für die vorliegende Auswertung wird das Mobilitätsverhalten als gewohnheitsmäßige Verkehrsmittelnutzung im Alltag rekonstruiert. Für die Zuordnung zu einer Mobilitätsgruppe ist Voraussetzung, dass die Befragten angegeben haben, das jeweilige Verkehrsmittel mindestens wöchentlich zu nutzen. Damit können monomodale Autonutzungs- bzw. multimodale Mobilitäts*routinen* analysiert werden. In diesem Kapitel 6 steht folglich habitualisiertes Mobilitätsverhalten im Fokus. Anhand des Mobilitätsverhaltens wurden primär Unterschiede zwischen monomodalen Autofahrer:innen und multimodalen Personen herausgearbeitet.

Die wichtigsten Unterschiede zwischen den beiden hier untersuchten Mobilitätsgruppen monomodale Autonutzung und multimodale Verkehrsmittelnutzung sind nochmals in Tabelle 6.6 gegenübergestellt. Die monomodalen Autofahrer:innen sind charakterisiert durch die Verfügbarkeit eines Autos, kaum kurze

Wege im Alltag sowie positive Einstellungen zur Autonutzung und negative Einstellungen zur ÖV-Nutzung. Personen, die multimodal unterwegs sind, zeichnen sich dadurch aus, dass sie eine Zeitkarte für die öffentlichen Verkehrsmittel besitzen, in einem Haushalt ohne Auto leben, täglich kurze Wege zurücklegen, eher negativ gegenüber der Autonutzung eingestellt sind und positiv gegenüber der Fahrradnutzung oder den öffentlichen Verkehrsmitteln. Diese Charakterisierung kann als Bild für die beiden Nutzungspole verstanden werden. In der Realität sind die jeweiligen Nutzungsmuster deutlich heterogener und weniger klar abzugrenzen.

Damit stimmen die Ergebnisse dieser Arbeit in wesentlichen Punkten mit den Ergebnissen anderer Studien überein. Die Mobilitätsressourcen wie der Besitz einer Zeitkarte für den ÖV und insbesondere die Verfügbarkeit eines Autos werden auch in anderen Studien als bedeutend betont, wogegen die soziodemografischen Merkmale einen geringeren Einfluss auf das Mobilitätsverhalten haben (An et al. 2021a, S. 12; Buehler und Hamre 2016, S. 363; Nobis 2007, S. 42). Das Mobilitätsverhalten und die Einstellungen zu einem Verkehrsmittel sind meist kongruent (Molin et al. 2016, S. 27; Hunecke et al. 2010, S. 26). Zudem können Einstellungen das Mobilitätsverhalten besser erklären als Merkmale der Wohnumgebung und Lebensphasen (Hunecke et al. 2008, S. 76–77). Die Verfügbarkeit eines Autos oder einer Zeitkarte und die Einstellungen zu einem Verkehrsmittel scheinen als besonders einflussreiche Faktoren auf die Verkehrsmittelnutzung evident. Nichtsdestoweniger können daraus wichtige Schlüsse abgeleitet werden.

Tabelle 6.6 Unterschiede zwischen monomodaler Autonutzung und multimodaler Verkehrsmittelnutzung (eigene Darstellung)

	monomodale Autonutzung	multimodale Verkehrsmittelnutzung
Verkehrsmittelverfügbarkeit	Auto verfügbar	Besitz einer Zeitkarte kein Auto im Haushalt verfügbar
Nutzung der Wohnumgebung	seltener kurze Wege	täglich kurze Wege
Einstellungen zu Verkehrsmitteln	positive Einstellung gegenüber Autonutzung negative Einstellung gegenüber öffentlichen Verkehrsmitteln	negative Einstellung gegenüber Autonutzung positive Einstellungen gegenüber Fahrrad und/oder öffentlichen Verkehrsmitteln

Bei der Untersuchung der Verfügbarkeit der Verkehrsmittel stellte sich heraus, dass der Mehrheit der Befragten mehrere Verkehrsmittel zur Verfügung stehen (ca. 70 Prozent). Damit ist eine wichtige Voraussetzung für multimodale Mobilität gegeben. Trotzdem hat noch ein beachtlicher Anteil (ca. 30 Prozent) Zugang zu nur einem Verkehrsmittel. Etwa ein Drittel hat folglich nicht die materiellen Voraussetzungen für multimodale Mobilität. Der Zugang zu einem Verkehrsmittel und damit zu Mobilität und sozialer Teilhabe sollte nicht nur als individuelle Investition betrachtet werden. Wie im Motility-Konzept (Abschnitt 3.2, Kaufmann et al. 2004) beschrieben, ist Zugang zu Mobilität ein zentrales Element von Mobilitätsfähigkeit und damit eine Voraussetzung für Mobilität.

Der Zugang zu einem Verkehrsmittel allein ist jedoch keine hinreichende Bedingung für dessen Nutzung. Ungefähr die Hälfte der multimodalen Ressourcen bleiben ungenutzt. Die Gegenüberstellung der Verkehrsmitteloptionen und des Mobilitätsverhaltens hat gezeigt, dass, je mehr Optionen zur Verfügung stehen, desto weniger tatsächlich genutzt werden. Das Fahrrad bleibt am häufigsten ungenutzt (Abschnitt 6.1.3, Groth 2019c, S. 117). Neben dem Verkehrsmittel selbst muss auch die Infrastruktur vorhanden sein (Scheiner 2016, S. 693). Das heißt, der ÖV ist nur attraktiv, wenn die benötige Strecke bedient wird. Fahrradnutzung setzt Aktivitätsangebote in der Wohnumgebung und sichere Radwege voraus. Gründe und Motive für die Nicht-Nutzung der Ressourcen Fahrrad und ÖV können jedoch nicht allein mit dem Zugang zu den Verkehrsmitteln erklärt werden. Hierzu ist noch weitere Forschung notwendig.

Die Ergebnisse zeigen, dass der Investition in ein Verkehrsmittel, z. B. Auto, ÖV-Zeitkarte, meist eine intensivere Nutzung folgt (vgl. auch Vij et al. 2013, S. 176). Solch langfristige Investitionen können einer flexiblen – multimodalen – Verkehrsmittelnutzung allerdings auch im Wege stehen. Gerade für Stadtteile einer Großstadt ergeben sich individuelle Vorteile einzelner Verkehrsmittel je nach Ziel und Zweck: Sind Parkplätze verfügbar? Kommt es häufig zu Stau? Gibt es eine Direktverbindung mit dem Bus? Das Auto kann dabei als multifunktionales Universalverkehrsmittel angesehen werden. Wer dieses besitzt, hat nur noch wenige Anreize, in andere Verkehrsmittel zu investieren, die hinsichtlich Erreichbarkeit – und oft auch Komfort – keinen Mehrwert schaffen. Das Ziel der nachhaltigen umweltverträglicheren Mobilität kann nur gelingen, wenn ein Verkehrsmittelmix im Sinne einer multimodalen Verkehrsmittelwahl für Autofahrer:innen forciert wird.

Die Bedeutung der Einstellungen zeigt, dass multimodale Mobilität nicht nur mit strukturellen Maßnahmen erreicht werden kann, sondern Mobilität und Verkehrsmittelwahl auch eine entscheidende emotionale Ebene haben. Die

Emotionen betreffen persönliche Vorlieben wie sportliche Aktivität oder Umweltbewusstsein sowie gesellschaftliche Normen wie Statussymbole (Hunecke 2015,
S. 17). Gefestigt und reproduziert werden diese Emotionen zudem durch die
jahrzehntelange Bevorzugung des Autos, z. B. durch kostenlose Parkplätze,
fließenden Verkehr oder Dienstwagen (Canzler 2020, S. 17). Eine positive Einstellung gegenüber dem Fahrrad hat sich als guter Indikator für dessen Nutzung
erwiesen (Abschnitt 6.5.2, 6.6.2). Um Verhaltensänderungen zu erreichen, müssen daher unbedingt die Einstellungen der Bevölkerung und deren emotionale
Ebene berücksichtigt werden. Die Interdependenz von Einstellungs- und Verhaltensebene wird auch in der Akzeptanzforschung aufgegriffen (Hildebrand et al.
2018, S. 201). Positive Einstellungen gegenüber einem Verkehrsmittel sind entscheidend für dessen Nutzung. Da Einstellungen relativ stabil sind, sind stetige
und konsequente Maßnahmen erforderlich, um Berührungspunkte, Hinterfragen
und neue Erfahrungen zu fördern.

Multimodale Mobilitätsfähigkeit – die Perspektive des Motility-Konzepts

Mithilfe der Interviews werden zusätzliche Einblicke in die Organisation des Mobilitätsalltags und der Verkehrsmittelnutzung gewonnen, die mit geschlossenen Fragen in Befragungen nicht erhoben werden können. Zum besseren Verständnis multimodaler Mobilität wird die Mobilitätsfähigkeit im Sinne des Motility-Konzepts herausgearbeitet. Dazu werden die Interviews anhand der Kategorien Access, Skills und Appropriation des Motility-Konzepts analysiert. Ein Anliegen ist es, vor dem Hintergrund des Motility-Konzepts die Fähigkeiten und Kompetenzen, die für das jeweilige Mobilitätshandeln erforderlich sind, offenzulegen und die subjektive Integration der eigenen Möglichkeiten und Fähigkeiten ins Mobilitätshandeln aufzuzeigen. Ziel dieses Kapitels ist die Beantwortung der zweiten Forschungsfrage „Wie unterscheiden sich multimodale Personen und monomodale Autofahrer:innen hinsichtlich ihrer Mobilitätsmöglichkeiten (Motility)?"

Im Folgenden wird kurz die Verkehrsmittelnutzung der Interviewten charakterisiert und ein erster Vergleich monomodaler Automobilität und multimodaler Mobilität skizziert (Abschnitt 7.1). Dazu wird auf ihre Verkehrsmittelverfügbarkeit eingegangen, ihre Verkehrsmittelnutzung wird beschrieben und es werden wichtige Treiber ihrer Mobilität genannt. Danach werden zentrale Erkenntnisse aus den Interviews anhand der Kategorien Access (Abschnitt 7.2), Skills (Abschnitt 7.3) und Appropriation (Abschnitt 7.4) des Motility-Konzepts vorgestellt. Die Auswertung erfolgt in Anlehnung an die identifizierten Unterkategorien von Flamm und Kaufmann (2004).

© Der/die Autor(en) 2025
A. Graf, *Akzeptanz multimodaler Mobilität*, Studien zur Mobilitäts- und Verkehrsforschung, https://doi.org/10.1007/978-3-658-46269-7_7

7.1 Charakterisierung der Verkehrsmittelnutzung und des Mobilitätshandelns

Da in der weiteren Analyse keine Fallrekonstruktionen oder Typisierungen vorgenommen werden, wird das Mobilitätsverhalten der interviewten Personen hier kurz skizziert. Dabei zeigen sich sehr unterschiedliche Kombinationen und Intensitäten der Verkehrsmittelnutzung, die in individuelles Mobilitätsverhalten münden (Nobis 2015).

Multimodale Personen

Interviewpartner 1 (I1) nutzt in seinem Alltag Fahrrad, ÖV und Auto. Er besitzt einen Dienstwagen und ein Jobrad. Wenn möglich, legt er den Großteil seiner Dienstwege mit dem ÖV und dem Fahrrad zurück, wobei er das Fahrrad mit in die Bahn nimmt, um es auch am Zielort zu nutzen. Sein größter Treiber ist Umweltbewusstsein.

Interviewpartnerin 2 (I2) nutzt im Alltag hauptsächlich ein Pedelec (Jobrad) und gelegentlich das Auto. Sie hat sich die intensive Fahrradnutzung nicht zuletzt während der Pandemie angeeignet und empfindet Fahrradfahren als stressfreier als Autofahren.

Interviewpartnerin 3 (I3) nutzt in ihrem Alltag meist das Auto und den ÖV. Den ÖV wählt sie zum Beispiel auf dem Weg zur Arbeit in Kombination mit einem Cityroller. Dazu nutzt sie ein Semesterticket, da sie in einem zulassungsfreien Studiengang eingeschrieben ist. Ihr Treiber sind Umweltaspekte, die auch im Widerspruch zu einer intensiven Autonutzung in der Freizeit stehen.

Interviewpartnerin 4 (I4) nutzt im Alltag hauptsächlich das Fahrrad für Wege in der Wohnumgebung und das Auto für weitere Strecken in der Freizeit. Sie besitzt drei Fahrräder und ein Auto. Ihre Treiber sind die Leidenschaft fürs Fahrradfahren und umweltschonende Verkehrsmittelnutzung.

Interviewpartner 5 (I5) nutzt im Alltag das Auto, den ÖV oder geht oft zu Fuß. Das Pedelec nutzt er zurzeit nicht, möchte aber wieder mit dem Fahrradfahren anfangen. Sein Treiber ist die Flexibilität, immer das passende Verkehrsmittel auszuwählen. Zeit spielt in seiner Situation im Ruhestand keine ausschlaggebende Rolle.

Interviewpartner 6 (I6) nutzt im Alltag hauptsächlich das Auto. Für Freizeitaktivitäten im Freundeskreis ist er auch mit dem Pedelec oder mit dem ÖV unterwegs. Er besitzt zwei Autos, ein Cabrio für den Sommer und einen SUV. Sein Treiber zur Nutzung des Umweltverbundes sind soziale Kontakte.

Interviewpartner 7 (I7) nutzt in seinem Alltag meist das Fahrrad. Auf dem Weg zur Arbeit nimmt er es mit in die Bahn. Außerdem besitzt er ein E-Auto. Sein Treiber ist die Flexibilität, jeweils das Verkehrsmittel mit möglichst vielen Vorteilen zu nutzen.

Monomodale Autofahrer:innen

Interviewpartner 8 (I8) nutzt in seinem Alltag fast ausschließlich das Auto. In der Freizeit fährt er Rennrad. Er hat alle Verkehrsmittel bereits ausprobiert und ist dann beim Auto hängen geblieben. Seine Treiber sind Flexibilität und Bequemlichkeit. Mit dem Auto kann er am einfachsten auch Familienaufgaben wie Einkäufe und Fahrdienste erledigen.

Interviewpartnerin 9 (I9) macht alles mit dem Auto. Für sie ist das Auto das einzige Verkehrsmittel, das ihre Bedürfnisse nach Unabhängigkeit und Sicherheit erfüllen kann. Die Nutzung anderer Verkehrsmittel kommt für sie nicht in Frage.

Interviewpartner 10 (I10) nutzt meistens sein Auto, weil er es für Dienstfahrten braucht. Außerdem ist sein Fahrrad kaputt. Insgesamt ist er weniger auf ein Verkehrsmittel festgelegt, als es seine aktuelle Nutzung zeigt.

Interviewpartnerin 11 (I11) nutzt im Alltag meist das Auto oder geht kurze Distanzen zu Fuß. Umweltbewusstsein treibt auch sie zur Reduzierung der Autonutzung an. Sie versucht, die Autonutzung durch Fußwege oder die Nutzung von E-Scootern zu vermeiden.

Interviewpartner 12 (I12) nutzt im Alltag ausschließlich das Auto. Fahrradfahren in Bochum ist ihm zu gefährlich, selten nutzt er die U-Bahn für Freizeitzwecke. Einkäufe erledigt er auch manchmal zu Fuß.

Interviewpartner 13 (I13) nutzt im Alltag meist das Auto, für bestimmte Wege wie Behandlungstermine oder in der Freizeit auch den ÖV. Außerdem hat er sich ein Pedelec gekauft. Um sein schlechtes Gewissen bei der Autonutzung zu reduzieren, hat er ein Hybridauto geleast.

Interviewpartner 14 (I14) nutzt im Alltag meist eines seiner beiden Autos. In der Freizeit fährt er gerne Fahrrad, Wege in der Wohnumgebung geht er zu Fuß oder nutzt seinen eigenen E-Scooter. Sein Treiber ist umweltschonendes Verhalten und maximale Flexibilität.

Ein erster Überblick über die Nutzungspraktiken der Interviewten zeigt eine große Bandbreite an Verhaltensweisen. Alle kombinieren die Verkehrsmittel individuell, sodass sich auch zwischen den Verhaltensweisen innerhalb einer Mobilitätsgruppe große Unterschiede zeigen. Während bei manchen das Fahrrad das Hauptverkehrsmittel darstellt (I2), nutzen andere Multimodale es gar nicht (I3, I5). Manche nutzen den ÖV zum Pendeln zur Arbeitsstelle (I1, I3, I7), während andere den ÖV meiden und für die Alltagsmobilität als ungeeignet empfinden (I2, I4). Unter den multimodalen Personen werden wiederkehrende Wege wie Arbeitswege oder die Wege in der Wohnumgebung wie Einkaufswege oft ohne Auto organisiert. In der Freizeit und zur Pflege sozialer Kontakte spielt das Auto dagegen meist eine zentrale Rolle (I3, I4, I6, I7).

Unter den monomodalen Autofahrer:innen ist das Auto immer das Hauptverkehrsmittel. Allerdings unterscheiden sich auch die monomodalen Autonutzungspraktiken. Während manche die Nutzung alternativer Verkehrsmittel aus Prinzip ausschließen (I9, I12), sind andere in Teilbereichen ihrer Mobilität wie der Freizeit eher multimodal unterwegs (I13, I14) oder multimodalem Verhalten aufgeschlossen (I10, I11, I13). Manche gehen im Alltag viel zu Fuß (I11, I12, I14) oder nutzen E-Scooter, um Automobilität zu vermeiden. Sie werden in dieser Arbeit nicht als multimodal erfasst, da Fußwege oder E-Scooter für multimodales Verhalten nicht berücksichtigt wurden. Der Übergang von monomodaler Automobilität zu multimodaler Mobilität zeigt sich anhand der Interviews als fließend. In der multimodalen Gruppe sind Personen, die stark auf das Auto fokussiert sind und deren Nutzung alternativer Verkehrsmittel eng mit sozialen Kontakten verknüpft ist (I6). Dagegen sind auch in der monomodalen Autogruppe Personen, die sich eher multimodal verhalten oder anderen Verkehrsmitteln gegenüber aufgeschlossen sind (I10, I11, I13, I14).

7.2   Zugang zu Mobilität (Access)

Die erste Kategorie des Motility-Konzepts ist Access – der Zugang zu Verkehrsmitteln und Mobilitätsoptionen. Dazu gehört der Verkehrsmittelbesitz, aber auch die Erreichbarkeit der öffentlichen Verkehrsmittel sowie Vorteile, die mit spezifischen Zugangsmöglichkeiten wie beispielsweise mit privaten Abstellmöglichkeiten oder einem Dienstwagen einhergehen. Auch wenn die Verkehrsmittelverfügbarkeit in Abschnitt 6.1 bereits anhand der quantitativen Daten untersucht wurde, lassen sich mit den qualitativen Daten noch Details bestimmen, die im Fragebogen nicht abgefragt wurden.

7.2.1   Auto

Alle interviewten Personen besitzen mindestens ein Auto im Haushalt (vgl. Tabelle 7.1). Bei den multimodalen Personen ist dies in den meisten Fällen gleichzeitig das einzige Auto im Haushalt (I1, I2, I3, I4, I5, I7). Da sich die multimodalen Personen das Auto manchmal mit anderen Haushaltsmitgliedern teilen, wird die Abstimmung der Autonutzung in den Interviews thematisiert. Da auch

andere Haushaltsmitglieder eher multimodal unterwegs sind und im Alltag häufig den ÖV oder das Fahrrad nutzen, wird die Abstimmung als unproblematisch
beschrieben.

> „Wir müssen uns das teilen, aber das funktioniert ganz gut, weil mein Partner auch
> viel mit der Bahn unterwegs ist. Also da gibt's eigentlich nie Probleme, dass wir da
> irgendwie Abstimmungsschwierigkeiten haben oder einer das dringend braucht. Also
> das funktioniert gut." (I3)

In der monomodalen Autogruppe sind in den Familienhaushalten (I8, I9) jeweils
zwei Autos vorhanden. In den Zweipersonenhaushalten der monomodalen Auto-
fahrer:innen ist jeweils nur ein Auto vorhanden (I10, I11, I12, I13). Auch
hier ist der Alltag auf Haushaltsebene eher multimodal organisiert. Wenn also
nur ein Auto im Zweipersonenhaushalt vorhanden ist, nutzen die Partner oder
Partnerinnen der Interviewten meist regelmäßig den ÖV.

I6 (multimodal) und I14 (monomodal Auto) besitzen jeweils ein Cabrio und
ein weiteres Auto. In diesen beiden Fällen kommen zwei Autos auf einen Autofahrer. Mit I7 besitzt eine Person, die sich multimodal verhält, ein E-Auto. I13
fährt ein Hybridauto.

Ähnlich gut aufgestellt sind die multimodalen Personen und die monomodalen Autofahrer:innen auch bezüglich der Verfügbarkeit von Autoparkplätzen.
Einige der multimodalen Personen parken das Auto in der eigenen Garage oder
haben einen Stellplatz gemietet (I3, I4, I5, I6, I7), andere sind auf Parkflächen im
öffentlichen Raum angewiesen (I1, I2). Auch wenn eine Garage zur Verfügung
steht, wird diese manchmal für andere Verkehrsmittel wie beispielsweise Fahrräder genutzt (I2, I4). Unter den interviewten monomodalen Autofahrer:innen
nutzen alle außer I10 private Stellplätze: einen Stellplatz (I9, I11, I12), eine
Garage (I9, I14) oder zwei Garagen (I8, I13).

Die Parksituation im öffentlichen Raum wird sehr unterschiedlich wahrgenommen. Aus allen drei Stadtteilen wird berichtet, dass es ab dem späten Nachmittag
schwierig ist, einen Parkplatz zu finden, und dass Autos dann regelwidrig im
öffentlichen Raum abgestellt werden (I1, I3, I7).

> „Also es ist so'ne zeitlich magische Grenze. Ich würde mal so sagen bis 16:30 17:00
> Uhr sind die Chancen ganz gut, noch irgendwie adäquat und regelkonform zu par-
> ken. Und danach nimmt die graue Zone zu oder die Nutzung in der grauen Zone. Und
> irgendwann ist es dann widrig." (I1)

Fehlender öffentlicher Parkraum betrifft allerdings nur manche Wohngebiete und
weniger die kompletten Stadtteile. I2 und I10 nennen die schwierige Parkplatzsuche am Wohnort auch als Grund, weshalb das Auto manchmal nicht genutzt
wird.

Tabelle 7.1 Übersicht des Zugangs zum Auto (Access)

Multimodal	Monomodal Auto
Ein Auto im Haushalt (I1, I2, I3, I4, I5, I7)	Ein Auto im Haushalt (I10, I11, I12, I13)
Wir müssen uns das teilen, aber das funktioniert ganz gut, weil mein Partner auch viel mit der Bahn unterwegs ist. Also da gibt's eigentlich nie Probleme, dass wir da irgendwie Abstimmungsschwierigkeiten haben oder einer das dringend braucht. Also das funktioniert gut. (I3)	*Das habe ich zu fünfundneunzig Prozent zur Verfügung. Meine Partnerin nutzt es, wenn ich es nicht brauche. (I10)*
Zwei Autos: Cabrio und SUV (I6)	Zwei Autos im Haushalt (I8, I9, I14 für sich allein)
Also wir haben zwei Autos. Eins zum Spaß. Ist ein Cabrio, den man halt auch nutzen kann. Und dann, dadurch, dass wir Camping machen, habe ich noch einen SUV, um meinen Wohnwagen ziehen zu können. (I6)	*Wir haben zwei Autos, um uns eben zur Arbeit zu bewegen, aber auch für die privaten Zwecke. (I9)*
E-Auto (I7)	Hybrid (I13)
Ja, ein E-Auto, aber das lade ich in der eigenen Garage. (I7)	*Ich muss sagen, ich habe ein Hybrid. (I13)*
Eine Garage Autonutzung (I5, I6, I7)	Zwei Garagen bzw. Stellplatz und Garage (I8, I9, I13)
Im Winter steht das Cabrio in der Garage und im Sommer nicht. Und der SUV passt da gar nicht erst rein. (I6)	*Wir haben zwei Garagen. (I8)*
Eine Garage genutzt für anderes (I2, I4)	Eine Garage (I14) o. einen Stellplatz (I11, I12)
Im Moment stehen sie [Fahrräder] alle drei in der Garage. Und deswegen steht das Auto nicht in der Garage. (I4)	*Ich habe einen Stellplatz dafür. (I11)*
Einen Stellplatz (I3, I4, I6)	Stellplatz am Arbeitsplatz (I8)
Wir haben einen eigenen Stellplatz. (I3)	*Ich habe einen Tiefgaragenstellplatz, bei der Firma, und von daher ist es schon sehr angenehm morgens um diese Zeit gerade sag ich mal mit dem Pkw zu fahren. (I8)*

(Fortsetzung)

Tabelle 7.1 (Fortsetzung)

Multimodal	Monomodal Auto
Parken im öffentlichen Raum (I1, I2)	
Ja, ich entscheide mittlerweile auch, ob ich danach z. B. einen Parkplatz hier finde, wenn ich wiederkomme mit meinem Auto. (I2)	
Dienstwagen (I1)	
Das ein Dienstwagen, das heißt ich bin in der Situation da einen Wagen gestellt zu bekommen, der manchmal auch genutzt werden muss, weil's im Rahmen meiner beruflichen Tätigkeit dazu kommt [...] Ja, der ist dann zu einem Prozent versteuert und der Kraftstoff wird auch bezahlt. (I1)	

(Quelle: Interviews Mobilität in Bochum 2020, eigene Darstellung)

„Ja, ich entscheide mittlerweile auch, ob ich danach z. B. einen Parkplatz hier finde, wenn ich wiederkomme mit meinem Auto." (I2)

Über einen speziellen Nutzungs- und Zugangsvorteil zum Auto verfügt I1, der einen Dienstwagen besitzt. Ein Dienstwagen wird vom Arbeitgeber gestellt, womit die hohen Investitionskosten entfallen. Weitere Nutzungsvorteile liegen darin, dass der Arbeitgeber häufig die gesamten Kraftstoffkosten (auch für private Zwecke) übernimmt. Kritiker betonen, dass damit häufig Anreize für umweltverträgliche Autos und sparsames Fahren entfallen (Agora Verkehrswende 2017, S. 17).

Zusammenfassung

Die Mobilitätsmöglichkeiten bezüglich des Zugangs zum Auto sind bei den interviewten multimodalen Personen und monomodalen Autofahrer:innen in etwa gleich. Die Unterschiede im Zugang zu einem Auto betreffen hauptsächlich die Haushalte mit Kindern. Während hier unter den multimodalen Personen jeweils nur ein Auto zur Verfügung steht, sind es unter den monomodalen Autofahrer:innen jeweils zwei Autos. In den Zweipersonenhaushalten in diesem Sample dagegen teilen sich die Befragten meist ein Auto. Dies entspricht auch den Ergebnissen im MiD-Bericht 2018: Familienhaushalte besitzen häufiger zwei Autos als Haushalte mit Erwachsenen bzw. Senioren (Nobis und Kuhnimhof 2018, S. 35).

Auch bei der Verfügbarkeit von eigenen Garagen bzw. Stellplätzen sind die Unterschiede gering. Die meisten Personen können ihr Auto privat abstellen.

Dennoch spielt die Abhängigkeit von begrenztem öffentlichem Parkraum und die Parkplatzsuche in einzelnen Fällen (I2, I10) durchaus eine Rolle bei der Verkehrsmittelwahl.

7.2.2 Öffentliche Verkehrsmittel

Der Besitz von Zeitkarten für die öffentlichen Verkehrsmittel ist deutlich weniger verbreitet als der Auto- und Fahrradbesitz. Eine Interviewpartnerin erzählt, dass sie weiterhin in einem zulassungsfreien Studiengang eingeschrieben ist, um das Semesterticket zu nutzen (I3, Tabelle 7.2). Das Semesterticket ist mit einem Preis von ungefähr 30 Euro pro Monat und seiner Gültigkeit in ganz NRW sehr günstig und daher auch für Arbeitnehmer:innen attraktiv.[1] Die Partnerin von I13 besitzt eine übertragbare Zeitkarte, die sie abwechselnd nutzen.

Die multimodalen Personen, die die Straßenbahn bequem fußläufig erreichen können, sind mit der Erreichbarkeit der öffentlichen Verkehrsmittel sehr zufrieden (I3, I5). Eine gute Taktung von fünf bis zehn Minuten führt dazu, dass auch längere Fußwege (8 Minuten) akzeptiert werden.

> „Also ich lauf acht Minuten bis zur U-Bahn. Also sind vierhundert Meter. Das ist kein Problem und die fährt alle fünf Minuten." (I5)

Tabelle 7.2 Übersicht des Zugangs zum ÖV (Access)

Multimodal	Monomodal Auto
Semester-/Studententicket (I3)	Übertragbare Zeitkarte der Frau zur Mitnutzung (I13)
Also Job-Tickets haben wir nicht und ich bin noch eingeschrieben und nutz eben das Studententicket zum Fahren. Das ist was, wo man sagen muss, dass es eigentlich auch die günstigste Variante irgendwie sich hier in NRW fortzubewegen. (I3)	*Wir haben das <Name der übertragbaren Zeitkarte> von meiner Frau. Ab neun Uhr. Das reicht für uns beide. Am Wochenende dürfen wir beide fahren und in der Woche wechseln wir uns ab. (I13)*

(Fortsetzung)

---

[1] Seit Mai 2023 gibt es mit dem Deutschlandticket bzw. 49 Euro-Ticket auch ein günstiges Nahverkehrsticket, das über die regionalen Verkehrsverbünde hinausgeht. Zum Zeitpunkt der Befragung war ein Monatsticket für Arbeitnehmer:innen deutlich teurer.

Tabelle 7.2 (Fortsetzung)

Multimodal	Monomodal Auto
Fußläufig zur Straßenbahn (I3, I4, I5, I7)	Fußläufig zur Straßenbahn (I9, I10, I11, I12, I13, I14)
Also ich lauf acht Minuten bis zur U-Bahn. Also sind vierhundert Meter. Das ist kein Problem und die fährt alle fünf Minuten. (I5)	*Da beide ein Studententicket hatten zu der Zeit, also man auch einfach schnell zur <Name der Haltestelle > gelaufen ist. Ist vier Minuten zu Fuß entfernt von der neuen Wohnung. (I10)*
Zufriedenheit mit Taktung (I3, I5, I7)	Zufriedenheit mit Taktung (I11, I14)
Viel, viel besser und einfach perfekt, dass ich alle zehn Minuten oder fünf Minuten in die U-Bahn einsteigen kann. (I3)	*Die Taktung ist ja an sich schon völlig in Ordnung. Also die Verbindungen sind ja durchaus akzeptabel und machbar. (I11)*
Schlechte Busverbindungen (I2, I3, I4)	Schlechte Verbindung (I8, I9)
Ich glaube Bus fahren ist auch nicht so richtig cool hier. Da hatten wir mal geguckt. Da fährt zwar auf dem <Straßenname> ein Bus, aber der fährt so ewig lang immer. Also ich meine, wenn man Fahrradfahren kann, dann fährt man halt kein Bus. Das ist ähm immer schneller. (I4)	*Und wenn ich zur Arbeit fahre, bin ich dreimal schneller, als wenn ich mit der Straßenbahn fahre. Die hält nämlich, so 'ne Bimmelbahn ist das, ne? (I9)*

(Quelle: Interviews Mobilität in Bochum 2020, eigene Darstellung)

Die Buslinien dagegen werden als unzureichend wahrgenommen (I2, I3, I4). Auch die meisten der monomodalen Autofahrer:innen wohnen in guter Erreichbarkeit einer Straßenbahnlinie (I9, I10, I11, I12, I13, I14). Allerdings wird dies von monomodalen Autofahrer:innen nicht als Mobilitätsvorteil hervorgehoben. I8 und I9 beschreiben das Angebot des ÖVs in ihrer Wohnumgebung als für ihre Zwecke unbefriedigend.

„Und wenn ich zur Arbeit fahre, bin ich dreimal schneller, als wenn ich mit der Straßenbahn fahre. Die hält nämlich, so 'ne Bimmelbahn ist das, ne?" (I9)

Alltägliche Ziele können nicht direkt erreicht werden und weite Umwege der Buslinien müssen in Kauf genommen werden. Dies bezieht sich nicht nur auf ihre eigene Mobilität, sondern auch auf die Schulwege der Kinder. Eine Direktbuslinie wurde gestrichen, sodass für den Schulweg des Kindes inzwischen ein großer Umweg und stark erhöhter Zeitwand notwendig ist (I8). I9 bringt ihre Tochter immer selbst mit dem Auto zur Schule und holt sie wieder ab. I8 macht dies, wenn möglich.

Zusammenfassung

Hinsichtlich der Verfügbarkeit von Zeitkarten sowie der Erreichbarkeit der Straßenbahn gibt es kaum Unterschiede zwischen den multimodalen Personen und den monomodalen Autofahrer:innen. Die entscheidende Frage scheint eher, wie schnell das Ziel erreichbar ist. Die Personen, die mit dem Angebot der Straßenbahn zufrieden sind, wohnen häufig in Hamme oder Wiemelhausen, also in den Stadtteilen, die näher an der Innenstadt liegen. Sie können damit wichtige Ziele wie die Innenstadt oder den Hauptbahnhof schnell erreichen. Hinzu kommt die zeitliche Flexibilität der Personen. Die stärkste Kritik am ÖV-Angebot kommt aus den monomodalen Autohaushalten mit Kindern (I8, I9). Aufgrund der Vereinbarkeit vieler unterschiedlicher Interessen und Ziele spielen zeitliche Restriktionen hier womöglich eine größere Rolle als beispielsweise bei Rentnern (I5).

7.2.3 Fahrrad

Fast alle interviewten Personen besitzen mindestens ein Fahrrad, nur I10 erwähnt, dass sein Fahrrad zurzeit nicht funktionsfähig ist und er es daher seit über einem Jahr nicht genutzt hat (vgl. Tabelle 7.3). Die multimodalen Personen (I1, I2, I4, I5, I6) besitzen häufig ein Pedelec, das sie meistens im Alltag nutzen. Manche beschreiben auch den direkten Zusammenhang zwischen der Anschaffung eines Pedelecs und der intensiveren Fahrradnutzung.

> „Nee, ist ein E-Bike. Und seitdem ich das habe, fahr ich auch mehr. Früher ist man nicht so viel gefahren. Jetzt habe ich das vier Jahre und schon fast siebentausend Kilometer auf dem Tacho." (I6)

Unter den monomodalen Autofahrer:innen besitzt nur I13 ein Pedelec. Dies hat er sich erst vor kurzem angeschafft und wegen des schlechten Wetters noch nicht genutzt (Tabelle 7.3). I1 und I2 haben Zugang zu einem Jobrad[2]. Ähnlich wie beim Dienstwagen wird beim Jobrad die Anschaffung des Verkehrsmittels durch

---

[2] Arbeitgeber können ihren Arbeitnehmer:innen das Leasing eines Jobrads vom Bruttolohn anbieten. Dadurch können Arbeitnehmer Geld beim Kauf eines neuen Fahrrads sparen. Nach Ablauf der Leasingzeit gehen die Fahrräder meist in den Besitz der Arbeitnehmer:innen über.

den Arbeitgeber gefördert. Manche besitzen sogar drei Fahrräder, die sie je nach Zweck, z. B. zur Mitnahme im Auto das Klapprad, spezifisch einsetzen (I1, I4).

> „Also ich habe drei verschiedene Fahrräder, unterschiedlicher Natur. Einmal ein kleines Klapprad, was im Auto immer Platz findet, um eben von A nach B zu kommen oder aber das elektrisch Betriebene, was schon ein bisschen was wiegt und ich in <Name einer Stadt> auch dann ein bisschen schneller fahren kann. Und das klassische Touren-Rad ohne Schnickschnack." (I1)

Außerdem sind alle, die ihr Fahrrad auch im Alltag nutzen, mit Satteltaschen ausgestattet, in den Familien mit kleinen Kindern ist auch ein Anhänger vorhanden (I1, I2). Dies weist darauf hin, dass zur Organisation des Fahrradalltags mehr als nur ein funktionsfähiges Fahrrad notwendig ist. Wer das Fahrrad als Verkehrsmittel – anstatt als Sportgerät – benutzt, investiert auch in eine entsprechende Ausrüstung.

Da diese Ausrüstung Platz erfordert, werden die vorhandenen Garagen in einigen Fällen für die Fahrräder anstatt des Autos genutzt (I2, I4). Damit sind die Fahrräder sicher abgestellt und einfach zugänglich. Nicht überall sind jedoch geeignete Abstellmöglichkeiten für die Fahrräder vorhanden, sodass das Fahrrad die Treppe zum Keller hoch- und runtergetragen werden muss (I1, I11, I12). Während dies für I1 kein Problem darstellt, beschreibt I11 dies als umständlich und als Nutzungshindernis.

> „Um zum Beispiel zur Arbeit zu fahren, wäre für mich problematisch dadurch, dass ich es [das Fahrrad] immer die Kellertreppe hochtragen müsste. Das würde mich das dann mehr Zeit kosten, als einfach zu Fuß zu gehen." (I11)

Bei I9 hängen die Fahrräder in der Autogarage an der Wand und sind damit wahrscheinlich ebenfalls schwer zugänglich. An diesen unterschiedlichen Abstelllösungen wird die Herausforderung der multioptionalen Verfügbarkeit von Verkehrsmitteln und der meist begrenzt verfügbare Raum in urbanen Wohngebieten offensichtlich. Sicherheit und Zugänglichkeit der einzelnen Verkehrsmittel müssen individuell abgewogen und priorisiert werden.

Zusammenfassung
Die Analyse der Zugangsmöglichkeiten zu Fahrrädern zeigt deutliche Unterschiede zwischen den multimodalen Personen und den monomodalen Autofahrer:innen. Es können zusätzliche Details aufgedeckt werden, die über die Ergebnisse der Befragung hinausgehen. Multimodale Personen besitzen häufiger ein Pedelec, mehrere Fahrräder für spezifische Zwecke und eine entsprechende

Zusatzausrüstung wie Anhänger oder Satteltaschen für die Alltagsnutzung. Dies deutet darauf hin, dass die alltägliche Fahrradnutzung eine spezifische Fahrradausstattung, bestenfalls spezifische Fahrräder wie Pedelecs erfordert. Dass zwischen der Anschaffung eines Pedelecs und der Ausweitung der Fahrradnutzung ein Zusammenhang besteht, wird auch in den Interviews deutlich.

Das sichere und einfach zugängliche Abstellen der Fahrräder stellt unter Befragten beider Verhaltensweisen eine Herausforderung dar. Sichere barrierefreie Abstellmöglichkeiten außerhalb von privaten Autogaragen sind rar. Der umständliche Zugang über Treppen kann im Zweifelsfall dazu führen, dass das Fahrrad als persönliche Verkehrsmitteloption nicht in Frage kommt (I11).

Tabelle 7.3 Übersicht Zugang zum Fahrrad (Access)

Multimodal	Monomodal Auto
Pedelec (I1, I2, I4, I5, I6)	Pedelec (I13)
Nee, ist ein E-Bike. Und seitdem ich das habe, fahr ich auch mehr. Früher ist man nicht so viel gefahren. Jetzt habe ich das vier Jahre und schon fast siebentausend Kilometer auf dem Tacho. (I6)	*Ich habe mir vor ein paar Wochen ein E-Bike angeschafft, habe ich aber noch nicht benutzt. (I13)*
Drei Fahrräder (I1, I4)	Fahrrad (I9, I11, I12, I14)
Also ich habe drei verschiedene Fahrräder, unterschiedlicher Natur. Einmal ein kleines Klapprad [...]. oder aber das elektrisch Betriebene [...] und das klassische Tourenrad ohne Schnickschnack. (I1)	*Ja, und wenn ein Fahrrad dazu zählt, hat natürlich jeder ein Fahrrad. (I9)*
Jobrad (I1, I2)	Fahrrad kaput (I10)
Mein Fahrrad ist ja über Jobrad geleast worden quasi. Und es hat uns jetzt 25 Euro im Monat für drei Jahre gekostet und dann ist es unsers. (I2)	*Da ist normalerweise das Fahrrad. Aber das ist seit über einem Jahr kaputt. (I10)*

(Fortsetzung)

Tabelle 7.3 (Fortsetzung)

Multimodal	Monomodal Auto
Fahrradstellplatz im Keller (I1)	Rennrad (I8)
Meine Räder stehen alle unten im Keller, hat Sicherheitsgründe. (I1)	*Ich habe ein Rennrad und das mache ich für meinen sportlichen Teil, dass ich dann samstags oder sonntags mit dem Rennrad fahre. (I8)*
Garage (I2, I4)	Fahrrad parkt im Keller und ist wegen Treppe umständlich zu nutzen (I11)
Im Moment stehen sie alle drei in der Garage. Und deswegen steht das Auto nicht in der Garage. (I4)	*Das ist hier logistisch nicht so leicht mit dem Rad. Um zur Arbeit zu fahren, wäre für mich problematisch dadurch, dass ich es immer die Kellertreppe hochtragen müsste. (I11)*
Ausrüstung wie Satteltaschen (I1, I2, I4, I5)	
Ich packe mir aber auch beide Einkaufstaschen äh Fahrradtaschen voll, wenn ich Einkaufen fahre. (I4)	
Kinderanhänger (I1, I2)	
Und ich habe ein Fahrrad mit Anhänger. (I2)	

(Quelle: Interviews Mobilität in Bochum 2020, eigene Darstellung)

7.3 Fähigkeiten und Kompetenzen zur Organisation des Mobilitätsalltags (Skills)

Skills werden im Motility-Konzept verwendet, um die Fähigkeiten und Kompetenzen einer Person zu beschreiben. Skills können die drei Formen geprüfte Kenntnisse, Kompetenzen durch Erfahrungsaufbau und körperliche Fähigkeiten bzw. Einschränkungen umfassen. Zu geprüften Kenntnissen zählt beispielsweise ein Autoführerschein. Organisationsfähigkeiten und Zeitmanagement werden dagegen eher durch Erfahrung und Praxis aufgebaut. Körperliche Fähigkeiten können einerseits Mobilität ermöglichen, z. B. Fitness, und andererseits Mobilität einschränken, wenn beispielsweise Zufußgehen, Treppensteigen oder Fahrradfahren aufgrund körperlicher Einschränkungen nicht (mehr) möglich sind (Flamm und Kaufmann 2004, S. 9–13).

Der Führerschein als Bestätigung der Fähigkeit, die Verkehrsregeln zu kennen und ein Auto fahren zu können, kann in Befragungen einfach erhoben werden. Informationen zu wichtigen Kompetenzen, die die Autonutzung im Alltag erfordert, also Knowhow – im wörtlichen Sinne – werden dadurch jedoch nicht gewonnen. Um die Mobilitätsfähigkeit einer Person zu bestimmen, ist es daher notwendig, auch erfahrungsbasierte Fähigkeiten zu analysieren. Die erfahrungsbasierten Skills manifestieren sich meist in bestimmten Strategien oder Verhaltensroutinen. Flamm und Kaufmann (2004, S. 10–11) haben in ihrer empirischen Arbeit die Skills praktische Erfahrung, Kennen des Umfelds und der Routen, Zeitmanagement, Wissen über (zusätzliche) Leistungen und Angebote, Stressmanagement sowie physisches Knowhow als zentrale Kompetenzbereiche herausgearbeitet. Ziel ist es, anhand der Interviews erfahrungsbasierte Skills zu identifizieren, die für multimodales Mobilitätsverhalten hilfreich sind. Dazu werden die Kompetenzbereiche von Flamm und Kaufmann (2004) genutzt und ergänzt.

7.3.1 (Praxis)Erfahrung und Sozialisation

Die zentrale Kategorie zum Erwerb spezifischer Fähigkeiten und Kompetenzen für die Verkehrsmittelnutzung ist praktische Erfahrung. Um routiniertes Verhalten aufzubauen, muss möglichst viel Zeit mit einer Aktivität verbracht werden. Als Lerneffekte aus den summierten erlebten Situationen folgen dann spezifischere Kompetenzen wie Zeitmanagement oder Stressbewältigungsstrategien. Im Kontext der praktischen Erfahrung verweisen Flamm und Kaufmann (2004, S. 11) auch auf die Bedeutung der Sozialisation, also der besonderen Prägung durch Erfahrungen in Kindheit und Jugend. Frühe Erfahrungen können das spätere Verhalten prägen, wenn eigene Routinen bereits aktiv eingeübt wurden, z. B. Fahrradfahren, aber auch passiv, indem wichtige Alltagswege durch Mitfahren, z. B. im Auto, gut bekannt sind.

Frühe oder prägende Erfahrungen werden auch in den Interviews erzählt. Obgleich Erfahrung an sich keine Fähigkeit im engeren Sinne ist, bildet sie die Basis und Voraussetzung zur Aneignung und Ausbildung von Fähigkeiten. Um diese Basis für multimodales Mobilitätsverhalten und monomodale Automobilität besser zu verstehen, werden zunächst einige prägende Erfahrungen vorgestellt, die in den Interviews angesprochen wurden (vgl. Tabelle 7.4).

Viele der monomodalen Autofahrer:innen (I8, I9, I10, I11, I12, I13) und wenige der multimodalen Personen (I1, I3) besitzen ein eigenes Auto, seit sie den Führerschein erworben haben. Dabei werden Führerschein und Autobesitz häufig als *das* Ziel der Jugend beschrieben. Damit verknüpfte Emotionen sind meist Unabhängigkeit und Freiheit.

> „Ja, damals war das, das Ziel von allen. Erst den Führerschein zu machen, und dann ein Auto auch zu haben ja, ja." (I12)

> „Das [Auto] stand schon auf dem Hof. Da hatte ich den Führerschein noch nicht. Da hatte ich mein erstes Auto für 80 Mark damals." (I13)

Führerschein und Autobesitz werden als Selbstverständlichkeit wahrgenommen. Während heute das eigene Auto vor allem in Großstädten immer stärker in die Kritik gerät und als nicht mehr zeitgemäß abgelehnt wird (Agora Verkehrswende 2017, S. 90–91), stellt der Autobesitz für einige Befragte eine Selbstverständlichkeit dar.

> „Da war das einfach ganz normal, dass jeder ein Auto hatte." (I9)

Erfahrungen ohne Auto dagegen sind als einschränkend in Erinnerung.

> „Wir hatten früher kein Auto als ich noch bei meiner Mutter gewohnt habe. Und dadurch waren wir sehr eingeschränkt." (I14)

Die Zitate illustrieren prägende Erfahrungen, primär in der Jugend, bezüglich des eigenen Autos. Gemeinsam ist ihnen die hohe Priorisierung des Autobesitzes „das Ziel von allen". Die Situation, die Mobilität ohne Auto zu bewältigen, wird als einschränkend empfunden.

Unter den multimodalen Personen berichten einige (I2, I4, I5, I6, I7), dass sie sich erst später, beispielsweise nach dem Studium oder bei einem Arbeitsortwechsel, ein eigenes Auto zugelegt haben. Die oben angesprochene Selbstverständlichkeit des Autobesitzes trifft also nicht auf alle Interviewten zu. Die Thematisierung des Autobesitzes der multimodalen Personen erfolgt meist weniger emotional, Führerschein und Autobesitz stellen keine Selbstverständlichkeit dar, wenngleich der Zusammenhang zwischen Autobesitz und Autonutzung reflektiert wird.

> Ich hatte nie wirklich ein eigenes Auto, aber jetzt habe ich eins. Vielleicht nochmal ein Grund, warum ich gerne mit dem Auto fahre. (I2)

Für die Erfahrungsbasis der Automobilität folgt aus diesem Vergleich, dass monomodale Autofahrer:innen häufig früh viel praktische Erfahrung beim Autofahren gesammelt haben. Dagegen haben multimodale Personen vermutlich diversere Verkehrsmittelerfahrung gesammelt.

Prägende Erfahrungen zur Fahrradnutzung werden seltener genannt. I4 schildert Familienausflüge mit dem Fahrrad und die Nutzung des Fahrrads auf dem

Tabelle 7.4 Übersicht der (Praxis-)Erfahrung und Sozialisation (Skills)

Multimodal	Monomodal Auto
Seit Führerschein eigenes Auto (I1, I3)	Seit Führerschein eigenes Auto (I8, I9, I10, I11, I12, I13)
Ja, ich hab wirklich, seitdem ich den Führerschein hab, ein eigenes Auto. (I3)	*Das [Auto] stand schon auf dem Hof. Da hatte ich den Führerschein noch nicht. Da hatte ich mein erstes Auto für 80 Mark damals. (I13)* *Ja, damals war das, das Ziel von allen. Erst den Führerschein zu machen, und dann ein Auto auch zu haben ja, ja. (I12)*
Erst später ein eigenes Auto besessen (I2, I4, I5, I6, I7)	Autobesitz als Selbstverständlichkeit nach Führerscheinerwerb (I9)
Ich hatte nie wirklich ein eigenes Auto, aber jetzt habe ich eins. Vielleicht nochmal ein Grund, warum ich gerne mit dem Auto fahre. (I2)	*Ja, als ich damals meinen Führerschein gemacht habe und siebzehn Jahre alt war, da war das einfach ganz normal, dass jeder ein Auto hatte und froh war, endlich allein und unabhängig von allem fahren zu können. (I9)*
	Ist ohne Auto aufgewachsen und hat sich dadurch sehr eingeschränkt gefühlt (I14)
	Wir hatten früher kein Auto, als ich noch bei meiner Mutter gewohnt habe. Und dadurch waren wir sehr eingeschränkt. (I14)
Fahrradfahren seit Kindheit (I4, I7)	Früher mit dem Fahrrad zur Schule war eine Strafe (I13)
Joa, wir haben früh Fahrradfahren gelernt. Wir haben immer Fahrradausflüge gemacht. Eigentlich jedes Wochenende. Zur Schule bin ich auch als Schülerin schon meistens mit dem Fahrrad gefahren. (I4)	*Also ich bin zur Schule schon mit dem Fahrrad und das war immer eine Strafe, wenn ich da ja bei Wind und Wetter und bergauf, nach oben nach <Name eines Stadtteils > musste. (I13)*

(Fortsetzung)

Tabelle 7.4 (Fortsetzung)

Multimodal	Monomodal Auto
(zeitweise) ÖV-Nutzung auf dem Arbeitsweg (I1, I3, I4, I5)	Unzufriedenheit mit ÖV (I9, I14)
Erstmal ich bin soweit es irgendwie ging, auch immer mit der Bahn zur Arbeit gefahren, und dann ins Auto. Und dann irgendwann fängt man an [...] den Wagen nimmt man mit nach Hause. Man fährt nicht wieder zurück, wenn's sein muss, sondern man fährt dann durch. Man muss ja morgens wieder flott los. Dann gewöhnt man sich dann schon ein bisschen dran, ne? (I5) *Weil ich da auch mit der Bahn zur Arbeit gefahren bin. Zumindest bis zu dem Zeitpunkt, wo ich dann das Auto geschenkt bekommen habe. (I4)*	*Ja, die gab es ein halbes Jahr in meiner Ausbildungszeit. [...] Und da hab ich tatsächlich einmal die Bahn genommen. Ein halbes Jahr lang mit einem Ticket, ja. [...] es hat mich zumindest soweit die Erfahrung gelehrt, dass ich nie [mehr] mit der Bahn und mit einem Bus zur Arbeit fahren möchte. Das mag daran gelegen haben, dass die S-Bahnhöfe [...] nicht die schönsten, [...] sind. Aber es lag natürlich auch an den Menschen, die teilweise mitgefahren [sind]. Es lag einfach an dem Umfeld. (I9)*

(Quelle: Interviews Mobilität in Bochum 2020, eigene Darstellung)

Schulweg als positive Erfahrung, I13 greift den Schulweg mit dem Fahrrad als negative Erfahrung auf (Tabelle 7.4).

Auch hinsichtlich des ÖVs unterscheiden sich prägende Erfahrungen. Multimodale Personen schildern, dass sie den ÖV entweder früher (I4, I5) für den Arbeitsweg genutzt haben oder heute (I1, I3) nutzen. Der Umstieg aufs Auto erfolgte eher aus Bequemlichkeit als aus einer starken Unzufriedenheit mit dem ÖV-Angebot (Tabelle 7.4). I9 dagegen thematisiert ihre Pendelerfahrung mit der Bahn als prägende negative Erinnerung.

> „Und da hab ich tatsächlich einmal die Bahn genommen. Ein halbes Jahr lang mit einem Ticket, ja. [...] es hat mich zumindest soweit die Erfahrung gelehrt, dass ich nie [mehr] mit der Bahn und mit einem Bus zur Arbeit fahren möchte." (I9)

Während die multimodalen Personen die Nutzung der öffentlichen Verkehrsmittel lediglich als umständlich wahrnehmen, lehnt I9 die öffentlichen Verkehrsmittel kategorisch ab.

Zusammenfassung

Der Einblick in thematisierte prägende Erfahrungen zeigt, dass Personen bereits früh sehr unterschiedliche Erfahrungen machen. Während für manche das Auto früh als zentrales Verkehrsmittel die eigene Mobilität bestimmt, wechseln andere verschiedene Verkehrsmittel pragmatisch ab. Der Wunsch danach, den Führerschein zu erwerben, möglichst schnell ein eigenes Auto zu besitzen und damit unabhängig zu sein, verbindet einige monomodale Autofahrer:innen. Bei den multimodalen Personen ist die emotionale Bedeutung des Autos weniger stark ausgeprägt.

Anders als von manchen Interviewten vermutet, sind Generationenunterschiede als Grund für die selbstverständliche Autonutzung nicht offensichtlich. Personen mit und ohne starke Autobindung finden sich in allen Generationen des Samples. Dies ist im Einklang mit anderen Forschungsergebnissen. Döring (2018, S. 257) stellt fest, dass die starke Autobindung vor allem die vor und nach 1951 Geborenen unterscheidet. Seit der Massenmotorisierung in den 1960er und 1970er Jahren liegt die Autoaffinität konstant auf einem hohen Niveau. Im Einklang damit stehen die Ergebnisse von Groth et al. (2021), die die weiterhin hohe Bindung der jungen Generation ans Auto betonen. Ein Grund für eine geringe oder hohe Autobindung könnte daher eher die individuell wahrgenommene Flexibilität mit anderen Verkehrsmitteln wie ÖV und Fahrrad sein. Ländliches oder urbanes Wohnen, Studium oder Erwerbstätigkeit könnten hier eher entscheidende Faktoren sein. Die spezifischen Skills, die sich aus der Erfahrung entwickeln, werden im Folgenden untersucht.

7.3.2 Organisation

Die Organisation des Alltags und der Mobilität basiert auf einigen grundlegenden Strategien, die von multimodalen Personen und monomodalen Autofahrer:innen angewendet werden. Viele versuchen kleine Einkäufe und kurze Arbeitswege ohne Auto zu organisieren (vgl. Tabelle 7.5). Hierzu wird dann entweder das Fahrrad genutzt oder es wird zu Fuß gegangen. Einige der multimodalen Personen (I3, I4, I5, I6) berichten, dass sie das Auto (intensiv) in der Freizeit nutzen. Für Ziele außerhalb der eigenen Wohnumgebung oder außerhalb Bochums wird das Auto häufig als die bequemste Variante beschrieben. Die Wahl des Verkehrsmittels hängt folglich mit den Entfernungsklassen zusammen (vgl. Abschnitt 6.4.2).

„Und an Wochenenden ist es auch, vor allen Dingen, wenn man sein Viertel verlassen will, natürlich dann die erste Wahl. Das, was ich bislang erzählt habe, hat immer hier einen gewissen Radius und je weiter der [Weg] ist, desto eher kommt das Auto ins Spiel." (I5)

Weiter wird das Auto als nützlich für Wegeketten beschrieben. Dies betrifft zwar im Alltag nicht nur Familien mit Kindern, wird bei der Organisation des Familienalltags jedoch stärker betont.

> „Man kann 'nen Großeinkauf machen, man kann auch was abholen, man kann was wegbringen, die Kinder unterwegs bei Freunden abgeben und es [ist] natürlich schon ein bisschen, also wenn man viel vorhat, dann ist das Auto optimaler." (I2)

Parkplatzsuche und Stau werden in beiden Gruppen als unangenehme Begleiterscheinungen der Autonutzung genannt. Anhand der Interviews lassen sich unterschiedliche Strategien identifizieren, um die negativen Auswirkungen für sich persönlich möglichst gering zu halten. Die erste Strategie besteht darin, die Innenstadt mit dem Auto zu meiden (I3, I4, I5), um die Parkplatzsuche und Parkgebühren dort zu umgehen. Diese Strategie wird meist von multimodalen Personen beschrieben. Die Alternative ist meist die Anfahrt der Innenstadt mit dem Fahrrad oder ÖV, also die Variabilität des Verkehrsmittels.

> „Ich habe ehrlich gesagt keinen Bock, irgendwo einen Parkplatz zu suchen. Da bin ich schneller, wenn ich mit den öffentlichen Verkehrsmitteln fahre oder laufe oder mit dem Fahrrad fahre." (I3)

Die zweite Strategie besteht darin, die Tiefgaragen- bzw. Parkhausparkplätze mit Parkgebühren als adäquate Option zu akzeptieren und mit dem Auto direkt ein (enges) Parkhaus anzusteuern (I9, I11, I12).

> „Das geht mit dem Parken eigentlich ganz gut. [...] Also wir würden dann in die Stadt reinfahren, das Auto im Parkhaus abstellen, die Besorgungen erledigen, dann zurückfahren." (I12)

Die dritte Strategie betrifft das Ausweichen auf das Einkaufszentrum in Bochum, also eine Anpassung des Ortes, der die eigenen Bedürfnisse besser erfüllt.

> „Wir waren früher sehr große und intensive Stadtgänger am Wochenende oder mal nachmittags. Das hat sich doch sehr geändert. Weil Sie ja gar nicht mehr mit dem Auto richtig in die Stadt kommen. [...] Man möchte ja auch das Auto aus der Innenstadt raushaben. Deswegen fahren wir da auch nur in seltensten Fällen dann mit'm Auto rein. Deswegen fahren wir dann in den <Name Einkaufszentrum>, weil das natürlich, wenn Sie mit Kind und Kegel da reinfahren, natürlich dreimal praktischer ist, als wenn ich jetzt in die Stadt geh." (I8)

I8 begründet seine Entscheidung, das nah gelegene Einkaufszentrum zu nutzen, mit den Einschränkungen für Autofahrende, die in der Bochumer Innenstadt umgesetzt wurden. Ein reduziertes Parkplatzangebot, Parkgebühren und Durchfahrtsverbote werden als Hürden für das Anfahren der Innenstadt mit dem Auto wahrgenommen. Mit dem Einkaufszentrum gibt es eine Alternative, die ein

Tabelle 7.5 Übersicht Organisation (Skills)

Multimodal	Monomodal Auto
Kleine Einkäufe und Arbeitswege ohne Auto (I1, I2, I3, I4, I5, I7)	Kleine Einkäufe und Arbeitswege ohne Auto (I11, I14)
Also ich fahr ungerne wegen Kleinigkeiten mit dem Auto los und geh' dann eher zu Fuß. (I2)	*Kleinere Einkäufe meist häufig auch zu Fuß. (I11)*
Auto für Wegeketten (I1, I2)	Auto für Wegeketten (I8, I9)
Man kann 'nen Großeinkauf machen, man kann auch was abholen, man kann was wegbringen, die Kinder unterwegs bei bei Freunden abgeben und es [ist] natürlich schon ein bisschen, also wenn man viel vorhat, dann ist das Auto optimaler. (I2)	*Zweitens kann man nicht mehrere Einkaufswege, wenn man nochmal etwas einkaufen möchte, kann man nicht auf einem Weg machen, […] sondern dann muss man immer doch wieder das Auto nehmen. (I8)*
Freizeitwege mit Auto (I3, I4, I5, I6)	Autofreundliche Orte aufsuchen (I8)
Also wir sind viel parallel auch im <Name ländliche Region> unterwegs und fahren öfter mal am Wochenende dahin bzw. Ich bin auch noch im Tennisverein dort. Und fahr einmal die Woche dahin. Also, das sind dann zusätzlich nochmal siebzig Kilometer für eine Strecke, also hundertvierzig insgesamt. (I3) Und an Wochenenden ist es auch, vor allen Dingen, wenn man sein Viertel verlassen will, natürlich dann die erste Wahl. Das, was ich bislang erzählt habe, hat immer hier zu einem gewissen Radius und je weiter der [Weg] ist, desto eher kommt das Auto ins Spiel. (I5)	*Wir waren früher sehr sehr große und intensive Stadtgänger am Wochenende oder mal nachmittags. Das hat sich doch sehr geändert. Weil Sie ja gar nicht mehr mit dem Auto richtig in die Stadt kommen. […] Man möchte ja auch das Auto aus der Innenstadt raushaben. Deswegen fahren wir da auch nur in seltensten Fällen dann mit'm Auto rein. Deswegen fahren wir dann in den <Name Einkaufszentrum>, weil das natürlich, wenn Sie mit Kind und Kegel da reinfahren, natürlich dreimal praktischer ist, als wenn ich jetzt in die Stadt geh. (I8)*
Parkplatzsuche Innenstadt: alternative Verkehrsmittel (I3, I4, I5)	Parkhäuser akzeptieren (I9, I11, I12)

(Fortsetzung)

Tabelle 7.5 (Fortsetzung)

Multimodal	Monomodal Auto
Ich habe ehrlich gesagt keinen Bock, irgendwo ein Parkplatz zu suchen. Da bin ich schneller, wenn ich mit den öffentlichen Verkehrsmitteln fahre oder laufe oder mit dem Fahrrad fahre. (I3)	*Das geht mit dem Parken eigentlich ganz gut. […] Also wir würden dann in die Stadt reinfahren, das Auto im Parkhaus abstellen, die Besorgungen erledigen, dann zurückfahren. (I12)*
Umstiege meiden (I3, I5)	Umstiege im ÖV kosten Zeit (I8, I10, I13, I14)
Wenn ich jetzt nach <Name einer Stadt> zur Arbeit fahre, habe ich die Möglichkeit, mit dem Regionalexpress zu fahren oder mit der S-Bahn. Mit der S-Bahn dauert's, glaube ich, zehn Minuten länger. Aber ich habe den Vorteil, nicht umsteigen zu müssen. Deswegen bevorzuge ich die S-Bahn, damit ich halt nicht umsteigen muss. (I3)	*Ich glaube für den dauerhaften Umstieg wäre eine gute ÖPNV-Anbindung wichtig. Die gibt's jetzt noch nicht. Also ich mag Umsteigen nicht. Das kostet Zeit. (I14)*
ÖV-Nutzung mit Apps (I5)	ÖV-Nutzung mit Apps (I11)
Also man braucht natürlich auch ein bisschen Erfahrung. […] Und das ist heutzutage auch viel einfacher. Die Nahverkehrsunternehmen bieten Apps, mit denen man umgehen kann, wo einem die nächste Haltestelle gezeigt wird. Wie weit der Weg dahin ist. Welche Verbindungen von da aus möglich sind und in welchem Takt. Wenn man da ein bisschen geübt ist. Nutzt man das und fühlt sich auch relativ unabhängig. (I5)	*Mir ist aufgefallen, dass die Apps zum Abrufen von Verbindungen mittlerweile sehr gut sind. Also die Deutsche Bahn App ist super. Damit kommt man super zurecht und kann sich schnell Alternativen raussuchen. Hier in Bochum die Mutti ist total klasse. Das nutze ich super gerne, mittlerweile. (I11)*

(Quelle: Interviews Mobilität in Bochum 2020, eigene Darstellung)

umfangreiches und kostenloses Parkangebot und vielfältige Einkaufsmöglichkeiten bietet. Durch die Wahl des alternativen Ortes kann er weiterhin bequem und ohne Parkgebühren mit dem Auto zum Shopping fahren.

Spezifische Organisationsstrategien werden auch im Kontext der ÖV-Nutzung genannt. Hier geht es einerseits um die klare Bevorzugung von Direktverbindungen (I3, I5, I13, I14) und andererseits die Nutzung der Apps der Verkehrsunternehmen zur Organisation der Reise. Wenn möglich, werden Direktverbindungen im ÖV bevorzugt. Dafür werden auch kurze Fahrzeitverlängerungen in Kauf genommen.

„Wenn ich jetzt nach <Name einer Stadt> zur Arbeit fahre, habe ich die Möglichkeit, mit dem Regionalexpress zu fahren oder mit der S-Bahn. Mit der S-Bahn dauert's, glaube ich, zehn Minuten länger. Aber ich habe den Vorteil, nicht umsteigen zu müssen. Deswegen bevorzuge ich die S-Bahn, damit ich halt nicht umsteigen muss." (I3)

Umstiege werden von multimodalen Personen und monomodalen Autofahrer:innen als „Zeitfresser" genannt (I3, I5, I8, I10, I13, I14). Verbindungen mit einem oder sogar mehreren Umstiegen sind unattraktiv und können zum Ausschluss des ÖVs als Alternative führen. Die Nutzung der öffentlichen Verkehrsmittel für ausgewählte geeignete Verbindungen – meist Direktverbindungen – ist die einzige Variante, wie die ÖV-Nutzung im Alltag in den Interviews beschrieben wird.

Die Apps werden von Interviewten als hilfreich und Erleichterung bei der ÖV-Nutzung hervorgehoben.

„Also man braucht natürlich auch ein bisschen Erfahrung. […] Und das ist heutzutage auch viel einfacher. Die Nahverkehrsunternehmen bieten Apps, mit denen man umgehen kann, wo einem die nächste Haltestelle gezeigt wird. Wie weit der Weg dahin ist. Welche Verbindungen von da aus möglich sind und in welchem Takt. Wenn man da ein bisschen geübt ist. Nutzt man das und fühlt sich auch relativ unabhängig." (I5)

I5 verweist darauf, dass die ÖV-Nutzung auch Organisationserfahrung erfordert. Man muss die relevanten Haltestellen kennen und die Abfahrtzeiten. Die Apps bieten all diese Informationen aktuell und meist für mehrere Alternativen. Zudem kann direkt das passende Ticket gekauft werden. Dies wird als große Unterstützung wahrgenommen.

Zusammenfassung

Die Interviews geben einen detaillierteren Einblick, wie die unterschiedlichen Verkehrsmittel zur Organisation des Alltags eingesetzt werden. Dabei fällt auf, dass das Auto bevorzugt wird, wenn aufgrund der Distanz Alternativen unmöglich oder unattraktiv sind oder wenn Wegeketten eine hohe Flexibilität erfordern. Hier gibt es kaum Unterschiede zwischen multimodalen Personen und monomodalen Autofahrer:innen. Die Autoabhängigkeit hängt mit gewachsenen Raumstrukturen (Suburbanisierung, Funktionsentmischung, Einkaufszentren in Stadtrandlage) zusammen. Vielfältige Freizeitangebote außerhalb der Kernstadt und hohe Mobilität von Familien mit beispielsweise zwei erwerbstätigen Elternteilen schließen Alternativem zum Auto quasi aus (Canzler und Knie 1998, S. 59–60).

Attraktive Gelegenheiten für die Fahrrad- oder ÖV-Nutzung ergeben sich, wenn eine Parkplatzsuche und möglicherweise Parkgebühren erwartet werden oder wenn durch schnelle Direktverbindungen des ÖVs die Vorteile des Autos nicht überwiegen. Aus den Interviews konnte allerdings auch herausgearbeitet werden, dass die Parkplatzsuche ebenfalls mit der Anpassung des Ziels vermieden werden kann. Die Anpassung des Ziels ermöglicht weiterhin die bequeme Autonutzung. Als zentrale Treiber multimodaler Mobilität können kurze Distanzen und die Parkplatzsuche identifiziert werden, als zentrale Einschränkung Umstiege im ÖV.

7.3.3 Zeitmanagement

Einige Verhaltensroutinen betreffen das Zeitmanagement. In den Interviews wurden Strategien oder bewährte Verhaltensweisen angesprochen, mit denen Verzögerungen möglichst vermieden werden sollen (vgl. Tabelle 7.6).

Eine Zeitmanagementstrategie besteht darin, die Autonutzung zu den Stoßzeiten zu vermeiden (I8, I10, I13, I14). Hierbei helfen ein früher Arbeitsbeginn (I8), Gleitzeit (I14), früher Arbeitsschluss (I10) oder die zeitliche Flexibilität als Rentner (I13).

„Also ich versuche, Stoßzeiten zu vermeiden. Also ich fahr jetzt nicht um sechzehn Uhr hier irgendwo hin, wenn es nicht sein muss. Deswegen ist es für mich immer relativ entspannt auf der Straße." (I14)

Auch multimodale Personen nennen das hohe Verkehrsaufkommen im Berufsverkehr als Einschränkung für die Autonutzung. Anstatt des Ausweichverhaltens auf andere Uhrzeiten wird der Umstieg auf den ÖV als Vermeidungsstrategie genannt. Um den Berufsverkehrsstau auf der Autobahn zu vermeiden, pendeln I1 und I3 mit den Regionalbahnen zur Arbeit. Die Erfahrung hat gezeigt, dass die Fahrzeiten aufgrund von Staus so stark variieren, dass der ÖV als zuverlässigere Alternative empfunden wird.

„Dass ich mich nicht stundenlang in den Stau stellen muss, also vom zeitlichen Aspekt her. […] fahr ich durchaus auch über die A40 'ne Stunde hin und zurück. Und das kann ich auch mit der Bahn schaffen. Und in die Bahn kann ich mich entspannt reinsetzen." (I3)

Die ÖV-Nutzung ist immer mit der Herausforderung der letzten Meile verbunden. Um auch die Wege zwischen den Haltestellen und dem Zielort schnell und flexibel überwinden zu können, greifen einige Interviewte auf einen Cityroller (I3) oder das Fahrrad (I1, I7) zurück und nehmen diese mit in den Zug. Die Kombination des ÖVs mit kleinen Individualverkehrsmitteln stellt eine wichtige Strategie zur Attraktivitätssteigerung dar.

Für kurze Wege wird von multimodalen Personen (I1, I2, I7) meist das Fahrrad als schnellstes Verkehrsmittel eingesetzt. Die wesentlichen Vorteile liegen darin, dass die Parkplatzsuche entfällt und das Ziel direkt angefahren werden kann.

> „Bei kürzeren Strecken brauche ich mit dem Fahrrad genau so lange wie mit dem mit dem Auto und ich muss keinen Parkplatz suchen. Ich bin direkt am Ziel. Das ist einfach der Vorteil." (I7)

Auch E-Scooter werden verwendet, um kurze Distanzen möglichst schnell zu überwinden. In den Interviews werden E-Scooter eher von Personen angesprochen, die monomodal das Auto nutzen. Dabei ersetzen E-Scooter meist Fußwege beispielsweise zur Haltestelle oder Arbeit. Ein wesentlicher Vorteil der E-Scooter liegt in der passiven Fahrweise, sodass man nicht verschwitzt bei der Arbeit ankommt (I14).

Zusammenfassung
Die Analyse des Zeitmanagements hat gezeigt, dass Alternativen zum Auto meist erst dann attraktiv werden, wenn sie einen zeitlichen Vorteil bringen. Die Nutzung des durchschnittlich schnellsten Verkehrsmittels wird bei der Verkehrsmittelwahl durchaus berücksichtigt. Für den ÖV ergibt sich die zusätzliche Herausforderung der letzten Meile. Cityroller, Fahrrad und E-Scooter bieten hier jedoch emissionsfreie Alternativen, die in den Interviews als alltagstauglich thematisiert werden.

Die Autonutzung ist besonders im Berufsverkehr unattraktiv. Während einige, die zeitlich flexibel sind, diese Uhrzeiten meiden, weichen andere auf Verkehrsmittelalternativen aus. Das Fahrrad gewinnt auf kurzen Strecken und durch den Wegfall der Parkplatzsuche einen Zeitvorteil und damit an Attraktivität.

7.3.4   Kennen der Wege

Entspanntes Autofahren (in Städten) erfordert häufig eine gute Ortskenntnis. Wer lange in der gleichen Stadt lebt und sich gut auskennt, nimmt diese Kompetenz

Tabelle 7.6 Übersicht Zeitmanagement (Skills)

Multimodal	Monomodal Auto
ÖV (Regionalbahn) schneller als Stau (I1, I3)	Stoßzeiten/Berufsverkehr vermeiden (I8, I13, I14)
Dass ich mich nicht stundenlang in den Stau stellen muss, also vom zeitlichen Aspekt her. [...] fahr ich durchaus auch über die A40 'ne Stunde hin und zurück. Und das kann ich auch mit der Bahn schaffen. Und in die Bahn kann ich mich entspannt reinsetzen. (I3)	*Also ich versuche, Stoßzeiten zu vermeiden. Also ich fahr jetzt nicht um sechzehn Uhr hier irgendwo hin, wenn es nicht sein muss. Deswegen ist es für mich immer relativ entspannt auf der Straße. (I14)*
Fahrrad oder Cityroller mit in Bahn nehmen (I1, I3, I7)	E-Scooter um schneller zur Haltestelle/ Arbeit zu kommen (I11, I14)
Wir haben selber noch so'n Roller, den nehm [ich] in der Bahn immer mit, um dann von dem Bahnhof in <Name einer Stadt> zur Arbeitsstelle zu fahren. Also so ein Cityroller ist das im Prinzip. Das hat sich aber bewährt, weil man ihn einfach gut zusammenklappen kann und in der Bahn dann mittransportieren kann. [...] Das funktioniert ganz gut und man spart halt nochmal Zeit. (I3)	*Zum Beispiel weiß ich nicht, wenn ich die U-Bahn bekommen muss und merke, dass ich spät dran bin, dann schnappe ich mir schon mal schnell einen E-Scooter hier in der Nachbarschaft und fahre zu der U-Bahn-Haltestelle. (I11)*
Fahrrad fahren, da es schneller ist (I1, I2, I7)	
Bei kürzeren Strecken brauche ich mit dem Fahrrad genau so lange wie mit dem mit dem Auto und ich muss keinen Parkplatz suchen. Ich bin direkt am Ziel. Das ist einfach der Vorteil. (I7)	
(Quelle: Interviews Mobilität in Bochum 2020, eigene Darstellung)	

meist kaum mehr wahr bzw. greift im Alltag ständig unbewusst darauf zurück. Einige der monomodalen Autofahrer:innen leben bereits seit ihrer Kindheit in Bochum (I8, I9, I12, I13). Diese Personen bringen also gute Ortskenntnis und praktische Autoerfahrung mit.

> „Ja, in Bochum komme ich sehr gut zurecht, weil ich mich halt auskenne. Ich kenne jede Ecke, jede kleine Gasse, wo man mal was abkürzen kann oder wo man vielleicht noch parken kann." (I13)

„Also es ist deutlich von Vorteil, wenn man weiß, wann eine Spur auf einmal endet,
um sie rechtzeitig vorher zu wechseln, sodass man vorausschauend fahren kann." (I4)

Um einfach draufloszufahren, muss man sich erst geeignete Routen erschließen.
Dies wird im Autoalltag manchmal weniger wahrgenommen, trifft aber ebenso
auf die Auto- wie die Fahrrad- oder ÖV-Nutzung zu. Die Bedeutung der
Ortskenntnis manifestiert sich in den Erzählungen mancher Interviewten, die
zugezogen sind (I2, I3, I4, I11). Dass auch Autofahren in einer neuen Stadt nicht
immer einfach ist, zeigt die folgende Beschreibung:

„Ich erkämpfe mir meine Wege momentan noch so ein wenig und fahre dann die
Wege, die ich kenne. Wenn diese dann immer wieder gesperrt sind, ist das manchmal
ein bisschen schwierig." (I11)

Unter den multimodalen Personen erklären dagegen einige Zugezogene, dass sie
zum Kennenlernen einer neuen Stadt das Fahrrad oder Zufußgehen bevorzugen.
Diese Fortbewegungsmöglichkeiten sind langsamer, wodurch die Umgebung besser beobachtet werden kann. Zudem fördern kleine Umwege die Orientierung
(vgl. Tabelle 7.7).

Die Notwendigkeit bekannter bzw. geeigneter Routen wird vor allem im
Kontext des Fahrradfahrens hervorgehoben.

„Wenn man die Wege kennt, die man fahren muss, um von A nach B zu kommen, dann
gibt's auch die Wege, die man nutzen kann, jenseits der stark befahrenen Straßen."
(I1)

Beim Fahrradfahren geht es oft darum, andere Routen zu wählen als die Autofahrenden, um stark befahrene oder enge Straßen zu vermeiden. Dies gelingt, indem
Nebenstraßen und für Autos unzugängliche Wege wie Schrebergärten oder umgebaute Bahntrassen genutzt werden. Da diese jedoch für Autos unzugänglich sind,
ist hierzu Fahrradpraxis erforderlich.

Zusammenfassung
Die Kenntnis geeigneter Wege ist primär für die Nutzung der Individualverkehrsmittel Auto und Fahrrad wichtig. Die Basis für Orientierung und Ortskenntnis
bildet praktische Erfahrung. Unter den multimodalen Personen hat sich die Erkun-
dung neuer Wege und unbekannter Städte mit dem Fahrrad und zu Fuß bewährt.
Langsamkeit und die Flexibilität, auch für Autos unzugängliche Wege zu nutzen, erleichtern die Orientierung. Die Autonutzung und Parkplatzsuche in Städten

ohne Ortskenntnis werden dagegen auch von routinierten Autofahrenden als anstrengend beschrieben.

7.3.5 Stressmanagement

In den Interviews werden manchmal Situationen bei der Verkehrsmittelnutzung angesprochen, die beängstigen, als unangenehm empfunden werden oder Stress hervorrufen. Thematisierte Möglichkeiten und Strategien, mit diesen Ängsten und dem Stress umzugehen, werden unter dem Begriff Stressmanagement erläutert (vgl. Tabelle 7.8).

Ein Thema, das häufiger von multimodalen Personen angesprochen wird, ist das Vermeiden der Parkplatzsuche. Da die Situation zur Verhaltensanpassung führt, wird sie hier unter Stressmanagement beschrieben, auch wenn Stress nicht direkt erwähnt wird.

> „Ja, das ist auch der Grund, warum ich öfter mal Fahrradfahre, muss ich ehrlich gestehen. Also wenn ich einen Parkplatz habe, bin ich froh da drüber. Und dann überlege ich mir auch wirklich, ob ich wirklich mit dem Auto fahren muss oder ob man vielleicht sagt, man macht eine Hälfte einkaufen und die andere Hälfte dann morgen, wenn wieder ein Wochenende ist, sind ja sowieso alle unterwegs. Dann kriegt man eher einen Parkplatz." (I2)

Tabelle 7.7 Übersicht Kennen der Wege (Skills)

Multimodal	Monomodal Auto
Auto ist einfach, wenn man sich auskennt (I4)	Auto ist einfach, wenn man sich auskennt (I12, I13)
Also es ist deutlich von Vorteil, wenn man weiß, wann eine Spur auf einmal endet, um sie rechtzeitig vorher zu wechseln, sodass man vorausschauend fahren kann. (I4)	*Ja, in Bochum komme ich sehr gut zurecht, weil ich mich halt auskenne. Ich kenne jede Ecke, jede kleine Gasse, wo man mal was abkürzen kann oder wo man vielleicht noch parken kann. (I13)*
Neue Stadt mit dem Fahrrad erkunden (I2, I3, I4)	Sich die Wege mit dem Auto „erkämpfen" (I11)
Wir sind auch nicht hier Bochum aufgewachsen und sind auch erst zugezogen. Deswegen kennen wir uns jetzt auch nicht perfekt aus und das macht es einfacher, das mit dem Fahrrad oder zu Fuß zu machen. (I3)	*Ich erkämpfe mir meine Wege momentan noch so ein wenig und fahre dann die Wege, die ich kenne. Wenn diese dann immer wieder gesperrt sind, ist das manchmal ein bisschen schwierig. (I11)*

(Fortsetzung)

Tabelle 7.7 (Fortsetzung)

Multimodal	Monomodal Auto
Abseits der Hauptstraßen Fahrradfahren (I1, I2, I4)	Abseits der Hauptstraßen Fahrradfahren (I14)
Wenn man die Wege kennt, die man fahren muss, um von A nach B zu kommen, dann gibt's auch die Wege, die man nutzen kann, jenseits der stark befahrenen Straßen. (I1)	*Also man findet als Radfahrer immer einen relativ einfachen Weg, Erschwernisse zu umfahren. (I14)*
In Bochum aufgewachsen (I6)	In Bochum aufgewachsen (I8, I9, I12, I13)
Weil ich bin in dem Ortsteil nie wirklich angekommen. Ich bin in <Stadtteil Bochums> geboren. (I6)	*Ja, in Bochum komme ich sehr gut zurecht, weil ich mich halt auskenne. Ich kenne jede Ecke, jede kleine Gasse, wo man mal was abkürzen kann oder wo man vielleicht noch parken kann. […] Ich bin ja hier aufgewachsen. (I13)*
(Quelle: Interviews Mobilität in Bochum 2020, eigene Darstellung)	

Um diese unangenehme Situation der Parkplatzsuche zu vermeiden, werden möglichst andere Verkehrsmittel wie das Fahrrad gewählt. Die Autonutzung wird dann auf Zeiten verlagert, in denen die Parkplatzsuche einfacher ist.

Ein Senior (I13) berichtet, dass er Pfefferspray mitnimmt, wenn er mit den öffentlichen Verkehrsmitteln unterwegs ist. Er begründet dies mit Nachrichten von tätlichen Angriffen im ÖV und seiner gefühlten Hilflosigkeit, da er sich nicht wehren kann. Diese Strategie führt dazu, dass er sich in Bus und Bahn „sicher" fühlt und diese weiter nutzt.

Das Gegenmodell dazu ist die komplette Vermeidung eines Verkehrsmittels aufgrund wahrgenommener Gefahr. Im folgenden Beispiel wird Fahrradfahren als gefährlich wahrgenommen.

> „Und ich seh das ja selbst, wenn ich Autofahrer bin, wenn dann auch Fahrräder die gleiche Fahrbahn benutzen. Das wird schwierig, ne? […] Dann finde ich es auch zu gefährlich. Das muss ich sagen. Dann nehme ich davon lieber Abstand." (I12)

I12 hat als Autofahrer gefährliche Situationen für Fahrradfahrende beobachtet und schließt daraus, lieber kein Fahrrad zu fahren. Hier führen also nicht eigene Erfahrungen zu Vermeidungsstrategien, sondern Erzählungen, Berichte oder passives Erleben beeinflussen die Wahrnehmung der Verkehrsmittel und das Nutzungsverhalten.

Ein Beispiel, das den aktiven Stressabbau – anstatt der Stressvermeidung – durch die Verkehrsmittelnutzung beschreibt, ist die Fahrradnutzung auf dem Arbeitsweg.

> „Also, es ist direkt ein Erholungsaspekt. Wenn man zur Arbeit fährt, vielleicht noch nicht so, aber vielleicht auch schon. Aber vor allen Dingen von der Arbeit weg. [...] Fahr auf jeden Fall mit dem Fahrrad, denn dann bist du zuhause angekommen und bist schon so ein bisschen wieder raus. Also weil man sich dann körperlich schon direkt, so ein bisschen rausgebeamt hat aus seinem Stress, den man da gerade so hatte." (I4)

Die Interviewte erklärt, dass die körperliche Aktivität beim Fahrradfahren zum Stressabbau führt und sie damit den Stress der Arbeit nicht mit nach Hause nimmt. Der Vergleich der beiden letzten Zitate zeigt, wie stark die Wahrnehmung von Fahrradfahren auseinander geht. Einerseits wird Fahrradfahren (im Alltag) wegen des Stressaufbaus ausgeschlossen, andererseits wird Fahrradfahren gezielt zum Stressabbau eingesetzt und als Erholung beschrieben.

Zusammenfassung

Eine schwierige Parkplatzsuche und wahrgenommene Unsicherheit bei der Fahrrad- oder ÖV-Nutzung sind Situationen, die zur Anpassung des Mobilitätsverhaltens führen. Während eine Strategie ist, das Verkehrsmittel gänzlich zu meiden, passen andere die Verkehrsmittelnutzung an, indem sie bestimmte Uhrzeiten

Tabelle 7.8 Übersicht Stressmanagement (Skills)

Multimodal	Monomodal Auto
Parkplatzsuche meiden (I2, I3)	Pfefferspray mit in der Bahn (I13)
Ja, das ist auch der Grund, warum ich öfter mal Fahrradfahre, muss ich ehrlich gestehen. Also wenn ich einen Parkplatz habe, bin ich froh da drüber. Und dann überlege ich mir auch wirklich, ob ich wirklich mit dem Auto fahren muss oder ob man vielleicht sagt, man macht eine Hälfte einkaufen und die andere Hälfte dann morgen, wenn wieder ein Wochenende ist, sind ja sowieso alle unterwegs. Dann kriegt man eher einen Parkplatz. (I2)	*Wenn ich mit der Bahn fahre, habe ich immer ne Dose Pfefferspray in der Tasche. [...] Und zwar ganz einfach aus dem Grund, [...] Ich kann mich nicht wehren. Körperlich nicht. Ich habe auch nie irgendwie Selbstverteidigung oder sowas gemacht. Aber mit sowas könnte ich mir vorstellen, hätte man noch eine gewisse Chance. (I13)*

(Fortsetzung)

Tabelle 7.8 (Fortsetzung)

Multimodal	Monomodal Auto
Fahrradfahren zum Stressabbau (I4)	Fahrradfahren ist stressig/gefährlich (I9, I12)
Also, es ist direkt ein Erholungsaspekt. Wenn man zur Arbeit fährt, vielleicht noch nicht so, aber vielleicht auch schon. Aber vor allen Dingen von der Arbeit weg. [...] Fahr auf jeden Fall mit dem Fahrrad, denn dann bist du zuhause angekommen und bist schon so ein bisschen wieder raus. Also weil man sich dann körperlich schon direkt, so ein bisschen rausgebeamt hat aus seinem Stress, den man da gerade so hatte." (I4)	*Und ich seh das ja selbst, wenn ich Autofahrer bin, wenn dann auch Fahrräder die gleiche Fahrbahn benutzen. Das wird schwierig, ne? [...] Dann finde ich es auch zu gefährlich. Das muss ich sagen. Dann nehme ich davon lieber Abstand. (I12)*

(Quelle: Interviews Mobilität in Bochum 2020, eigene Darstellung)

meiden. Als positiver Nebeneffekt wird der Stressabbau durch die körperliche Aktivität beim Fahrradfahren in einem Interview thematisiert.

7.3.6 Körperliche Einschränkungen

Körperliche Einschränkungen sind eine nicht oder wenig beeinflussbare Tatsache, die die Verkehrsmittelnutzung und Mobilität einer Person einschränken. Sie spielen in den Interviews kaum eine Rolle. Unter den Senioren sind zwei Männer, die den Einfluss ihrer (zeitweisen) körperlichen Einschränkungen auf das Zufußgehen bzw. Fahrradfahren erzählen (vgl. Tabelle 7.9).

> „Früher hätte ich dann eher [gesagt] laufen wir mal ein Stück mehr. Aber ich bin auch sehr schlecht zu Fuß. Seit einiger Zeit, seit drei, vier Jahren." (I13)

Mit zunehmendem Alter nimmt der Anteil der Personen mit körperlichen Einschränkungen zu. In diesem Zusammenhang wird auch hervorgehoben, dass das Auto meist das zuverlässigste Verkehrsmittel im Alter ist.

> „Man erhält sich auch einen Teil der Mobilität, wenn man nicht mehr so gut zu Fuß ist. [...] Da können sie noch so schlecht zu Fuß sein, Autofahren können Sie noch." (I5)

Mangelnde Barrierefreiheit und Fußwege machen die ÖV-Nutzung für Menschen mit körperlichen Einschränkungen unattraktiv. Das Auto bietet hier eine Alternative, womit die meisten Ziele direkt angesteuert werden können. Während Pedelecs unter den jungen Interviewten durchweg positiv bewertet werden, kommen von einem Senior (I5) auch kritische Hinweise. Er beschreibt seine Erfahrungen mit dem Pedelec als negativ. Pedelecs sind schwerer und schneller als normale Fahrräder und damit schwieriger zu nutzen bzw. erfordern mehr Kraft und schnellere Reaktionen. Dies kann für ältere Personen zur Überforderung führen. Unfälle und Angst sind die Folge.

Zusammenfassung
Da Personen mit körperlichen Einschränkungen im Sample nicht ausdrücklich berücksichtigt wurden, werden körperliche Einschränkungen in den Interviews vor allem als Thema im Alter angesprochen. Da Autofahren deutlich weniger körperliche Fitness erfordert als die Fahrrad- und ÖV-Nutzung, stellt das Auto eine Art Mobilitätsgarantie fürs Alter dar.

7.4 Treiber des Mobilitätshandelns (Appropriation)

Appropriation, also die Aneignung eines Verkehrsmittels, erfolgt über die subjektive Interpretation der Zugangsmöglichkeiten und Fähigkeiten. Appropriation, auch kognitive Appropriation genannt, bildet damit die entscheidende Brücke zur Überführung von Zugang und Fähigkeiten in Handlungen. Diese Aneignung umfasst funktionale Aspekte der Verkehrsmittel, aber auch symbolische Faktoren und Repräsentationen auf gesellschaftlicher Ebene (vgl. die symbolisch-emotionalen Motive in Abschnitt 4.3.2). Welches Verkehrsmittel ich nehme, hängt damit zusammen, ob *ich* davon ausgehe, dass es kompatibel ist, z. B. das Fahrrad für eine kurze Strecke, das Auto zum Transport des Einkaufs, und wie ich es in meinen Wertekanon integriere, z. B. das E-Auto bei hohem Umweltbewusstsein, das Fahrrad wegen Gesundheit und Sport. Appropriation basiert einerseits auf eigenen Erfahrungen und deren Interpretation und andererseits auf kollektiven Repräsentationen und gesellschaftlichen Diskursen (Flamm und Kaufmann 2004, S. 16). Hinzu kommt, dass die Verkehrsmittelnutzung weitere Funktionen unabhängig von der primären Funktion der Ortsveränderung erfüllen kann. Dazu zählt zum Beispiel der geschützte Raum, den ein Auto bietet, etwa vor unangenehmem Wetter, aber auch vor unangenehmen Begegnungen (Flamm und Kaufmann 2004, S. 14).

Tabelle 7.9 Übersicht körperliche Einschränkungen (Skills)

Multimodal	Monomodal Auto
Zeitweise schlecht zu Fuß, kein Fahrradfahren (I5)	Schlecht zu Fuß (I13)
Ich bin da aus dem Arbeitsleben sozusagen ausgeschieden. Ich hatte auch einen Arbeitsunfall. […] Das Fahrrad nutze ich jetzt schon seit drei, vier Jahren nicht mehr seit dem Unfall. (I5)	*Früher hätte ich dann eher [gesagt] laufen wir mal ein Stück mehr. Aber ich bin auch sehr schlecht zu Fuß. Seit einiger Zeit, seit drei, vier Jahren. (I13)*
Pedelecunfälle (I5)	
Und ja, als das Thema Pedelec aufkam, haben wir uns Pedelecs angeschafft und das war in meinen Augen eher eine Fehlentscheidung. Also für mich die sind ziemlich schwer, die sind schnell. Und die sind für Ungeübte so würde ich es schon fast sagen, können die auch gefährlich sein. Ich hab so viel Leute stürzen sehen vor meinen Augen, ne? Und ich bin selbst auch zweimal gestürzt. Weill man das Handling erstmal nicht so hatte, ne? Und man unterschätzt das auch ein wenig. (I5)	
Autonutzung im Alter (I5)	
Man erhält sich auch einen Teil der Mobilität, wenn man nicht mehr so gut zu Fuß ist. […] Da können sie noch so schlecht zu Fuß sein, Autofahren können Sie noch. (I5)	

(Quelle: Interviews Mobilität in Bochum 2020, eigene Darstellung)

Im Folgenden werden zentrale Motive bzw. Einstellungen und wichtige sekundäre Funktionen der Verkehrsmittelnutzung vorgestellt, die in den Interviews angesprochen wurden.

7.4.1　Motive

Bei der Frage, ob ein Verkehrsmittel genutzt wird und damit als geeignet eingestuft wird, sind auch die individuellen Motive und Präferenzen der Personen entscheidend. Einige typische Motive wie beispielsweise Komfort,

Umweltbewusstsein und Sicherheit wurden im Theorieteil (Abschnitt 4.3) bereits angesprochen. In den Interviews werden subjektive Motive als förderliche oder hemmende Faktoren für die Nutzung eines Verkehrsmittels beschrieben. Flexibilität, Sicherheit und Umweltbewusstsein werden dabei als wichtige Argumente thematisiert.

Flexibilität bedeutet für die Befragten, dass sie ungebunden sind, was die Zeit und den Ort betrifft.

> „Ja, ich bin sehr flexibel. Ich kann selbst entscheiden, wann und wohin ich fahre." (I14)

> „Ja, und dann ist halt immer die Frage Zeit, Flexibilität und Aufwand. Ne? Und wenn da das Optimum quasi am Ende fürs Fahrrad oder für die Bahn rauskommt, dann wird man sich auch eher dafür entscheiden, ne?" (I7)

Da das eigene Auto praktisch immer zur Verfügung steht und mit ihm fast alle Orte direkt angesteuert werden können, wird meist die Autonutzung als flexibel wahrgenommen. Fahrrad und Bahn sind nur dann attraktiv, wenn Orte ähnlich schnell und direkt erreichbar sind (vgl. Umstiege in Abschnitt 7.3.2). Während I7 noch auf den situativen Abwägungsprozess zwischen den Verkehrsmitteln hinweist, ist bei den befragten monomodalen Autofahrer:innen das Auto bereits als flexibelstes Verkehrsmittel „abgespeichert" und situative Abwägungsprozesse finden nicht statt. Die wahrgenommene Flexibilität eines Verkehrsmittels hängt auch mit den eigenen Anforderungen und Spielräumen an die Mobilität zusammen. Während manche das Auto auf dem Arbeitsweg als flexibel empfinden und dafür den Berufsverkehr (zeitlich) meiden, meiden andere das Auto und empfinden Bahn oder Fahrrad im Berufsverkehr als zuverlässiger (vgl. Abschnitt 7.3.3).

Während Sicherheit primär mit dem Auto verknüpft wird, spielen Unsicherheitsgefühle als hemmender Faktor bei der Fahrrad- oder ÖV-Nutzung eine Rolle. Der Ausschluss des Fahrrads als Verkehrsmittel aufgrund der Einstufung als gefährlich wurde bereits unter dem Aspekt Stressmanagement ausgeführt (Abschnitt 7.3.5). In Bezug auf den ÖV werden Erfahrungen mit unangenehmen Personen oder sogar die Angst vor körperlicher Gewalt (Abschnitt 7.3.5 und Tabelle 7.10) als Nutzungshindernis genannt.

> „Und dann gibt's da noch andere Dinge wie Sauberkeit oder Sicherheit. Das ist im öffentlichen Nahverkehr auch schon mal ein Problem. Wenn man zu bestimmten Zeiten fährt, dass man sich dann schon mal in Gesellschaft findet, wo man sich nicht so wohl fühlt, ne?" (I5)

Positive (Tabelle 7.10, I11) und negative Erfahrungen (I5, I9) bei der Benutzung der öffentlichen Verkehrsmittel sowie der Umgang damit werden von den Befragten sehr unterschiedlich geschildert. Zentral für die Untersuchung der Motility einer Person ist, dass unangenehme Begegnungen im ÖV als Nutzungshindernis (I5, I9) beschrieben werden und zum Ausschluss des ÖVs als Option führen können.

Umweltbewusstsein oder der Wunsch, bei der eigenen Mobilität CO_2-Emissionen zu reduzieren, werden von multimodalen Personen (I1, I2, I4) und monomodalen Autofahrer:innen (I11, I13, I14) genannt. Während die multimodalen Personen darin ein Argument sehen, das Fahrrad anstatt des Autos zu nutzen, dominieren bei den monomodalen Autofahrer:innen Fußwege, E-Scooter oder ein E-Auto als Alternative. Für das gleiche Ziel „umweltverträgliche Mobilität" haben die Interviewten dementsprechend unterschiedliche Strategien und Routinen entwickelt.

„Also mit dem Fahrrad habe ich immer ein besseres Gewissen." (I4)

„Der Umweltfaktor spielt für mich auch noch mit rein. Ich versuche das schon zu vermeiden mit dem Auto zu fahren. Daher auch die vielen Fußwege." (I11)

Ein weiteres Motiv ist der Spaß am Fahrradfahren.

„Fahrradfahren macht Spaß, ganz einfach." (I6)

Gerade von den Personen, die im Alltag viel Fahrradfahren (I1, I2, I4, I6, I7), wird der Spaß am Fahrradfahren hervorgehoben. Damit wird deutlich, dass neben den scheinbar rationalen Motiven wie Schnelligkeit auch die symbolischen Motive wie Erlebnis bzw. Spaß die Verkehrsmittelwahl beeinflussen (vgl. Abschnitt 4.3.2).

Zuletzt wird noch die Bequemlichkeit bei der Autonutzung als häufig thematisiertes Nutzungsargument vorgestellt. Die Bequemlichkeit der Autonutzung wird von multimodalen Personen und von monomodalen Autofahrer:innen übereinstimmend als Argument für die Autonutzung angeführt.

„Ja, das ist denke ich mal so das Hauptaugenmerk und klar ist es auch ein Teil Bequemlichkeit. Logisch, wenn man das Auto dann vor der Tür stehen hat." (I8)

Die stetige Verfügbarkeit des Autos und seine universale Einsatzmöglichkeit unabhängig von Wetter oder Distanz steigern seine Attraktivität. Während manche mit Bequemlichkeit weniger Organisationsaufwand assoziieren (I8), meint

Bequemlichkeit für andere eher körperliche Bequemlichkeit, weil sie sich beim Autofahren weniger anstrengen müssen als beim Fahrradfahren (I4).

Ein zentraler Unterschied zwischen den multimodalen Personen und den monomodalen Autofahrer:innen zeigt die subjektive Wahrnehmung oder Einstellung zum Auto als Verkehrsmittel.

> „Es ist für mich eine Ergänzung und wichtig, [für] das Gefühl unabhängig zu sein. Ich bin nicht auf den Nahverkehr angewiesen sozusagen, ne? Wenn ich sage nein, da fahre ich nicht mit dem mit Bus und Bahn und dann brauch ich das auch nicht. [...] Sondern, wenn dann hat es schon mal auch was mit Bequemlichkeit zu tun oder mit Komfort. Aber meistens mit der Praxis. Ist es gerade nützlich oder brauche ich es nicht?" (I5)

I5 betont dabei die Bedeutung des Autos als ergänzendes Verkehrsmittel, weil die Abhängigkeit vom ÖV als einschränkend empfunden wird. Im Alltag finden dann Abwägungsprozesse statt, ob das Auto gerade gebraucht wird oder das Ziel mit anderen Verkehrsmitteln erreicht werden kann. Die Abwägungsprozesse in der individuellen Mobilitätssituation beschreibt auch I7 (Tabelle 7.10, Flexibilität).

Deutlich emotionaler dagegen wirkt das folgende Zitat eines monomodalen Autonutzers:

> „Also ich bin ins Auto reingewachsen quasi. Ja, da bin ich mit verheiratet könnte [man] bald sagen, ja. Also das wäre das Schlecht- Schlimmste, wenn ich das nicht mehr machen könnte." (I13)

Die emotionale Beziehung zum Auto wird mit der Metapher der Ehe beschrieben („bin ich mit verheiratet") und der Verlust der Automobilität wird als „das Schlimmste" bezeichnet. Im Vergleich zur Nützlichkeit des Autos bei I5, beschreibt I13 eher eine tiefe Verbundenheit oder Abhängigkeit vom Auto. Auf einer persönlichen Ebene werden damit Unterschiede zwischen multimodalen Personen und monomodalen Autofahrer:innen deutlich, die sich auf deren Mobilitätsfähigkeit auswirken. Spaß am Fahrradfahren und Offenheit gegenüber unterschiedlichen Verkehrsmitteln stellen sich als Ressourcen für multimodales Mobilitätsverhalten heraus, eine hohe emotionale Bindung zum Auto und starkes Unsicherheitsempfinden dagegen als Hemmnisse.

Zusammenfassung

Die Einstellungen zu den Verkehrsmitteln prägen das Mobilitätsverhalten. Während Spaß am Fahrradfahren fast schon als Voraussetzung für dessen Nutzung angesehen werden kann, schränken Sicherheitsbedenken die Verkehrsmittelwahl

stark ein. Unsicherheitsgefühle werden mit der Fahrrad- und ÖV-Nutzung verknüpft. Selten führt dies zu Anpassungsstrategien (Pfefferspray I13), häufiger zum
Ausschluss eines Verkehrsmittels als Option (I5, I9, I12).

Während von multimodalen Personen Abwägungsprozesse zwischen Verkehrsmitteln beschrieben werden, um situativ das flexibelste Verkehrsmittel zu wählen,
wird Flexibilität von monomodalen Autofahrer:innen meist ausschließlich mit
dem Auto assoziiert. Interessant ist, dass Umweltbewusstsein bei multimodalen Personen und monomodalen Autofahrer:innen als wichtiges Motiv für die
eigene Verkehrsmittelwahl genannt wird. Während multimodale Personen primär
auf das Fahrrad und den ÖV auf klassische Alternativen zum Auto setzen, gehen
monomodale Personen zu Fuß, nutzen E-Scooter oder ein Elektroauto.

Bequemlichkeit als Nutzungsargument wird im reduzierten Organisationsaufwand der Autonutzung gegenüber anderen Verkehrsmitteln konkret, wenn
beispielsweise weder Fahrpläne noch Wetter überprüft werden müssen, oder in
der im Vergleich zur Fahrradnutzung körperlichen Passivität des Autofahrens.

7.4.2 Sekundäre Funktionen der Verkehrsmittelnutzung

Als sekundäre Funktionen führen Flamm und Kaufmann (2004, S. 13–14) in
ihrem Aufsatz Aspekte wie Privatsphäre oder den Schutz vorm Wetter ein. Mit
sekundären Motiven sind also Pluspunkte oder Nutzungsmotive gemeint, die
über den eigentlichen Transportzweck hinausgehen und als Zusatznutzen auf
die Verkehrsmittelnutzung wirken. Während sich Flamm und Kaufmann (2004)
auf sekundäre Funktionen des Autos beschränken, werden in den Interviews
auch sekundäre Funktionen für die Fahrrad- und ÖV-Nutzung thematisiert (vgl.
Tabelle 7.11).

Die Wetterabhängigkeit der Fahrrad- und, in geringerem Umfang, auch der
ÖV-Nutzung wird als Nutzungshemmnis angesprochen.

> „Also natürlich erst mal das Wetter auch, ne? Wenn es jetzt regnet, dann fahr ich nicht
> so gerne mit dem Fahrrad." (I7)

Während für multimodale Personen das schlechte Wetter ein Grund ist, die
Verkehrsmittelnutzung spontan und situativ anzupassen, wird von monomodalen
Autofahrer:innen die Wetterunabhängigkeit des Autos als Nutzungsmotiv betont.

> „Es ist natürlich ja ist wie immer beim Auto: man ist super flexibel, man ist wetter-
> unabhängig. Das ist der größte Faktor denke ich mal." (I8)

Tabelle 7.10 Übersicht Motive (Appropriation)

Multimodal	Monomodal Auto
Flexibilität (I7)	Flexibilität
Ja, und dann ist halt immer die Frage Zeit, Flexibilität und Aufwand. Ne? Und wenn da das Optimum quasi am Ende fürs Fahrrad oder für die Bahn rauskommt, dann äh wird man sich auch eher dafür entscheiden, ne? (I7)	*Ja, ich bin sehr flexibel. Ich kann selbst entscheiden, wann und wohin ich fahre. (I14)*
Unsicherheit	Unsicherheit
Und dann gibt's da noch andere Dinge wie Sauberkeit oder Sicherheit. Das ist im öffentlichen Nahverkehr auch schon mal ein Problem. Wenn man zu bestimmten Zeiten fährt, dass man sich dann schon mal in Gesellschaft findet, wo man sich nicht so wohl fühlt, ne? (I5)	*Dann müsste man vielleicht auch mal die öffentlichen Verkehrsmittel mal sicherer machen und den Leuten auch aufzeigen: okay, du kannst auch noch nach achtzehn Uhr mit einem Bus fahren, ohne Angst zu haben, dass man dir einen über die Birne brät. (I9)*
	Sicherheit
	Im Allgemeinen fühle ich mich an Bahnhöfen sicher. […] Ich habe das Gefühl, dass an deutschen Bahnhöfen eigentlich, dass die Präsenz von Sicherheitspersonal zum Beispiel gut ist. Also ich […] mich eigentlich immer gut und sicher auch als allein reisende Frau in Bahnhöfen und Bahn selbst aufgehoben [gefühlt]. Das würde ich auf jeden Fall positiv hervorheben. (I11)
Umweltbewusstsein – Fahrradnutzung (I1, I2, I4)	Umweltbewusstsein – Fußwege/E-Scooter (I11, I14)
Also mit dem Fahrrad habe ich immer ein besseres Gewissen. (I4)	*Der Umweltfaktor spielt für mich auch noch mit rein. Ich versuche das schon zu vermeiden mit dem Auto zu fahren. Daher auch die vielen Fußwege. (I11)*
Spaß (I1, I2, I4, I6, I7)	Umweltbewusstsein – E-Auto
Fahrradfahren macht Spaß, ganz einfach. (I6)	*Sie (seine Frau) läuft manchmal sogar dahin. Ne? Aber mit dem E-Auto fährt man dann doch schon mal eher auch eine kurze Strecke. (I13)*

(Fortsetzung)

Tabelle 7.10 (Fortsetzung)

Multimodal	Monomodal Auto
Bequemlichkeit bei Autonutzung (I1, I4, I5)	Bequemlichkeit bei Autonutzung (I8, I10, I13)
Ja und am Auto ist es eindeutig Faulheit, die ich da schätze, ähm Bequemlichkeit. (I4)	*Ja, das ist denke ich mal so das Hauptaugenmerk und klar ist es auch ein Teil Bequemlichkeit. Logisch, wenn man das Auto dann vor der Tür stehen hat. (I8)*
Auto als Ergänzung (I5)	Auto als Lebensinhalt (I13)
Es ist für mich eine Ergänzung und wichtig, [für] das Gefühl unabhängig zu sein. Ich bin nicht auf den Nahverkehr angewiesen sozusagen, ne? Wenn ich sage nein, da fahre ich nicht mit dem mit Bus und Bahn und dann brauch ich das auch nicht. […] Sondern, wenn dann hat es schon mal auch was mit Bequemlichkeit zu tun oder mit Komfort. Aber meistens mit der Praxis. Ist es gerade nützlich oder brauche ich es nicht? (I5)	*Also ich bin ins Auto reingewachsen quasi. Ja, da bin ich mit verheiratet könnte [man] bald sagen, ja. Also das wäre das Schlecht- Schlimmste, wenn ich das nicht mehr machen könnte." (I13)*

(Quelle: Interviews Mobilität in Bochum 2020, eigene Darstellung)

Wird dagegen ausschließlich das Auto genutzt, erspart man sich spontane Anpassungen an das Wetter und befreit sich damit von dieser Art der Organisation.

Etwas für die Gesundheit tun bzw. sportliche Betätigung ist die sekundäre Funktion des Fahrrads. Allerdings wird dies von multimodalen Personen und monomodalen Autofahrer:innen unterschiedlich interpretiert. Während von multimodalen Personen die Integration des Fahrrads in den Mobilitätsalltag die sportliche Betätigung als beiläufiger positiver Nebeneffekt angesehen wird, wird das Fahrrad von monomodalen Autofahrer:innen ausschließlich als Sportgerät und die Freizeitnutzung angesehen.

„Also um Besorgungen zu machen, benutze ich das Fahrrad eigentlich gar nicht. Also wenn, dann als Freizeitvergnügen, um irgendwie ein bisschen rumzufahren, aber nicht um von A nach B zu kommen." (I12)

In der Wahrnehmung des Fahrrads als Verkehrsmittel oder als Sportgerät besteht ein wesentlicher Unterschied zwischen den multimodalen Personen und den monomodalen Autofahrer:innen. Dieser Unterschied wird im folgenden Zitat (Abschnitt 7.2.3, Tabelle 7.3) deutlich:

„Ja, und wenn ein Fahrrad dazu zählt, hat natürlich jeder ein Fahrrad." (I9)

Auf die Frage, welche Verkehrsmittel sie besitzt, antwortet I9 mit „wenn ein Fahrrad dazu zählt". Darin wird deutlich, dass das Fahrrad nicht wirklich als Verkehrsmittel wahrgenommen wird, sondern zur Freizeitgestaltung dient (vgl. auch Rennrad, Tabelle 7.3).

Für den ÖV wird die sinnvoll genutzte Zeit als sekundäre Funktion geäußert. Als Beispiele werden Arbeiten oder Zeitung lesen genannt, die in der Form als Autofahrer:in nicht möglich sind.

Tabelle 7.11 Übersicht sekundäre Funktionen der Verkehrsmittelnutzung (Appropriation)

Multimodal	Monomodal Auto
Wetterabhängigkeit (I4, I5, I6, I7)	Wetterunabhängigkeit (I8, I13)
Also natürlich erst mal das Wetter auch, ne? Wenn es jetzt regnet, dann fahr ich nicht so gerne mit dem Fahrrad. (I7)	*Es ist natürlich ja ist wie immer beim Auto: man ist super flexibel, man ist wetterunabhängig. Das ist der größte Faktor denke ich mal. (I8)*
Gesundheit und Sport (I1, I2, I3, I4, I7)	Fahrrad als Sportgerät bzw. Freizeitaktivität (I8, I9, I12, I14)
Außerdem ist noch ein gesundheitlicher Aspekt dabei. Also wenn ich ähm Fahrrad fahre, tu ich auch was für mich. (I4)	*Also um Besorgungen zu machen, benutze ich das Fahrrad eigentlich gar nicht. Also wenn, dann als Freizeitvergnügen, um irgendwie ein bisschen rumzufahren, aber nicht um von A nach B zu kommen. (I12)*
Zeit im ÖV nutzen (I1, I3, I7)	
Faktor sinnvoll genutzte Zeit. […] Also ich habe einfach gesehen, dass ich meine Arbeit nicht nur genauso gut, sondern besser erledigen kann, wenn ich im Zug bin. Weil ich einfach Dinge tun kann, die übers Telefonieren hinausgehen, die ich eben im Auto nicht machen kann. (I1)	

(Quelle: Interviews Mobilität in Bochum 2020, eigene Darstellung)

Zusammenfassung
Die Wetterabhängigkeit wird als wichtiges Argument genannt, das die Fahrradnutzung im Alltag einschränkt. Während multimodale Personen sich situativ an
das Wetter anpassen, wird die Wetterunabhängigkeit des Autos von monomodalen Autofahrer:innen als Argument betont, sich gar nicht erst mit Alternativen
auseinandersetzen zu müssen.

Ein entscheidender Unterschied zwischen multimodalen Personen und monomodalen Autofahrer:innen wird in der Funktion des Fahrrads als Verkehrsmittel
oder Sportgerät sichtbar. Multimodale Personen sehen im Fahrrad ein Verkehrsmittel, das zur Bewältigung des Mobilitätsalltags zum Einsatz kommt.
Körperliche Aktivität und Gesundheitsförderung sind positive Nebeneffekte.
Dagegen nehmen monomodale Autofahrer:innen das Fahrrad primär als Sportgerät wahr. Auch sie sehen im Fahrradfahren sportliche Aktivität, allerdings wird
dies ausschließlich mit Freizeit assoziiert. Das Fahrrad als Alltagsverkehrsmittel ist bei den monomodalen Autofahrer:innen als mentale Option meist nicht
vorhanden.

7.5 Zusammenfassung und Diskussion der Mobilitätsfähigkeit (Motility)

Die Analyse anhand der Kategorien Access, Skills und Appropriation des
Motility-Konzepts hat Gemeinsamkeiten, aber auch weitere Unterschiede zwischen den multimodalen Personen und monomodalen Autofahrer:innen offengelegt. Zudem konnten Fähigkeiten und Hemmnisse identifiziert werden, die die
Nutzung des Umweltverbunds fördern oder einschränken.

Der wesentliche Unterschied zwischen den multimodalen Personen und
monomodalen Autofahrer:innen liegt in der Wahrnehmung der geeigneten Verkehrsmitteloptionen. Die Nutzung eines Verkehrsmittels setzt voraus, dass es auch
als geeignet wahrgenommen wird (Mahne-Bieder et al. 2020, S. 91). Anhand der
Interviews konnte gezeigt werden, dass das Fahrrad vor allem von monomodalen
Autofahrer:innen nicht als Verkehrsmittel, sondern als Sportgerät wahrgenommen
wird. Daraus folgt, dass das „objektiv" verfügbare Fahrrad in der mentalen Liste
der Wahlmöglichkeiten gar nicht auftaucht. Eigene negative Erfahrungen und
Erzählungen zu Sicherheitsbedenken manifestieren die Vorstellung des Fahrrads
als ungeeignetes Verkehrsmittel. Aufgrund dieses grundsätzlichen Ausschlusses
des Fahrrads wird auch das Pedelec als komfortable Variante, die manche Nachteile wie hügelige Topografie und körperliche Anstrengung ausgleichen kann,
nicht wahrgenommen. Geeignete Fähigkeiten und Kompetenzen, die die eigenen

Bedürfnisse und alternative Verkehrsmittel zum Auto integrieren, werden nicht ausgebildet.

Zudem zeigen die Interviews, dass prägende Erfahrungen bereits in der Kindheit und Jugend gemacht werden. Diese Erfahrungen beziehen sich meist auf positive oder negative Erfahrungen beim Fahrradfahren, aber auch negative Erfahrungen bei der ÖV-Nutzung. Es kann rekonstruiert werden, dass sich eine multimodale oder monomodale Autokarriere bereits nach dem Führerscheinerwerb entscheidend abzeichnet. Während viele monomodale Autofahrer:innen nach dem Führerscheinerwerb ihre Mobilität ausschließlich mit dem Auto gestalten, bleiben multimodale Personen eher multimodal und nutzen das Auto fortan als *ergänzendes* Verkehrsmittel. Daraus folgt, dass monomodale Autofahrer:innen primär Autoerfahrung aufbauen, während multimodale Personen ihre Fähigkeiten in der multimodalen Verkehrsmittelnutzung ausbauen. Das Fahrrad als Individualverkehrsmittel wird primär für kurze und mittlere Distanzen und städtischen Verkehr genutzt. Die öffentlichen Verkehrsmittel kommen bei passenden Direktverbindungen zum Einsatz. Daher sollte ein Ziel zur Förderung multimodaler Mobilität sein, möglichst frühe, positive Erfahrungen zu ermöglichen. Sichere Radwege zu Kindergärten und Schulen, schnelle ÖV-Verbindungen als Alternative, aber auch Vorbilder, die im Alltag nicht nur das Auto nutzen, sind hier einige Möglichkeiten. Zur Förderung multimodaler Mobilität muss also die Wahrnehmung von Alternativen zum Auto gestärkt werden.

Die Analyse des Zugangs zu Verkehrsmitteln (Access) hat gezeigt, dass die multimodalen Personen für die Fahrradnutzung deutlich besser ausgestattet sind. Unter den multimodalen Personen besitzen viele ein Pedelec. Pedelecs haben gegenüber normalen Fahrrädern viele funktionale Vorteile wie schnelleres Fahren und dadurch Zeitersparnis, weniger Schwitzen, Kindertransport, Aktionsraumerweiterung etc. (Le Bris 2015, S. 237). Zudem ist in den multimodalen Haushalten mit Kindern jeweils ein Fahrradanhänger vorhanden, womit die Kinder oder auch Einkäufe transportiert werden können. Als Hindernis für die Fahrradnutzung haben sich fehlende geeignete Abstellmöglichkeiten (überdacht, abschließbar und barrierefrei) am Wohnort herausgestellt. Die Ergebnisse dieser Arbeit legen nahe, dass der Zugang zu spezifischer Ausstattung wie Pedelecs und Anhängern, den Komfort und die Eignung von Fahrradmobilität erweitert und damit zur intensiveren Nutzung führt.

Im Zugang zu Autos und zu öffentlichen Verkehrsmitteln wurden keine nennenswerten Unterschiede festgestellt. Die schwierige Parkplatzsuche im öffentlichen Raum kann im Einzelfall jedoch dazu führen, dass die Autonutzung – zumindest zu manchen Zeiten – vermieden wird.

Die Ergebnisse zum Aspekt des Zugangs bestätigen die bisherige Forschung darin, dass der Zugang zu einem Verkehrsmittel zwar eine notwendige, allerdings keine hinreichende Bedingung für dessen Nutzung ist (Groth 2019c, S. 117). Wichtig ist noch zu erwähnen, dass alle hier untersuchten Haushalte mindestens ein Auto besitzen. Autofreie Haushalte sind in diesem Sample nicht vertreten. Das Auto, wenngleich als Ergänzung, ist auch unter den multimodalen Personen ein unverzichtbares Verkehrsmittel. Der Zusatz *Ergänzung* eröffnet jedoch Möglichkeiten für alternative Nutzungsformen wie Carsharing.

Um Stau, hohes Verkehrsaufkommen oder die Parkplatzsuche zu vermeiden, werden unterschiedliche Skills beschrieben, die meist auf Flexibilität aufbauen: zeitliche Flexibilität, räumliche Flexibilität oder flexible Verkehrsmittelwahl. Die Flexibilität in der Verkehrsmittelwahl, also multimodales Mobilitätsverhalten, kann dabei als „zusätzliche" Kompetenz zur Bewältigung des Alltags angesehen werden, die in vergleichbarer Form von monomodalen Autofahrer:innen nicht praktiziert wird. Die Kenntnis geeigneter Routen ist für die Autonutzung und Fahrradnutzung wichtig. Da mit dem Fahrrad andere Wege genutzt werden als mit dem Auto, sind „Autowegekenntnis" und „Fahrradwegekenntnis" nicht direkt übertragbar. Dieses Wissen muss für jedes Verkehrsmittel neu erlernt werden.

Als Kompetenz für die ÖV-Nutzung haben sich das Kennen von Direktverbindungen und die Kombination mit anderen Verkehrsmitteln wie Fahrrad, Cityroller oder E-Scooter herausgestellt. Multimodale Personen wählen im ÖV möglichst Direktverbindungen. Dabei werden auch leicht verlängerte Fahrtzeiten in Kauf genommen. Wenn keine Direktverbindung verfügbar ist, verliert der ÖV massiv an Attraktivität. Neue Mobilitätsdienstleistungen wie On-Demand-Verkehr und Ridepooling zielen genau auf diese Versorgungslücke. Dort, wo schnelle Direktverbindungen mangels Schienen oder Nachfrage nicht vom klassischen ÖV bedient werden können, sollen kleinere Fahrzeuge mit flexiblen Routen das ÖV-Angebot ergänzen. Zusätzlich wurde herausgearbeitet, dass die öffentlichen Verkehrsmittel häufig mit anderen Verkehrsmitteln kombiniert werden (Intermodalität), um auch die sogenannte letzte Meile schnell und flexibel zu überwinden. Mobilstationen, die den Umstieg zwischen Verkehrsmitteln und Intermodalität erleichtern, stellen einen Lösungsvorschlag für dieses Hindernis dar.

Es konnte gezeigt werden, dass Umweltbewusstsein, Flexibilität sowie Sicherheit zentrale Treiber der Verkehrsmittelnutzung sind. Diese Bedürfnisse werden in den meisten Interviews angesprochen und diskutiert. Es lässt sich festhalten, dass Sicherheit und Flexibilität wichtiger bewertet werden als Umweltbewusstsein. Umweltbewusste Verhaltensweisen stoßen immer dann an ihre Grenzen, wenn die Flexibilität zu stark eingeschränkt ist, z. B. im Freizeitverkehr oder

Schienenersatzverkehr im ÖV, oder eine Bedrohung für die eigene Sicherheit wahrgenommen wird.

Bei der Art und Weise, wie die Motive Flexibilität, Sicherheit und Umweltbewusstsein für das eigene Mobilitätsverhalten interpretiert und umgesetzt werden (Appropriation), zeigen sich individuelle Spielräume. Multimodale Personen beschreiben, wie sie mit dem Nutzen von Schleichwegen für das Fahrrad, der Wahl von Direktverbindungen mit dem ÖV oder dem Mitführen von Pfefferspray akzeptable Bedingungen bei der Verkehrsmittelnutzung erreichen. Monomodale Autofahrer:innen nennen meist den Ausschluss einer Verkehrsmitteloption als Konsequenz, wenn Flexibilität oder Sicherheit nicht den eigenen Anforderungen entsprechen.

Umweltbewusstsein, ausgedrückt durch den Wunsch, die CO_2-Emissionen der eigenen Mobilität zu reduzieren, wird meist durch Alternativen zum Auto umgesetzt. Dieses Verhalten ist unter multimodalen Personen stark ausgeprägt und wird auch unter monomodalen Autofahrer:innen durch viele Fußwege oder E-Scooter praktiziert. Als andere Möglichkeit, das eigene Umweltbewusstsein zu befriedigen und mit dem Auto unterwegs zu sein, wird ein Elektro- bzw. Hybridauto genannt.

Zusammenfassend ist zu sagen, dass sich die Mobilitätsfähigkeit zwischen den multimodalen Personen und monomodalen Autofahrer:innen unterscheidet. Ausgehend von der Wahrnehmung geeigneter Verkehrsmittel entwickeln die Personen spezifische Nutzungsfähigkeiten und -strategien durch Praxiserfahrung. Die einseitige Fixierung auf das Auto steht dem Erwerb relevanter Erfahrung bei alternativen Verkehrsmitteln im Weg. Um die Attraktivität des Fahrrads und ÖV zu steigern, sollte eine Fokussierung auf die Motive Flexibilität, Sicherheit und Umweltbewusstsein genutzt werden. Flexibilität und Sicherheit sind zentrale Entscheidungskriterien für die Verkehrsmittelwahl, während Umweltbewusstsein als nachgeordneter Treiber bezeichnet werden kann.

Verkehrsverlagerungen – ein faktorieller Survey

Ein Handlungsstrang, um Stau zu vermeiden und CO_2-Emissionen zu senken, sind Verkehrsverlagerungen vom Auto auf umweltverträglichere Alternativen wie die öffentlichen Verkehrsmittel oder das Fahrrad. Einige Städte (z. B. Bochum, Dortmund, Leipzig) haben sich zum Ziel gesetzt, Autowege auf den Umweltverbund zu verlagern. Häufig bleibt jedoch offen, mit welchen Maßnahmen die Verlagerungen erreicht werden. Die Analyse der Vignetten kann Aufschluss geben, welche Kriterien von den Befragten besonders hoch gewichtet werden.

Die Wahl bzw. Nutzung eines Verkehrsmittels ist eine komplexe Entscheidungssituation. Wie in Kapitel 3 erläutert, basiert nicht jede Verkehrsmittelwahl auf einer aktiven Entscheidung, sondern meist spielen Gewohnheiten eine Rolle. Ziele und Motive werden meist unbewusst abgewogen, bevor die Ortsveränderung stattfindet. Der Verkehrsalltag ist „nicht durch ständiges Hinterfragen und Selbstreflexivität geprägt, sondern durch Handeln in Routinen" (Holz-Rau und Scheiner 2015, S. 8). Die Verkehrsmittelnutzung einer Person ist folglich in der Zeit über viele Entscheidungs- und Handlungssituationen hinweg eher stabil.

Ungeachtet dessen sind Verhaltensänderungen und Ursachen für die Verkehrsmittelwahl ein beliebtes Forschungsthema (Cao et al. 2007; Heinen 2018; Klinger 2017; Seebauer 2011). Mit klassischen Frageformaten können meist nur Aussagen über einzelne Gründe bzw. Einflussfaktoren getroffen werden: Was ist Ihnen bei der Nutzung der öffentlichen Verkehrsmittel wichtig? Unter welchen Umständen würden Sie häufiger die öffentlichen Verkehrsmittel nutzen? Manchmal sind

---

Ergänzende Information Die elektronische Version dieses Kapitels enthält Zusatzmaterial, auf das über folgenden Link zugegriffen werden kann https://doi.org/10.1007/978-3-658-46269-7_8.

auch Rankings möglich: Kürzere Fahrtzeiten wurden wichtiger als eine schnellere Taktung eingestuft oder keine Umstiege wurden als häufigster Grund genannt. Anhand der Vignettenstudie im Fragebogen werden einflussreiche Merkmale der Entscheidungssituation zwischen Auto und ÖV oder Fahrrad rekonstruiert und Präferenzordnungen wichtiger Bedingungen abgeleitet. Außerdem soll analysiert werden, welche Situations- bzw. Personenmerkmalen eine besonders hohe Bedeutung für die Verkehrsmittelwahl haben. In der Befragung wurden Abwägungsprozesse und Entscheidungen für ein Verkehrsmittel in potenziellen Situationen quasi erzwungen. Tatsächliches Verhalten kann aus den abgefragten Verhaltensabsichten nicht abgeleitet werden. Dennoch können faktorielle Surveys relativ zuverlässig Präferenzen und Präferenzordnungen identifizieren.

Im Folgenden wird zunächst das methodische Vorgehen bei der Auswertung eines faktoriellen Surveys – das Mehrebenenmodell – erläutert (Abschnitt 8.1). Daran anschließend werden zuerst die Vignetten zur Verlagerung vom Auto auf den ÖV (Abschnitt 8.2) und danach zur Verlagerung vom Auto auf das Fahrrad (Abschnitt 8.3) ausgewertet. Das Kapitel schließt mit einer Diskussion der wichtigsten Ergebnisse (Abschnitt 8.4).

8.1   Exkurs: Auswertung des faktoriellen Survey – das Mehrebenenmodell

Das Vorlegen mehrerer Vignetten pro befragte Person führt zu einer hierarchischen Datenstruktur, die am besten mittels Mehrebenenmodellen analysiert wird. Mehrebenenmodelle berücksichtigen Unterschiede innerhalb und zwischen den Gruppen, im hier untersuchten Fall also zwischen den Vignetten – Level-1, hier Vignettenebene genannt – und zwischen den Befragten – Level-2, hier Personenebene genannt. Auch liegt eine Stärke der Mehrebenenmodelle darin, Unterschiede in den Gruppengrößen, also wie viele Vignetten eine Person beantwortet hat, auszugleichen.

Im Folgenden wird, orientiert an den Ausführungen von Hummelsheim et al. (2014, S. 417–421) und Lazega und Snijders (2016, S. 73–95), die grundlegende Struktur von Mehrebenenmodellen vorgestellt. Die abhängige Variable ist meist auf der untersten Ebene angesetzt und wird als y bezeichnet. x steht für die unabhängige Variable auf Vignettenebene und z für die unabhängige Variable auf Personenebene. Prinzipiell handelt es sich bei Mehrebenenmodellen um ineinander geschachtelte Regressionsgleichungen.

Um die Mehrebenenstruktur darzustellen, werden zwei Laufindizes verwendet, und zwar j für die Gruppen, hier die Befragten, und i für die Vignetten, die ein Befragter beantwortet hat. i wird für jeden Befragten neu gezählt. Daraus ergeben sich die abhängige Variable y_{ij}, für jede Vignette i, beantwortet durch jeden Befragten j, und die unabhängige Variablen x_{ij}, die den Einfluss von x in Vignette i vom Befragten j darstellt. Die unabhängigen Variablen z_j beziehen sich ausschließlich auf die Unterschiede zwischen den Befragten, also auf die zweite Ebene.

$$y_{ij} = \beta_{0j} + \beta_{1j}x_{ij} + r_{ij} \qquad \text{(Gl. 8.1)}$$

Daraus ergibt sich Gleichung 8.1: Variable y_{ij} setzt sich zusammen aus der Konstanten β_{0j} für jeden Befragten, der Steigung β_{1j} für die individuelle Variable x_{ij} für jeden Befragten und den individuellen Fehlerresiduen r_{ij}. Die Konstante β_{0j} gibt an, dass sich die Mittelwerte zwischen den Befragten unterscheiden können. Wenn angenommen wird, dass sich die Konstante β_{0j} zwischen den Befragten unterscheidet, muss ein Parameter für die Fehlerresiduen der Befragtenmittelwerte um den Gesamtmittelwert der Stichprobe (Grand mean) ergänzt werden. Dafür wird üblicherweise eine zweite Gleichung eingesetzt. Gleichung 8.2 berechnet die Konstante der Befragtenmittelwerte durch die Konstante γ_{00}, die Steigung γ_{01} und die Fehlerresiduen u_{0j}.

$$\beta_{0j} = \gamma_{00} + \gamma_{01}x_j + u_{0j} \qquad \text{(Gl. 8.2)}$$

Setzt man die beiden Gleichungen zusammen, entsteht das vollständige Random-Intercept-Modell, das auch für die Berechnungen dieser Arbeit verwendet wurde. Anstatt β wird unterdessen γ als Notation für die Regressionskoeffizienten eingesetzt.

$$y_{ij} = \gamma_{00} + \gamma_{01}x_j + \gamma_{10}x_{ij} + u_{0j} + r_{ij} \qquad \text{(Gl. 8.3)}$$

Im Random-Intercept-Modell werden der Gesamtmittelwert aller Befragten γ_{00}, die dazugehörige Residualstreuung u_{0j} auf Ebene der Befragten und die Steigung γ_{01} für eine unabhängige Variable x_j auf der Personenebene für die Personenebene modelliert. Die Vignettenmerkmale werden durch die Steigung γ_{10} und die Residualstreuung r_{ij} erklärt. Die Mehrebenenanalyse schätzt beide Regressionsgleichungen simultan unter der jeweiligen Kontrolle der anderen Ebene und zerlegt die Varianz in die beiden Komponenten der Vignetten- und Personenebene.

Während Random-Intercept-Modelle individuelle Mittelwerte für die Befragten zulassen und versuchen, deren Varianz aufzuklären, werden die Steigungskoeffizienten als fixe Parameter modelliert. Unterschiede in der Effektstärke einzelner Variablen bleiben damit unberücksichtigt. Die Unterschiede zwischen den Steigungskoeffizienten könnten mittels Random-Slope-Modellen geschätzt werden. Da bei der großen Anzahl an Level-2-Einheiten (Befragte) in dieser Studie Random-Slope-Modelle schnell zu komplex werden, wird die Analyse auf Random-Intercept-Modelle beschränkt.

8.2   Verkehrsverlagerungen vom Auto auf den ÖV

8.2.1   Deskriptive Ergebnisse der ÖV-Vignetten

Im Folgenden werden deskriptive Ergebnisse der Vignettenstudie zur Nutzung der öffentlichen Verkehrsmittel vorgestellt. Die deskriptiven Ergebnisse bieten einen Einblick in die Verteilung der Antworten und relevante Merkmale der Verkehrsmittelwahl. Damit kann das Potenzial für Verkehrsverlagerungen eingeordnet werden. Insgesamt sind fast 7.000 Vignettenurteile von mehr als 1.500 Befragten erhoben worden (vgl. Anhang G im elektronischen Zusatzmaterial).

Die Verteilung der Vignettenurteile (vgl. Abbildung 8.1) zeigt insgesamt eine zufriedenstellende Verteilung auf die Antwortmöglichkeiten. Jede Kategorie (von „auf keinen Fall" bis „auf jeden Fall") hat substanzielle Nennungen zwischen acht Prozent und 23 Prozent erhalten. Die Verteilung zur ÖV-Nutzung ist dennoch leicht linkssteil, d. h. die Nutzung des ÖVs ist eher unwahrscheinlich. Markant ist auch die häufige Nennung der Mittelkategorie, die vermutlich Indifferenz oder Meinungslosigkeit ausdrückt. Der Mittelwert liegt bei 3,6 und die Standardabweichung bei 2,0. Insgesamt ist die ÖV-Nutzung demzufolge eher unwahrscheinlich.

Fast spiegelbildlich dazu liegen die Antworten zur Autonutzung. Die Häufigkeiten der Kategoriennennungen liegen zwischen sechs Prozent und 29 Prozent. Diese Verteilung ist rechtssteil und etwas prononcierter als bei der ÖV-Nutzung. Die unwahrscheinlichen Kategorien wurden deutlich seltener genutzt als die wahrscheinlicheren. Allerdings sind auch hier die Anteile der Mittelkategorie hoch. Der Mittelwert liegt bei 4,9 und die Standardabweichung bei 1,9. Damit ist die Autonutzung in den vorgegebenen Situationen eher wahrscheinlich. Dieser erste Überblick zeigt, dass unabhängig von der spezifischen Vignettensituation die Autonutzung wahrscheinlicher ist als die ÖV-Nutzung.

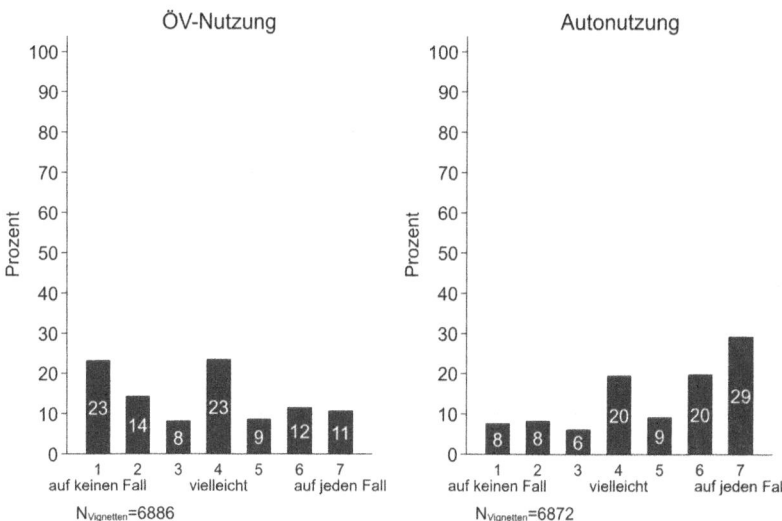

Abbildung 8.1 Verteilung der Vignettenurteile (ÖV-Vignetten). (Quelle: Mobilität in Bochum 2020, eigene Berechnung)

In den Häufigkeitsverteilungen oben sind auch Fälle inkludiert, die alle vier vorgelegten Vignetten gleich beantwortet haben. Für diese Personen spielen die veränderten Bedingungen in den Vignettenbeschreibungen vermutlich keine ausschlaggebende Rolle, um die Verkehrsmittelwahl zu überdenken. Die Verteilung ist in Tabelle 8.1 dargestellt. Am häufigsten gaben die Befragten an, „auf keinen Fall" die öffentlichen Verkehrsmittel zu nutzen (169 Personen, ca. 10 Prozent) und „auf jeden Fall" das Auto zu nutzen (226 Personen, ca. 13 Prozent). Ungefähr 10 bis 13 Prozent schließen die ÖV-Nutzung also kategorisch aus. Ein Anteil von min. zehn Prozent ist zwar beachtlich, wenn davon ausgegangen wird, dass die restlichen 90 Prozent mit attraktiven Bedingungen von der ÖV-Nutzung überzeugt werden können. Es besteht dennoch hohes Potenzial für Verkehrsverlagerungen. Insgesamt haben fast 17 Prozent alle ÖV-Vignetten gleich beantwortet und damit die unterschiedlichen Situationen nicht in ihrer Bewertung ausgedrückt. Ob Überforderung mit der Fragestellung oder ungeeignete Differenzierungen in den Vignetten die Ursache für die vielen gleichen Antworten sind, kann nicht rekonstruiert werden.

In Abbildung 8.2 sind die 36 Vignetten[1] anhand der durchschnittlichen Bewertung gerankt. Es fällt direkt auf, dass sich die mittleren Urteile zwischen den Vignetten teilweise deutlich unterscheiden. Am unattraktivsten zur ÖV-Nutzung wurde Vignette 23 mit durchschnittlich 2,4 Skalenpunkten bewertet. Am wahrscheinlichsten ist die ÖV-Nutzung bei Vignette 27 mit durchschnittlich 5,3 Skalenpunkten. Eine hohe Wahrscheinlichkeit für die ÖV-Nutzung, also sechs oder sieben Skalenpunkte, wird mit keiner der verwendeten Vignetten erreicht. Dies bedeutet, dass der Kipppunkt zugunsten der öffentlichen Verkehrsmittel vermutlich über die hier verwendeten Kombinationen hinaus geht. Um eine hohe Wahrscheinlichkeit für den ÖV zu erreichen, müssten die Bedingungen des ÖVs noch attraktiver sein als in den verwendeten Vignetten.

Tabelle 8.1 Personen, die alle vier Vignetten gleich bewertet haben (ÖV-Vignetten)

Vignettenurteil	ÖV-Nutzung		Autonutzung	
	Prozent	n	Prozent	n
1 (auf keinen Fall)	9,67 %	169	2,06 %	36
2	1,60 %	28	0,80 %	14
3	0,57 %	10	0,11 %	2
4 (vielleicht)	4,18 %	73	3,38 %	59
5	0,06 %	1	0,69 %	12
6	0,69 %	12	2,69 %	47
7 (auf jeden Fall)	2,12 %	37	12,94 %	226
Kumulierte Werte	16,76 %	330	22,67 %	396
Gültige Fälle	100 %	1748	100 %	1747

(Quelle: Mobilität in Bochum 2020, eigene Berechnung)

---

[1] Die Texte aller Vignetten und ihre Zuordnung zu den Sets finden sich in Anhang E im elektronischen Zusatzmaterial.

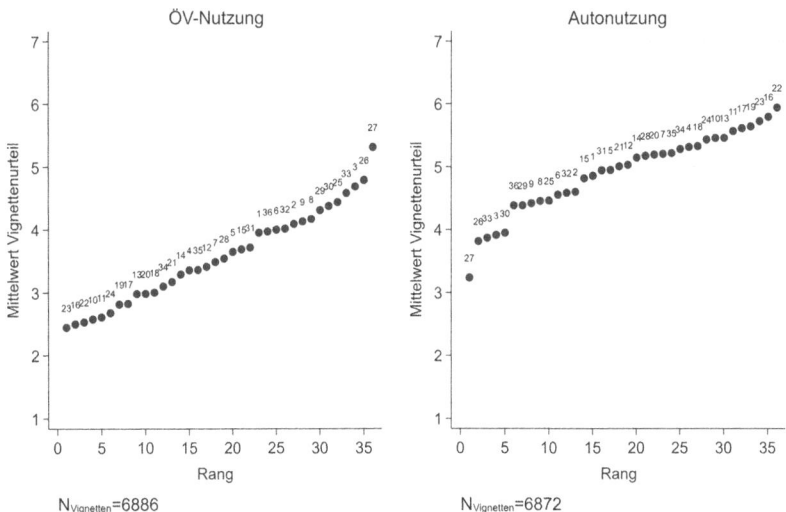

Abbildung 8.2 Durchschnittliche Urteile der ÖV-Vignetten (gerankt). (Quelle: Mobilität in Bochum 2020, eigene Berechnung)

Die Autovignetten wurden fast spiegelbildlich bewertet. Hier hat Vignette 27 mit 3,2 das durchschnittlich geringste Urteil und Vignette 22 mit 5,9 das durchschnittlich höchste. Wie bereits im Häufigkeitsdiagramm sichtbar wurde, wurde die Autonutzung jeweils etwas höher bewertet als die ÖV-Nutzung.

Betrachtet man die jeweils am geringsten und höchsten bewerteten Vignetten inhaltlich, bekommt man einen ersten Überblick über die entscheidenden Dimensionen (vgl. Tabelle 8.2). Während für die Vignetten 23, 16 und 22 die ÖV-Nutzung eher unwahrscheinlich ist, wurden die gleichen Vignetten in veränderter Reihenfolge als sehr wahrscheinlich für die Autonutzung bewertet. Hohe Werte bei der ÖV-Nutzung erhielten die Vignetten 27, 26 und 3.

Tabelle 8.2 Übersicht der Vignetten mit höchsten und niedrigsten Mittelwerten

Vignettennr.	Ranking ÖV	Mittelwert ÖV-Nutz.	Ranking Auto	Mittelwert Autonutz.	Fahrtdauer	Taktung	Kosten ÖV	Parkgebühr
23	1	2,4	34	5,7	ÖV 30 Min. länger	alle 30 Min.	3 Euro	3 Euro
16	2	2,5	35	5,8	ÖV 30 Min. länger	alle 15 Min.	3 Euro	keine
22	3	2,5	36	5,9	ÖV 30 Min. länger	alle 30 Min.	3 Euro	keine
3	34	4,7	4	3,9	ÖV 15 Min. länger	alle 15 Min.	1 Euro	5 Euro
26	35	4,8	2	3,8	gleich lang	alle 15 Min.	1 Euro	3 Euro
27	36	5,3	1	3,2	gleich lang	alle 15 Min.	1 Euro	5 Euro

(Quelle: Mobilität in Bochum 2020, eigene Berechnung)

Was in unseren Situationsbeschreibungen als das beste Szenario für die öffentlichen Verkehrsmittel betrachtet werden kann – gleich lange Fahrtdauer, Taktung alle 15 Minuten, Kosten der einfachen Fahrt 1 Euro und Parkgebühren 5 Euro – wurde auch dementsprechend positiv hinsichtlich einer Entscheidung für die ÖV-Nutzung von den Befragten beurteilt (Mittelwert 5,3). Auffällig ist, dass der Abstand zu den anderen Vignetten nicht linear verläuft, sondern bei Vignette 27 ein sprunghafter Anstieg (bzw. Abstieg bei der Autonutzung) vorliegt. Dies deutet darauf hin, dass die gemeinsame Kombination der Merkmale einen Einfluss auf die Bewertung der Situation ausübt und Wahrscheinlichkeiten nicht einfach addierbar sind.

Gemeinsam ist den Vignetten, in denen die ÖV-Nutzung am wahrscheinlichsten bewertet wird (27, 26 und 3), dass die öffentlichen Verkehrsmittel „alle 15 Minuten" fahren und die einfache Fahrt im ÖV „1 Euro" kostet. Diese Merkmale könnten also besonders relevant für die Verkehrsmittelwahl sein. Als Ausprägungen der Fahrtdauer sind „gleich lang" und „mit dem ÖV 15 Minuten länger" unter den Top drei vertreten, für die Parkgebühren „3 Euro" und „5 Euro". Die längere Verbindung „mit dem ÖV 30 Minuten länger" und „keine Parkgebühren" machen die ÖV-Nutzung folglich besonders unattraktiv. Detailliertere Analysen folgen in den nächsten Kapiteln.

Den Vignetten, in denen die ÖV-Nutzung am unattraktivsten bewertet wird, ist gemeinsam, dass die Fahrt „mit dem ÖV ca. 30 Minuten länger" dauert und „3 Euro" kostet. Zeit- und Geldkosten zur Nutzung der öffentlichen Verkehrsmittel sind in diesen Fällen besonders hoch. Taktung und Parkgebühren scheinen eine untergeordnete Rolle zu spielen. Interessant ist hier, dass die Vignetten, in denen keine Parkgebühren anfallen (Vignetten 16 und 22), als attraktiver für die ÖV-Nutzung bewertet wurden als die Vignette, in der die einfache Fahrt im ÖV und Parkgebühren das Gleiche kosten (Vignette 23). Intuitiv müssten die öffentlichen Verkehrsmittel an Attraktivität gewinnen, wenn die Autonutzung ebenfalls „zusätzliche" Kosten verursacht. Dies deutet inhaltlich darauf hin, dass die monetären Kosten weniger ausschlaggebend für die Verkehrsmittelwahl sind als die Zeitkosten. Methodisch wird darauf verwiesen, dass die Mittelwerte zwischen manchen Vignetten nur sehr gering schwanken, womit diese Unterschiede auch zufällig sein könnten.

Zusammenfassend zeigen die deskriptiven Ergebnisse, dass die Methode der Vignetten von den Befragten gut angenommen und größtenteils gewissenhaft

beantwortet wurde. Der Mittelwert für die Vignettenurteile der ÖV-Nutzung liegt
mit 3,6 im Bereich der unwahrscheinlichen Nutzung. Die inhaltliche Betrachtung
der am geringsten und höchsten bewerteten Vignetten deutet darauf hin, dass
vor allem hohe Zeit- und Geldkosten die öffentlichen Verkehrsmittel unattraktiv
machen.

8.2.2 Mehrebenenmodelle der ÖV-Vignetten

Zur detaillierten Auswertung der Vignetten werden Mehrebenenmodelle
geschätzt. Mehrebenenmodelle berücksichtigen die hierarchische Datenstruktur
des faktoriellen Surveys und sind daher am besten für die Auswertung geeignet
(Dülmer 2019, S. 870). Ziele der multivariaten Auswertung sind die Aufdeckung
der Präferenzordnung der Dimensionen, die Untersuchung von Interaktionseffekten zwischen den Dimensionen und die Analyse der Personenmerkmale in Bezug
auf die Vignettenurteile.

Wie oben (Abschnitt 8.1) bereits erklärt, funktionieren Mehrebenenmodelle
im Prinzip wie Regressionsgleichungen, mit dem Unterschied, dass mehrere
Gleichungen verschachtelt sind. In meiner Analyse verwende ich ausschließlich
Random-Intercept-Modelle. Das heißt, der y-Achsenabschnitt wird für alle Einheiten auf der zweiten Ebene als flexibel angenommen, während die Steigung
für alle Einheiten auf der zweiten Ebene als fest modelliert wird. Die abhängige Variable sind die Vignettenurteile zur ÖV-Nutzung. Da die Vignettenurteile
nicht normalverteilt sind (vgl. Abbildung 8.1), werden die Modelle mit robusten
Standardfehlern geschätzt (Wenzelburger et al. 2014, S. 30–31). Die siebenstufige Skala von eins bis sieben wird als metrisch interpretiert und folglich werden
lineare Regressionsmodelle geschätzt. Als unabhängige Variablen fließen auf der
unteren Ebene – Vignettenebene – die Dimensionen ein. Sowohl den Zeitdimen-
sionen Fahrtdauer und Taktung, als auch den Kostendimensionen Kosten ÖV und
Parkgebühren liegen metrische Skalen zugrunde, die allerdings nur über einzelne
Punkte abgefragt wurden. Für die meisten Auswertungen werden die einzelnen
Messpunkte in Relation zueinander ausgewertet, weshalb immer einer der Messpunkte als Referenzkategorie gewählt wird. Die anderen Kategorien sind dann
jeweils im Vergleich zur gewählten Referenzkategorie zu interpretieren.

Tabelle 8.3 Mehrebenenmodelle der Vignettenurteile zur ÖV-Nutzung

ÖV-Nutzung[2]	Modell 0		Modell 1	
	Koef.	z-Stat.	Koef.	z-Stat.
VIGNETTENMERKMALE				
Fahrtdauer (Ref. 15 Min. länger)				
gleich lang			0,505***	12,26
mit ÖV 30 Min. länger			−0,807***	−20,09
Taktung (Ref. 30 min)				
alle 15 min			0,521***	16,64
Kosten ÖV (Ref. 3 Euro)				
1 Euro			0,670***	21,30
Parkgebühren (Ref. 3 Euro)				
keine			−0,305***	−7,53
5 Euro			0,372***	9,53
PERSONENMERKMALE				
Soziale Lage				
männlich			−0,049	−0,81
Alter (Ref. 50–64 Jahre)				
18–29 Jahre			−0,110	−1,14
30–49 Jahre			−0,014	−0,19
65–81 Jahre			0,112	1,20
Abitur			0,016	0,25
Verfügbarkeit VM				
Zeitkartenbesitz			0,176	1,69
Kein Auto im Haushalt			0,449**	2,75
Einstellungen				
Autoorientierung			−0,326***	−6,79
ÖV-Orientierung			0,486***	9,59
Flexibilität VM-Wahl			0,332***	8,45

(Fortsetzung)

---

[2] Im Folgenden werden nur die Ergebnisse für die ÖV-Nutzung dargestellt. Die Autonutzung liefert jeweils spiegelbildliche Ergebnisse (vgl. deskriptive Ergebnisse), weshalb hier auf die eigene Darstellung verzichtet wird.

Tabelle 8.3   (Fortsetzung)

ÖV-Nutzung	Modell 0		Modell 1	
	Koef.	z-Stat.	Koef.	z-Stat.
VMN (Ref. ÖV-Nutzung)				
monom. Auto			−0,085	−0,71
andere VMN			−0,150	−1,22
Konstante	3,541***	89,57	2,181***	7,38
$N_{Vignetten}$	6068		6068	
$N_{Befragte}$	1533		1533	
ICC	0,45		0,39	

Berichtet werden die Koeffizienten und z-Statistiken. Signifikanz: *** $\alpha \leq 0,001$; ** $\alpha \leq 0,01$; * $\alpha \leq 0,05$.
(Quelle: Mobilität in Bochum 2020, eigene Berechnung)

Für die Dimensionen mit drei Ausprägungen wurde jeweils die Mittelkategorie als Referenzkategorie gewählt. Als unabhängige Variablen auf der zweiten Ebene – Personenebene – fließen Merkmale zur sozialen Lage und zur Verkehrsmittelverfügbarkeit, die Einstellungen zu den Verkehrsmitteln und die aktuelle Verkehrsmittelnutzung ein. Während die Einstellungsskalen mit ihren Werten von eins bis fünf als metrisch interpretiert werden, werden die anderen Variablen entweder als Dummies oder ordinale Variablen in die Modelle aufgenommen. Alle Modelle wurden mit dem Statistikpaket Stata (Befehl mixed) berechnet. Die Modelle sind in Tabelle 8.3 dargestellt. Um zu sehen, wie sich die Varianz auf die beiden berücksichtigten Ebenen verteilt, wird zunächst das Null-Modell berechnet, das keine erklärenden Variablen enthält. Die berechnete ICC (Intra-Class-Correlation) gibt die Verteilung der Gesamtvarianz der abhängigen Variable auf die beiden Ebenen an (Wenzelburger et al. 2014, S. 96). In den ÖV-Vignetten fallen 45 Prozent der Gesamtvarianz auf die Ebene der Befragten, also Personenmerkmale.

Modell 1 enthält die Vignettenmerkmale und unabhängigen Variablen der Personenebene. Da die Vignettensets den Befragten zufällig zugeordnet wurden, besteht kein Zusammenhang zwischen Befragten- und Vignettenmerkmalen.[3] Daraus folgt, dass die Koeffizienten der Vignettenmerkmale „den *reinen* Einfluss

---

[3] Dies wurde in Korrelationsanalysen bestätigt. In der Konfrontation der Befragten unabhängig ihrer individuellen Situationen und Einstellungen liegt eine Stärke der Vignettenstudie (Auspurg et al. 2009a, S. 201.

dieser Stimuli" messen (Auspurg et al. 2009a, S. 201). Auf den schrittweisen Modellaufbau kann daher verzichtet werden. Die Merkmale der Personenebene dienen primär der Plausibilitätsprüfung des Antwortverhaltens (Auspurg et al. 2009a, S. 201). Die detaillierte Beschreibung und Interpretation der Vignettenmerkmale folgen in Abschnitt 8.2.3 sowie der Personenmerkmale in Abschnitt 8.2.4.

8.2.3 Vignettenebene der ÖV-Nutzung

Abbildung 8.3 zeigt die Haupteffekte der Vignettendimensionen für die Nutzungsabsicht der öffentlichen Verkehrsmittel in einem Koeffizientenplot. Alle Vignettenmerkmale weisen signifikante Effekte auf. Gleiche Fahrtdauer, Taktung von 15 Minuten, die einfache Fahrt für 1 Euro und Parkgebühren von 5 Euro haben einen positiven Effekt auf die ÖV-Nutzung, die Fahrtdauer von 30 Minuten länger mit dem ÖV und keine Parkgebühren wirken sich negativ auf die Nutzungsabsicht des ÖVs aus (im Vergleich zu den Referenzkategorien: ca. 15 Minuten länger mit dem ÖV, Taktung alle 30 Minuten, einfache Fahrt mit dem ÖV für 3 Euro und Parkgebühren von 3 Euro). Damit wird die Hypothese H_1 „Je weniger Kosten (Zeit und Geld) mit der Nutzung des ÖVs einhergehen, desto eher wird der ÖV genutzt." (vgl. Abschnitt 5.3.3) bestätigt. Geringe Zeitkosten, also die gleiche Fahrtdauer, aber auch eine Taktung alle 15 Minuten und geringe Geldkosten für den ÖV von 1 Euro pro Fahrt machen die Nutzung der öffentlichen Verkehrsmittel wahrscheinlicher.

Der Koeffizient für „mit dem ÖV 30 Minuten länger" ist mit -0,8 deutlich größer als der für die „gleich lange Fahrtzeit" mit 0,5. Daraus kann gefolgert werden, dass kleine zeitliche Einbußen eher akzeptiert werden als größere. 30 Minuten Zeitverlust scheinen eine Grenze zu sein, die kaum akzeptiert ist. Das Vignettenmerkmal „mit dem ÖV 30 Minuten länger" verringert das Urteil um 0,8 Skalenpunkte, während das Merkmal „gleich lange Fahrtdauer mit Auto und ÖV" das Urteil um 0,5 Skalenpunkte erhöht. Betrachtet man die drei Messpunkte „gleich lang", „15 Minuten länger" und „30 Minuten länger" als Linearkombination, ergibt sich ein kurvlinearer Zusammenhang (vgl. Abbildung 8.4)[4]. Damit wird die Hypothese 4 „Bei der Fahrtdauer (30 Minuten länger mit dem ÖV, 15 Minuten länger mit dem ÖV und gleich lang) liegt ein kurvlinearer Effekt vor." bestätigt. Die Nutzung des ÖVs wird bei längerer Fahrdauer also deutlich unwahrscheinlicher.

---

[4] Dies wurde mit dem Befehl lincom des Statistikpakets Stata geprüft.

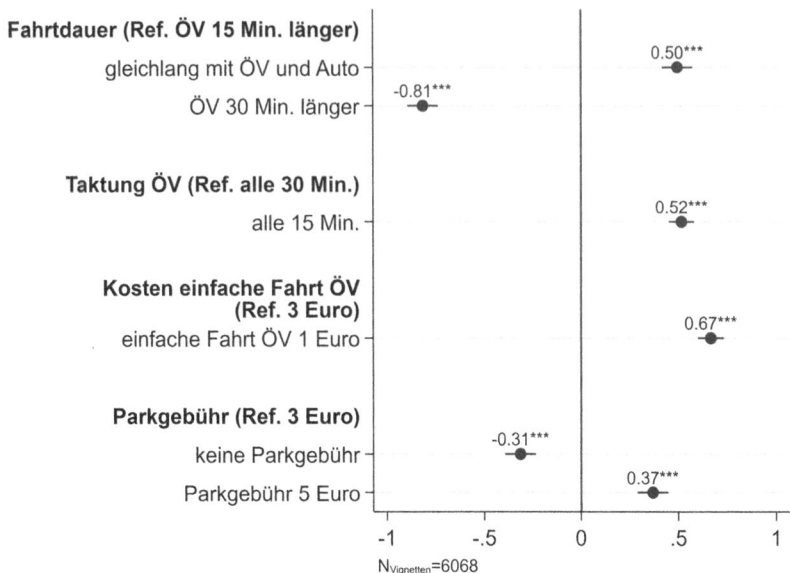

Abbildung 8.3 Koeffizientenplot der Vignettenmerkmale zur ÖV-Nutzung (Modell 1). (Quelle: Mobilität in Bochum 2020, eigene Berechnung)

Die Taktung „alle 15 Minuten" erhöht die Nutzungsabsicht des ÖVs im Vergleich zur Taktung „alle 30 Minuten" um 0,5 Skalenpunkte. Eine einfache Fahrt für „1 Euro" im Vergleich zur einfachen Fahrt für „3 Euro" erhöht die Nutzungsabsicht des ÖVs um 0,7 Skalenpunkte. Der Einfluss der geringen Kosten für ein ÖV-Ticket ist etwas größer als der Einfluss der geringeren Taktung alle 15 Minuten.

„Keine Parkgebühren" verringern die Nutzungsabsicht des ÖVs im Vergleich zu Parkgebühren von „3 Euro" um 0,3 Skalenpunkte. Bei Parkgebühren von „5 Euro" im Vergleich zu Parkgebühren von „3 Euro" erhöht sich die Nutzungsabsicht des ÖVs um 0,4 Skalenpunkte. Der Effekt zwischen „3 Euro" und „5 Euro" ist mit 0,37 etwas größer als der Effekt -0,31 zwischen „keinen Parkgebühren" und Parkgebühren von „3 Euro". Auch zwischen den Parkgebühren und den Vignettenurteilen besteht ein kurvlinearer Zusammenhang (Abbildung 8.4)[5]. Hypothese 5 „Bei den Parkgebühren (keine, 3 und 5 Euro) liegt ein linearer Effekt

---

[5] Dies wurde ebenfalls mit dem Befehl lincom des Statistikpakets Stata geprüft.

vor." wird damit nicht bestätigt. Die Analyseergebnisse zeigen eher: Je höher die Parkgebühren, desto stärker steigt die Wahrscheinlichkeit für die ÖV-Nutzung. Um die öffentlichen Verkehrsmittel attraktiv zu machen, müssten die Parkgebühren folglich stark erhöht werden. Geringe Parkgebühren haben fast keinen Effekt auf die Wahrscheinlichkeit der ÖV-Nutzung.

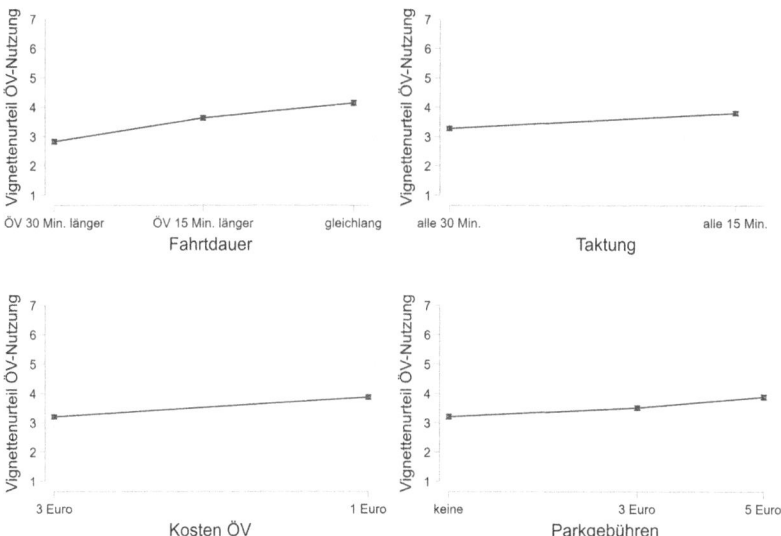

Abbildung 8.4 Marginsplots der Vignettenmerkmale (ÖV-Vignetten). (Quelle: Mobilität in Bochum 2020, eigene Berechnung)

Die Marginsplots (Abbildung 8.4) zeigen auch, dass die Wahrscheinlichkeit der ÖV-Nutzung trotz der positiven Effekte der Vignettenmerkmale „gleich lange Fahrtdauer", Taktung „alle 15 Minuten", Kosten von „1 Euro für die einfache Fahrt" und Parkgebühren von „5 Euro" nicht über eine durchschnittliche Wahrscheinlichkeit von vier Skalenpunkten (Kategorie „vielleicht") hinaus geht. Ein attraktives ÖV-Angebot müsste folglich noch deutlich bessere Bedingungen bieten, als mit dem Vignettenuniversum abgedeckt sind.

Präferenzordnung der Dimensionen

Um die Präferenzordnung der Dimensionen zu identifizieren und damit die Hypothesen H_2 und H_3 zu prüfen, kann die Effektstärke verglichen werden. Zwischen Dimensionen mit einer unterschiedlichen Anzahl an Ausprägungen, hier zwei oder drei Ausprägungen, ist ein direkter Vergleich jedoch nicht möglich. Daher wird die Präferenzordnung über den Vergleich der AIC-Werte bestimmt. Dazu wurden vier weitere Modelle berechnet, wobei jeweils eine Dimension ausgeschlossen wurde (siehe Anhang H im elektronischen Zusatzmaterial). Das beste dieser Modelle mit dem geringsten AIC-Wert enthält folglich die drei wichtigsten Dimensionen. Der Vergleich der AIC-Werte bestätigt die Ergebnisse des Vergleichs der Effektstärken. Am wichtigsten für die Vignettenurteile ist die Fahrtdauer. Das Modell ohne die Fahrtdauer hat den höchsten AIC-Wert (23.606) und eine längere Fahrtdauer von 30 Minuten mit den öffentlichen Verkehrsmitteln hat den stärksten (negativen) Effekt. Auf dem zweiten Rang folgen die Kosten für den ÖV (AIC-Wert 23.021). Auf Platz drei liegen die Parkgebühren (AIC-Wert 22.922). Den geringsten Einfluss auf die Wahrscheinlichkeit der ÖV-Nutzung hat die Taktung (AIC-Wert 22.887). Die Modelle zur Präferenzordnung der Dimensionen bestätigen die Hypothesen H_2 und H_3: Die Fahrtdauer hat den stärksten Einfluss, die Taktung den geringsten Einfluss. Damit werden in dieser Vignettenanalyse Forschungsergebnisse gestützt, die die Bedeutung der Zeitkosten im Vergleich zu den wahrgenommen Geldkosten hervorheben (Bamberg 1996; Seebauer 2011, 50; 55). Zugleich scheinen primär die direkten bzw. absoluten Zeitkosten eine Rolle zu spielen (Netto-Fahrtdauer), während die indirekten Zeitkosten, die hier über die Taktung abgebildet werden, für die Wahrscheinlichkeit der ÖV-Nutzung in den Vignettenurteilen weniger wichtig sind.

8.2.4   Personenebene der ÖV-Nutzung

Neben dem Einfluss der Vignettenmerkmale wird auch der Einfluss von Personenmerkmalen auf die Wahrscheinlichkeit für die ÖV-Nutzung untersucht (Tabelle 8.3). Hier werden die wesentlichen Ergebnisse bisheriger Arbeiten (auch der log. Regressionen in Abschnitt 6.6.2) bestätigt. Die Variablen der sozialen Lage Geschlecht, Alter und Abitur sind nicht signifikant, können also kaum

Unterschiede zwischen den Vignettenurteilen erklären. Auch die Variable „Zeitkartenbesitz" und die aktuelle Verkehrsmittelnutzung sind nicht signifikant. Damit
wird die Hypothese H_8, die einen Einfluss der aktuellen Verkehrsmittelnutzung
auf die Vignettenurteile annimmt, nicht bestätigt. Dies spricht in diesem Fall für
valide Vignettenurteile, da es die Unabhängigkeit der Vignettenurteile von der
aktuellen Verkehrsmittelverfügbarkeit und Verkehrsmittelnutzung der Befragten
bestätigt. Die Vignettenurteile gehen folglich wirklich auf die Vignetten zurück.

Die Einstellungen dagegen können als zentraler Einfluss auf Personenebene für
die Wahrscheinlichkeit für die ÖV-Nutzung interpretiert werden. Alle drei Einstellungsskalen sind signifikant. Eine positive Einstellung gegenüber dem Auto
(Autoorientierung) wirkt sich negativ auf die Nutzungsabsicht des ÖVs aus: -0,3
Skalenpunkte. Eine positive Einstellung gegenüber dem ÖV (ÖV-Orientierung)
und die mentale Flexibilität, verschiedene Verkehrsmittel zu nutzen (Flexibilität Verkehrsmittelwahl), wirken sich positiv auf die Nutzungsabsicht des ÖVs
aus. Mit durchschnittlich + 0,5 Skalenpunkten ist die Effektstärke der ÖV-
Orientierung auf die Wahrscheinlichkeit der ÖV-Nutzung am höchsten. Damit
wird die Hypothese zum Einfluss der Einstellungen zur Verkehrsmittelnutzung
(H_7) bestätigt: Wenn eine Person positiv gegenüber einem Verkehrsmittel eingestellt ist, ist es wahrscheinlicher, dass es genutzt wird. Da es sich bei den
Einstellungen um metrische Variablen mit mehreren Messpunkten – Skalen von
1 bis 5 – handelt, sind die Koeffizienten in Relation zu den Dummy-Variablen
als stärker zu interpretieren. Diese Ergebnisse sind für Verkehrsverlagerungen auf
den ÖV relevant, da sie die Bedeutung der Einstellungen zu einem Verkehrsmittel
im Vergleich zur aktuellen Verkehrsmittelnutzung hervorheben.

Die Marginsplots in Abbildung 8.5 verdeutlichen nochmal die Effektstärke der
signifikanten unabhängigen Personenmerkmale. Während die Vignettenmerkmale
nur geringe Schwankungen zwischen drei und vier Skalenpunkten vorhersagen
können (vgl. Abbildung 8.4), sind die Vorhersagen bei den Einstellungsskalen
etwas differenzierter. Bei einer geringen bzw. hohen ÖV-Orientierung schwanken
die durchschnittlichen Vignettenurteile zwischen drei und fünf Skalenpunkten.
Die Marginsplots zeigen jedoch auch, dass die Nutzungsabsicht des ÖVs insgesamt eher gering ist. Kein Merkmal kann die ÖV-Nutzung sicher, z. B.
durchschnittlich sechs oder sieben Skalenpunkte, vorhersagen. Am besten eignet
sich eine hohe ÖV-Orientierung.

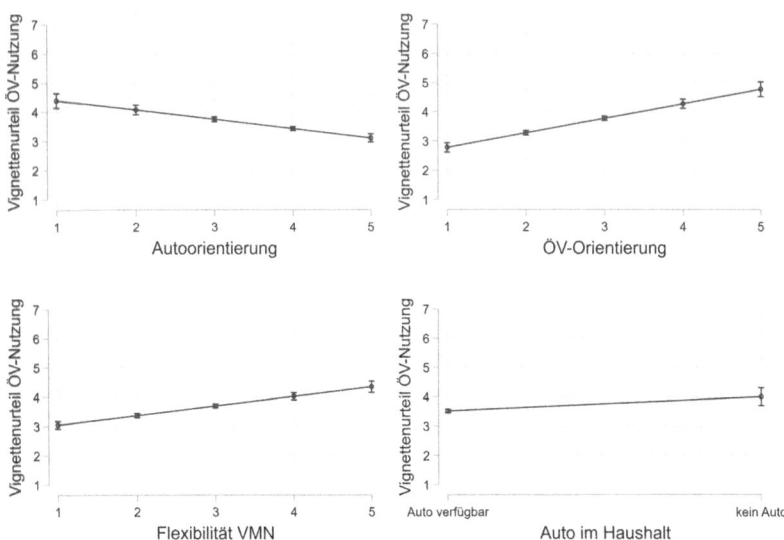

Abbildung 8.5 Marginsplots der sign. Personenmerkmale (ÖV-Vignetten). (Quelle: Mobilität in Bochum 2020, eigene Berechnung)

8.2.5 Interaktionseffekte der Vignettenmerkmale zur ÖV-Nutzung

Während bisher die Vignetten- und Personenmerkmale einzeln betrachtet wurden, ist es auch interessant zu prüfen, ob Dimensionen der Vignettenebene zusammenhängen, ob also z. B. geringe Zeitkosten, abgebildet durch die „gleich lange Fahrtdauer" und die Taktung „alle 15 Minuten", die Nutzungsabsicht des ÖVs zusätzlich erhöhen. Solche Zusammenhänge können durch die Berechnung von Interaktionseffekten geprüft werden. Interaktionseffekt meint, dass „der Einfluss einer unabhängigen Variable *systematisch* vom Wert einer anderen unabhängigen Variable abhängt" (Kohler und Kreuter 2016, S. 314). Da in dieser Studie das komplette Vignettenuniversum beantwortet wurde, können auch alle Interaktionseffekte geschätzt werden. Da Modelle mit Interaktionen schnell komplex werden, sind in Tabelle 8.4 nur die signifikanten Interaktionen im Modell integriert. Die weiteren Interaktionen zwischen zwei Merkmalen wurden ebenfalls geschätzt, da sie nicht signifikant waren, sind sie nicht dargestellt. Modell 1 enthält die Haupteffekte und dient zum Vergleich der Koeffizienten und Modellgüte mit und ohne Interaktionen.

Die Interaktion zwischen Fahrtdauer und Taktung ist nur für den Effekt „mit dem ÖV 30 Minuten länger" signifikant. Das heißt, die Interaktion Fahrtdauer und Taktung wirkt nicht, wie in Hypothese H_6 angenommen, als ÖV-Vorteil bei besonders geringen Zeitkosten wie gleich langer Fahrtdauer und häufiger Taktung. Dieser Interaktionseffekt ist nicht signifikant, sondern die Interaktion besteht als negative Verstärkung, wenn die Fahrtdauer mit dem ÖV deutlich länger ist. Der negative Effekt um -0,27 Skalenpunkte von „mit dem ÖV 30 Minuten länger" und der Taktung „alle 15 Minuten" bedeutet, dass sich der Haupteffekt von „mit dem ÖV 30 Minuten länger" (-0,56) um weitere 0,27 Skalenpunkte verringert, wenn die Taktung „alle 15 Minuten" ist. Die Taktung „alle 15 Minuten", die als Haupteffekt die Vignettenurteile um durchschnittlich 0,64 Skalenpunkte erhöht, kann diese erhöhende Wirkung in der Kombination mit der längeren Fahrtdauer von 30 Minuten nicht halten (vgl. Abbildung 8.6).

Analog dazu ist der Interaktionseffekt zwischen Fahrtdauer und Kosten des ÖVs. Die Interaktion zwischen „mit dem ÖV 30 Minuten länger" und den Kosten für eine „einfache Fahrt im ÖV für 1 Euro" ist signifikant und verringert die Vignettenurteile zur Fahrtdauer „mit dem ÖV 30 Minuten länger" um durchschnittlich 0,26 Skalenpunkte, wenn die Kosten für den ÖV „1 Euro" betragen. Das heißt, die geringen Kosten für den ÖV von „1 Euro" machen in Kombination „mit der Fahrtdauer von 30 Minuten länger" die Nutzung des ÖVs unwahrscheinlicher. Die Interaktionseffekte heben nochmals die starke Bedeutung der Fahrtdauer für die Vignettenurteile und damit auch für die Verkehrsmittelwahl hervor. Sobald die hohen Zeitkosten der Fahrtdauer von 30 Minuten länger mit dem ÖV in Kauf genommen werden müssen, haben andere attraktivitätssteigernde Aspekte wie geringe Kosten und häufigere Taktung keinen positiven Einfluss auf die ÖV-Nutzung mehr. Die Fahrtdauer als wichtigste Dimension (vgl. Präferenzordnung, Abschnitt 8.2.3) relativiert andere positive Effekte wie eine häufigere Taktung, wenn die Bedingung ohne oder nur mit geringen zeitlichen Einbußen nicht erfüllt ist. Um Verhaltensänderungen zu fokussieren, ist es folglich notwendig, die Präferenzordnungen zu berücksichtigen, sprich konkret zuerst die langen Fahrtzeiten mit dem ÖV anzugehen.

Tabelle 8.4 Tabelle mit Modell 1 und Modell mit sign. Interaktionseffekten auf Vignettenebene

ÖV-Nutzung	Modell 1		Modell Interaktionen	
	Koef.	z-Stat.	Koef.	z-Stat.
Fahrtdauer (Ref. mit ÖV 15 Min. länger)				
gleich lang	0,495***	1197	0,468***	6,87
mit ÖV 30 Min. länger	−0,814***	−20,23	−0,556***	−9,30
Taktung (Ref. alle 30 Min.)				
alle 15 Min.	0,516***	16,41	0,642***	10,49
Kosten ÖV (Ref. 3 Euro)				
1 Euro	0,666***	21,02	0,848***	11,38
Parkgebühren (Ref. 3 Euro)				
keine	−0,314***	−7,71	−0,313***	−7,71
5 Euro	0,368***	9,32	0,370***	9,38
Interaktion Fahrtdauer # Taktung				
mit ÖV 30 Min. länger # alle 15 Min.			-0,272**	-3,51
gleich lang # alle 15 Min.			0,090	1,05
Interaktion Fahrtdauer # Kosten ÖV				
mit ÖV 30 Min. länger # 1 Euro			−0,264**	−3,14
gleich lang # 1 Euro			−0,051	−0,66
Interaktion Taktung # Kosten ÖV				
alle 15 Min. # 1 Euro			−0,150*	−1,96
Konstante	3,038***	57,63	2,925***	47,26
N$_{\text{Vignetten}}$	6068		6068	
N$_{\text{Befragte}}$	1533		1533	
AIC	22648		22622	

Berichtet werden die Koeffizienten und z-Statistiken. Signifikanz: *** $\alpha \leq 0,001$; ** $\alpha \leq 0,01$; * $\alpha \leq 0,05$.
(Quelle: Mobilität in Bochum 2020, eigene Berechnung)

Etwas schwieriger einzuordnen ist die negative Interaktion zwischen der Taktung und den Kosten für den ÖV. Die Taktung „alle 15 Minuten" verringert den Effekt der Kosten von „1 Euro" um 0,15 Punkte. Intuitiv würde man das Gegenteil des Effekts annehmen, nämlich dass ein gutes Angebot (häufig und günstig) die Nutzungsabsicht erhöht. Der vorliegende Interaktionseffekt zwischen der Taktung „alle 15 Minuten" und den Kosten von „1 Euro" deutet eher daraufhin, dass bei einem besseren Angebot – Taktung „alle 15 Minuten" – die Zahlungsbereitschaft für die öffentlichen Verkehrsmittel steigt. Da der Interaktionseffekt zwischen der Taktung und den ÖV-Kosten nur knapp signifikant ist, könnte der Effekt zufällig sein oder von anderen Effekten – diese beiden Merkmale haben nur zwei Ausprägungen, womit diese Kombination häufiger vorkommt – überlagert werden. Betrachtet man die Modellgüte (AIC), wird das Modell durch die Interaktionen zwar verbessert, allerdings nur marginal.

In den Marginsplots (Abbildung 8.6) zu den Interaktionseffekten lässt sich auch ablesen, dass besonders günstige Bedingungen für die öffentlichen Verkehrsmittel „gleich lange" Fahrtdauer und Taktung „alle 15 Minuten" sowie „gleich lange" Fahrtdauer und Kosten für die einfache Fahrt von „1 Euro" durchschnittliche Vignettenurteile im wahrscheinlichen Bereich – Vignettenurteil größer vier – erzielen. Mit ungefähr 4,5 liegen diese jedoch nur knapp im wahrscheinlichen Bereich. Auch diese Bedingungen sind folglich nicht ausreichen, um die Mehrheit zur ÖV-Nutzung zu motivieren.

Zusammenfassung

Die stärksten Haupteffekte für die ÖV-Nutzung sind die um 30 Minuten längere Fahrtzeit und die geringen Kosten für eine einfache Fahrt in den öffentlichen Verkehrsmitteln von 1 Euro. Während sich die längere Fahrtdauer negativ auswirkt, wirken die geringen Kosten positiv auf die Wahrscheinlichkeit für die ÖV-Nutzung. Das Vignettendesign ermöglicht ebenfalls die Analyse einer Präferenzordnung. Hier zeigt sich die Fahrtdauer als bedeutendste Dimension für die Vignettenurteile, gefolgt von den Kosten des ÖVs, dann den Parkgebühren und schließlich der Taktung.

Weiterhin kann anhand der Mehrebenenanalysen gezeigt werden, dass bei den Personenmerkmalen vor allem Einstellungen eine entscheidende Rolle spielen. Eine positive Einstellung gegenüber den öffentlichen Verkehrsmitteln hat sich als vielversprechender Indikator für die Nutzungsabsicht des ÖVs erwiesen.

In den Interaktionseffekten zeigt sich, dass sich eine 30 Minuten längere Fahrtdauer mit den öffentlichen Verkehrsmitteln besonders negativ auf die Attraktivität des ÖVs auswirkt. Diese hohen Zeitkosten können als K.-o.-Kriterium für die ÖV-Nutzung interpretiert werden. Sonst fördernde Maßnahmen wie günstige Tickets von 1 Euro oder die Taktung alle 15 Minuten verlieren bei hohen Zeitkosten von 30 Minuten ihre positive Wirkung. Für Verkehrsverlagerungen ist es folglich wichtig, zuerst verkürzte Fahrtzeiten zu schaffen, damit auch andere Effekte wie geringere Kosten und Taktung greifen.

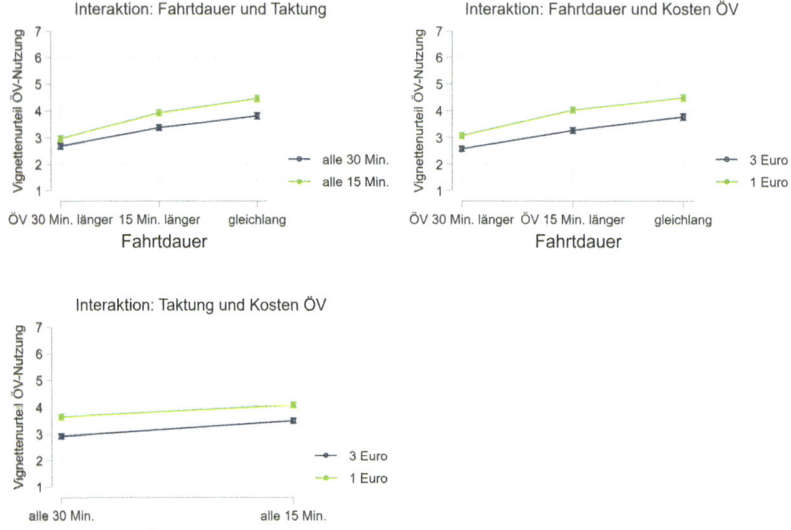

Abbildung 8.6 Marginsplots Interaktionseffekte der Vignettenmerkmale (ÖV-Vignetten). (Quelle: Mobilität in Bochum 2020, eigene Berechnung)

8.3   Verkehrsverlagerungen vom Auto aufs Fahrrad

Das Fahrrad gilt als großer Hoffnungsträger zur Bewältigung der Mobilität in urbanen Räumen. Während es viele Jahre vernachlässigt wurde, hat es zuletzt wieder an Bedeutung gewonnen (Wilde und Klinger 2017, S. 36). Pedelecs oder Lastenräder ermöglichen neue Nutzungsformen und stetig wachsender Parkdruck steigert die Attraktivität des Fahrradfahrens, da die Parkplatzsuche entfällt. In der zweiten Vignettenstudie in dieser Befragung werden Einflussfaktoren auf die Fahrradnutzung im Vergleich zur Autonutzung untersucht. Die berücksichtigten

Dimensionen sind: Distanz des Weges, Fahrradweg, Wetter und Distanz zwischen Autoparkplatz und Ziel (vgl. Abschnitt 5.3.2).

8.3.1 Deskriptive Ergebnisse der Fahrradvignetten

In der Befragung „Mobilität in Bochum 2020" sind fast 7.000 Vignettenurteile von über 1500 Befragten erhoben worden.[6] Die Häufigkeitsverteilungen der Vignettenurteile der Fahrradvignetten zur Fahrrad- bzw. Autonutzung sind in etwa spiegelbildlich (vgl. Abbildung 8.7). Die Verteilung der Fahrradnutzung ist linkssteil, wobei sich die Häufigkeiten der sieben Antwortkategorien auf sieben bis 28 Prozent verteilen. Der Mittelwert für die Fahrradnutzung liegt bei 3,6 und die Standardabweichung bei 2,2. Die Verteilung der Autonutzung ist rechtssteil und umfasst eine Verteilungsbreite zwischen sechs und 30 Prozent. Bei der Autonutzung liegt der Mittelwert bei 4,8 und die Standardabweichung bei 2,1. Während die Fahrradnutzung demzufolge insgesamt eher unwahrscheinlich ist, ist die Autonutzung eher wahrscheinlich. Auffällig ist, dass mit 19 bzw. 18 Prozent ein Großteil der Antworten auf die Mittelkategorie entfällt. Gleichgültigkeit oder Indifferenz könnten hierfür mögliche Gründe sein.

Tabelle 8.5 zeigt, dass ca. 13 Prozent der Befragten auf keinen Fall das Fahrrad nutzen würden und ca. 12 Prozent auf jeden Fall das Auto. Auf jeden Fall das Fahrrad und auf keinen Fall das Auto würden ca. vier Prozent nutzen. Dieser Anteil von ca. 12 Prozent Personen, die auch unter anderen Umständen nicht das Verkehrsmittel wechseln würden, ist kleiner als der Anteil der Nichtwechselwilligen in anderen Studien (Sonnberger et al. 2020, S. 18). Mit ca. 20 Prozent ist der Anteil an Personen, die alle vier Vignetten gleich beantwortet haben und somit keine Differenzierung ihrer Urteile in den Antworten gespiegelt haben, eher hoch. Ob dies mit der Überforderung der Situationsbeschreibung zusammenhängt oder die verwendeten Ausprägungen in den Vignetten nicht genügend Anreize zur Fahrradnutzung bieten, kann nicht beantwortet werden.

---

[6] Die Aufteilung der Stichprobe und fehlende Werte sind im Anhang G im elektronischen Zusatzmaterial dargestellt.

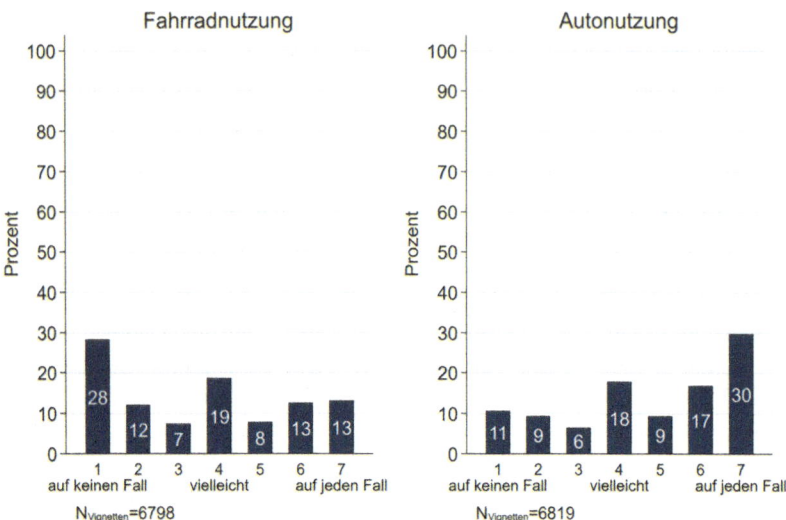

Abbildung 8.7 Häufigkeitsverteilung der Vignettenurteile (Fahrradvignetten). (Quelle: Mobilität in Bochum 2020, eigene Berechnung)

Auch die nach den Mittelwerten geordneten Vignetten sind zwischen Fahrrad- und Autonutzung fast spiegelbildlich (vgl. Abbildung 8.8). Für die Vignetten 36, 34 und 35 ist die Fahrradnutzung am unwahrscheinlichsten, die Autonutzung am wahrscheinlichsten. Dagegen ist die Fahrradnutzung für die Vignetten 2, 1 und 3 am wahrscheinlichsten und die Autonutzung für die Vignetten 2, 1, und 8 am unwahrscheinlichsten. Während die Vignettenurteile zur Fahrradnutzung im Mittel zwischen 2 und 5,3 schwanken, liegen die Mittelwerte zur Autonutzung etwas höher zwischen 3,1 und 6,2. Die Nutzungsabsicht für das Auto liegt folglich über alle Vignetten hinweg etwas höher als die für das Fahrrad. Eine hohe Wahrscheinlichkeit von sechs oder sieben wird für die Fahrradnutzung in keiner der gefragten Vignetten erreicht. Dies deutet darauf hin, dass die Bedingungen zur Fahrradnutzung noch attraktiver gestaltet werden müssen als in den Vignetten abgefragt.

Tabelle 8.5 Personen, die alle vier Vignetten gleich beantwortet haben (Fahrradvignetten)

Vignettenurteil	Fahrradnutzung		Autonutzung	
	Prozent	n	Prozent	n
1 (auf keinen Fall)	12,59 %	217	3,81 %	66
2	0,87 %	15	0,87 %	15
3	0,12 %	2	0,12 %	2
4 (vielleicht)	2,44 %	42	2,37 %	41
5	0,06 %	1	0,46 %	8
6	0,75 %	13	1,85 %	32
7 (auf jeden Fall)	3,6 %	62	11,73 %	203
Kumulierte Werte	20,43 %	352	21,2 %	367
Gültige Fälle	100 %	1723	100 %	1731

(Quelle: Mobilität in Bochum 2020, eigene Berechnung)

Die inhaltliche Betrachtung der am besten bzw. schlechtesten bewerteten Vignetten (vgl. Tabelle 8.6) kann erste Hinweise auf einflussreiche Faktoren liefern. Die für die Fahrradnutzung unattraktiven Vignetten unterscheiden sich ausschließlich in der letzten Dimension, der Entfernung des Autoparkplatzes zum Ziel. Die weite Distanz von sieben Kilometern, der schmale Schutzstreifen und die leichten Regenschauer wirken sich – wie zu erwarten – negativ auf die Fahrradnutzung aus. Auch die am besten bewerteten Vignetten unterscheiden sich ausschließlich in der letzten Dimension. Die kurze Distanz von zwei Kilometern, der räumlich getrennte Radweg und mildes und trockenes Wetter machen die Fahrradnutzung attraktiv. Diese Ergebnisse legen nahe, dass die Entfernung zum Autoparkplatz von den untersuchten Dimensionen für die Nutzungsabsicht des Fahrrads am unbedeutendsten ist.

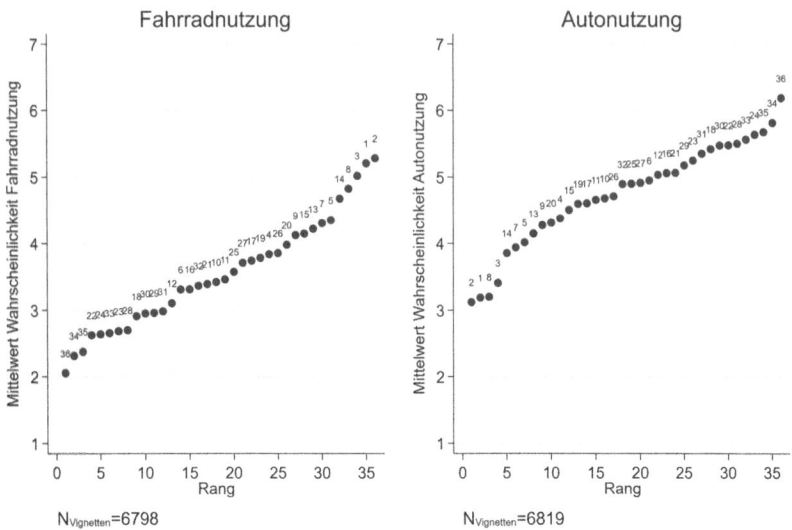

Abbildung 8.8 Durchschnittliche Urteile der Fahrradvignetten (gerankt). (Quelle: Mobilität in Bochum 2020, eigene Berechnung)

8.3.2   Mehrebenenmodelle der Fahrradvignetten

Zur detaillierten Auswertung der Vignetten werden auch hier Mehrebenenmodelle geschätzt. Wie in Abschnitt 8.2 werden ausschließlich Random-Intercept-Modelle verwendet, die den y-Achsenabschnitt als flexibel zwischen den Befragten schätzen, die Steigung als fest. Da die Vignettenurteile nicht normalverteilt sind (vgl. Abbildung 8.8), werden die Modelle mit robusten Standardfehlern geschätzt (Wenzelburger et al. 2014, S. 30–31). Die Vignettenurteile zur Fahrradnutzung sind die abhängige Variable. Die siebenstufige Skala wird als metrisch interpretiert und folglich werden lineare Regressionen geschätzt. Als unabhängige Variablen werden die Dimensionen auf Vignettenebene und die bekannten Personenmerkmale zu sozialer Lage, zur Verkehrsmittelverfügbarkeit, zu den Einstellungen und zur aktuellen Verkehrsmittelnutzung in die Modelle aufgenommen.

Die Mehrebenenmodelle sind in Tabelle 8.7 dargestellt. Um zu sehen, wie sich die Varianz auf die beiden berücksichtigten Ebenen verteilt, wird zunächst das Null-Modell berechnet, das keine erklärenden Variablen enthält. Die berechnete ICC gibt an, dass 52 Prozent der Gesamtvarianz der Fahrradnutzung

Tabelle 8.6 Übersicht Vignetten mit den höchsten und niedrigsten Mittelwerten (Fahrradvignetten)

Vignettennr.	Ranking Rad	Mittelwert Rad-nutz.	Ranking Auto	Mittelwert Autonutz.	Distanz	Radweg	Wetter	Entfernung Autoparkplatz
36	1	2,1	36	6,2	7 km	Schutzstreifen	leichte Schauer	direkt am Ziel
34	2	2,3	35	5,8	7 km	Schutzstreifen	leichte Schauer	500 m entfernt
35	3	2,4	34	5,7	7 km	Schutzstreifen	leichte Schauer	200 m entfernt
3	34	5,0	4	3,4	2 km	räumlich getrennt	mild und trocken	direkt am Ziel
2	35	5,2	1	3,1	2 km	räumlich getrennt	mild und trocken	500 m entfernt
1	36	5,3	2	3,2	2 km	räumlich getrennt	mild und trocken	200 m entfernt

(Quelle: Mobilität in Bochum 2020, eigene Berechnung)

auf die Ebene der Befragten, also die Personenmerkmale, entfallen. Die Personenmerkmale wie Sozialstruktur oder Einstellungen sind relevanter für die Wahrscheinlichkeit der Fahrradnutzung (Vignettenurteile) als die Unterschiede zwischen den Vignetten (Dimensionen und ihre Ausprägungen). Modell 1 enthält die unabhängigen Variablen der Vignetten- und Befragtenebene. Alle Vignettenmerkmale weisen signifikante Effekte aus, sind also für die Entscheidung der Verkehrsmittelwahl relevant. Die detaillierte Beschreibung und Interpretation der Vignettenmerkmale folgen in Abschnitt 8.3.3, die der Personenmerkmale in Abschnitt 8.3.4.

Tabelle 8.7 Mehrebenenmodell für die Vignettenurteile zur Fahrradnutzung

Fahrradnutzung	Modell 0		Modell 1	
	Koef.	z-Stat.	Koef.	z-Stat.
VIGNETTENMERKMALE				
Distanz (Ref. 5 km)				
2 km			0,689***	18,99
7 km			−0,528***	−15,79
Radweg (Ref. schmaler Schutzstreifen)				
Räumlich getrennt			0,663***	18,38
Wetter (Ref. leichte Regenschauer)				
mild und trocken			1,042***	29,32
Distanz Parkplatz-Ziel (Ref. 200 m)				
keine			−0,183***	−5,00
500 m			0,274***	6,65
PERSONENMERKMALE				
Soziale Lage				
männlich			0,180**	3,06
Alter (Ref. 50–64 Jahre)				
18–29 Jahre			0,059	0,64
30–49 Jahre			0,099	1,39
65–81 Jahre			−0,193*	−2,06
Abitur			0,056	0,88

(Fortsetzung)

Tabelle 8.7 (Fortsetzung)

Fahrradnutzung	Modell 0		Modell 1	
	Koef.	z-Stat.	Koef.	z-Stat.
Verfügbarkeit VM				
Haushalt ohne Auto			−0,170	−1,05
Fahrrad verfügbar			0,055	0,67
Einstellungen				
Autoorientierung			−0,320***	−7,90
Fahrradorientierung			0,797***	21,18
Flexibilität VM-Wahl			0,179***	4,50
VMN (Ref. Fahrradnutzung)				
monom. Auto			−0,640***	−7,11
andere VMN			−0,458***	−4,00
Konstante	3,601***	79,52	0,900***	3,77
$N_{Vignetten}$	5699		5699	
$N_{Befragte}$	1437		1437	
ICC	0,516		0,386	

Berichtet werden die Koeffizienten und z-Statistiken. Signifikanz: *** $\alpha \leq 0,001$; ** $\alpha \leq 0,01$; * $\alpha \leq 0,05$.
(Quelle: Mobilität in Bochum 2020, eigene Berechnung)

8.3.3 Vignettenebene der Fahrradnutzung

Die Haupteffekte der Vignettenmerkmale sind in Abbildung 8.9 als Koeffizientenplot veranschaulicht (vgl. Modell 1, Tabelle 8.7). Alle Haupteffekte sind signifikant. Die kurze Distanz von „2 km", der Radweg „räumlich getrennt", das Wetter „mild und trocken" sowie die Distanz von „500 m" vom Autoparkplatz zum Ziel erhöhen die Nutzungsabsicht des Fahrrads. Eine Distanz von „7 km" und „keine" Distanz vom Autoparkplatz zum Ziel verringern die Nutzungsabsicht des Fahrrads.

Die kurze Distanz von „2 km" erhöht im Vergleich zur Distanz von „5 km" die Fahrradnutzung um 0,7 Skalenpunkte. Die weite Distanz von „7 km" verringert im Vergleich zur Distanz von „5 km" die Fahrradnutzung um 0,5 Skalenpunkte. Die drei Wegdistanzen können als drei Messpunkte einer Skala gesehen werden, womit es möglich ist, den Zusammenhang der Linearkombination zu berechnen.

Zwischen den Distanzen liegt ein kurvlinearer Zusammenhang vor (vgl. Abbildung 8.10)[7]. Das heißt, mit zunehmender Distanz nehmen die Vignettenurteile stärker ab. Damit wird die Hypothese H_{11} „Bei der Distanz (2 km, 5 km und 7 km Strecke) liegt ein kurvlinearer Effekt vor." bestätigt.

Ein Radweg, der räumlich getrennt von der Autospur ist, erhöht im Vergleich zu einem Radweg, der nicht räumlich getrennt ist, die Fahrradnutzung um 0,7 Skalenpunkte. Trockenes und mildes Wetter erhöht im Vergleich zu leichten Regenschauern die Fahrradnutzung um 1,0 Skalenpunkte. „Keine" Entfernung vom Autoparkplatz zum Ziel verringert die Fahrradnutzung um 0,2 Skalenpunkte. Die Entfernung von „500 m" erhöht die Fahrradnutzung um 0,3 Skalenpunkte. Referenzkategorie ist hier jeweils eine Entfernung von „200 m" vom Autoparkplatz zum Ziel. Auch bei der Distanz vom Autoparkplatz zum Ziel kann eine

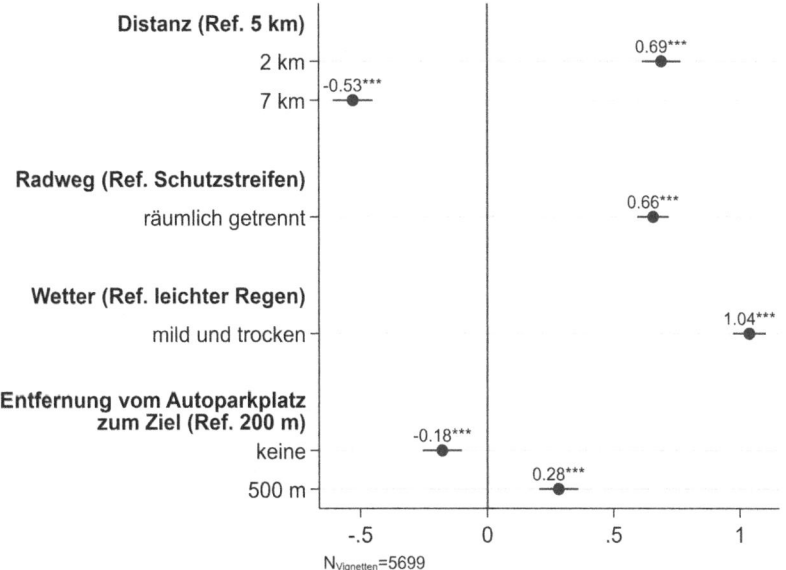

Abbildung 8.9 Koeffizientenplot für Modell 1 – Vignettenmerkmale (Fahrradnutzung). (Quelle: Mobilität in Bochum 2020, eigene Berechnung)

---

[7] Dies wurde mit dem Befehl lincom des Statistikpakets Stata geprüft.

metrische Skala mit drei Messpunkten angenommen werden. Zwischen der Distanz vom Autoparkplatz zum Ziel und den Vignettenurteilen besteht ebenfalls ein kurvlinearer Zusammenhang.

Die Marginsplots in Abbildung 8.10 verdeutlichen die Stärke der einzelnen Effekte. Keines der Merkmale kann die Fahrradnutzung sicher vorhersagen. Die Wahrscheinlichkeiten für die verschiedenen Vignettenmerkmale erreichen maximal vier Skalenpunkte (vielleicht).

Präferenzordnung der Dimensionen
Die Koeffizienten der Haupteffekte sowie die deskriptiven Ergebnisse lassen vermuten, dass die Entfernung vom Autoparkplatz zum Ziel weniger wichtig ist als die anderen Dimensionen. Der stärkste Effekt ist beim Wetter zu beobachten. Sowohl die kurze Distanz von zwei Kilometern, als auch der räumlich getrennte Radweg zeigen Effekte von ca. 0,7. Da die Effektstärke bei Variablen mit einer verschiedenen Anzahl an Ausprägungen nicht direkt verglichen werden kann, wird zur Bestimmung der Randordnung der Dimensionen wieder auf Modelle zurückgegriffen, die jeweils eine Dimension ausschließen (siehe Anhang I im elektronischen Zusatzmaterial). Daraus ergibt sich die Präferenzordnung: Wetter, Distanz, Radweg und Entfernung Autoparkplatz zum Ziel. Die Hypothesen H_9 (Wetter hat stärksten Einfluss) und H_{10} (Entfernung zum Autoparkplatz hat den geringsten Einfluss) werden damit bestätigt.

Möchte man daraus Maßnahmen zur Förderung des Fahrradfahrens ableiten, erscheint diese Präferenzordnung etwas unbefriedigend, da die priorisierten Dimensionen Wetter und Distanz nicht bzw. kaum beeinflusst werden können. Nichtsdestoweniger zeigt diese Präferenzordnung, dass Fahrradfahren auch stark von äußeren Umständen abhängt, starken saisonalen Schwankungen unterliegt und damit als Universalverkehrsmittel zur Bewältigung des Großteils der Alltagsmobilität schwer durchzusetzen ist. Während Mahne-Bieder et al. (2020, S. 90) ebenfalls das Wetter als größtes Fahrradnutzungshindernis identifizieren, verweist Hudde (2023) in seinem Vergleich zwischen deutschen und niederländischen Fahrradfahrenden darauf, dass diese Wetterabhängigkeit in Deutschland deutlich größer ist als im Nachbarland. Mobilitätsmanagement könnte folglich dazu beitragen, dass eine hohe „Wetterresistenz" (Hunecke et al. 2008, S. 148) aufgebaut wird und auch in Deutschland bei „schlechtem" Wetter mehr Fahrrad gefahren wird.

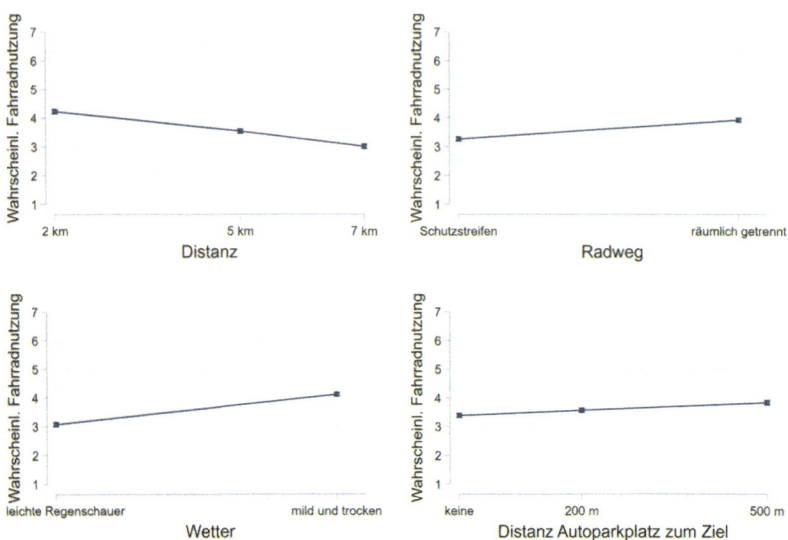

Abbildung 8.10 Marginsplots der Vignettenmerkmale (Fahrradvignetten). (Quelle: Mobilität in Bochum 2020, eigene Berechnung)

8.3.4 Personenebene der Fahrradnutzung

Als Personenmerkmale wurden das Geschlecht, Alter nach Lebensphasen und der Schulabschluss Abitur zur Beschreibung der Sozialstruktur aufgenommen, Haushalt ohne Auto und Fahrradverfügbarkeit zur Verfügbarkeit der Verkehrsmittel, die Autoorientierung, Fahrradorientierung und Flexibilität bei der Verkehrsmittelwahl als Einstellungen und die aktuelle Verkehrsmittelnutzung (Tabelle 8.7). Die Analyse der Personenmerkmale ist hilfreich, um die Plausibilität der Vignetten zu kontrollieren.

Auf Personenebene gibt es signifikante Effekte für Männer im Vergleich zu Frauen, für die Altersgruppe 65–81 Jahre im Vergleich zur Altersgruppe 49–64 Jahre, für die Einstellungen zu den Verkehrsmitteln und für die aktuelle Verkehrsmittelnutzung. Für Männer sowie Personen mit einer hohen Fahrradorientierung und Flexibilität bei der Verkehrsmittelwahl ist die Wahrscheinlichkeit, das Fahrrad zu nutzen, höher. Für die Altersgruppe 65–81 Jahre, Personen mit hoher Autoorientierung und Personen, die monomodal das Auto nutzen und andere Verkehrsmittel als das Fahrrad nutzen, verringert sich die Wahrscheinlichkeit der

Fahrradnutzung. Damit werden die Hypothesen H_8 „Wenn eine Person positiv gegenüber einem Verkehrsmittel eingestellt ist, ist es wahrscheinlicher, dass es genutzt wird." und H_9 „Die aktuelle Verkehrsmittelnutzung wirkt sich auf die Vignettenurteile zur Fahrradnutzung aus." bestätigt. Interessant ist, dass bei den Fahrradvignetten nicht nur die Einstellungen mit den Vignettenurteilen zusammenhängen, sondern auch die aktuelle Verkehrsmittel- bzw. Fahrradnutzung. Dies deutet darauf hin, dass Personen, die aktuell kein Fahrradfahren, auch in Zukunft schwieriger (zumindest nicht mit den vorliegenden Vignettenausprägungen) vom Fahrradfahren überzeugt werden können.

Um die Effektstärke besser interpretieren zu können, werden die Marginsplots (vgl. Abbildung 8.11) herangezogen. Eine hohe Fahrradorientierung liefert mit knapp fünf Skalenpunkten das beste Ergebnis. Meist liegen die Werte zwischen drei und vier Skalenpunkten und damit im eher unwahrscheinlichen Bereich für die Fahrradnutzung. Etwas genauer sind die Auto- und Fahrradorientierung. Eine geringe Autoorientierung von eins erreicht eine Nutzungsabsicht von ca. 4,5 Skalenpunkten, während eine hohe Autoorientierung von fünf knapp drei Skalenpunkte erreicht. Eine geringe Fahrradorientierung von einem Punkt erreicht knapp zwei Skalenpunkte, während eine hohe Fahrradorientierung von fünf fast eine Nutzungsabsicht von fünf Skalenpunkten erreicht. Die Effekte der sozialstrukturellen Variablen Geschlecht und Alter nach Lebensphasen sind im Modell zwar signifikant, im Marginsplot sind jedoch kaum Unterschiede zwischen Männern und Frauen sowie den verschiedenen Altersgruppen zu erkennen. Auch die Effekte der aktuellen Verkehrsmittelnutzung sind gering und bewegen sich im Bereich zwischen drei und vier Skalenpunkten.

Interessant bei der Analyse der Fahrradvignetten erscheinen weniger die Effekte der Vignettenmerkmale als die Ergebnisse der Personenmerkmale. Die Effekte der Sozialstruktur, wonach Männer wahrscheinlicher Fahrrad fahren würden als Frauen und für Senioren die Nutzung des Fahrrads unattraktiver ist, scheinen plausibel und gehen mit den Ergebnissen anderer Studien einher (Mahne-Bieder et al. 2020, S. 89). Die Erklärungskraft der Einstellungen ist beeindruckend. Insbesondere die Fahrradorientierung sticht als Indikator für die Nutzungsabsicht hervor. Diese besondere Bedeutung der Einstellungen zum Fahrradfahren im Vergleich zu soziodemografischen Merkmalen heben auch Heinen et al. (2011, S. 109) hervor.

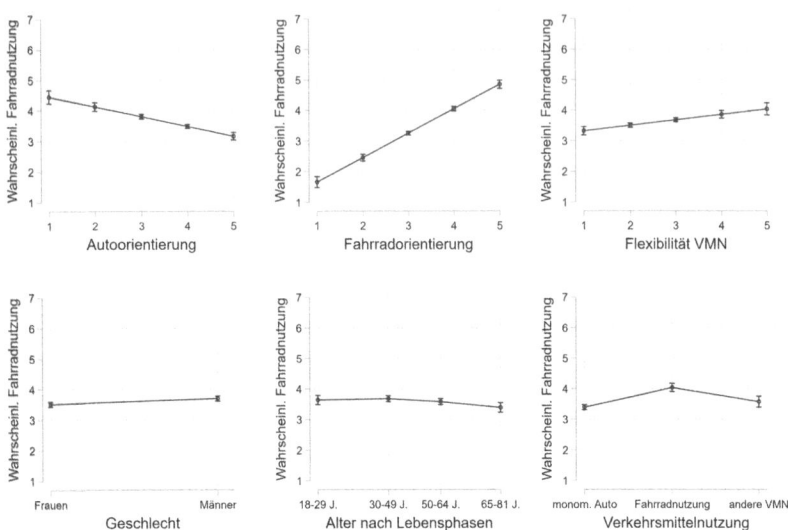

Abbildung 8.11 Marginsplots der sign. Personenmerkmale (Fahrradvignetten). (Quelle: Mobilität in Bochum 2020, eigene Berechnung)

8.3.5 Interaktionseffekte der Fahrradnutzung

Auch für die Fahrradvignetten sind alle Interaktionseffekte zwischen zwei Dimensionen getestet worden. Die signifikanten Interaktionseffekte sind in Tabelle 8.8 und Abbildung 8.12 dargestellt. Einzig die Interaktion zwischen der Distanz und dem Wetter hat einen zusätzlichen signifikanten Effekt, der über die Effekte der einzelnen Dimensionen hinausgeht. Die kurze Distanz von zwei Kilometern führt zu einem zusätzlichen Effekt von 0,2 Skalenpunkten bei mildem und trockenem Wetter. Bei der langen Distanz von sieben Kilometern verringert sich der Effekt von mildem und trockenem Wetter um 0,2 Skalenpunkte. Während die kurze Distanz und gutes Wetter zusätzlich zum Fahrradfahren motivieren, führt die lange Distanz dazu, dass die Fahrradnutzung selbst bei gutem Wetter an Attraktivität verliert. Betrachtet man die Modellgüte (AIC), stellt sich das Modell mit Interaktionseffekt als nur geringfügig besser heraus.

Tabelle 8.8 Vergleich Haupteffekte Fahrradvignetten und Interaktionen

Fahrradnutzung	Modell 1		Interaktion Distanz und Wetter		Interaktion Distanz, Radweg und Wetter	
	Koef.	z-Stat.	Koef.	z-Stat.	Koef.	z-Stat.
Distanz (Ref. 5 km)						
2 km	0,691***	17,57	0,581***	10,51	0,657***	9,19
7 km	−0,528***	−13,37	−0,437***	−9,22	−0,368***	−5,30
Radweg (Ref. Schutzstreifen)						
Räumlich getrennt	0,658***	20,53	0,656***	18,13	0,693***	8,80
Wetter (Ref. leichte Regenschauer)						
mild und trocken	1,037***	31,49	1,011***	17,57	1,026***	13,26
Entfernung Autoparkplatz – Ziel (Ref. 200 m)						
keine	−0,177***	−4,50	−0,175***	-4,69	−0,176***	−4,71
500 m	0,283***	7,20	0,284***	6,80	0,286***	6,87
Interaktion Distanz und Wetter						
2 km # mild und trocken			0,228**	2,62	0,095	0,81
7 km # mild und trocken			−0,172*	−2,29	−0,211	−2,04
Interaktion Distanz und Radweg						
2 km # räumlich getrennt					−0,126	−0,97
7 km # räumlich getrennt					−0,123	−1,11
Interaktion Radweg und Wetter						
Räuml. getrennt # mild und trocken					−0,009	−0,07
Interaktion Distanz, Radweg und Wetter						
2 km # räuml. getrennt # mild und trocken					0,235	1,10

(Fortsetzung)

Tabelle 8.8 (Fortsetzung)

Fahrradnut-zung	Modell 1		Interaktion Distanz und Wetter		Interaktion Distanz, Radweg und Wetter	
	Koef.	z-Stat.	Koef.	z-Stat.	Koef.	z-Stat.
7 km # räuml. getrennt # mild und trocken					0,049	0,29
Konstante	2,658***	44,88	2,667***	42,79	2,641***	40,38
$N_{Vignetten}$	5699		5699		5699	
$N_{Befragte}$	1437		1437		1437	
AIC	21088		21067		21072	

Berichtet werden die Koeffizienten und z-Statistiken. Signifikanz: *** $\alpha \leq 0,001$; ** $\alpha \leq 0,01$; * $\alpha \leq 0,05$.
(Quelle: Mobilität in Bochum 2020, eigene Berechnung)

Zusätzlich ist die Interaktion zwischen den drei Dimensionen Distanz, Radweg und Wetter überprüft worden. Mit dieser Interaktion soll untersucht werden, ob die fahrradförderlichen Bedingungen kurze Distanz von „2 km", Radweg „räumlich getrennt" und das Wetter „mild und trocken" die Nutzungsabsicht des Fahrrads zusätzlich erhöhen. Zwischen der Distanz, dem Radweg und dem Wetter besteht jedoch kein signifikanter Interaktionseffekt (vgl. Tabelle 8.8), d. h. aus den fahrradförderlichen Bedingungen gemeinsam kann keine zusätzliche Nutzungsabsicht abgeleitet werden. Die Hypothesen H_{12} „Bei kurzer Distanz, gutem Wetter und modernem Radweg (Interaktion zwischen Distanz, Wetter und Radweg) ist die Nutzungsabsicht des Fahrrads zusätzlich höher." und H_{13} „Kurze Distanz für das Fahrrad und weite Entfernung vom Parkplatz zum Ziel steigert die Attraktivität des Fahrrads (Interaktion zwischen Distanz und Autoparkplatz)." werden damit nicht bestätigt.

Zusammenfassung
Die Ergebnisse der Vignettenauswertung zeigen, dass die Fahrradnutzung im Vergleich zur Autonutzung in den verwendeten Situationsbeschreibungen eher unwahrscheinlich ist. Die durchschnittlichen Vignettenurteile liegen meist zwischen drei und vier Skalenpunkten, selten über vier Skalenpunkten. Zudem haben sich das Wetter und die (kurze) Distanz als wichtigste Dimensionen für die wahrscheinlichere Fahrradnutzung herausgestellt. Die wahrscheinlichere Fahrradnutzung kann am besten durch die persönlichen Einstellungen zum Fahrradfahren vorhergesagt werden. Eine positive Einstellung zum Fahrradfahren

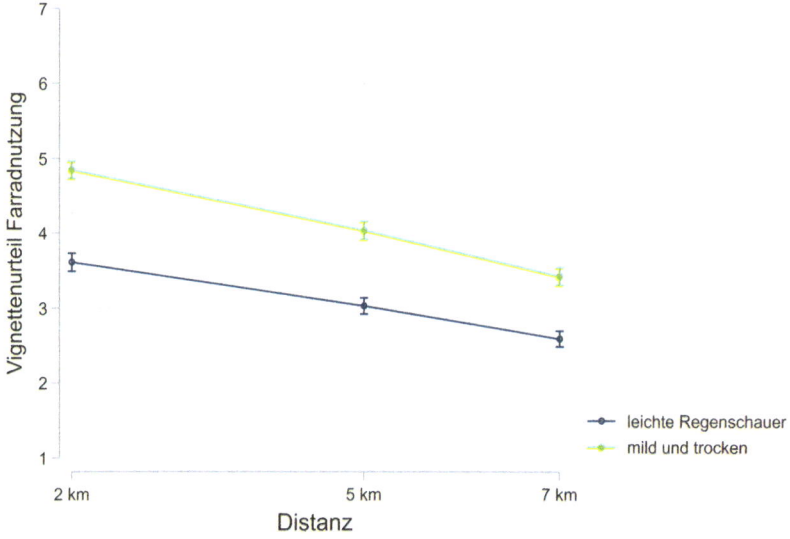

Abbildung 8.12 Marginsplot der Interaktion zwischen Distanz und Wetter (Fahrradnutzung). (Quelle: Mobilität in Bochum 2020, eigene Berechnung)

erhöht die Wahrscheinlichkeit der Fahrradnutzung, eine negative verringert die Wahrscheinlichkeit der Fahrradnutzung.

8.4 Diskussion der Ergebnisse zu Verkehrsverlagerungen

Ziel der Vignettenstudie ist es, Bedingungen zu identifizieren, die die Nutzung der öffentlichen Verkehrsmittel oder des Fahrrads attraktiv machen. Darüber hinaus können durch die Rekonstruktion der Präferenzordnung entscheidende Stellschrauben zur Förderung der Verkehrsverlagerung bestimmt werden. Insgesamt zeigen die Ergebnisse, dass in den hier untersuchten Situationen die Autonutzung wahrscheinlicher ist als die Nutzung der umweltverträglicheren Alternativen. Mit ungefähr 1500 Befragten je Vignettenmodul stützen sich die Ergebnisse auf eine Vielzahl von Urteilen, was die Validität erhöht. Aus den deskriptiven Ergebnissen lassen sich folgende Schlüsse ziehen: Die Befragten zeigen eine große

Bereitschaft, sich auf die Vignettenbeschreibungen einzulassen und Verkehrsmittelentscheidungen unter veränderten Bedingungen zu simulieren. Aus den Vignettenurteilen dieser Befragung können keine Verhaltensprognosen abgeleitet werden. Dennoch deuten die deskriptiven Ergebnisse darauf hin, dass Präferenzen, Präferenzordnungen und wichtige Einflussmerkmale anhand der Daten identifiziert werden können.

ÖV-Vignetten
Alle untersuchten Merkmale der ÖV-Vignetten sind für die Bewertung der Verkehrsmittelwahl wichtig. Den stärksten Einfluss auf die Vignettenurteile haben die Dimensionen Fahrtdauer und Kosten der öffentlichen Verkehrsmittel. Zur Attraktivitätssteigerung der öffentlichen Verkehrsmittel sind kürzere Fahrtzeiten bzw. vergleichbare Fahrtzeiten wie mit dem Auto äußerst bedeutsam. Anhand der Vignettenanalyse kann gezeigt werden, dass sich die längere Fahrtzeit mit dem ÖV von 30 Minuten im Vergleich zum Auto besonders schlecht auf die Wahrscheinlichkeit für die ÖV-Nutzung auswirkt. Für den öffentlichen Personennahverkehr in seiner aktuellen Form mit strengen Fahrplänen und Routenführungen sind stark verkürzte Fahrzeiten schwer umsetzbar. Neuere Formen der gemeinsamen Verkehrsmittelnutzung wie On-Demand-Verkehr und Ridepooling haben genau hier ihre Stärken. „Von Tür zu Tür"-Angebote reduzieren den Zeitaufwand der letzten Meile. On-Demand-Verkehr fährt nur auf Abruf, womit Umwege reduziert und Leerfahrten vermieden werden. Neue Angebote könnten damit vor allem in weniger dicht besiedelten Gebieten eine attraktive Ergänzung zum klassischen ÖV-Angebot darstellen.

Als zweitwichtigstes Kriterium haben sich geringe Kosten für den ÖV herausgestellt. Direkte Kosten wie Ticketpreise sind leicht nachvollziehbar und werden in ihrer Wirkung daher immer wieder diskutiert und auch getestet. In Bonn wurde zwei Jahre lang ein 365-Euro-Ticket für Neukunden eingeführt. Aufgrund fehlender langfristiger Förderung führte das Projekt nicht zum gewünschten Erfolg (Orbach und Eggerichs 2019). Noch umfangreicher ist das 9-Euro-Ticket, das von Juni bis August 2022 als bundesweites Nahverkehrsticket erworben werden konnte. Mit mehreren Millionen verkaufter Tickets war die Nachfrage immens. Erste Auswertungen zeigen eine deutliche Zunahme im Schienenverkehr für mittlere Distanzen zwischen 30 und 300 Kilometern. Besonders viele Bahnreisen finden am Wochenende statt (Statistisches Bundesamt 2022). Die deutliche Reduzierung der Kosten kann folglich zur intensiveren Nutzung der öffentlichen Verkehrsmittel beitragen. Unklar bleibt bislang, in welchem Umfang das 9-Euro-Ticket für kurze Distanzen im Stadtgebiet genutzt wird und inwiefern damit langfristige Umstiege vom Auto auf den ÖV erreicht werden können. Während

meine Ergebnisse nahelegen, dass zur Akzeptanzsteigerung des ÖVs eine Reduzierung der Kosten *und* Reisezeit notwendig ist, deuten die ersten Ergebnisse
zum 9-Euro-Ticket auf bereits deutliche Effekte ohne Anpassung der Reisezeit hin. Da das 9-Euro-Ticket jedoch deutlich außerhalb des hier verwendeten
Vignettenuniversums liegt, ist der Vergleich schwierig.

Interessant ist auch, dass in der Vignettenstudie die Parkgebühren die ÖV-
Nutzung kaum beeinflussen. Dies liefert Hinweise, dass Restriktionen allein
keine Verkehrswende herbeiführen werden. Um die Menschen mitzunehmen, ist
eine Verbesserung des Angebots entscheidend. Die geschickte Kombination aus
„Push-" und „Pullmaßnahmen" ist notwendig, um unerwartete Rückkopplungen
zu vermeiden (Ruhrort 2019, S. 257–258).

Aufgrund des Mehrebenendesigns kann anhand der Vignettenanalyse gezeigt
werden, dass die Merkmale der Person, primär die verkehrsmittelbezogenen Einstellungen, mindestens so wichtig sind wie die Situationsmerkmale. Daraus folgt,
dass Veränderungen des Angebots allein vermutlich keine Verhaltensänderungen
nach sich ziehen. Für Verhaltensänderungen sind auch mentale Veränderungen
notwendig. Da Einstellungen meist stabil sind, muss hier früh angesetzt werden.
Es geht darum, von Anfang an Verkehrsmittelalternativen zum Auto aufzuzeigen.
Ebenfalls sind ausreichend positive Erfahrungen notwendig, um bereits gefestigte
Einstellungen aufzuweichen.

Da die aktuelle Verkehrsmittelnutzung nicht mit der Bewertung der ÖV-
Vignetten zusammenhängt, scheinen die öffentlichen Verkehrsmittel auch für
Personen, die wenig Erfahrung mitbringen, eine denkbare Alternative. Wie auch
die Befragung des Dynamo-Projekts in den Städten Münster und Stuttgart gezeigt
hat, können sich viele Personen vorstellen, in Zukunft häufiger die öffentlichen
Verkehrsmittel zu nutzen (Sonnberger et al. 2020, S. 18). Um die Attraktivität der
öffentlichen Verkehrsmittel zu steigern, müssen Situations- und Personeneinflüsse
gemeinsam angegangen werden.

Unklar bleibt, welche weiteren, hier nicht berücksichtigten Merkmale einen
großen Einfluss auf die ÖV-Nutzung ausüben. In weiteren Untersuchungen könnten beispielsweise auch Zuverlässigkeit und Pünktlichkeit der Verkehrsmittel
berücksichtigt werden. Während des Befragungszeitraums galten Infektions-
schutzmaßnahmen wie beispielsweise die Maskenpflicht. In dieser Studie kann
daher nicht rekonstruiert werden, inwiefern die Angst vor einer Ansteckung die
Vignettenurteile beeinflusst hat.

Fahrradvignetten
Alle hier untersuchten Vignettenmerkmale Distanz, Radweg, Wetter und Entfernung zum Autoparkplatz sind für die Entscheidung der Verkehrsmittelwahl

wichtig. Gutes Wetter und kurze Distanzen machen die Fahrradnutzung besonders attraktiv. Obwohl die einflussreichste Dimension der Vignettenstudie, gutes Wetter, nicht direkt beeinflusst werden kann, sollte die Fahrradförderung nicht aufgegeben werden. Hudde (2023) demonstriert in seiner Forschung, dass in den Niederlanden unter Kontrolle der Wetterbedingungen mehr Fahrrad gefahren wird als in Deutschland. Positive Einstellungen zum Fahrradfahren und eine fahrradfreundliche Mobilitätskultur können folglich auch suboptimales Fahrradwetter überwinden.

Kurze Wege sind nur möglich, wenn Aktivitäten des täglichen Bedarfs wie Einkäufe, Kita, Schule oder mobiler Arbeitsplatz in der Wohnumgebung stattfinden. Die Berücksichtigung der Funktionsmischung und damit kurzer Wege in der Quartiersentwicklung ist zur Attraktivitätssteigerung des Fahrrads notwendig.

Interessant ist, dass die Personenmerkmale bei der Fahrradnutzung eine entscheidende Rolle spielen. Fahrradfahren scheint – im Vergleich zu den öffentlichen Verkehrsmitteln – noch stärker mit den Einstellungen und aktuellen Erfahrungen bei der Verkehrsmittelnutzung zusammenzuhängen. Die außerordentliche Bedeutung von fahrradbezogenen Einstellungen wird auch in anderen Studien betont (Heinen et al. 2011; Kuhnimhof et al. 2010, S. 22). Die Vignettenurteile zur Fahrradnutzung hängen neben den Einstellungen auch mit dem Alter, Geschlecht und der aktuellen Verkehrsmittelnutzung zusammen. Frauen und Ältere haben eine geringere Nutzungsabsicht als Männer und Jüngere (vgl. Mahne-Bieder et al. 2020, S. 89). Dies könnte auf unterschiedliche Sicherheitsbedenken von Frauen und Männern sowie von jüngeren und älteren Personen hinweisen. Aus anderen Forschungskontexten, z. B. Kriminalitätsfurcht, ist bereits bekannt, dass sich das subjektive Sicherheitsempfinden der Geschlechter und Altersgruppen unterscheidet (Noack 2014, S. 252). Weitere Untersuchungen könnten hier ansetzen, um herauszufinden, wie die Fahrradnutzung auch für diese Gruppen attraktiv gestaltet werden kann. Eine Möglichkeit, die während der Coronapandemie von einigen Städten genutzt wurde, sind sogenannte Pop-up-Radwege, womit Hauptrouten für Radfahrende sicherer gemacht werden sollten (Götting und Becker 2020; Haas et al. 2020, S. 840).

Auch der Zusammenhang zwischen den Vignettenurteilen und der aktuellen Verkehrsmittelnutzung stützt die Bedeutung der Personenmerkmale. Dieser Zusammenhang könnte zudem auf zwei Aspekte verweisen: Erstens, die Gruppe der Radfahrenden ist erschöpft. Mahne-Bieder et al. (2020, S. 95) identifizieren in ihrer Studie zwei Drittel der Nicht-Radfahrenden als kaum motivierbar. Zweitens, die aktuellen und in den Vignetten genannten Fahrradbedingungen reichen nicht aus, um Nicht-Radfahrende zu überzeugen. In dieser Erhebung wird der Anteil an Personen nicht erfasst, der aus gesundheitlichen Gründen kein Fahrrad fährt. Weitere Studien sollten zusätzliche Dimensionen, wie Sicherheitsaspekte berücksichtigen. Zudem sollte in Betracht gezogen werden, wie viele Personen kein Fahrrad fahren, weil ihnen keines zur Verfügung steht oder weil sie kein Fahrrad fahren können.

Akzeptanz multimodaler Mobilität – Fazit und Ausblick

9

9.1 Zusammenfassung der Untersuchungsergebnisse

In den vorherigen Kapiteln 6, 7 und 8 werden die individuellen Möglichkeiten für multimodale Mobilität rekonstruiert und Akzeptanzbedingungen für Verkehrsverlagerungen vom Auto auf den ÖV oder das Fahrrad untersucht. Dafür werden monomodale Autofahrer:innen und multimodale Personen gegenübergestellt sowie Verkehrsmittelentscheidungen anhand einer Vignettenstudie analysiert. Die ausgewerteten Daten wurden im Rahmen einer Bevölkerungsbefragung in drei Stadtteilen in Bochum und in Interviews mit Teilnehmenden der Befragung erhoben.

Die Befragung wurde von der Bochumer Bevölkerung gut angenommen. Die Beteiligung von knapp 40 Prozent (n≈2200) kann als hoch eingestuft[1] werden und spricht für valide Ergebnisse. Das Mixed-Methods-Design und die Auswertung der Daten vor dem Hintergrund des Motility-Konzepts ermöglichen Einblicke in Akzeptanzaspekte, die in der bisherigen Forschung noch wenig berücksichtigt wurden. Anhand der Interviews können Fähigkeiten und Kompetenzen multimodaler Mobilität identifiziert werden, die den Kenntnisstand zu multimodaler Mobilität erweitern.

---

[1] Diekmann (2014, S. 516) nennt Ausschöpfungsquoten von 5 bis 20 Prozent als realistisch, Schnell (2012, S. 164–165) zeigt den Rückgang der Ausschöpfungsquoten auf unter 40 Prozent auf. Mit exzellenten Ergebnissen und einer Rücklaufquote weit über 70 Prozent, wie Dillman sie erzielt hat, konnte hier nicht gerechnet werden (vgl. Diekmann 2014, S. 517–518).

© Der/die Autor(en) 2025
A. Graf, *Akzeptanz multimodaler Mobilität*, Studien zur Mobilitäts- und Verkehrsforschung, https://doi.org/10.1007/978-3-658-46269-7_9

Im Folgenden werden die wichtigsten Ergebnisse zur Verkehrsverlagerung vom Auto auf das Fahrrad oder den ÖV, individuelle Möglichkeiten multimodaler Mobilität und die Einflüsse der Wohnumgebung anhand der in der Einleitung präsentierten Forschungsfragen zusammengefasst.

1. Welche Personengruppen sind in Bochum bereits multimodal unterwegs und wie unterscheiden sich multimodale Personen und monomodale Autofahrer:innen (Kapitel 6 und 7)?

Anhand der Befragung „Mobilität in Bochum 2020" konnten 32 Prozent multimodale Personen in Bochum identifiziert werden. 53 Prozent der Befragten nutzen monomodal das Auto.[2] Personen, die bimodal das Auto und das Fahrrad nutzen, stellen mit 18 Prozent den größten Anteil unter den multimodalen Personen. Mit knapp einem Drittel ist der Anteil an multimodalen Personen in dieser Befragung deutlich geringer als in anderen Befragungen, wo häufig multimodale Anteilswerte von ca. 50 Prozent erreicht werden (Groth 2019c, S. 95; Nobis 2015, S. 45).

Multimodale Personen und monomodale Autofahrer:innen unterscheiden sich in der Verfügbarkeit der Verkehrsmittel, den Einstellungen zu den Verkehrsmitteln und der Häufigkeit, mit der kurze Wege zurückgelegt werden. Soziodemografische Merkmale wie Alter, Geschlecht oder Bildung spielen dagegen keine oder eine untergeordnete Rolle.

Multimodale Personen verfügen häufiger über eine Zeitkarte für die öffentlichen Verkehrsmittel oder leben in Haushalten ohne Auto. Zudem sind sie meist positiv gegenüber den Verkehrsmitteln Fahrrad oder ÖV eingestellt. Sie legen häufig kurze Wege bis zu einem Kilometer zurück. Monomodale Autofahrer:innen dagegen verfügen meist über ein Auto und stehen den Verkehrsmitteln Fahrrad und ÖV eher ablehnend gegenüber.

Diese Ergebnisse decken sich mit den Ergebnissen anderer Studien zu multimodaler Mobilität, die die Verfügbarkeit von Verkehrsmitteln, insbesondere des Autos betonen (Nobis 2007, S. 42; Klinger 2017, S. 235). Anders als in der vorliegenden Studie werden allerdings häufig auch Zusammenhänge mit soziodemografischen Merkmalen wie dem Alter oder Bildung angeführt. Dies betrifft meist Studien, die keine Einstellungsvariablen berücksichtigen. Werden

---

[2] Die restlichen 15 Prozent verteilen sich auf monomodale ÖV-Nutzung, monomodale Fahrradnutzung sowie nicht oder wenig mobile Personen.

die Einstellungen zu den Verkehrsmitteln berücksichtigt, übertrifft deren Bedeutung meist die Effekte der soziodemografischen Merkmale (Hunecke et al. 2008, S. 77).

2. Wie unterscheiden sich multimodale Personen und monomodale Autofahrer:innen hinsichtlich ihrer Mobilitätsmöglichkeiten (Motility)? Was lässt sich daraus für die Förderung multimodaler Mobilität ableiten (primär Kapitel 7, auch Kapitel 6)?

Um die Motility monomodaler Autofahrer:innen und multimodaler Personen zu identifizieren, wurden die Interviews hinsichtlich der Zugangsmöglichkeiten zu Verkehrsmitteln (Access), der Fähigkeiten zur Bewältigung des Mobilitätsalltags (Skills) und der Aneignung des Mobilitätsverhaltens (Appropriation) untersucht (Flamm und Kaufmann 2004).

Die Analyse der Zugangsmöglichkeiten (Access) hat gezeigt, dass die multimodalen Personen, die das Fahrrad häufig im Alltag nutzen, ein Pedelec besitzen. Pedelecs werden als Unterstützung beim Transport von Einkäufen oder Kindern wahrgenommen, erweitern den Nutzungsraum und machen das Fahren durch die elektrische Unterstützung einfacher. Allerdings fehlen oftmals geeignete Fahrradabstellmöglichkeiten am Wohnort. Wer eine Garage hat, nutzt manchmal die Garage für Fahrräder und parkt das Auto woanders. Wenn keine sicheren Abstellmöglichkeiten zur Verfügung stehen oder diese nur über Treppen erreichbar sind, kann dies zum Ausschluss des Fahrrads als Verkehrsmittel führen. Die Verfügbarkeit eines eigenen Autos ist für alle Interviewten wichtig. Immerhin wird das Auto von multimodalen Personen häufig als Ergänzung wahrgenommen, während es unter monomodalen Autofahrer:innen das Hauptverkehrsmittel ist.

Als Fähigkeit (Skills) der multimodalen Fahrradfahrer:innen lässt sich die Nutzung „eigener" Radwege identifizieren. Mit dem Fahrrad werden andere Straßen, bevorzugt Nebenstraßen oder für Autos unzugängliche Wege, genutzt. Die Erschließung wichtiger Alltagsrouten als Fahrradrouten stellt eine wichtige Kompetenz der multimodalen Personen dar. Damit können stressige Situationen auf viel befahrenen Autostraßen vermieden werden. Zusätzlich profitieren die Fahrradfahrer:innen von weniger Lärm und Abgasen. Weiter wird der ÖV bzw. die Bahn von multimodalen Personen häufig in Kombination mit Fahrrad, Cityroller oder E-Scooter zur Überwindung der letzten Meile genutzt. Dies zeigt, dass der ÖV allein wichtige Mobilitätsbedürfnisse wie Schnelligkeit nicht erfüllen kann, es jedoch Strategien gibt, dies zu kompensieren. Die Analyse hat Flexibilität als Kompetenz monomodaler Autofahrer:innen und multimodaler Personen sichtbar gemacht. Während monomodale Autofahrer:innen eher bestimmte Uhrzeiten oder Orte vermeiden, um uneingeschränkt (ohne Verzögerungen durch Stau oder Parkplatzsuche) das Ziel zu erreichen, wechseln multimodale Personen das Verkehrsmittel, nutzen also beispielsweise eher Bahn oder Fahrrad im Berufsverkehr. Direktverbindungen haben sich als Kriterium für die Nutzung der öffentlichen Verkehrsmittel herausgestellt. Umstiege führen dazu, dass der ÖV an Attraktivität verliert.

Für die Aneignung (Appropriation) des Fahrrads als Alltagsverkehrsmittel ist die Wahrnehmung entscheidend. Ein zentrales Ergebnis der Motility-Analyse ist, dass das Fahrrad von monomodalen Autofahrer:innen häufig nicht als Verkehrsmittel wahrgenommen und daher auch nicht als Option erkannt wird. Das Fahrrad ist in den Köpfen häufig als Sportgerät oder Mittel zur Freizeitgestaltung abgespeichert und nicht als (gleichberechtigtes) Verkehrsmittel. In der Konsequenz wird die Fahrradnutzung im Alltag und die Ausbildung spezifischer Fähigkeiten und Kompetenzen bei der Fahrradnutzung verhindert. Die Nicht-Nutzung objektiv verfügbarer Fahrräder (Ressourcenverschwendung) hängt folglich meist mit der mangelnden Wahrnehmung des Fahrrads als eines geeigneten Verkehrsmittels zusammen. Dies wird allerdings erst durch die Berücksichtigung der Einstellungen in wissenschaftlichen Analysen sichtbar.

Die Basis für die routinierte Fahrradnutzung im Alltag bildet Erfahrung. Hieran schließt das Konzept der Mobilitätssozialisation (Tully und Baier 2011) an, das Mobilitätsverhalten und Mobilitätspraktiken als erlernte Kompetenz beschreibt. Der eigene Mobilitätsstil wird in der Kindheit und Jugend durch die vorhandene Infrastruktur und Zugangsmöglichkeiten, aber auch durch Vorbilder und „Peers", gesellschaftliche Diskurse und subjektive Einstellungen geprägt (Tully und Baier 2011, S. 196). Diese frühe Prägung spielt auch in den Interviews dieser Arbeit eine Rolle. Einige Alltagsradler:innen sind bereits in der Kindheit, der Jugend oder während des Studiums viel Fahrrad gefahren. Sie haben einen Erfahrungsschatz und Mobilitätspraktiken unabhängig vom Auto aufgebaut.

Die größten Hürden der Fahrradnutzung sind die Wetterabhängigkeit und Sicherheitsbedenken. Während ersteres kaum zu ändern ist, können Investitionen in eine sichere Fahrradinfrastruktur Sicherheitsbedenken abbauen. Auch in anderen Forschungen wird die Wahrnehmung von sicheren Radwegen als Voraussetzung fürs Fahrradfahren besprochen (Blitz 2021, S. 34; Mahne-Bieder et al. 2020, S. 96). In den Interviews stellte sich heraus, dass einige monomodale Autofahrer:innen das Fahrrad (gerne) in der Freizeit nutzen. Denn Fahrradfahren in der Freizeit ermöglicht die Nutzung sicherer Radwege (z. B. umgebaute Bahntrassen), während für Alltagswege keine adäquaten sicheren Radverbindungen zur Verfügung stehen (z. B. Verbindungen in die Innenstadt). Wenn gute

Radverbindungen hauptsächlich für Erholungsfahrten ins Grüne verfügbar sind, aber nicht als zweckmäßige Verbindungen zu zentralen Orten wie Bahnhöfen, Krankenhäusern, Schulen, Universität, Hochschulen, Rathaus oder Innenstadt, ist es schwierig, das Fahrrad als Verkehrsmittel im Alltag zu nutzen. Daraus folgt, dass viele das Fahrrad in der Freizeit nutzen, Alltagswege – auch kurze Distanzen – jedoch mit dem Auto zurücklegen. Auch bei der Nutzung des ÖVs führen Sicherheitsbedenken zur Verkehrsmittelvermeidung.

Umweltbewusstsein spielt für multimodale Personen und monomodale Autofahrer:innen eine Rolle, allerdings wird es unterschiedlich umgesetzt. Multimodale Personen nutzen das Fahrrad oder den ÖV, um Autowege zu sparen, monomodale Autofahrer:innen gehen viel zu Fuß oder nutzen Autos mit Elektroantrieb.

3. Welche Verkehrsmittelbedingungen können als besonders wichtig für den Umstieg vom Auto auf den ÖV oder das Fahrrad identifiziert werden (Kapitel 8)?

In der Vignettenstudie zu Verkehrsverlagerungen vom Auto auf den ÖV wurden die Fahrtdauer, die Taktung, die Kosten für eine einfache Fahrt und Parkgebühren für das Auto in konkreten Situationsbeschreibungen abgefragt. Die Fahrtdauer und die Kosten für die einfache Fahrt erweisen sich als wichtigste Einflussfaktoren auf die ÖV-Nutzung, gefolgt von den Parkgebühren und der Taktung. Zudem zeigen die Ergebnisse, dass eine um 30 Minuten längere Fahrtdauer des ÖVs im Vergleich zum Auto die ÖV-Nutzung sehr unwahrscheinlich macht. Schnelle ÖV-Verbindungen können damit als primäre Forderung zur Förderung von Verkehrsverlagerungen identifiziert werden. Darüber hinaus spielen auch die Einstellungen zum ÖV eine wichtige Rolle. Während positive Einstellungen zum ÖV die Nutzung wahrscheinlicher machen, verhindern negative Einstellungen zum ÖV auch die potenzielle Nutzung unter veränderten Bedingungen.

In der Vignettenstudie zu Verkehrsverlagerungen vom Auto auf das Fahrrad wurden die Distanz, der Radweg, das Wetter und die Entfernung vom Autoparkplatz zum Ziel in konkreten Situationsbeschreibungen abgefragt. Das Wetter und die Distanz stellten sich als wichtigste Kriterien für die Wahrscheinlichkeit der Fahrradnutzung heraus, gefolgt von der Beschaffenheit des Radwegs und der Entfernung zum Autoparkplatz. Die Wahrscheinlichkeit der Fahrradnutzung ist ebenfalls abhängig von den Einstellungen zum Fahrrad und der aktuellen Verkehrsmittelnutzung, also ob eine Person bereits regelmäßig ein Fahrrad nutzt oder nicht. Der Zusammenhang zwischen der aktuellen Fahrradnutzung und der

potenziellen Fahrradnutzung deutet darauf hin, dass die verwendeten Situationsmerkmale in den Vignetten nicht ausreichen, um Personen zum Umstieg auf das
Fahrrad zu motivieren.

4. Wie wirken die unterschiedlichen städtischen Quartiere auf die Umsetzung
   multimodaler Mobilität (Abschnitt 6.4)?

Insgesamt sind die Unterschiede zwischen den hier untersuchten Stadtteilen und
dem Mobilitätsverhalten der Bevölkerung eher gering. Anhand der Stadtteile oder
bestimmter Merkmale der Wohnumgebung können monomodale Autonutzung
und multimodales Mobilitätsverhalten kaum erklärt werden. Dennoch konnte
in Bezug auf das Quartier auch in dieser Arbeit gezeigt werden, dass kurze
Wege und Nutzungsmischung multimodale Mobilität fördern. Zudem bieten die
innenstadtnahen Stadtteile (Hamme und Wiemelhausen) mit der Nähe zum Hauptbahnhof die Möglichkeit, den Regionalverkehr zu nutzen. Dies verliert durch die
weitere Entfernung von ca. fünf Kilometern am Stadtrand (Gerthe) an Attraktivität. Bezüglich der Verfügbarkeit eines Schienenverkehrsangebots kann nicht auf
die Nutzung des ÖVs geschlossen werden. Hier ist die individuelle wahrgenommene Praktikabilität ausschlaggebend. Bezüglich der Fahrradnutzung bieten alle
drei Stadtteiltypen Vor- und Nachteile. Der Stadtrandstadtteil verfügt über ein
kleines zentrales Stadtteilzentrum mit diversen Einkaufsmöglichkeiten. Dadurch
sind Geschäfte des täglichen Bedarfs auch zu Fuß oder mit dem Fahrrad gut
erreichbar. Hier stellen die Verbindungen aus dem Stadtteil heraus die größte
Herausforderung für Fahrradfahrende dar. Es fehlt ein sicherer Fahrradweg in die
Nachbarstadtteile und ins Zentrum Bochums. Im urbanen Stadtteil (Hamme) fehlt
ein Stadtteilzentrum, allerdings sind die Innenstadt und Geschäfte des täglichen
Bedarfs zu Fuß oder mit dem Fahrrad erreichbar.

Gemeinsame Betrachtung der Ergebnisse
In Bezug auf die spezifische Art der Verkehrsmittelnutzung der multimodalen Mobilität konnte gezeigt werden, dass diese vielfältige Nutzungsmuster
umfasst. Das Auto ist auch für multimodales Mobilitätsverhalten ein unverzicht-
barer Bestandteil, wenngleich als Ergänzung zu anderen Verkehrsmitteln. Darüber
hinaus haben die Interviews gezeigt, dass auch Fußwege oder E-Scooter als
umweltverträgliche Alternative zum Auto eingesetzt werden.
    Während beim Vergleich monomodaler Autofahrer:innen und multimoda-
ler Personen habitualisiertes, meist unbewusstes Mobilitätsverhalten untersucht

wurde, wurden in der Vignettenstudie zu Verkehrsverlagerungen bewusste Verkehrsmittelentscheidungen erzeugt. Aus handlungstheoretischer Perspektive werden zwischen habitualisierten Routinen und bewussten Entscheidungen durchaus unterschiedliche Abläufe und Reflexionsebenen verstanden. Gleichwohl können ähnliche zentrale Akzeptanzbedingungen für routiniertes multimodales Mobilitätsverhalten und bewusste Verkehrsmittelentscheidungen identifiziert werden.

Erstens haben verkehrsmittelbezogene Einstellungen eine wesentliche Bedeutung für die Akzeptanz und Nutzung eines Verkehrsmittels. Dies ist vor dem Hintergrund der Akzeptanzforschung, die das Zusammenwirken der Einstellungs- und Verhaltensebene betont, nicht verwunderlich. Dennoch wird zu oft versucht, das Mobilitätsverhalten mit den unzureichenden Merkmalen der Verfügbarkeit, Soziodemografie oder Wohnumgebung zu erklären.

Zweitens ist für die Attraktivität des ÖVs seine Schnelligkeit entscheidend. Im multimodalen Mobilitätsalltag wird Schnelligkeit durch die Wahl von Direktverbindungen erreicht oder durch Intermodalität zur schnellen Überwindung der letzten Meile kompensiert. Für potenzielle Verkehrsverlagerungen können zeitliche Einbußen beim Umstieg vom Auto auf den ÖV als K.o.-Kriterium angesehen werden.

Drittens schränkt die Wetterabhängigkeit das Fahrrad als flexibles Verkehrsmittel ein. Multimodales Mobilitätsverhalten, insbesondere die Fahrradnutzung, ist (in Deutschland) stark wetterabhängig. Multimodale Personen steigen bei Regen oder zu kaltem Wetter auf alternative Verkehrsmittel um. Bei der Analyse der Verkehrsverlagerungen vom Auto aufs Fahrrad wird das Wetter als Priorität bewertet.

Viertens geht von einschränkenden Maßnahmen der Automobilität vermutlich eine geringe Lenkungswirkung für Verkehrsverlagerungen auf andere Verkehrsmittel aus. Mithilfe des Motility-Konzepts werden diverse Strategien herausgearbeitet, die Parkgebühren oder die eingeschränkte Nutzung des Autos in bestimmten Bereichen umgehen, z. B. alternative Orte oder das Elektroauto. Bei den konkreten Entscheidungssituationen zwischen Auto und ÖV erreichen Parkgebühren die niedrigste Priorität.

Verkehrsverlagerungen und mehr multimodale Mobilität sind folglich nur mit großen Anstrengungen und einer umfassenden Transformation zu erreichen. Das Auto spielt als flexibles Universalverkehrsmittel bei monomodalen Autofahrer:innen und auch bei multimodalen Personen eine zentrale Rolle. Die Abhängigkeit vom eigenen Auto ist groß. Hinzu kommt, dass Elektroautos eine scheinbar umweltverträgliche Automobilität ermöglichen. Durch den elektrischen Antrieb wird das schlechte Gewissen beim Autofahren beruhigt und eine (vermehrte) Autonutzung gerechtfertigt. Die Autonutzung außerhalb der

Stoßzeiten oder „autofreundlichere" Wege sind Strategien, den unangenehmen Begleiterscheinungen Stau und Parkplatzsuche aus dem Weg zu gehen. Für das Ziel einer multimodalen Mobilität mit gleichberechtigtem Verkehrsmittelmix ist dies kontraproduktiv.

9.2   Limitationen und Diskussion

Forschungsdesign
Wenngleich multimodale Mobilität auf den ersten Blick umweltverträglicher wirkt als monomodale Automobilität, kann multimodale Mobilität nicht pauschal mit nachhaltiger Mobilität gleichgesetzt werden. Zwar konnte bereits gezeigt werden, dass multimodale Personen meist geringere CO_2-Emissionen verursachen als monomodale Autofahrer:innen, dies ist jedoch stark an die Definition multimodaler Mobilität und das Sample geknüpft. Das Auto ist meist ein zentraler Bestandteil multimodaler Mobilität und multimodale Personen sind häufig hoch mobil. Sie haben eine überdurchschnittliche Verkehrsleistung und damit auch höhere negative Umweltwirkungen. Differenzierte Definitionen für die individuelle Verkehrsleistung, womit sich multimodale Mobilität als umweltverträglich bestimmen lässt, wurden in dieser Arbeit nicht berücksichtigt.

Mit der Fokussierung auf die Verkehrsmittel Auto, ÖV und Fahrrad können nicht alle vielfältigen Formen multimodaler bzw. umweltverträglicher Mobilität erfasst werden. Die Analyse hat gezeigt, dass kurze Distanzen in der Wohnumgebung, z. B. Einkäufe, häufig zu Fuß zurückgelegt werden. Zudem wurde beschrieben, dass auch E-Scooter eigene Vorteile für urbane Mobilität mitbringen und das Potenzial haben, als Alternative zum Fahrrad für umweltverträgliche Mobilität eingesetzt zu werden. Daher sollten in Zukunft auch der Fußverkehr und E-Scooter stärker berücksichtigt werden, wenn es um die Substitution von Autowegen im Quartier geht.

Außerdem sollte multimodale Mobilität als Ideal der Verkehrsmittelnutzung und Mobilitätspraktik für *alle* in Frage gestellt werden. Für Personen mit bestimmten körperlichen Beeinträchtigungen ist die Nutzung des ÖVs oder Fahrrads häufig mit hohen Hürden verbunden oder sogar unmöglich. Wenngleich Barrierefreiheit im (öffentlichen) Verkehr konsequent umgesetzt werden sollte, stößt multimodale Mobilität hier an Grenzen. Darüber hinaus ist multimodale Mobilität besonders für dicht besiedelte Orte attraktiv. Es muss genug Verkehr vorhanden sein, damit sich ein gutes öffentliches Angebot grundsätzlich lohnt. Zudem müssen Versorgungsangebote wie Supermärkte in wenigen hundert Metern erreichbar sein, damit das Fahrrad zur Option wird. Dies schließt nicht aus, dass auch an weniger dicht besiedelten Orten individuelles Verkehrsmittels-haring und Ridepooling als gemeinsame Nutzung erfolgreich etabliert werden können. Dennoch wird auch hier multimodale Mobilität an Grenzen stoßen.

In dieser Arbeit wird multimodale Mobilität in einer deutschen Großstadt, noch dazu in der Metropolregion Ruhrgebiet untersucht. Die Voraussetzungen eines guten öffentlichen Verkehrsangebots und eine hohe Versorgungsdichte sind grundsätzlich gegeben. Die Bevölkerungs- und Arbeitsplatzdichte spre-chen dafür, dass in Bochum und im Ruhrgebiet das multimodale Potenzial noch nicht ausgeschöpft ist. Daher ist es interessant zu untersuchen, für welche Bevölkerungsgruppen multimodale Mobilität besonders geeignet ist.

Diese Arbeit betrachtet multimodale Mobilität primär als subjektives Handeln der Individuen. Der Fokus dieser Arbeit lag nicht auf politischen Entscheidun-gen, die gleichwohl wichtig sind und z. B. in Ruhrort (2019) untersucht werden. Zudem ist die Veränderung der Gesellschaft im Sinne sozialer Normen für die Transformation des Verkehrssektors notwendig.

Quartiere
Die Auswahl unterschiedlicher Stadtteile als Untersuchungsgebiet bietet die Mög-lichkeit, Mobilität im Kontext der Wohnumgebung zu untersuchen. Ein weiterer Vorteil der Stadtteilebene liegt in der Übertragbarkeit auf ähnliche Stadtteile. Anhand der Indikatoren Soziodemografie, Urbanität und Mobilitätsangebot las-sen sich vergleichbare Stadtteile ermitteln. Die innerstädtische Raumbeobachtung des BBSR bietet dafür eine große Datenbank. Zur Typisierung der Stadtteile wird auch dort auf das klassische konzentrische Stadtmodell zurückgegriffen, das die Städte in Innenstadt, Innenstadtrand und Stadtrand einteilt (Göddecke-Stellmann et al. 2019). Allerdings stößt die Übertragbarkeit schnell an Grenzen. Anhand der ausgewählten Stadtteile ließen sich kaum Unterschiede für multi-modale Mobilität herausarbeiten. Die Bochumer Stadtteile sind in Fläche und Flächennutzung zu heterogen, um vergleichbare Bedingungen innerhalb eines Stadtteils zu bieten. Dadurch werden vermutlich auch Differenzen zwischen den Stadtteilen verdeckt. Zudem wurden für diese Arbeit drei Stadtteile mit Anschluss an den Schienenverkehr gewählt, um die Optionen für multimodale Mobilität sicherzustellen. Die Mobilitätsmöglichkeiten in Stadtteilen ohne Anschluss an den Schienenverkehr und die Herausforderungen, multimodale Mobilität dort zu fördern, werden damit übergangen. In zukünftigen Arbeiten sollten weitere Merk-male wie die Topografie, Flächennutzung und die differenzierte Erfassung der Fahrradwege genutzt werden, um die Mobilitätssituation im Stadtteil differen-zierter zu erfassen. Womöglich können damit Unterschiede besser einbezogen werden.

Eine weitere Limitation der administrativen Stadtteile liegt darin, dass sie vom Lebensraum der Bevölkerung (Quartier) verschieden sind. Die Stadtteilgrenzen stimmen nicht mit den genutzten Quartieren und Nahräumen der Ortsansässigen überein. Daraus folgt, dass sich die subjektive und objektive Versorgungssituation mit Supermärkten, medizinischen Angeboten und Freizeitmöglichkeiten stark unterscheiden können oder auch Maßnahmen und Veränderungen im Stadtteil, die außerhalb des eigenen Lebensraums liegen, nicht wahrgenommen werden. Dennoch sollte Mobilität in der Stadtteil- oder Quartiersentwicklung berücksichtigt werden, da sich am Wohnort die Verkehrsmittelwahl entscheidet.

Befragung
Die typischen Befragungsteilnehmenden (mittleres Alter, hohe Bildung und hohes Einkommen) sind auch in dieser Befragung überrepräsentiert. Personen, die von Transferleistungen abhängig sind, Personen mit geringer Bildung und ausländische Personen konnten kaum erreicht werden. Damit weist die Befragung (typische) Verzerrungen auf. Mit 50 Fragen ist der Fragebogen sehr umfangreich, sodass hierin eine Hürde für Personen mit geringer Bildung und schlechten Deutschkenntnissen liegen könnte.

Anders als in den nationalen Mobilitätsbefragungen MiD und SrV wurden keine Wegeprotokolle erhoben und damit auch keine Wegeanzahl, Wegelängen, Verkehrsleistung und Pendelverbindungen erfasst. Die Verkehrsmittelnutzung wurde über eine relative Selbsteinschätzung erhoben. Aussagen über die konkrete Verkehrsleistung der unterschiedlichen Mobilitätsgruppen sind dadurch nicht möglich. Auch die Einteilung in nachhaltige multimodale Mobilität, wenn das Auto nicht das Hauptverkehrsmittel ist, und nicht-nachhaltige multimodale Mobilität mit dem Auto als Hauptverkehrsmittel kann daher nicht getroffen werden.

Ebenfalls wurde nicht nach der Zufriedenheit mit der Verkehrsmittelnutzung und mit der Wohnumgebung gefragt. Die Ergebnisse dieser Studie können daher nicht explizit sagen, welche Personen mit ihrer Verkehrsmittelnutzung unzufrieden und damit besonders empfänglich für Veränderungen sind. Ähnliches gilt für die Wohnumgebung. Zwar wurde gefragt, ob bestimmte Angebote vorhanden sind, allerdings nicht, ob die Personen auch zufrieden mit diesen Angeboten sind und sie dadurch auch häufiger nutzen.

Diese Datenerhebung fällt in den Zeitraum der Coronapandemie. Die Coronapandemie hat erheblichen Einfluss auf die Verkehrsmittelwahl und -nutzung. Im Rahmen der Kontaktbeschränkungen berichten die befragten Personen von einer generell verringerten Mobilität. So führte die Möglichkeit des Homeoffice zu einer Verringerung oder gar zum Wegfall von Arbeitswegen. Aus der

Schließung von Einrichtungen in Einzelhandel, Kultur, Gastronomie etc. ergab sich eine starke Reduktion von Freizeit- und Versorgungswegen. Die zunächst herrschende Unsicherheit über das Coronavirus hatte mehrheitlich die Meidung des öffentlichen Verkehrs zur Folge. Dort wurde eine erhöhte Infektionsgefahr vermutet. Wege, die zuvor mit dem ÖV zurückgelegt worden waren, wurden vor allem mit Autos, aber auch mit Fahrrädern, E-Scootern oder Wegen zu Fuß substituiert. Die allmähliche Rückkehr zur Nutzung des öffentlichen Verkehrs wurde mit der geringen Auslastung und damit einhergehenden Möglichkeit zur Abstandwahrung, der Durchsetzung einer Maskenpflicht im ÖV und dem erhöhten Sicherheitsempfinden durch die Coronaimpfung begründet.

Die Erfahrungen der Pandemie zeigen aber auch, dass die Mobilität nach einem starken Einsturz während des ersten Lockdowns im März 2020 wieder rasch ihr altes, d. h. ein hohes Niveau – ähnlich wie vor der Pandemie – erreicht hat. Inzwischen dauern die Veränderungen bereits so lange an, dass sie teilweise zu neuen Routinen geführt haben. Die Mobilitätswende gelingt nur, wenn sie bei den Bedürfnissen der Bevölkerung ansetzt. Die Berücksichtigung erster Veränderungen durch die Pandemie kann auch als Stärke gesehen werden. Neue Routinen wie Homeoffice werden nicht direkt wieder aus dem Alltag verschwinden und sollten daher in neue Mobilitätskonzepte integriert werden.

Logistische Regressionsanalysen

Einschränkungen der logistischen Regressionsanalyse (Abschnitt 6.6.2) betreffen die Operationalisierung der ÖV-Verfügbarkeit und der multimodalen Personen sowie eine ungleiche Verteilung mancher Untergruppen, die in der Regressionsanalyse zu Interpretationsschwierigkeiten führt.

In der Analyse wird der Zugang zum ÖV über den Besitz einer Zeitkarte definiert. Dies verengt die Perspektive, da Einzel- oder Mehrfahrtenfahrkarten im ÖV ebenfalls häufig genutzt werden. Weiter ist der Zugang zu ÖV-Zeitkarten in der Bevölkerung sehr ungleich verteilt. Während Studierenden in NRW stets ein Semesterticket zur Verfügung steht, sind normale Abonnements meist so teuer, dass sie sich nur bei fast täglicher Nutzung oder der Nutzung des gesamten Tarifgebiets rentieren. Auch für die Zielgruppe der multimodalen Personen, die aufgrund des Verkehrsmittelmixes den ÖV nur gelegentlich nutzt, sind Mehrfahrtentickets womöglich das attraktivste Ticketangebot.

Zur Einteilung in Verhaltensgruppen werden in dieser Arbeit alle multimodalen Verhaltensweisen zusammengefasst. Dies hat den methodischen Vorteil, dass eine ausreichend große Anzahl an multimodalen Personen für weiterführende Analysen zur Verfügung steht. Der inhaltliche Nachteil besteht darin, dass sich die multimodalen Verhaltensweisen untereinander durchaus unterscheiden. Nobis

(2007, S. 42) merkt zudem an, dass sich monomodale Autofahrer:innen und bimodale Auto- und Fahrradfahrer:innen, welche die größte multimodale Gruppe in dieser Analyse stellen, nur wenig unterscheiden. Der Anteil der Fahrradkilometer unter den bimodalen Auto-Fahrradfahrer:innen ist im Vergleich zu den Autokilometern gering.

Der dritte Aspekt betrifft kleine Fallzahlen von Untergruppen in der Regressionsanalyse. Aufgrund der geringen Fallzahl ist das Konfidenzintervall der Variable „Haushalte ohne Auto" besonders groß und damit kaum zu interpretieren.

Interviews

Auch wenn qualitative Forschung nicht nach dem Prinzip der Repräsentativität funktioniert, so können die 14 Interviews lediglich einen Einblick in multimodale Mobilität und monomodale Autonutzung liefern und nicht alle Facetten umfassend darstellen. Im Sample sind ausschließlich Haushalte enthalten, die über mindestens ein Auto verfügen. Haushalte ohne Auto (20 Prozent) sind damit gar nicht enthalten und deren Bedürfnisse und Mobilitätsmuster wurden im Rahmen dieser Arbeit auch nicht erfasst. Weiter konnten keine Frauen im Ruhestand für ein Interview gewonnen werden.

Um unterschiedliche Lebenslagen abzubilden und Vergleichbarkeit zu bedenken, sind statistische Zwillinge grundsätzlich eine sinnvolle Herangehensweise. In diesem konkreten Fall war der direkte Vergleich der Zwillinge allerdings wenig ergiebig.

Vignetten

Wie oben bereits erwähnt, sind Vignettenstudien nicht geeignet, um Verhalten vorauszusagen. Zwischen den Angaben in den Befragungen und dem tatsächlichen Verhalten gibt es immer Differenzen. Soziale Erwünschtheit ist ein möglicher Effekt, der zu Verzerrungen führt (Eifler 2007, S. 315; vgl. Petzold und Wolbring 2019, S. 26). Personen tendieren dazu, sich auch in Befragungen so darzustellen, wie sie gerne wären oder andere es erwarten. Im Fall dieser Befragung könnten die ökologische Norm und die Erwartung, die Autonutzung zu reduzieren, zu sozial erwünschten Antworten geführt haben. Hinzu kommt, dass die Verkehrsmittelwahl in der Realität deutlich komplexer ist. Wichtige Aspekte wie Investitionen in ein Verkehrsmittel, Wegeketten, körperliche Fitness, Nutzungshäufigkeit der Strecke oder Zuverlässigkeit wurden nicht berücksichtigt. Für das Alltagsverhalten sind diese Aspekte jedoch durchaus relevant.

Beim Vergleich des Autos und des ÖVs spielte während des Befragungszeitraums auch die subjektive Infektionsgefahr mit Sars-CoV-2 im ÖV eine Rolle.

Ob auch Sicherheitsbedenken, insbesondere eine mögliche Infektionsgefahr, zur geringen Attraktivität der ÖV-Nutzung beigetragen haben, wurde im Rahmen des Fragebogens nicht erhoben.

9.3 Praxisbezogene Schlussfolgerungen

Aus den empirischen Ergebnissen dieser Arbeit lassen sich Gestaltungsmöglichkeiten für Kommunen, Wohnungsbaugesellschaften und die Immobilienwirtschaft ableiten, um die Diffusion multimodaler Mobilität zu fördern. Multimodale Mobilität, die mit einer starken Nutzung des Umweltverbunds und einer Reduzierung des MIVs einhergeht, hat viele Vorteile wie geringere Kosten, Gesundheitsförderung, mehr Platz im öffentlichen Raum und mehr Wohlbefinden. Diese Vorteile müssten Anreiz für Motivation und Engagement für die Transformation des Verkehrssektors sein. Die hohe Beteiligung an der Befragung hat gezeigt, dass auf Seiten der Bevölkerung auf jeden Fall großes Interesse an den Themen Mobilität und Verkehr vorhanden ist. Die zwei größten Herausforderungen liegen in der Attraktivität des Autos als Universalverkehrsmittel und der hohen emotionalen Bedeutung des Autobesitzes. Multimodale Mobilität kann nur funktionieren, wenn die unterschiedlichen Verkehrsmittel gleichberechtigt sind. Um dies zu erreichen, müssen Privilegien des Autos abgebaut werden. Zukünftige multioptionale Mobilität muss die Verknüpfung der unterschiedlichen Verkehrsmittel betonen und flexible nachhaltige Mobilität als Mobilitätsmix bewerben. Vergangene gemeinsame Erfolge, z. B. die Verbesserung der Luft- und Wasserqualität in Bochum und im Ruhrgebiet allgemein, können genutzt werden, um daran anzuknüpfen und Belastungen, wie Verkehrslärm und von Fahrzeugen blockierten öffentlichen Raum anzugehen.

Um die Bevölkerung bei der Mobilitätswende mitzunehmen, sollte zwischen Maßnahmen unterschieden werden, die erstens stärker motivierend wirken, um Personen zum Umstieg auf den Umweltverbund zu überzeugen. Zweitens Maßnahmen, die die Nutzung des Umweltverbunds unterstützen und damit primär Personen adressieren, die bereits multimodal unterwegs sind. Zentral für die Diffusion einer Innovation ist, dass sie wahrgenommen wird und Erfahrungen leicht zugänglich sind. Während die Wahrnehmung und Neubewertung durch einen „mentalen Wandel" sich nur langsam ändert, können positive Erfahrungen diesen Prozess immer wieder begleiten und anstoßen.

Für die Gruppe der bereits multimodalen Personen sind strukturelle Maßnahmen besonders wirksam. Es geht darum, eine ideale Infrastruktur zur Nutzung des Umweltverbundes zu schaffen. Um diese Veränderung dauerhaft anzugehen, empfiehlt sich eine gemeinsame Strategie oder ein gemeinsames Leitbild der Stadt. Hierin wird umweltverträgliche Mobilität als Ziel festgeschrieben und anschließend prioritär umgesetzt. Neben der Verkehrsinfrastruktur selbst, sollten darin auch die Verteilung des öffentlichen Raums, die Versorgungsstruktur auf Quartiersebene und ein multioptionales Mobilitätsangebot berücksichtigt werden. Der Ausbau der Fahrradinfrastruktur kommt der wahrgenommenen Sicherheit beim Fahrradfahren zugute. Dies kann mit vergleichsweise einfachen, aber effektiven Maßnahmen wie der Reduzierung des Tempos für den motorisierten Verkehr und der Umwidmung von Autospuren für den Radverkehr erreicht werden. Der langfristige massive Ausbau der Fahrradinfrastruktur würde mit einer Neuverteilung des öffentlichen Raums einhergehen. Neben dem Fahrrad könnte dies aktiver Mobilität insgesamt zugutekommen, also auch dem Fußverkehr. Kinder, ältere Menschen und andere mobilitätseingeschränkte Gruppen, die in ihrer Verkehrsmittelwahl eingeschränkt sind, könnten von der Neuverteilung des öffentlichen Raums stark profitieren. Diese Gruppen könnten dadurch selbstständige Mobilität (zurück)gewinnen. Kurze Wege als zweite Säule der Fahrradmobilität lassen sich durch eine dichte Angebotsstruktur an Versorgungsdienstleistungen wie Kita, Einkaufsmöglichkeiten und Gesundheitsleistungen auf Quartiersebene fördern. Die Bereitstellung eines multioptionalen Mobilitätsangebots meint Angebote wie Carsharing, Mietertickets oder Leihlastenräder, die multimodale und autounabhängige Mobilität attraktiv machen. Aber auch die Förderung intermodaler Mobilität und Konzepte für die letzte Meile.

Für die öffentlichen Verkehrsmittel haben sich kurze Fahrzeiten, günstige Tickets und Direktverbindungen ohne Umstieg als attraktiv herausgestellt. Dafür sind Investitionen in den öffentlichen Verkehr notwendig. Neben dem Ausbau des klassischen ÖV-Netzes können MaaS-Dienstleistungen als Ergänzung z. B. für die letzte Meile integriert werden. Die intermodale Nutzung des ÖVs mit Fahrrad, Cityroller oder E-Scooter spielt auch heute bereits eine wichtige Rolle. Der Ausbau von On-Demand-Verkehr und Sharingangeboten kann zur Flexibilität bei der ÖV-Nutzung beitragen und damit die Attraktivität steigern. Mit dem Deutschlandticket, das seit Mai 2023 als monatlich kündbares Abonnement verfügbar ist, steht inzwischen ein attraktives Angebot für den deutschlandweiten Nah- und Regionalverkehr zur Verfügung. Das Deutschlandticket vereinfacht komplexe Tarifgebietsstrukturen und ist aufgrund seines günstigen Preises von 49 Euro monatlich (Stand 2024) auch für Personen attraktiv, die den ÖV nicht täglich nutzen.

Ein „mentaler Wandel", also die Neubewertung der Mobilität, kann mit strukturellen Maßnahmen allein nicht erreicht werden. Zur Motivation der Bevölkerung sind stärker werbende und aktivierende Maßnahmen notwendig, die niedrigschwellige Erfahrungen ermöglichen. Die gemeinsame Strategie kann ein Teil davon sein. Stärker aktivierende Maßnahmen wären beispielsweise Informations-, Test- und Schnuppertage zu neuen Mobilitätsangeboten. Bei Informationsveranstaltungen und Trainings für Sharingangebote (Pedelecs, E-Scooter, Carsharing) können Fragen direkt beantwortet, erste Hürden wie das Installieren der App und Ausprobieren des Angebots angeleitet werden. Begleitend kann individuelle Mobilitätsberatung angeboten werden. Bei der Mobilitätsberatung werden die Bedürfnisse der interessierten Personen mit dem Angebot abwogen und professionelle Kostenvergleiche aufstellt. Eine weitere Möglichkeit stellen sogenannte Realexperimente dar. Dabei werden Maßnahmen, wie beispielsweise die Umwidmung von Parkflächen oder Fahrradspuren oder eine Temporeduktion, zunächst temporär umgesetzt. Dadurch lassen sich die Auswirkungen zunächst beobachten und mögliche Änderungen können vorgenommen werden. Mobilitätsangebote und Mobilitätsmanagement sollten folglich direkt in die Quartiersentwicklung integriert werden.

9.4　Ausblick

Diese Arbeit hat gezeigt, dass die Transformation des Verkehrssektors nur mit einem mentalen Wandel gelingen kann. Dazu müsste der Großteil der Bevölkerung von Alternativen zum eigenen Auto als Universalverkehrsmittel überzeugt werden. Zukünftige Forschung könnte sich daher mit den Wirkungen sozialer Normen auf das Mobilitätsverhalten und der Transformation sozialer Normen beschäftigen (Ruhrort und Allert 2021). Mahne-Bieder et al. (2020, S. 96) beispielsweise betonen den Einfluss des sozialen Umfelds auf die Fahrradnutzung. Maßnahmen des betrieblichen Mobilitätsmanagements wie Mobilitätsbudgets oder Jobrad greifen die Transformation der Norm auf. Beim Mobilitätsbudget können die Beschäftigten ihre Dienstreiseverkehrsmittel selbst bestimmen: der Dienstwagen ist dann nicht vorgegeben. Ähnlich bieten Jobräder eine Alternative oder Ergänzung zum bisher etablierten Dienstwagen. Hier wird der Arbeitsplatz genutzt, um habitualisierte und etablierte Routinen und Gewohnheiten auf privater und unternehmerischer Ebene aufzubrechen und damit neue soziale Normen zu etablieren.

Der Umstieg von Autos mit Verbrennungsmotoren auf Elektromobilität wird unter Verkehrsfachkräften als Opportunitätsfenster diskutiert, das Auto als privates Universalverkehrsmittel in Frage zu stellen. Elektrobatterien benötigen große Mengen seltener Rohstoffe, sodass der Austausch der deutschen oder weltweiten Fahrzeugflotte mit Verbrennungsmotor in Batteriefahrzeuge kaum möglich ist. Politische Subventionen und Kommunikation suggerieren jedoch genau das. Damit wird der „mentale" Wandel, der das Auto als bevorzugtes Verkehrsmittel in Frage stellen soll, konterkariert. Mehr noch werden Hybrid- und Elektroauto als umweltverträglich deklariert und damit ein vermehrter Autokonsum gerechtfertigt.

Dem ÖV als Basis umweltverträglicher Mobilität und als Verkehrsmittel für alle werden massive Bedenken hinsichtlich gemeinsam genutzter Verkehrsmittel entgegengebracht. Gemeinsam genutzte Verkehrsmittel – egal ob klassischer ÖV oder Ridepooling – stoßen auf Ablehnung, da die Fahrten mit Fremden geteilt werden. Für diese Herausforderung hat sich noch kein Lösungsvorschlag etabliert. Roos et al. (2021) schlagen Mobilitätsgenossenschaften auf Quartiersebene vor. Diese Idee könnte weiterverfolgt werden, um die Bevölkerung stärker in die Gestaltung der Mobilität einzubeziehen und Mobilitätsangebote für die Bedürfnisse der Bevölkerung zu entwickeln.

Literaturverzeichnis

Aditjandra, Paulus Teguh; Cao, Xinyu; Mulley, Corinne (2012): Understanding neighbourhood design impact on travel behaviour: An application of structural equations model to a British metropolitan data. In: *Transportation Research Part A: Policy and Practice* 46 (1), S. 22–32. https://doi.org/10.1016/j.tra.2011.09.001.

Agora Verkehrswende (2017): Mit der Verkehrswende die Mobilität von morgen sichern. 12 Thesen zur Verkehrswende. Online verfügbar unter https://www.agora-verkehrswende.de/12-thesen/die-verkehrswende-gelingt-mit-der-mobilitaetswende-und-der-energiewende-im-verkehr/, zuletzt geprüft am 13.07.2021.

Ahrens, Gerd-Axel (2014): Tabellenbericht zum Forschungsprojekt „Mobilität in Städten – SrV 2013" in Bochum. Dresden: TU Dresden, Verkehr- und Infrastrukturplanung.

Albayrak, Sahin; Dienel, Hans-Luidger; Richter, Thomas (2015): EUREF-Forschungscampus „Mobility2Grid". Abschlussbericht.

An, Zihao; Heinen, Eva; Watling, David (2021a): The level and determinants of multimodal travel behavior: Does trip purpose make a difference? In: *International Journal of Sustainable Transportation*, S. 1–15. https://doi.org/10.1080/15568318.2021.1985195.

An, Zihao; Heinen, Eva; Watling, David (2021b): When you are born matters: An age-period-cohort analysis of multimodality. In: *Travel Behaviour and Society* 22 (3), S. 129–145. https://doi.org/10.1016/j.tbs.2020.09.002.

Andor, Mark Andreas; Frondel, Manuel; Horvath, Marco; Larysch, Tobias; Ruhrort, Lisa (2019): Präferenzen und Einstellungen zu vieldiskutierten verkehrspolitischen Maßnahmen: Ergebnisse einer Erhebung aus dem Jahr 2018. Essen, Germany: RWI – Leibniz-Institut für Wirtschaftsforschung (RWI Materialien Diskussionspaper, Heft 131). Online verfügbar unter http://hdl.handle.net/10419/202016.

Anke, Juliane; Francke, Angela; Schaefer, Lisa-Marie; Petzoldt, Tibor (2021): Impact of SARS-CoV-2 on the mobility behaviour in Germany. In: *Eur. Transp. Res. Rev.* 13 (1). https://doi.org/10.1186/s12544-021-00469-3.

Arentze, Theo A.; Molin, Eric J.E. (2013): Travelers' preferences in multimodal networks: Design and results of a comprehensive series of choice experiments. In: *Transportation Research Part A: Policy and Practice* 58, S. 15–28. https://doi.org/10.1016/j.tra.2013.10.005.

Atzmüller, Christiane; Steiner, Peter M. (2010): Experimental Vignette Studies in Survey Research. In: *Methodology* 6 (3), S. 128–138. https://doi.org/10.1027/1614-2241/a000014.

Auspurg, Katrin; Abraham, Martin; Hinz, Thomas (2009a): Die Methodik des Faktoriellen Surveys in einer Paarbefragung. In: Peter Kriwy und Christiane Gross (Hg.): Klein aber fein! Quantitative empirische Sozialforschung mit kleinen Fallzahlen. 1. Aufl. Wiesbaden: VS Verlag für Sozialwissenschaften / GWV Fachverlage GmbH Wiesbaden (Forschung und Entwicklung in der Analytischen Soziologie), S. 179–210.

Auspurg, Katrin; Hinz, Thomas; Liebig, Stefan (2009b): Komplexität von Vignetten, Lerneffekte und Plausibilität im Faktoriellen Design. In: *Methoden – Daten – Analysen* 3 (1), S. 59–96.

Azjen, Icek (1991): The Theory of Planned Behavior. In: *Organizational Behavior and Human Decision Processes* (50), S. 179–211.

Bamberg, Sebastian (1996): Zeit und Geld: empirische Verhaltenserklärung mittels Restriktionen am Beispiel der Verkehrsmittelwahl. In: *ZUMA Nachrichten* 20 (38), S. 7–32. Online verfügbar unter https://nbn-resolving.org/urn:nbn:de:0168-ssoar-208827, zuletzt geprüft am 25.05.2022.

Bamberg, Sebastian; Ajzen, Icek; Schmidt, Peter (2003): Choice of Travel Mode in the Theory of Planned Behavior: The Roles of Past Behavior, Habit, and Reasoned Action. In: *Basic and Applied Social Psychology* 25 (3), S. 175–187. https://doi.org/10.1207/S15 324834BASP2503_01.

Bamberg, Sebastian; Schmidt, Peter (2003): Incentives, Morality, Or Habit? Predicting Students' Car Use for University Routes With the Models of Ajzen, Schwartz, and Triandis. In: *Environment and Behavior* 35 (2), S. 264–285. https://doi.org/10.1177/001391650225 0134.

Bäumer, Doris (2009): Mobilität trifft Wohnen – eine aussichtsreise Begegnung?! In: Institut für Landes- und Stadtentwicklungsforschung gGmbH und LEG Arbeitsmarkt- und Strukturentwicklung GmbH (Hg.): Mobilität trifft Wohnen – eine aussichtsreise Begegnung! 9. Fachgespräch Wohnungsunternehmen als Akteure in der integrierten Stadt(teil)entwicklung. Dortmund, S. 7–19.

Becker, Udo J. (Hg.) (2016): Grundwissen Verkehrsökologie. Grundlagen, Handlungsfelder und Maßnahmen für die Verkehrswende. Gesellschaft für Ökologische Kommunikation mbH; Dresdner Institut für Umwelt und Verkehr e.V. (DIVU). München: oekom Verlag.

Beckmann, Klaus J.; Hesse, Markus; Holz-Rau, Christian; Hunecke, Marcel (Hg.) (2006): StadtLeben – Wohnen, Mobilität und Lebensstil. Neue Perspektiven für Raumund Verkehrsentwicklung. 1. Aufl. Wiesbaden: VS Verlag für Sozialwissenschaften / GWV Fachverlage GmbH Wiesbaden. Online verfügbar unter https://doi.org/10.1007/978-3-531-90132-9.

Bernier, Éloi; Gumy, Alexis; Drevon, Giullaume; Kaufmann, Vincent (2019): Motility as a tool to uncover mobility practices. Conference Paper 19th Swiss Transport Research Conference (STRC) 2019.

Best, Henning; Wolf, Christof (2010): Logistische Regression. In: Christof Wolf und Henning Best (Hg.): Handbuch der sozialwissenschaftlichen Datenanalyse. 1. Aufl. Wiesbaden: VS Verlag für Sozialwissenschaften / Springer Fachmedien Wiesbaden GmbH Wiesbaden, S. 827–854.

Bittmann, Felix (2018): Einführung in die Logistische Regression mit Stata. Online verfügbar unter http://felix-bittmann.de/downloads/artikel/einfuehrung_logit_regression_mit_ Stata.pdf, zuletzt geprüft am 23.10.2021.

Blitz, Andreas (2021): How does the individual perception of local conditions affect cycling? An analysis of the impact of built and non-built environment factors on cycling behaviour and attitudes in an urban setting. In: *Travel Behaviour and Society* 25 (2), S. 27–40. https://doi.org/10.1016/j.tbs.2021.05.006.

Blumenberg, Evelyn; Pierce, Gregory (2014): Multimodal travel and the poor: evidence from the 2009 National Household Travel Survey. In: *Transportation Letters* 6 (1), S. 36–45. https://doi.org/10.1179/1942787513Y.0000000009.

Brand, Karl-Werner (2011): Umweltsoziologie und der praxistheoretische Zugang. In: Matthias Groß (Hg.): Handbuch Umweltsoziologie. 1. Aufl. Wiesbaden: VS Verl. für Sozialwiss, S. 173–198.

Brand, Karl-Werner (2014): Umweltsoziologie. Entwicklungslinien, Basiskonzepte und Erklärungsmodelle. 1. Aufl. Weinheim: Beltz Juventa (Grundlagentexte Soziologie). Online verfügbar unter http://www.content-select.com/index.php?id=bib_view&ean=9783779940821.

Bratzel, Stefan; Tellermann, Ralf (2008): Mobilität und Verkehr. In: *Informationen zur politischen Bildung* (287), Kapitel 8.

Buehler, Ralph; Hamre, Andrea (2015): The multimodal majority? Driving, walking, cycling, and public transportation use among American adults. In: *Transportation* 42 (6), S. 1081–1101. https://doi.org/10.1007/s11116-014-9556-z.

Buehler, Ralph; Hamre, Andrea (2016): An examination of recent trends in multimodal travel behavior among American motorists. In: *International Journal of Sustainable Transportation* 10 (4), S. 354–364. https://doi.org/10.1080/15568318.2014.945672.

Busch-Geertsema, Annika (2018): Mobilität von Studierenden im Übergang ins Berufsleben. Dissertation. Online verfügbar unter https://doi.org/10.1007/978-3-658-18686-9.

Butzin, Anna; Terstriep, Judith; Welschhoff, Jessica (2013): Nachhaltige Mobilität durch soziale Innovationen!? Verkehrsprobleme und alternative Ansätze zu ihrer Lösung. In: *Forschung aktuell, Institut für Arbeit und Technik (IAT), Gelsenkirchen* (2), S. 1–12.

Canzler, Weert (2020): Die Verkehrswende – ein dickes Brett: Das Automobil in der modernen Gesellschaft. In: Alexandra Appel, Joachim Scheiner und Mathias Wilde (Hg.): Mobilität, Erreichbarkeit, Raum. Wiesbaden: Springer Fachmedien Wiesbaden (Studien zur Mobilitäts- und Verkehrsforschung), S. 15–28.

Canzler, Weert; Knie, Andreas (1994): Von der Automobilität zur Multimobilität: die Krise des Automobils als Chance für eine neue Verkehrs- und Produktpolitik. In: Werner Fricke (Hg.): Schwerpunktthema: Zukunftstechnologien und gesellschaftliche Verantwortung. Bonn: Dietz (Jahrbuch Arbeit und Technik, 1994), S. 171–181.

Canzler, Weert; Knie, Andreas (1998): Möglichkeitsräume. Grundrisse einer modernen Mobilitäts- und Verkehrspolitik. Wien: Böhlau.

Cao, Xinyu; Mokhtarian, Patricia L.; Handy, Susan. (2007): Do changes in neighborhood characteristics lead to changes in travel behavior? A structural equations modeling approach. In: *Transportation* 34 (5), S. 535–556. https://doi.org/10.1007/s11116-007-9132-x.

Cervero, Robert; Kockelman, Kara (1997): Travel Demand and the 3D's: Density, Diversity, and Design. In: *Transportation Research Part D: Transport and Environment* 2 (3), S. 199–219.

Clauss, Thomas; Döppe, Sebastian (2016): Why do urban travelers select multimodal travel options: A repertory grid analysis. In: *Transportation Research Part A: Policy and Practice* 93, S. 93–116. https://doi.org/10.1016/j.tra.2016.08.021.

Cuignet, Timothée; Perchoux, Camille; Caruso, Geoffrey; Klein, Olivier; Klein, Sylvain; Chaix, Basile et al. (2020): Mobility among older adults: Deconstructing the effects of motility and movement on wellbeing. In: *Urban Studies* 57 (2), S. 383–401. https://doi. org/10.1177/0042098019852033.

Dangschat, Jens S.; Segert, Astrid (2011): Nachhaltige Alltagsmobilität — soziale Ungleichheiten und Milieus. In: *ÖZS* 36 (2), S. 55–73. https://doi.org/10.1007/s11614-011-0033-z.

Daubitz, Stephan (2016): Mobilitätsarmut: Die Bedeutung der sozialen Frage im Forschungs- und Politikfeld Verkehr. In: Oliver Schwedes, Weert Canzler und Andreas Knie (Hg.): Handbuch Verkehrspolitik, Bd. 7. 2. Aufl. 2016. Wiesbaden, s.l.: Springer Fachmedien Wiesbaden (Springer NachschlageWissen), S. 433–447.

Diana, Marco (2012): Measuring the satisfaction of multimodal travelers for local transit services in different urban contexts. In: *Transportation Research Part A: Policy and Practice* 46 (1), S. 1–11. https://doi.org/10.1016/j.tra.2011.09.018.

Diana, Marco; Mokhtarian, Patricia L. (2009a): Desire to change one's multimodality and its relationship to the use of different transport means. In: *Transportation Research Part F: Traffic Psychology and Behaviour* 12 (2), S. 107–119. https://doi.org/10.1016/j.trf.2008. 09.001.

Diana, Marco; Mokhtarian, Patricia L. (2009b): Grouping travelers on the basis of their different car and transit levels of use. In: *Transportation* 36 (4), S. 455–467. https://doi.org/ 10.1007/s11116-009-9207-y.

Diehl, Katja (2022): Autokorrektur. Mobilität für eine lebenswerte Welt. Unter Mitarbeit von Doris Reich. Originalausgabe. Frankfurt am Main: S. Fischer. Online verfügbar unter https://www.perlentaucher.de/buch/katja-diehl/autokorrektur-mobilitaet-fuer-eine-lebenswerte-welt.html.

Diekmann, Andreas (1995): Umweltbewusstsein oder Anreizstrukturen? Empirische Befunde zum Energiesparen, der Verkehrsmittelwahl und zum Konsumverhalten. In: Andreas Diekmann (Hg.): Kooperatives Umwelthandeln. Modelle, Erfahrungen, Massnahmen. 1. Aufl. Chur: Rüegger, S. 39–68.

Diekmann, Andreas (2014): Empirische Sozialforschung. Grundlagen, Methoden, Anwendungen. Vollständig überarbeitete und erweiterte Neuausgabe, 14. Auflage, Originalausgabe. Reinbek bei Hamburg: rowohlts enzyklopädie im Rowohlt Taschenbuch Verlag.

Dillman, Don A.; Smyth, Jolene D.; Christian, Leah Melani (2009): Internet, mail, and mixed-mode surveys. The tailored design method. 3. ed. Hoboken, NJ: Wiley.

Döring, Lisa (2018): Mobilitätsbiografien und Mobilitätssozialisation. Wiesbaden: Springer Fachmedien Wiesbaden.

Dülmer, Hermann (2014): Vignetten. In: Nina Baur und Jörg Blasius (Hg.): Handbuch Methoden der empirischen Sozialforschung, Bd. 41. Wiesbaden: Springer VS, S. 721–732.

Dülmer, Hermann (2016): The Factorial Survey. In: *Sociological Methods & Research* 45 (2), S. 304–347. https://doi.org/10.1177/0049124115582269.

Dülmer, Hermann (2019): Vignetten. In: Nina Baur und Jörg Blasius (Hg.): Handbuch Methoden der empirischen Sozialforschung, Bd. 42. Wiesbaden: Springer Fachmedien Wiesbaden, S. 863–874.

Eifler, Stefanie (2007): Evaluating the Validity of Self-Reported Deviant Behavior Using Vignette Analyses. In: *Qual Quant* 41 (2), S. 303–318. https://doi.org/10.1007/s11135-007-9093-3.

Faulbaum, Frank; Prüfer, Peter; Rexroth, Margrit (2009): Was ist eine gute Frage? Die systematische Evaluation der Fragenqualität. 1. Aufl. Wiesbaden: VS Verlag für Sozialwissenschaften / GWV Fachverlage GmbH Wiesbaden. Online verfügbar unter https://doi.org/10.1007/978-3-531-91441-1.

Flade, Antje (2013): Der rastlose Mensch. Wiesbaden: Springer Fachmedien Wiesbaden.

Flade, Antje; Lohmann, Günter; Hacke, Ulrike; Borcherding, Katrin; Bohle, Wolfgang (2002): Einflussgrößen und Motive der Fahrradnutzung im Alltagsverkehr. Abschlussbericht ; Förderung des Fahrradverkehrs. [Elektronische Ressource]. Darmstadt: IWU. Online verfügbar unter https://edocs.tib.eu/files/e01fb02/356893367.pdf.

Flamm, Michael; Kaufmann, Vincent (2004): Operationalising the Concept of Motility: A Qualitative Exploration. Discussion paper. Paper presented at the ad-hoc Session "Mobility and Social Differentiation" of the 32. Kongress der Deutschen Gesellschaft für Soziologie Munich.

Fliegner, Steffen (2002): Car Sharing als Alternative? Mobilitätsstilbasierte Potenziale zur Autoabschaffung; mit 44 Tabellen. Zugl.: Halle, Univ., Diss., 2002 u.d.T.: Fliegner, Steffen: Auto-Haushalte. Mannheim: Verl. MetaGIS-Infosysteme (Studien zur Mobilitäts- und Verkehrsforschung, 3).

Flore, Manfred; Kröcher, Uwe (2021): Wissen, was zu tun ist – Mobilität neu denken. In: Manfred Flore, Uwe Kröcher und Claudia Czycholl (Hg.): Unterwegs zur neuen Mobilität. Perspektiven für Verkehr, Umwelt und Arbeit: oekom Verlag, S. 33–51.

Flore, Manfred; Kröcher, Uwe; Czycholl, Claudia (Hg.) (2021): Unterwegs zur neuen Mobilität. Perspektiven für Verkehr, Umwelt und Arbeit: oekom Verlag.

Franzen, Axel (1997): Umweltsoziologie und Rational Choice: Das Beispiel der Verkehrsmittelwahl. In: *Umweltpsychologie* (2), S. 40–51.

Friedwagner, Andreas; Heintel, Martin; Hintermann, Christiane; Langthaler, Thomas; Weixlbaumer, Norbert (2005): Verkehrsreduktion durch kompakte Raumstrukturen. In: *SWS-Rundschau* 45 (3), S. 386–403. Online verfügbar unter https://nbn-resolving.org/urn:nbn:de:0168-ssoar-164694.

Gather, Matthias; Kagermeier, Andreas; Lanzendorf, Martin (2008): Geographische Mobilitäts- und Verkehrsforschung. Mit 24 Tabellen. Berlin: Borntraeger (Studienbücher der Geographie).

Gehl, Jan (2018): Städte für Menschen. 4. Auflage. Berlin: Jovis.

Geldmacher, Wiebke (2020): Akzeptanz eines innovativen Carsharing-Modells. Ökonomische und gesellschaftliche Effekte zukunftsfähiger Mobilitätskonzepte. 1st ed. 2020. Wiesbaden: Springer Fachmedien Wiesbaden; Imprint: Springer Gabler (Sustainable Management, Wertschöpfung und Effizienz). Online verfügbar unter https://doi.org/10.1007/978-3-658-28349-0.

Gerike, Regine; Hubrich, Stefan; Ließke, Frank; Wittig, Sebastian; Wittwer, Rico (2020): Sonderauswertung zum Forschungsprojekt „Mobilität in Städten – SrV 2018". Städtevergleich. Dresden.

Göddecke-Stellmann, Jürgen; Lauerbach, Teresa; Winkler, Dorothee (2019): Innerstädtische Raumbeobachtung (IRB). Dokumentation der Datensammlung.

Götz, Konrad (2011): Nachhaltige Mobilität. In: Matthias Groß (Hg.): Handbuch Umweltsoziologie. 1. Aufl. Wiesbaden: VS Verl. für Sozialwiss, S. 325–347.

Graf, Anne; Pfeiffer, Corinna; Petermann, Sören (2022): Nachhaltige Mobilität im Quartier.
Eine Akzeptanzstudie. Bochum: ZEFIR (ZEFIR-Materialien, Bd. 20). Online verfügbar
unter https://nbn-resolving.org/urn:nbn:de:101:1-2022061312030335970025.

Greene, Mary; Rau, Henrike (2018): Moving across the life course: A biographic approach
to researching dynamics of everyday mobility practices. In: *Journal of Consumer Culture*
18 (1), S. 60–82. https://doi.org/10.1177/1469540516634417.

Groß, Jochen; Börensen, Christina (2009): Wie valide sind Verhaltensmessungen mittels
Vignetten? Ein methodischer Vergleich von faktoriellem Survey und Verhaltensbeobach-
tung. In: Peter Kriwy und Christiane Gross (Hg.): Klein aber fein! Quantitative empirische Sozialforschung mit kleinen Fallzahlen. 1. Aufl. Wiesbaden: VS Verlag für Sozialwissenschaften / GWV Fachverlage GmbH Wiesbaden (Forschung und Entwicklung in
der Analytischen Soziologie), S. 149–178.

Große Ophoff, Markus (2021): Herausforderung Klimaschutz: Warum wir keine Zeit mehr
haben. In: Manfred Flore, Uwe Kröcher und Claudia Czycholl (Hg.): Unterwegs zur
neuen Mobilität. Perspektiven für Verkehr, Umwelt und Arbeit: oekom Verlag, S. 19–31.

Groth, Sören (2019a): Multimodal divide: Reproduction of transport poverty in smart mobility trends. In: *Transportation Research Part A: Policy and Practice* 125 (2â€"3), S.
56–71. https://doi.org/10.1016/j.tra.2019.04.018.

Groth, Sören (2019b): Multioptionalität: Ein neuer („alter") Terminus in der Alltagsmobilität der modernen Gesellschaft? In: *Raumforschung und Raumordnung* 77 (1), S. 17–34.
https://doi.org/10.2478/rara-2019-0003.

Groth, Sören (2019c): Nach dem Auto Multimodalität? Materielle und mentale Multioptionalität als individuelle Voraussetzungen für multimodales Verhalten. Frankfurt am Main.

Groth, Sören; Hunecke, Marcel; Wittowsky, Dirk (2021): Middle-Class, Cosmopolitans and
Precariat among Millennials between Automobility and Multimodality. In: *Transportation Research Interdisciplinary Perspectives* 12, S. 100467. https://doi.org/10.1016/j.trip.
2021.100467.

Günther, Madlen; Jacobsen, Benjamin; Rehme, Marco; Götze, Uwe; Krems, Josef F. (2020):
Understanding user attitudes and economic aspects in a corporate multimodal mobility
system: results from a field study in Germany. In: *Eur. Transp. Res. Rev.* 12 (1). https://
doi.org/10.1186/s12544-020-00456-0.

Haas, Tobias; Jürgens, Isabel; Brunnengräber, Achim (2020): Die Corona-Pandemie als
Transformationsbeschleuniger. Die Auswirkungen der Krise auf die Verkehrswende in
Deutschland. In: *Forschungsjournal Soziale Bewegungen* 33 (4), S. 834–843. https://doi.
org/10.1515/fjsb-2020-0074.

Häußermann, Hartmut; Siebel, Walter (2004): Stadtsoziologie. Eine Einführung. Frank-
furt/Main: Campus-Verl. Online verfügbar unter http://swb.eblib.com/patron/FullRecord.
aspx?p=666077.

Haustein, Sonja; Hunecke, Marcel (2007): Reduced Use of Environmentally Friendly Modes
of Transportation Caused by Perceived Mobility Necessities: An Extension of the Theory
of Planned Behavior. In: *Journal of Applied Social Psychology* 37 (8), S. 1856–1883.

Heath, Yuko; Gifford, Robert (2002): Extending the Theory of Planned Behavior: Predicting the Use of Public Transportation1. In: *J Appl Social Pyschol* 32 (10), S. 2154–2189.
https://doi.org/10.1111/j.1559-1816.2002.tb02068.x.

Heinen, Eva (2018): Are multimodals more likely to change their travel behaviour? A cross-sectional analysis to explore the theoretical link between multimodality and the intention to change mode choice. In: *Transportation Research Part F: Traffic Psychology and Behaviour* 56 (15), S. 200–214. https://doi.org/10.1016/j.trf.2018.04.010.

Heinen, Eva; Chatterjee, Kiron (2015): The same mode again? An exploration of mode choice variability in Great Britain using the National Travel Survey. In: *Transportation Research Part A: Policy and Practice* 78 (6), S. 266–282. https://doi.org/10.1016/j.tra. 2015.05.015.

Heinen, Eva; Maat, Kees; van Wee, Bert (2011): The role of attitudes toward characteristics of bicycle commuting on the choice to cycle to work over various distances. In: *Transportation Research Part D: Transport and Environment* 16 (2), S. 102–109. https://doi. org/10.1016/j.trd.2010.08.010.

Heinen, Eva; Mattioli, Giulio (2019): Does a high level of multimodality mean less car use? An exploration of multimodality trends in England. In: *Transportation* 46 (4), S. 1093–1126. https://doi.org/10.1007/s11116-017-9810-2.

Held, Martin (1980): Verkehrsmittelwahl der Verbraucher. Beitrag einer kognitiven Motivationstheorie zur Erklärung der Nutzung alternativer Verkehrsmittel. Dissertationsschrift. Universität Augsburg, Augsburg.

Held, Martin (2007): Nachhaltige Mobilität. In: Oliver Schwedes, Weert Canzler und Andreas Knie (Hg.): Handbuch Verkehrspolitik. Wiesbaden: VS Verlag für Sozialwissenschaften | GWV Fachverlage GmbH Wiesbaden, S. 851–876.

Helfferich, Cornelia (2011): Die Qualität qualitativer Daten. Manual für die Durchführung qualitativer Interviews. Wiesbaden: VS Verl. für Sozialwiss.

Hemel, Ulrich: Soziale Selbstinszenierung und Einzigartigkeit: Wie funktionieren Statussymbole im Management? In:, S. 19–40.

Henkel, Sven; Tomczak, Torsten; Henkel, Stefanie; Hauner, Christian (2015): Mobilität aus Kundensicht. Wiesbaden: Springer Fachmedien Wiesbaden.

Hennicke, Peter; Koska, Thorsten; Rasch, Jana; Reutter, Oscar; Seifried, Dieter (2021): Nachhaltige Mobilität für alle. Ein Plädoyer für mehr Verkehrsgerechtigkeit: oekom Verlag.

Hielscher, Jonas; Lörsch, Verena (2022): Technik als Statussymbol. In: Lioba A. Gierke und Fabiola Gerpott (Hg.): Statussymbole im Wandel. Haben, was andere nicht haben können. 1. Auflage. Baden-Baden: Nomos Edition Rainer Hampp, S. 201–221.

Hildebrand, Jan; Rau, Irina; Schweizer-Ries, Petra (2018): Akzeptanz und Beteiligung – ein ungleiches Paar. In: Lars Holstenkamp und Jörg Radtke (Hg.): Handbuch Energiewende und Partizipation. Wiesbaden: Springer Fachmedien Wiesbaden, S. 195–209.

Hille, Claudia (2022): Zwischen hier und dort. Wiesbaden: Springer Fachmedien Wiesbaden.

Hinkeldein, Daniel; Schoenduwe, Robert; Graff, Andreas; Hoffmann, Christian (2015): Who Would Use Integrated Sustainable Mobility Services – And Why? In: Maria Attard und Yoram Shiftan (Hg.): Sustainable Urban Transport, Bd. 7: Emerald Group Publishing Limited (Transport and Sustainability), S. 177–203.

Hoffmann, Christin; Abraham, Charles; White, Mathew P.; Skippon, Stephen M. (2020): Ambivalent about travel mode choice? A qualitative investigation of car user and non-car user attitudes. In: *Transportation Research Part A: Policy and Practice* 141 (1), S. 323–338. https://doi.org/10.1016/j.tra.2020.09.012.

Holz-Rau, Christian (1997): Siedlungsstrukturen und Verkehr. Bonn: Bundesforschungsanstalt für Landeskunde und Raumordnung (Materialien zur Raumentwicklung, 84).

Holz-Rau, Christian (2001): Verkehr und Siedlungsstruktur – eine dynamische Gestaltungsaufgabe. In: *Raumforschung und Raumordnung* 59 (4), S. 264–275. Online verfügbar unter https://rur.oekom.de/index.php/rur/article/view/1327/1585, zuletzt geprüft am 02.09.2022.

Holz-Rau, Christian; Heyer, Rabea; Schultewolter, Mirjam; Aertker, Johannes; Wachter, Isabelle; Klinger, Thomas (2021): Eine Verkehrstypologie deutscher Großstädte. In: *RuR*. https://doi.org/10.14512/rur.95.

Holz-Rau, Christian; Scheiner, Joachim (2015): Mobilitätsbiografien und Mobilitätssozialisation: Neue Zugänge zu einem alten Thema. In: Joachim Scheiner und Christian Holz-Rau (Hg.): Räumliche Mobilität und Lebenslauf, Bd. 20. Wiesbaden: Springer Fachmedien Wiesbaden, S. 3–22.

Holz-Rau, Christian; Scheiner, Joachim (2016): Raum und Verkehr – ein Feld komplexer Wirkungsbeziehungen. Können Interventionen in die gebaute Umwelt klimawirksame Verkehrsemissionen wirklich senken? In: *Raumforschung und Raumordnung* 74 (5), S. 451–465. https://doi.org/10.1007/s13147-016-0421-8.

Hudde, Ansgar (2022): Educational Differences in Cycling: Evidence from German Cities. In: *Sociology* 86 (3), 1–21. https://doi.org/10.1177/00380385211063366.

Hudde, Ansgar (2023): It's the mobility culture, stupid! Winter conditions strongly reduce bicycle usage in German cities, but not in Dutch ones. In: *Journal of Transport Geography* 106, S. 103503. https://doi.org/10.1016/j.jtrangeo.2022.103503.

Hummelsheim, Dina; Oberwittler, Dietrich; Pritsch, Julian (2014): Die Beziehung zwischen Kriminalitätsfurcht und generalisiertem Vertrauen – Mehrebenenanalysen zur Rolle individueller und kontextueller Faktoren. In: Stefanie Eifler und Daniela Pollich (Hg.): Empirische Forschung über Kriminalität, Bd. 12. Wiesbaden: Springer Fachmedien Wiesbaden, S. 405–438.

Hunecke, Marcel (2000): Ökologische Verantwortung, Lebensstile und Umweltverhalten. Zugl.: Bochum, Univ., Diss., 2000. Heidelberg: Asanger (Umweltbewußtsein – Umwelthandeln).

Hunecke, Marcel (2006): Zwischen Wollen und Müssen. Ansatzpunkte zur Veränderung der Verkehrsmittelnutzung. In: *Technikfolgenabschätzung – Theorie und Praxis* 15 (3), S. 31–37.

Hunecke, Marcel (2015): Mobilitätsverhalten verstehen und verändern. Psychologische Beiträge zur interdisziplinären Mobilitätsforschung. Wiesbaden: Springer VS (Research, 26). Online verfügbar unter http://gso.gbv.de/DB=2.1/PPNSET?PPN=821586513.

Hunecke, Marcel; Blöbaum, Anke; Matthies, Ellen; Höger, Rainer (2001): Responsibility and Environment. In: *Environment and Behavior* 33 (6), S. 830–852. https://doi.org/10.1177/00139160121973269.

Hunecke, Marcel; Böhler, Susanne; Grischakt, Sylvie; Haustein, Sonja (2008): Mobilanz – Möglichkeiten zur Reduzierung des Energieverbrauches und der Stoffströme unterschiedlicher Mobilitätsstile durch zielgruppenspezifische Mobilitätsdienstleistungen. Bochum, Lüneburg, Wuppertal.

Hunecke, Marcel; Groth, Sören; Wittowsky, Dirk (2020): Young social milieus and multimodality: interrelations of travel behaviours and psychographic characteristics. In: *Mobilities* 15 (3), S. 397–415. https://doi.org/10.1080/17450101.2020.1732099.

Hunecke, Marcel; Haustein, Sonja; Böhler, Susanne; Grischkat, Sylvie (2010): Attitude-Based Target Groups to Reduce the Ecological Impact of Daily Mobility Behavior. In: *Environment and Behavior* 42 (1), S. 3–43. https://doi.org/10.1177/0013916508319587.

Hunecke, Marcel; Heppner, Holger; Groth, Sören (2022): Fragebogen zu psychologischen Einflussfaktoren der Nutzung von Pkw, ÖPNV und Fahrrad (PsyVKN). In: *Diagnostica* 68 (1), S. 3–13. https://doi.org/10.1026/0012-1924/a000277.

Hunecke, Marcel; Schweer, Indra R. (2006): Einflussfaktoren der Alltagsmobilität – Das Zusammenwirken von Raum, Verkehrsinfrastruktur, Lebensstil und Mobilitätseinstellungen. In: Klaus J. Beckmann, Markus Hesse, Christian Holz-Rau und Marcel Hunecke (Hg.): StadtLeben – Wohnen, Mobilität und Lebensstil. Neue Perspektiven für Raumund Verkehrsentwicklung. 1. Aufl. Wiesbaden: VS Verlag für Sozialwissenschaften / GWV Fachverlage GmbH Wiesbaden, S. 148–166.

Jann, Ben (2013): Predictive Margins and Marginal Effects in Stata. 11th German Stata Users Group meeting. Potsdam, 07.06.2013.

Jansen, Hendrik; Wehmeyer, Hanna; Garde, Jan; Schmidt, J. Alexander (2014): Die Zukunft urbaner Mobilität. Wie Nutzerpräferenzen, Siedlungsstrukturen und neue Mobilitätsformen das Stadtbild prägen können. In: Heike Proff (Hg.): Radikale Innovationen in der Mobilität. Technische und betriebswirtschaftliche Aspekte. Wiesbaden: Springer Gabler (Research), S. 461–481.

Jarass, Julia (2018): Neues Wohnen und Mobilität. Präferenzen und Verkehrsmittelnutzung in einem innerstädtischen Neubaugebiet. Wiesbaden: Vieweg (Studien Zur Mobilitäts- und Verkehrsforschung Ser). Online verfügbar unter https://ebookcentral.proquest.com/lib/gbv/detail.action?docID=5219538.

Jarass, Julia; Schuppan, Julia; Stark, Kerstin (2021): Wie Corona das Mobilitätsverhalten verändert und was das für den nachhaltigen Stadtverkehr bedeutet. In: Tobias Just und Franziska Plößl (Hg.): Die Europäische Stadt nach Corona. Wiesbaden: Springer Fachmedien Wiesbaden, S. 79–95.

Jonuschat, Helga; Stephan, Korinna; Schelewsky, Marc (2015): Understanding Multimodal and Intermodal Mobility. In: Maria Attard und Yoram Shiftan (Hg.): Sustainable Urban Transport, Bd. 7: Emerald Group Publishing Limited (Transport and Sustainability), S. 149–176.

Karnowski, Veronika (2013): Diffusionstheorie. In: Wolfgang Schweiger und Andreas Fahr (Hg.): Handbuch Medienwirkungsforschung. Wiesbaden: Springer Fachmedien Wiesbaden, S. 513–528.

Karnowski, Veronika (2017): Diffusionstheorie. 2. Auflage. Baden-Baden: Nomos Verlagsgesellschaft mbH & Co. KG (Konzepte. Ansätze der Medien- und Kommunikationswissenschaft, 6).

Kaufmann, Vincent (2002): Re-thinking mobility. Contemporary sociology. Abingdon, New York: Routledge (Transport and society).

Kaufmann, Vincent; Bergman, Manfred Max; Joye, Dominique (2004): Motility: Mobility as Capital. In: *International Journal of Urban and Regional Research* 28 (4), S. 745–756.

Kaufmann, Vincent; Viry, Gil; Widmer, Eric D. (2010): Motility. In: Norbert F. Schneider (Hg.): Mobile Living Across Europe II. Causes and Consequences of Job-Related Spatial Mobility in Cross-National Comparison. Opladen: Verlag Barbara Budrich, S. 95–112.

Kersting, Volker; Meyer, Christian; Strohmeier, Peter; Terpoorten, Tobias (2009): Die A 40 – Der „Sozialäquator" des Ruhrgebiets. In: Achim Prossek (Hg.): Atlas der Metropole Ruhr. Vielfalt und Wandel des Ruhrgebiets im Kartenbild. 1. Aufl. Köln: Emons, S. 142–145.

Kesselring, Sven (2009): Die Mobilitätspolitik der Subjekte: Sozio-materielle Netzwerke als Ressourcen der sozialen Konstruktion von Beweglichkeit. In: Michael Dick (Hg.): Mobilität als Tätigkeit: individuelle Expansion – alltägliche Logistik – kulturelle Kapazität. Lengerich, Berlin, Bremen, Miami, Riga, Viernheim, Wien, Zagreb: Pabst Science Publishers (Arbeitsforschung multidisziplinär), S. 209–225.

Klinger, Thomas (2017): Moving from monomodality to multimodality? Changes in mode choice of new residents. In: *Transportation Research Part A: Policy and Practice* 104 (6), S. 221–237. https://doi.org/10.1016/j.tra.2017.01.008.

Knie, Andreas (2016): Sozialwissenschaftliche Mobilitäts- und Verkehrsforschung: Ergebnisse und Probleme. In: Oliver Schwedes, Weert Canzler und Andreas Knie (Hg.): Handbuch Verkehrspolitik. 2. Aufl. 2016. Wiesbaden, s.l.: Springer Fachmedien Wiesbaden (Springer NachschlageWissen), S. 33–52.

Kohler, Ulrich; Kreuter, Frauke (2016): Datenanalyse mit Stata. Allgemeine Konzepte der Datenanalyse und ihre praktische Anwendung. 5th ed. Berlin/Boston: De Gruyter. Online verfügbar unter https://ebookcentral.proquest.com/lib/kxp/detail.action?docID= 4768932.

Konrad, Kathrin (2016): Mobiler Alltag im Wandel des Geschlechterverhältnisses. Wiesbaden: Springer Fachmedien Wiesbaden.

Konrad, Kathrin; Groth, Sören (2020): Consistency or contradiction? Mobility- Related Attitudes and Travel Mode Use of the Young 'New Generation'. In: *RuR* 78 (2), S. 135–151. https://doi.org/10.2478/rara-2019-0050.

Kopp, Johannes; Lois, Daniel (2014): Sozialwissenschaftliche Datenanalyse. Wiesbaden: Springer Fachmedien Wiesbaden.

Kroneberg, Clemens (2009): Das Modell der Frame-Selektion. Grundlagen und soziologische Anwendung einer integrativen handlungstheorie. Dissertation, Mannheim.

Kuckartz, Udo (2018): Qualitative Inhaltsanalyse. Methoden, Praxis, Computerunterstützung. 4., überarbeitete Aufl. Weinheim: Beltz (Grundlagentexte Methoden). Online verfügbar unter http://nbn-resolving.org/urn:nbn:de:bsz:31-epflicht-1138552.

Kuckartz, Udo; Rädiker, Stefan; Ebert, Thomas; Schehl, Julia (2013): Statistik. Wiesbaden: VS Verlag für Sozialwissenschaften.

Kühnel, Steffen; Krebs, Dagmar (2018): Statistik für die Sozialwissenschaften. Grundlagen, Methoden, Anwendungen. 8. Auflage, Originalausgabe, völlig überarbeitete Neuauflage. Reinbek bei Hamburg: Rowohlt Taschenbuch Verlag (Rowohlts Enzyklopädie, 55639).

Kuhnimhof, Tobias; Buehler, Ralph; Wirtz, Matthias; Kalinowska, Dominika (2012): Travel trends among young adults in Germany: increasing multimodality and declining car use for men. In: *Journal of Transport Geography* 24 (5), S. 443–450. https://doi.org/10.1016/ j.jtrangeo.2012.04.018.

Kuhnimhof, Tobias; Chlond, Bastian; Huang, Po-Chi (2010): Multimodal Travel Choices of Bicyclists. In: *Transportation Research Record* 2190 (1), S. 19–27. https://doi.org/10. 3141/2190-03.

Kuhnimhof, Tobias; Chlond, Bastian; Ruhren, Stefan von der (2006): Users of Transport Modes and Multimodal Travel Behavior. In: *Transportation Research Record* 1985 (1), S. 40–48. https://doi.org/10.1177/0361198106198500105.

Lazega, Emmanuel; Snijders, Tom A. B. (Hg.) (2016): Multilevel network analysis for the social sciences. Theory, methods and applications (Methodos series, 12).

Le Bris, Jessica (2015): Die individuelle Mobilitätspraxis und Mobilitätskarrieren von Pedelec-Besitzern. Adoption und Appropriation von Elektrofahrrädern. Tübingen.

Lenzner, Timo; Menold, Natalja (2015): Frageformulierung. Mannheim: GESIS – Leibniz-Institut für Sozialwissenschaften (GESIS Survey Guidelines).

Liebe, Ulf; Preisendörfer, Peter (2011): Umweltsoziologie und Rational-Choice-Theorie. In: Matthias Groß (Hg.): Handbuch Umweltsoziologie. 1. Aufl. Wiesbaden: VS Verl. für Sozialwiss, S. 221–239.

Lübke, Christiane (2019): Mobilität im Ruhrgebiet. Ergebnisse einer repräsentativen Telefonumfrage. Duisburg, Essen.

Lübke, Christiane; Hanke, Stefanie; Weimar, Markus (2021): Barrieren beim Umstieg vom Individualverkehr auf den öffentlichen Personennahverkehr: Ein Mobilitätsexperiment zum Pendleralltag im Ruhrgebiet. In: Heike Proff (Hg.): Making Connected Mobility Work. Wiesbaden: Springer Fachmedien Wiesbaden, S. 371–379.

Maas, Benjamin (2021): Conjoint analysis of mobility plans in the city of Dresden. In: *Eur. Transp. Res. Rev.* 13 (1). https://doi.org/10.1186/s12544-021-00478-2.

Mahne-Bieder, Johannes; Popp, Monika; Rau, Henrike (2020): Welche Barrieren und Hindernisse haben Nicht-Radfahrende in Deutschland? Eine vergleichende Betrachtung und Typisierung. In: Alexandra Appel, Joachim Scheiner und Mathias Wilde (Hg.): Mobilität, Erreichbarkeit, Raum, Bd. 41. Wiesbaden: Springer Fachmedien Wiesbaden (Studien zur Mobilitäts- und Verkehrsforschung), S. 83–98.

Manderscheid, Katharina (2012): Mobilität. In: Frank Eckardt (Hg.): Handbuch Stadtsoziologie. Wiesbaden: VS Verl. für Sozialwiss, S. 551–570.

Manderscheid, Katharina (2015): Sozial und räumlich eingebettete Mobilitätspraktiken. In: Stephan Lessenich (Hg.): Routinen der Krise – Krise der Routinen. Verhandlungen des 37. Kongresses der Deutschen Gesellschaft für Soziologie in Trier 2014.

Manderscheid, Katharina (2021): Nachhaltige Mobilität: Eine soziologische Dimensionalisierung. In: SONA – Netzwerk der Soziologie der Nachhaltigkeit (Hg.): Soziologie der Nachhaltigkeit. Bielefeld, Germany: transcript Verlag (1), S. 417–434.

Matyas, Melinda (2020): Opportunities and barriers to multimodal cities: lessons learned from in-depth interviews about attitudes towards mobility as a service. In: *Eur. Transp. Res. Rev.* 12 (1). https://doi.org/10.1186/s12544-020-0395-z.

McLaren, Arlene Tigar (2016): Families and transportation: Moving towards multimodality and altermobility? In: *Journal of Transport Geography* 51, S. 218–225. https://doi.org/10.1016/j.jtrangeo.2016.01.006.

Meinherz, Franziska; Fritz, Livia (2021): 'Ecological concerns weren't the main reason why I took the bus, that association only came afterwards': on shifts in meanings of everyday mobility. In: *Mobilities* 16 (6), S. 825–842. https://doi.org/10.1080/17450101.2021.1919491.

Meleghy, Tamás (2015): Rational Choice Theory: James S. Coleman. In: Julius Morel, Eva Bauer, Tamás Meleghy, Heinz-Jürgen Niedenzu, Max Preglau und Helmut Straubmann

(Hg.): Soziologische Theorie. Abriss der Ansätze ihrer Hauptvertreter. 9., aktualisierte und erweiterte Auflage. Berlin: deGruyter Oldenbourg, S. 99–133.

Metzmacher, Sebastian (2007): Stadtteiltypisierung deutscher Großstädte – Ergebnisse einer ersten stadtübergreifenden Clusteranalyse 2003. In: Gabriele Sturm (Hg.): Innerstädtische Raumbeobachtung. Methoden und Analysen. Bonn: Selbstverl. des Bundesamtes für Bauwesen und Raumordnung (Berichte / Bundesamt für Bauwesen und Raumordnung, 25), S. 45–52.

Miebach, Bernhard (Hg.) (2014): Soziologische Handlungstheorie. Wiesbaden: Springer Fachmedien Wiesbaden.

Miramontes, Montserrat; Pfertner, Maximilian; Rayaprolu, Hema Sharanya; Schreiner, Martin; Wulfhorst, Gebhard (2017): Impacts of a multimodal mobility service on travel behavior and preferences: user insights from Munich's first Mobility Station. In: *Transportation* 44 (6), S. 1325–1342. https://doi.org/10.1007/s11116-017-9806-y.

Misoch, Sabina (2019): Qualitative Interviews. 2., erweiterte und aktualisierte Auflage. Berlin, Boston: De Gruyter Oldenbourg. Online verfügbar unter http://www.blickinsbuch.de/item/d150225024e9aceebfefae80b50e64ce.

Molin, Eric; Mokhtarian, Patricia; Kroesen, Maarten (2016): Multimodal travel groups and attitudes: A latent class cluster analysis of Dutch travelers. In: *Transportation Research Part A: Policy and Practice* 83, S. 14–29. https://doi.org/10.1016/j.tra.2015.11.001.

Müggenburg, Hannah (2017): Lebensereignisse und Mobilität. Wiesbaden: Springer Fachmedien Wiesbaden.

Neitzel, Michael (2013): Gebaute Quartiere. Beziehungen zwischen wohnungswirtschaftlichen und städtebaulichen Zugängen. In: Veronika Deffner und Ulli Meisel (Hg.): Stadt-Quartiere. Sozialwissenschaftliche, ökonomische und städtebaulich-architektonische Perspektiven. 1. Aufl. Essen, Ruhr: Klartext-Verl., S. 179–196.

Noack, Marcel (2014): Probleme bei der Reliabilitäts- und Stabilitätsschätzung für allgemeine Kriminalitätsfurchtindikatoren. In: Stefanie Eifler und Daniela Pollich (Hg.): Empirische Forschung über Kriminalität, Bd. 20. Wiesbaden: Springer Fachmedien Wiesbaden, S. 249–274.

Nobis, Claudia (2007): Multimodality. In: *Transportation Research Record* 2010 (1), S. 35–44. https://doi.org/10.3141/2010-05.

Nobis, Claudia (2015): Multimodale Vielfalt. Quantitative Analyse multimodalen Verkehrshandelns: Humboldt-Universität zu Berlin, Mathematisch-Naturwissenschaftliche Fakultät II. Online verfügbar unter https://edoc.hu-berlin.de/handle/18452/17846, zuletzt geprüft am 20.02.2020.

Nobis, Claudia; Kuhnimhof, Tobias (2018): Mobilität in Deutschland – MiD. Ergebnisbericht. Bonn, Berlin. Online verfügbar unter www.mobilitaet-in-deutschland.de.

Nonn, Christoph (2009): Umgang mit Umweltproblemen. In: Achim Prossek (Hg.): Atlas der Metropole Ruhr. Vielfalt und Wandel des Ruhrgebiets im Kartenbild. 1. Aufl. Köln: Emons, S. 190–191.

Orbach, Steffi; Eggerichs, Grit (2019): ÖPNV: Warum das 365-Euro-Ticket in Bonn floppt. Günstiges Jahresticket für Bus und Bahn. Deutschlandfunk Nova, 12.09.2019. Online verfügbar unter https://www.deutschlandfunknova.de/beitrag/jahresticket-365-euro-ticket-laeuft-in-bonn-nicht-gut, zuletzt geprüft am 06.07.2022.

Petersen, Rudolf (2011): Mobilität für morgen. In: Oliver Schwedes (Hg.): Verkehrspolitik. Wiesbaden: VS Verlag für Sozialwissenschaften, S. 411–430.

Petzold, Knut; Wolbring, Tobias (2019): What Can We Learn From Factorial Surveys About Human Behavior? A Validation Study Comparing Field and Survey Experiments on Discrimination. In: *Methodology* 15 (1), S. 19–30.

Pfister, Hans-Rüdiger; Jungermann, Helmut; Fischer, Katrin (2017): Die Psychologie der Entscheidung. Berlin, Heidelberg: Springer Berlin Heidelberg.

Philipp, Marlon; Willen, Sebastian; Konrad, Julius; Cepera, Kay Philipp; Stein, Petra; Weyer, Johannes (2022): Mobilitätspraktiken und Mobilitätsbedarfe in der UA Ruhr – eine Bestandsaufnahme. In: Heike Proff (Hg.): Transforming Mobility – What Next? Wiesbaden: Springer Fachmedien Wiesbaden, S. 453–470.

Preisendörfer, Peter (2000): Strukturell-situationale Gegebenheiten als Bestimmungsfaktoren der Verkehrsmittelwahl. In: *Soziale Welt* 51 (4), S. 487–501. Online verfügbar unter http://www.jstor.org/stable/40878330.

Pripfl, Jürgen; Aigner-Breuss, Eva; Fürdös, Alexander; Wiesauer, Leonhard (2010): Verkehrsmittelwahl und Verkehrsinformation. Emotionale und Kognitive Mobilitätsbarrieren und deren Beseitigung mittels multimodalen Verkehrsinformationssystemen – EKoM Endbericht.

Przyborski, Aglaja (2014): Qualitative Sozialforschung. Ein Arbeitsbuch. Unter Mitarbeit von Monika Wohlrab-Sahr und Arno Mohr. 4th ed. Berlin/München/Boston: Walter de Gruyter GmbH (Lehr- und Handbücher der Soziologie Ser). Online verfügbar unter https://ebookcentral.proquest.com/lib/kxp/detail.action?docID=1586358.

Rammler, Stephan (2016): Nachhaltige Mobilität: Gestaltungsszenarien und Zukunftsbilder. In: Oliver Schwedes, Weert Canzler und Andreas Knie (Hg.): Handbuch Verkehrspolitik. 2. Aufl. 2016. Wiesbaden, s.l.: Springer Fachmedien Wiesbaden (Springer Nachschlage-Wissen), S. 899–917.

Rau, Henrike; Sattlegger, Lukas (2018): Shared journeys, linked lives: a relational-biographical approach to mobility practices. In: *Mobilities* 13 (1), S. 45–63. https://doi.org/10.1080/17450101.2017.1300453.

Reinecke, Jost (2014): Grundlagen der standardisierten Befragung. In: Nina Baur und Jörg Blasius (Hg.): Handbuch Methoden der empirischen Sozialforschung, Bd. 50. Wiesbaden: Springer VS, S. 601–617.

Reinhold, Gerd (Hg.) (2000): Soziologie-Lexikon. 4. Aufl. München, Wien: Oldenbourg. Online verfügbar unter http://www.bsz-bw.de/depot/media/3400000/3421000/3421308/01%5f0115.html.

Reuband, Karl-Heinz (2014): Schriftlich-postalische Befragung. In: Nina Baur und Jörg Blasius (Hg.): Handbuch Methoden der empirischen Sozialforschung. Wiesbaden: Springer VS, S. 643–660.

Riggs, William; Sethi, Suresh Andrew (2020): Multimodal travel behaviour, walkability indices, and social mobility: how neighbourhood walkability, income and household characteristics guide walking, biking & transit decisions. In: *Local Environment* 25 (1), S. 57–68. https://doi.org/10.1080/13549839.2019.1698529.

Rogers, Everett M. (2003): Diffusion of Innovations. 5th ed. Riverside: Free Press. Online verfügbar unter https://ebookcentral.proquest.com/lib/kxp/detail.action?docID=4935198.

Roos, Michael; Paetzel, Uli; Knickmeier, Alexander (2021): Gemeinsam besser ans Ziel. Wie Genossenschaften die Mobilitätswende voranbringen könnten. Diskussionspapier des Landesbüros NRW der Friedrich-Ebert-Stiftung.

Rost, Katja (2018): Die Vignettenanalyse in den Sozialwissenschaften. Eine anwendungsorientierte Einführung. 1. Auflage. Augsburg: Rainer Hampp Verlag. Online verfügbar unter https://www.nomos-elibrary.de/10.978.395710/3215.

Ruddat, Michael; Sonnberger, Marco (2019): Von Protest bis Unterstützung – eine empirische Analyse lokaler Akzeptanz von Energietechnologien im Rahmen der Energiewende in Deutschland. In: *Kölner Zeitschrift für Soziologie und Sozialpsychologie* 71 (3), S. 437–455.

Ruhren, S. von der.; Beckmann, Klaus J. (2005): Bestimmung multimodaler Personengruppen. Schlussbericht.

Ruhrort, Lisa (2019): Transformation im Verkehr. Wiesbaden: Springer Fachmedien Wiesbaden.

Ruhrort, Lisa; Allert, Viktoria (2021): Conceptualizing the Role of Individual Agency in Mobility Transitions: Avenues for the Integration of Sociological and Psychological Perspectives. In: *Frontiers in psychology* 12, S. 623652. https://doi.org/10.3389/fpsyg.2021. 623652.

Scheiner, Joachim (2016): Verkehrsgeneseforschung: Wie entsteht Verkehr? In: Oliver Schwedes, Weert Canzler und Andreas Knie (Hg.): Handbuch Verkehrspolitik. 2. Aufl. 2016. Wiesbaden, s.l.: Springer Fachmedien Wiesbaden (Springer NachschlageWissen), S. 679–700.

Scheiner, Joachim; Chatterjee, Kiron; Heinen, Eva (2016): Key events and multimodality: A life course approach. In: *Transportation Research Part A: Policy and Practice* 91 (1), S. 148–165. https://doi.org/10.1016/j.tra.2016.06.028.

Scheiner, Joachim; Holz-Rau, Christian (2007): Travel mode choice: affected by objective or subjective determinants? In: *Transportation* 34 (4), S. 487–511. https://doi.org/10.1007/ s11116-007-9112-1.

Scheiner, Joachim; Holz-Rau, Christian (Hg.) (2015): Räumliche Mobilität und Lebenslauf. Wiesbaden: Springer Fachmedien Wiesbaden.

Schelewsky, Marc (2022): Mobilitätsreport Baden-Württemberg, Corona-Pandemie und unsere Alltagsmobilität. Ausgabe 06. Bonn, 15.01.2022.

Schimank, Uwe (2016): Handeln und Strukturen. Einführung in die akteurtheoretische Soziologie. 5., durchgesehene Auflage. Weinheim, Basel: Beltz Juventa (Grundlagentexte Soziologie). Online verfügbar unter https://www.beltz.de/fileadmin/beltz/lesepr oben/978-3-7799-2615-3.pdf.

Schippl, Jens; Burghard, Uta; Czech, Andreas; Puhe, Maike (2021): Soziale Akzeptanz von neuen Mobilitätsangeboten und städtebaulichen Veränderungen. Ergebnisse einer Interviewstudie: KIT Scientific Publishing.

Schnell, Rainer (2012): Survey-Interviews. Methoden standardisierter Befragungen. 1. Auflage. Wiesbaden: VS Verlag für Sozialwissenschaften Springer Fachmedien GmbH (Lehrbuch).

Schnur, Olaf (2013): Quartiersforschung revisited. Konzepte und Perspektiven eines stadtgeographischen Forschungsfeldes. In: Veronika Deffner und Ulli Meisel (Hg.): Stadt-Quartiere. Sozialwissenschaftliche, ökonomische und städtebaulich-architektonische Perspektiven. 1. Aufl. Essen, Ruhr: Klartext-Verl., S. 17–40.

Schnur, Olaf (2014): Quartiersforschung im Überblick: Konzepte, Definitionen und aktuelle Perspektiven. In: Olaf Schnur (Hg.): Quartiersforschung. Wiesbaden: VS Verlag für Sozialwissenschaften, S. 21–56.

Schulz-Schaeffer, Ingo (2018): Handeln, soziales. In: Johannes Kopp und Anja Steinbach (Hg.): Grundbegriffe der Soziologie. Wiesbaden: Springer Fachmedien Wiesbaden, S. 169–172.

Schuppan, Julia; Kettner, Stefanie; Delatte, Aline; Schwedes, Oliver (2014): Urban Multimodal Travel Behaviour: Towards Mobility without a Private Car. In: *Transportation Research Procedia* 4, S. 553–556. https://doi.org/10.1016/j.trpro.2014.11.042.

Schwartz, Shalom H. (1977): Normative Influences on Altruism. In: L. Berkowitz (Hg.): Advances in Experimental Social Psychology, Bd. 10. New York: Academic Press, S. 222–279.

Schwedes, Oliver (Hg.) (2011): Verkehrspolitik. Wiesbaden: VS Verlag für Sozialwissenschaften.

Schwedes, Oliver; Daubitz, Stephan; Rammert, Alexander; Sternkopf, Benjamin; Hoor, Maximilian (2018): Kleiner Begriffskanon. Der Mobilitätsforschung. 2. Auflage. Berlin. Online verfügbar unter https://www.ivp.tu-berlin.de/fileadmin/fg93/Dokumente/Discussion_Paper/DP1_Ahrend_et_al_alt.pdf, zuletzt geprüft am 17.12.2019.

Schweer, Indra R.; Hunecke, Marcel (2006): Behavior Settings und Alltagsmobilität. In: Klaus J. Beckmann, Markus Hesse, Christian Holz-Rau und Marcel Hunecke (Hg.): StadtLeben – Wohnen, Mobilität und Lebensstil. Neue Perspektiven für Raum und Verkehrsentwicklung. 1. Aufl. Wiesbaden: VS Verlag für Sozialwissenschaften / GWV Fachverlage GmbH Wiesbaden, S. 142–147.

Seebauer, Sebastian (2011): Individuelles Mobilitätsverhalten in Großstädten. Erklärungsmodell und Veränderungsmöglichkeiten für die Nutzung öffentlicher Verkehrsmittel. Dissertation. Karl-Franzens-Universität Graz, Graz.

Selzer, Sina; Lanzendorf, Martin (2022): Car independence in an automobile society? The everyday mobility practices of residents in a car-reduced housing development. In: *Travel Behaviour and Society* 28, S. 90–105. https://doi.org/10.1016/j.tbs.2022.02.008.

Shaw, Jon; Hesse, Markus (2010): Transport, geography and the 'new' mobilities. In: *Transactions of the Institute of British Geographers* 35 (3), S. 305–312.

Shiselberg, Rebecca; Givoni, Moshe; Kaplan, Sigal (2020): A behavioral framework for measuring motility: Linking past mobility experiences, motility and eudemonic well-being. In: *Transportation Research Part A: Policy and Practice* 141, S. 69–85. https://doi.org/10.1016/j.tra.2020.09.001.

Shove, Elizabeth; Pantzar, Mika (2005): Consumers, Producers and Practices. In: *Journal of Consumer Culture* 5 (1), S. 43–64. https://doi.org/10.1177/1469540505049846.

Sommer, C.; Mucha, E. (2014): Integrierte multimodale Mobilitätsdienstleistungen. In: Heike Proff (Hg.): Radikale Innovationen in der Mobilität. Technische und betriebswirtschaftliche Aspekte. Wiesbaden: Springer Gabler (Research), S. 499–514.

Sonnberger, Marco; Stockmann, Nils; Faller, Stefan; Feldhoff, Berenike; Graf, Anotnia; Köster, Christoph; Leger, Matthais (2020): Alltagsmobilität und Bewertung verkehrspolitischer Maßnahmen seitens der Bevölkerung im städtischen Vergleich. Deskriptive Ergebnisse einer Repräsentativbefragung in Stuttgart und Münster. Dritter DynaMo Werkstattbericht.

SoSci Survey GmbH (2021): Website SoSci Survey: https://www.soscisurvey.de/. Online verfügbar unter https://www.soscisurvey.de/, zuletzt geprüft am 09.03.2021.

Stadt Bochum (2019): Bochumer Ortsteile kompakt 2019. Dezernat für Soziales, Jugend und Gesundheit, Stabstelle Steuerungsunterstützung – V/SU -. Online verfügbar unter

https://www.bochum.de/C125830C0042AB74/vwContentByKey/W2BHNCSS457B
OCMDE/$File/Bochumer_Ortsteile_kompakt2019.pdf, zuletzt geprüft am 25.10.2024.

Stadt Bochum; Planersocietät (2013): Klimaschutzteilkonzept. Klimafreundlicher Verkehr
im Bochum. Bochum, Dortmund. Online verfügbar unter https://www.bochum.de/
C125830C0042AB74/vwContentByKey/W2CRP9GE130BOCMDE/$File/2_KSK_Boc
hum_Endbericht_Langfassung.pdf, zuletzt geprüft am 25.10.2024.

Statistisches Bundesamt (2022): 9-Euro-Ticket: Mobilität steigt deutlich auf kurzen Distanzen im Schienenverkehr. Pressemittelung Nr. 284 am 07.07.2022. Online verfügbar unter https://www.destatis.de/DE/Presse/Pressemitteilungen/2022/07/PD22_284_12.
html, zuletzt geprüft am 13.07.2022.

Steiner, Peter M.; Atzmüller, Christiane (2006): Experimentelle Vignettendesigns in faktoriellen Surveys. In: *Kölner Zeitschrift für Soziologie und Sozialpsychologie* 58 (1), S.
117–146.

Stiewe, Mechthild; Bäumer, Doris (2013): Klimaverträglich mobil in Zeiten des demogra-
phischen Wandels – Wie wohnen Mobilität bestimmt. In: REAL CORP (Hg.): Planning
times. You better keep planning or you get in deep water, for the cities they are a-
changing' ; proceedings of the 18th International Conference on Urban Planning, Regional Development in the Information Society ; 20–23 May 2013 Rome, Italy = REAL
CORP 2013 Planning times. Unter Mitarbeit von REAL CORP. Schwechat: Eigenverl.
d. Vereins CORP, S. 475–484.

Thorn, Michaela; Betker, Frank; Müller, Claudia; Wilhelm, Ralph (2020): Sozial-
ökologische Forschung in der COVID-19-Pandemie: Forschung für nachhaltige Wege
aus der Krise. In: *GAIA – Ecological Perspectives for Science and Society* 29 (3), S.
206–208. https://doi.org/10.14512/gaia.29.3.16.

Tully, Claus J.; Baier, Dirk (2011): Mobilitätssozialisation. In: Oliver Schwedes (Hg.): Verkehrspolitik. Wiesbaden: VS Verlag für Sozialwissenschaften, S. 195–211.

Umweltbundesamt (2014): Wegevergleich: von Tür zu Tür im Stadtvergleich. Online verfügbar unter https://www.umweltbundesamt.de/bild/wegevergleich-von-tuer-zu-tuer-im-
stadtverkehr, zuletzt geprüft am 21.06.2022.

Umweltbundesamt (2022): Mobilität privater Haushalte. Online verfügbar unter https://
www.umweltbundesamt.de/daten/private-haushalte-konsum/mobilitaet-privater-hausha
lte#-hoher-motorisierungsgrad, zuletzt geprüft am 16.08.2022.

Verkehrsclub Deutschland (VCD) (2019): Intelligent mobil im Wohnquartier. Handlungs-
empfehlungen für die Wohnungswirtschaft und kommunale Verwaltungen.

Vij, Akshay; Carrel, André; Walker, Joan L. (2013): Incorporating the influence of latent
modal preferences on travel mode choice behavior. In: *Transportation Research Part A:
Policy and Practice* 54 (1), S. 164–178. https://doi.org/10.1016/j.tra.2013.07.008.

Vogelpohl, Anne (2013): Das Quartier als ein Raum des städtischen Alltags. In: Veronika
Deffner und Ulli Meisel (Hg.): StadtQuartiere. Sozialwissenschaftliche, ökonomische
und städtebaulich-architektonische Perspektiven. 1. Aufl. Essen, Ruhr: Klartext-Verl., S.
99–112.

Wenzelburger, Georg; Jäckle, Sebastian; König, Pascal (2014): Weiterführende statistische
Methoden für Politikwissenschaftler. Eine anwendungsbezogene Einführung mit Stata.
München: De Gruyter Oldenbourg.

Wilde, Mathias; Klinger, Thomas (2017): Städte für Menschen. Urbane Mobilität. In: *Aus
Politik und Zeitgeschichte* 67 (48), S. 32–38.

Witte, Astrid de; Hollevoet, Joachim; Dobruszkes, Frédéric; Hubert, Michel; Macharis, Cathy (2013): Linking modal choice to motility: A comprehensive review. In: *Transportation Research Part A: Policy and Practice* 49, S. 329–341. https://doi.org/10.1016/j.tra. 2013.01.009.

Wittowsky, Dirk; Preißner, Claudia L. (2014): Einstellungsorientierte Akzeptanzanalyse zur Elektromobilität im Fahrradverkehr. In: Heike Proff (Hg.): Radikale Innovationen in der Mobilität. Technische und betriebswirtschaftliche Aspekte. Wiesbaden: Springer Gabler (Research), S. 445–460.

Wolf, Christof; Best, Henning (Hg.) (2010): Handbuch der sozialwissenschaftlichen Datenanalyse. 1. Aufl. Wiesbaden: VS Verlag für Sozialwissenschaften / Springer Fachmedien Wiesbaden GmbH Wiesbaden. Online verfügbar unter https://doi.org/10.1007/978-3-531-92038-2.

Wüstenhagen, Rolf; Wolsink, Maarten; Bürer, Mary Jean (2007): Social acceptance of renewable energy innovation: An introduction to the concept. In: *Energy Policy* 35 (5), S. 2683–2691. https://doi.org/10.1016/j.enpol.2006.12.001.

Zoellner, Jan; Schweizer-Ries, Petra; Rau, Irina (2012): Akzeptanz Erneuerbarer Energien. In: Thorsten Müller (Hg.): 20 Jahre Recht der Erneuerbaren Energien. Unter Mitarbeit von Thorsten Müller. 1. Auflage. Baden-Baden: Nomos Verlagsgesellschaft mbH & Co. KG (Schriften zum Umweltenergierecht, 10), S. 91–107.

GPSR Compliance

The European Union's (EU) General Product Safety Regulation (GPSR) is a set of rules that requires consumer products to be safe and our obligations to ensure this.

If you have any concerns about our products, you can contact us on ProductSafety@springernature.com

In case Publisher is established outside the EU, the EU authorized representative is:

Springer Nature Customer Service Center GmbH
Europaplatz 3
69115 Heidelberg, Germany

The manufacturer's authorised representative in the EU is Springer
Nature Customer Service Centre GmbH, Europaplatz 3, 69115 Heidelberg,
Germany. If you have any concerns regarding our products, please
contact ProductSafety@springernature.com

Printed and bound by CPI Group (UK) Ltd, Croydon, CR0 4YY

24/04/2026

02096366-0002